中小
企业 管理系列丛书

中小企业
伦理与道德建设
五日通

主　审　周泽信
主　编　周利国
副主编　陶　虎　王淑翠

经济科学出版社

图书在版编目（CIP）数据

中小企业伦理与道德建设五日通／周利国主编．—北京：经济
科学出版社，2007.7
（中小企业管理系列丛书）
ISBN 978 - 7 - 5058 - 6413 - 9

Ⅰ．中…　Ⅱ．周…　Ⅲ．①中小企业 - 伦理学 - 研究 - 中国
②中小企业 - 职业道德 - 研究 - 中国　Ⅳ．F270 - 05

中国版本图书馆 CIP 数据核字（2007）第 093450 号

中小企业管理系列丛书

编审委员会

主　　任：杨国良
名誉主任：马洪顺
副 主 任：张忠军　曲荣先
委　　员：王世忠　张　敏　路纯东　单忠杰
　　　　　黄　成　徐建华　张福雪　宋伟滨
　　　　　王秋玲

主编人员

主　　编：王乃静
副 主 编：张忠军　曲荣先
审稿专家：卢新德　周泽信　孟　扬　王益明
　　　　　刘保玉　王家传　李秀荣　刘　泽
　　　　　徐晓鹰

总　序

提高中小企业现代管理水平的重要举措

改革开放以来特别是近几年来，我国中小企业迅猛发展，已经成为国民经济发展的重要组成部分，成为经济增长和就业率提高的主要动力，成为加快我国社会主义和谐社会建设的重要推动力量。第一，中小企业在许多行业和领域具有明显的优势。目前，中小企业已占到全国企业总量的90%以上。在纺织、食品、塑料、仪器仪表等行业中，中小企业销售收入占到同行业的80%以上。在外贸领域，中小企业以其灵活的经营方式更显出独特优势。第二，中小企业已成为大企业发展不可或缺的重要组成部分。随着高新技术的发展和特大型、超大型企业的出现，越来越需要众多专业性强的中小企业与之配套，形成工艺专门化、产品多元化的企业组织结构，为大企业的发展提供服务。第三，中小企业在解决劳动就业方面发挥着越来越重要的作用。我国人口众多而资源相对短缺，就业压力大。原来作为就业主渠道的国有大中型企业，随着改革的不断深化和现代化管理水平的不断提高，已难以再吸收更多的人就业，加快发展中小企业就成为扩大就业的现实选择。第四，中小企业在推动市场经济发展中越来越显现出强大的生命力。通过发挥"船小好掉头"的优势，利用各种新技术、新材料、新方法、新工艺，积极开发新产品，较好地适应了市场多样化的要求，反过来又促进了中小企业自身的发展。

"十一五"乃至今后一个时期，是我国中小企业快速发展的战略机遇期。一个全方位、多层次、宽领域对外开放，全面参与国际竞争的新格局已经展现，广大中小企业发展的政策环境、经营理念、管理方式、运作模式均已发生根本性的变化，对经营管理人员素质也提出了新的更高的要求。一方面，中小企业快速成长，更加依赖于中小企业科技的进步和劳动者素质的提高；另一方面，由于诸多方面的原因，中小企业的整体素质和经营管理水平与大企业特别是国有大企业相比还有不小的差距。因此，加大中小企业经营管理人员培训力度，进一步提高中小企业整体管理素质和水平，推进广大中小企业的健康成长和可持续发展，已成为加快经济结构调整，转变经济增长方式的一项战略举措。

中共中央《干部教育培训工作条例（试行）》明确提出，要"大规模培训干部，大幅度提高干部素质"。中共中央《2006～2010年全国干部教育培训规划》又进一步规定，企业经营管理人员要"加强政治理论培训和职业道德教育，加强政策法规培训和现代企业管理知识及能力的培训"，"努力培养造就一支具有战略思维能力和现代企业经营管理水平、具有开拓创新精神和社会责任感的企业经营管理人员队伍"。为了认真贯彻落实中央"人才强国"的战略部署，进一步推动中小企业经营管理人员教育培训工作，我们组织一批专家教授和实际工作者，在认真调查研究的基础上，精心编写了这套中小企业管理系列丛书。丛书编写突出了时代特点，坚持了管理创新，强化了案例教学，体现了针对性、实用性、新颖性和前瞻性。我相信，这套系列丛书的推出，对于更好地开展中小企业经营管理人员教育培训工作，进一步提高广大中小企业的现代管理素质和整体管理水平，打造一批开拓型、创新型的优势中小企业，必将起到十分重要的作用。

山东省工商业联合会会长
山东经济学院副院长　　　王乃静
博士生导师
2007年6月6日　于济南

目录

导论　企业伦理学与中小企业伦理及其道德建设　／ 1

一、企业伦理学的性质与对象 ························· 2
二、企业伦理学的任务和内容 ························· 9
三、企业伦理与中小企业发展 ························· 14

第一篇　企业伦理的一般原理

第一章　企业道德的起源与本质　／ 27

一、企业道德的起源 ······························· 28
二、企业道德的本质 ······························· 34

第二章　企业道德的结构、功能和运行机制　／ 43

一、企业道德的结构模式 ··························· 44
二、企业道德的社会功能 ··························· 52
三、企业道德的运行机制 ··························· 56

第三章　企业道德的基本原则　／ 63

一、道德原则概述 ································· 64
二、社会主义企业道德的核心与本质 ··············· 69
三、社会主义企业道德原则 ······················· 73

第四章　企业道德规范　／ 80

一、道德规范一般 ································· 81
二、社会主义企业道德规范 ······················· 86

第五章　企业道德选择与企业的价值取向和经营观念　/ 97

一、企业道德选择的机制 …………………………………… 98
二、企业道德选择的自由 …………………………………… 101
三、企业的价值取向与经营观念 …………………………… 103

第六章　企业道德行为　/ 111

一、道德行为的规定和分类 ………………………………… 112
二、企业道德行为的机制和过程 …………………………… 114
三、企业道德品质的形成和社会主义企业道德的品德要求 … 116

第七章　企业道德评价　/ 121

一、企业道德评价及其作用 ………………………………… 122
二、企业道德评价的标准 …………………………………… 124
三、企业道德评价的根据 …………………………………… 129
四、企业道德评价的形式 …………………………………… 136

第八章　企业道德教育和道德修养　/ 144

一、企业道德人格 …………………………………………… 146
二、企业道德教育 …………………………………………… 150
三、企业道德修养 …………………………………………… 155
四、企业经营活动者的道德境界 …………………………… 160

第二篇　企业运行中的伦理道德问题

第九章　厂商的道德责任　/ 169

一、厂商的道德责任 ………………………………………… 171
二、产品安全与产品风险 …………………………………… 178
三、产品责任 ………………………………………………… 182

第十章　企业营销中的伦理问题　/ 189

一、当前我国企业存在的营销伦理问题 …………………… 190

二、营销伦理失范的原因与影响因素 ·················· 195

三、解决当前我国企业营销伦理问题的应对策略 ·············· 200

第十一章　企业财务管理与财务信息的披露 / 206

一、企业财务中的伦理问题 ·················· 207

二、公司财务信息的披露 ·················· 209

三、企业并购与重组 ·················· 214

第十二章　企业员工管理与伦理 / 224

一、员工的基本权利 ·················· 225

二、员工的职业生活质量 ·················· 233

第十三章　企业的知识保护和信息管理 / 239

一、企业的知识财产 ·················· 240

二、企业机密 ·················· 245

三、企业的信息 ·················· 249

四、内部人交易 ·················· 252

第十四章　企业利益与环境保护 / 257

一、环境问题及主要成因 ·················· 258

二、环境伦理 ·················· 262

三、循环经济和可持续发展观 ·················· 266

第三篇　中小企业伦理建设战略

第十五章　企业伦理建设战略 / 277

一、企业伦理战略 ·················· 278

二、企业伦理战略的实施 ·················· 285

主要参考文献 / 297

后记 / 300

导论

企业伦理学与中小企业
伦理及其道德建设

❖ 本章学习目标

阅读和学完本章后，你应该能够：

◇ 了解中国企业道德的变革及新道德的特点

◇ 明确我国中小企业的伦理特征

◇ 明确企业伦理的基本知识，包括：企业伦理的起源与发展、含义、内容及特征、功能以及研究的任务

◇ 掌握中小企业伦理与道德建设的必要性与重要性

◇ 掌握中小企业伦理与道德建设的内容

开篇案例

问题的提出

近几年，在我国的一些高级酒店里实行了一种"让顾客鉴定"的促销措施：服务员例行将顾客点要的海河鲜菜品、名贵酒先让顾客"鉴定"是好是坏、是死是活、是真是假，然后送往厨房制作或开瓶。久而久之，大多数人对此习以为常，酒店得了个尊重顾客的好名声，顾客得了个被尊重的好感觉。由这个当前经济生活中大家司空见惯的事例说明了两个道理：第一，随着市场经济的发展，社会文化的进步，消费者的主体意识不断增强。消费者已经不再仅仅关注产品和价格是否相符，还开始关注在购买和使用

各种商品过程中是否能够得到真实的、真诚的尊重，是否能够获得尽量完全的信息，是否能够不必担心企业会给自己带来道德风险，从而能够对自己的消费行为做出自由的选择。这是消费者主体意识不断增强所产生的消费伦理需求。第二，在社会伦理背景中生成的企业，其任何经营行为都具有伦理的意义，任何一项经营决策都蕴含着价值选择，都牵涉到经营者的义利态度，都会对企业的道德环境产生直接或间接的影响。因此，对企业的任何决策和行为都可以进行道德的评判。正是在这种环境和背景之下，企业伦理（有些著作译成管理伦理或商业伦理等）便应运而生。

一、企业伦理学的性质与对象

企业伦理学（Business Ethics）是伦理学的一个分支和重要的组成部分。理解和把握企业伦理学，首先必须清楚伦理学是什么，伦理学的对象是什么，这样才能正确把握企业伦理学的对象和内容。

一般来说，伦理学是一门关于道德的科学，或者说，伦理学是以道德作为自己的研究对象的科学，是人类对道德问题进行的系统的理论思考。在人类的知识宝库中，伦理学是一门古老的、有着悠久历史的科学。人类为了维持自己的生存和发展，为了在社会生活中不断地完善自身、完善他人和完善社会，在长期的历史发展中，在人和人之间逐渐形成的习俗、规范的基础上，产生了对人的这些关系的思考，从而形成了道德观念和道德意识，并发展为较系统的伦理思想，进而产生了伦理学。

（一）伦理学的产生与企业伦理学

1. 伦理学是人类对道德问题思考的结果。自人类社会形成以来，虽然人与人之间的道德关系早已经形成，有了一定的习俗和规范，但抽象层次的伦理思考，则是在较晚才出现的事情。研究者认为，人们对道德问题进行系统思考，是从奴隶社会开始的。由于剩余劳动的出现，使人类从原始的无阶级的社会，进入了阶级对抗的所谓文明社会。一方面，由于奴隶制经济的发展和奴隶主阶级的利益要求，在人与人之间，逐步形成了许多"应当"和"不应当"的规则，指导着人与人之间的关系和人们的行为。与此同时，这些准则又被人们所思考，作为当时整个社会意识形态的一个相对独立部分，成为一种特殊的意识形式。

在中国，人们的道德思考可以上溯到3000多年前的殷商时期。从出土的商朝甲骨文中看，已经有了"德"字。当时，"德"的意思还没有从当时的意识形态中分离出来，西周初期的大盂鼎铭文的"德"字已明确地包含着按照当时的规范去行事而有所得的意思。在中国最早的典籍中，"道"表示事物的运动和变化规则，"德"表示对"道"的认识、践履而后有所得。东汉时刘熙对"德"的解释是，"德者，得也，得事宜也"，意思是说"德"就是把人和人之间的关系处理好，处理的合适，使自己和他人都有所得。许慎更明确地说："德，外得于人，内得于己也。"也就是说，"德"就是一个人在处理人和人之间的关系时，一方面能够"以善念存诸心中，使身心互得其益"，这就是"内得于己"；另一方面，又能够"以善德施之于他人，使众人各得其益"，这就是"外得于人"。这些解释说明，从词源的意义上可以看到，在中国古代，当人们自觉地意识到人和人之间道德关系的发生，必须是对人、对己双方都有所"得"的时候，也就是人们开始有了关于道德的思考，即对人我之间的道德关系的反思。从中国古代的有关典籍来看，道德二字连用，成为一个概念，始于春秋战国时的《管子》、《庄子》、《荀子》诸书。荀子说："故学至乎礼而止矣，夫是之谓道德之极"。荀况不但将道和德连用而且赋予了它较为确定的意义，即指人们在社会生活中所形成的道德品质、道德境界和调整人和人之间关系的道德原则和规范。

为了在人和人的相处中，能够使人我之间互有所"得"以维护和调整人们之间的利益关系，在古代，对道德问题的思考，是许多思想家所特别关心的。远在公元前6世纪的孔子在他的《论语》一书中，集中论述了在当时社会中人和人之间的道德范畴、道德原则和各种行为规范，可以说是世界上最早的一本规范伦理学。从中国的词源含义来看，"伦"，本意是辈、类的意思，"理"是有条理、道理的意思。伦理二字连用，最早见于战国至秦汉之际的《礼记·乐记》，其中说："乐者。通伦理者也"。在这里，"伦理"已经表示着有关道德的理论的意思。

在古代希腊，从词源上来看，早在荷马史诗《伊利亚特》中，已经出现了ethos一词。开始，这个词只是表示一群人所共居的地方。以后，意义扩大，还包括了这一群人的性格、气质及其所形成的风俗习惯。这就说明，古希腊人也在很早以前就对伦理道德问题进行了思考。公元前5世纪的苏格拉底、柏拉图等，特别注意对善的考察，甚至专门以青年的道德教育作为他们道德思考的主要内容，公元前

4世纪的亚里士多德，把ethos意义加以扩大和改造，先构建了一个形容词ethicos（伦理的），以后又构建了一门新的科学ethika，即伦理学。亚里士多德的"伦理学"是古希腊思想家们伦理思考的最卓越的成就。正像孔子在中国一样，亚里士多德在古希腊创建了完整的规范伦理学。

自亚里士多德以后，在西方，伦理学开始成为一门独立的科学，受到思想家们的特别重视。亚里士多德之后的斯多葛学派和伊壁鸠鲁学派，都把哲学分为三个部分，即物理学、逻辑学和伦理学。他们所说的物理学，主要是关于宇宙的起源、发展和变化的理论，又称自然哲学，和我们今天说的物理学不同。伊壁鸠鲁学派认为，物理学、逻辑学对伦理学的关系，就如同医药、卫生对于人体的健康一样。这就是说，在这三者的关系中，人体的健康是最根本的目的，医药和卫生都是为了达到这一目的所采取的手段。斯多葛学派则认为，整个哲学好比一个果树园，逻辑学是这个果园的围墙，物理学是圆中的果树，只有伦理学才是果树上所结的果子。在古希腊，伦理学不但是哲学的一个分支，而且成了哲学的核心。

2. 企业伦理学是对企业活动中有关道德问题系统思考的结果。随着人类社会的进步，商品交换活动的日益频繁，企业的产生和发展，在商品交换活动中有关企业行为的规范逐步形成，这就形成了有关企业道德的系统思考，于是，企业伦理学随之形成。企业伦理学是对企业活动中有关道德系统思考的产物。

（二）企业伦理学的性质

企业伦理学是实践伦理学或应用伦理学，属于规范伦理学的范畴，是伦理学的一个分支。

伦理学是一门古老的学科，在它的发展过程中形成了不同的类型和研究的主要方面。一般认为，伦理学有三大类型：元伦理学、规范伦理学、美德伦理学。元伦理学是关于伦理术语的意义和道德判断的确证的科学，因而是分析道德语言的科学。元伦理学的根本问题是道德判断或价值判断的确证，亦即道德推理或价值推理的逻辑，其根本的对象和目的是解决"应该如何"与"事实如何"的关系问题。所以，元伦理学更具有哲学的性质。规范伦理学则应用元伦理学关于确立道德或应该之真理和制定优良的道德或应该之方法，确立具体的、具有行为内容的道德或应该之真理，制定具体的、具有行为内容的优良道德或应该之方法。因此，规范伦理学主要研究优良道德的制定和实现问题，是关于优良道德的制定和实现的科学。规范伦理学具有很强的应用价值。美德伦理学是优良道德之实现的科学，它研究优良道德的实现问题。美德伦理学认为，人们如果没有美德，再好的道德规范也不可能真正被遵守，从而得到实现。企业伦理学研究商品经济活动中有关利益与道德的关系问题，提出在商品经济活动中人们应该遵守的道德规范问题。所以，企业伦理学是规范伦理学。

伦理学又可以从理论和实践两大方面来区分，分为理论伦理学和实践伦理学。理论伦理学的主体是道德哲学，主要研究道德一般；实践伦理学的主体是应用伦理学（包括职业伦理学），主要研究道德特殊（具体）。在涉及人与人、人与社会的关系的范围内，道德固然是无处不在的，但是，谁也找不出脱离人的具体行为的"一般"的"道德"。"一般"的"道德"只存在于道德哲学的理论抽象中，而不存在于现实生活中。现实生活中的道德都是通过人的具体行为表现出来的，都具有特定的行为载体，表现为经济的、政治的、文化的行为等，这些行为载体遍及人的所有社会活动领域。从这个意义上说，商品经济活动中的道德现象，不过是以人的经济行为作为载体而表现出来的道德，是道德在经济领域的一种具体的特殊管理现象和表现形式。

所以，从学科的划分来看，企业伦理学应归为边缘学科类，即经济学、管理学和伦理学的交叉学科，但不是它们的简单相加。站在经济学的角度，企业伦理学涉及的似乎是经济现象，站在伦理学的角度看，企业伦理学涉及的似乎是道德现象。这些观察其实都只看到了局部，全面地看，企业伦理学研究的是商品经济活动中的道德现象。从学科一般来看，企业伦理学既是经济学科和管理学科，又是伦理学。在伦理学自身的学科分层意义上，企业伦理学属于实践伦理学或应用伦理学的范畴，是相关的理论伦理学——道德哲学在经济管理领域的实际应用，其与政治伦理学、军事伦理学、教育伦理学、环境伦理学、人口伦理学等应用伦理学在学科分层上没有质的区别，它们均处在同一学科层次上，反映不同行为领域的具体的道德问题。

从商品经济活动的特殊性要求出发，企业伦理学就是关于企业商品经济活动中有关道德规范的原则、内容、结构和运行机制的科学。

（三）企业伦理学的研究对象

1. 伦理学的研究对象。从伦理学作为一门相对独立的学科形成之日起，对于伦理学的研究对象，就存在许多不同的理解。从总的方面看，绝大多数的伦理学家都认为伦理学是研究道德的，是以道德现象作为自己的研究对象的。但是，道德现象是一种极其复杂的社会现象，究竟是在什么意义、多大范围上和何种价值取向上研究道德，不同的伦理学家有不同的看法。

从伦理学研究的范围来看，有些伦理学家认为，伦理学主要应当以道德规范为对象，从而形成所谓规范的伦理学。有些伦理学家认为，伦理学主要应当以实际应用为目的，强调道德原则与规范的实际应用。有些伦理学家认为，伦理学是一门理论科学，或者说是一门道德哲学，因此，伦理学只应当去构建一定的范畴体系。20世纪以来，出现了在英、美颇为流行的元伦理学。它的突出特点是，只强调从逻辑语言即从语义学和逻辑学的方面研究道德，从而把伦理学变成只是一种脱离人的道德实践的空洞、抽象的概念分析。

从内容上看，历史上的伦理学家们，也存在着不同的理解，有的人认为伦理学是研究"善"或"至善"的科学，有的人认为伦理学是研究"义务"、"责任"的科学；有的人认为伦理学是研究幸福的科学；有的人认为伦理学是研究人生价值的科学；有的人认为伦理学是研究道德行为或道德品质的科学；也有人认为伦理学是研究善恶判断的科学。在欧洲中世纪，神学家们曾把上帝和神学的德性作为伦理学研究的对象（直到今天各种宗教伦理学仍以不同形式坚持这样的观点）。这些看法除宗教伦理学外，都没有超出伦理学以道德为研究对象的范围，但总的来说，都不能全面地概括和说明伦理学的科学对象。

对伦理学的不同理解，源于对"道德"这一概念的不同理解。马克思主义伦理学认为，一般说来，道德是调整人和人之间关系的一种特殊的行为规范的总和。在人类社会中，为了调整人和人之间的关系，有多种不同的行为规范，如法律规范、政治规范以及其他对人的行为发生约束和导向作用的各种规范。道德规范的特殊性就在于它不是由政治的、行政的机构所制定，也不靠强力的、威胁的手段去维护，是由人们约定俗成，并且是靠人们的内心信念和社会舆论来维护。一般情况下，不需要由政治的、行政的机关来强制执行。尽管道德这种特殊的规范在调整人和人之间的关系时，还要靠社会舆论的监督，对主体而言还是一种他律。但从其实质来说，只要道德规范对其约束范围的所有成员是平等的、公正的，只要它们反映了其约束范围的所有成员的道德要求和愿望，道德规范就应当是他律和自律相统一，甚至完全是一种自律的规范。正是在这个意义上，我们才可以说，主体的意志对于道德规范来说是自由的。道德作为一种社会范畴，属于社会上层建筑和意识形态，它必然成为一种特定的社会现象。

所谓道德现象，就是指人类现实生活中由经济关系所决定，用善恶标准去评价，依靠社会舆论、内心信念和传统习惯来维持的一类社会现象。当然，由经济所决定的意识形态各有其特殊形式，就其实质来说，道德现象的特殊性在于它是以善与恶的矛盾和对立所构成的社会现象，它的巩固和发展，不是靠行政或法律的强制手段，而是靠舆论和信念，或者说，主要是靠人们的内心信念来维持的。

人类社会的道德现象，总是人们之间的某种道德关系的表现。人们在社会生活中，必然要形成各种复杂的社会关系。在所有这些社会关系中，最基本的就是与物质生产活动直接相联系的生产关系或经济关系，即不通过人们意识而形成的"物质的社会关系"。与此相适应，人们之间还形成一定的政治关系、法权关系、道德关系，以及一定范围和一定时期的宗教关系等。这些关系，则是通过人们的意识而形成的"思想的社会关系"，亦即被经济关系所决定，并且表现为一定的意识形态和上层建筑的各种关系。所谓道德关系，就是这种"思想的社会关系"的一个组成部分，它是由经济关系所决定并且按照一定的道德观念、道德原则和规范所形成的一种特殊的社会关系。

　　道德现象所包含的内容是很多的。一般来说，可以把道德现象分为三个方面，即道德活动现象、道德意识现象和道德规范现象。所谓道德活动现象，主要是指人类生活中环绕一定善恶而进行的、可以用善恶观念评价的群体活动和个体行为（包括道德评价、道德教育和道德修养）。所谓道德意识现象则是指在道德活动中形成并影响道德活动的各种具有善恶价值的思想、观点和理论体系。所谓道德规范现象，则是指一定的社会条件下评价和指导人们行为的准则。符合这些准则的思想和行为就是善的，而违背这些准则的思想和行为就是恶的。这些准则，既包括人们在长期生活实践过程中所形成的"应当"与"不应当"的客观要求，也包括一定社会或阶级以戒律、格言等形式自觉概括和表达的善恶的标准和规范。作为人和人之间的客观的"应当"和"不应当"的要求，可以说它是不以人们的主观意志为转移的，更不是人们头脑中臆造出来的。作为一定社会或阶级所表达的有关善恶的看法，则是人们思想的产物。正是由于存在着这种复杂情况，有的伦理学家把道德规范看成是一种客观的关系，把它包含在道德活动之中。另一些伦理学家则把它看做是观念的产物，从而把它包含在道德意识现象之中。总之，对道德现象的这种划分是相对的，是依据对道德的理解不同而有所不同的。道德现象的各个部分之间又是紧密联系的。道德活动是形成一定道德意识的基础，并能使已经形成的道德意识得以巩固、深化和提高。道德意识一经形成，对人们的道德活动就具有指导和制约作用。道德意识作为心理活动过程来看，这种心理活动自身就是道德活动的一个方面。道德规范是人们在一定的道德活动和道德意识基础上形成的一种特殊的社会规范，又约束和制约着我们的道德活动，集中地体现着道德意识和道德活动的统一。

　　道德现象同其他社会现象一样，是历史上发生的，与一定的社会物质生活条件和文化氛围相联系的。在人类生产和交往关系发展到一定阶段上，在文化发展到一定的水平上，人们自觉或不自觉地依据他们所处的实际关系和条件，形成自己的善恶观念和情感，并逐步从价值意识的统一体中分化出表达道德价值的道德原则和规范。它们作为一种社会意识形式或价值观，指导和规范着人们的行为活动，并通过人们的社会实践，在人与人之间形成一定的道德关系。道德关系就是在一定经济关系基础上，按照一定的道德价值观，或者按照一定的道德原则和规范形成的社会关系，这就是所谓的通过一定的思想意识形成的"思想的社会关系"。在这里，从产生道德观念、道德原则和规范，到形成现实的道德关系，是一个从社会存在到社会意识，再从社会意识到社会存在的过程，也是一个从实践到认识，再从认识到实践的过程。从道德的个体发生上说，就是外在内化和内在外化的过程，是客体主体化和主体客体化的过程。

道德原则和规范集中反映着社会关系和人们的利益要求，表达着一定社会、阶级和个人的价值观。道德原则和规范作为一种特殊的社会意识形式，又与政治、法律等社会意识形式不同，它不是通过行政机构、权威力量制定和颁行的规范，不是有形制度化的、强制性的、外在化的调节规范，而是通过社会舆论、传统习俗、内心信念来维系和发挥其功能作用的。所以，道德是一种特殊规范调节方式，是通过社会舆论、传统习俗和内心信念维系并发挥作用的行为原则、规范的总和，正是在这个意义上，可以说道德是一种实践精神，是把握世界的特殊方式。

2. 企业伦理学的研究对象。从伦理学对象的一般论述出发，企业伦理学的对象就应该是企业道德，是企业商品经营活动中关于道德的规范。

（四）企业伦理学的基本问题

1. 伦理学的基本问题。道德关系是人类社会的一种特殊社会关系。它之所以特殊，就在于它包含着与经济、政治、法权等关系不同的特殊矛盾，具有特殊的规范调节方式。社会关系的一个重要存在形式就是社会矛盾。人们生活在一定的社会关系中，无时无刻不直接或间接地发生个人与社会及个人与个人之间的矛盾。这种矛盾是复杂的、多方面的，但其中最根本的就是经济利益的矛盾。在没有阶级的社会中，它是在根本利益一致的基础上的矛盾，在以私有制为基础的社会中，它是通过阶级利益的矛盾来表现的。经济关系引起一定的阶级利益和个人利益，各种利益都规定在政策和法律规范中，并通过强制性的政策和法律规范来调节个人和社会及个人和个人之间的矛盾。但是，法律和政策规范并不能使人们完全自觉地控制行为，调整相互之间的关系，因而还必须有道德调节。道德调节的特点在于，它不是通过强制的手段，而是通过社会舆论、风俗习惯、榜样感化和思想教育等手段，使人们形成内心的善恶观念、情感和信念，自觉地按照维护整体利益的原则和规范去行动，从而自动地调整人们之间的相互关系。在调整个人与社会以及个人与个人的利益关系中，道德调节的突出特点是要求个人做出必要的节制和牺牲，也就是说，它是以或多或少的自我牺牲为前提的。由此可见，道德关系中的矛盾的特殊性就在于，它是以体现整体利益的原则和规范为善恶的标准、以必要的自我牺牲为前提来调节个人利益和社会整体利益的矛盾；或者说，它是强调用节制或牺牲个人利益的原则和规范来调解个人利益和社会整体利益的矛盾。伦理学研究道德现象和道德关系，主要就是揭示道德关系中的个人利益和社会整体利益的矛盾，并根据这种矛盾的性质和特点，总结出反映这种矛盾发展规律的道德理论，确定解决这种矛盾的道德原则和规范，提出进行道德评价的标准，以及道德教育、道德修养的途径和方法，以便不断地提高整个社会的道德水准，推动人类社会的进步。

从上述分析可以看到，伦理学的基本问题，就是道德和利益的关系问题。这包括两个方面：一方面是道德与社会经济利益关系问题，即是经济关系决定道德，还是道德决定经济关系，以及道德对经济关系有无反作用的问题。这个方面，决定着如何解决道德的根源、道德的本质、道德的社会作用和发展规律的，也决定着马克思主义伦理学和一切唯心主义伦理学的根本区别。另一方面，就是个人利益和社会整体利益的关系问题，即是个人利益服从社会整体利益，还是社会整体利益从属于个人利益的问题。如何回答这个方面的问题，决定着各种道德体系的原则和规范，也决定着各种道德活动的标准、方向和方法。总之，伦理学的一切问题都是围绕着上述基本问题的这两个方面展开的，同时也是在解决上述基本问题的过程中发展的；各种伦理学说都必然这样或那样地回答这个基本问题，同时也以它们如何回答这个基本问题决定着它们的分野。

2. 企业伦理学的基本问题。企业伦理学作为伦理学的一个分支，其基本问题也就是道德和利益的问题。而且由于商品交换的特殊性，企业利益与企业道德的关系就显得尤为重要。正确处理企业利益与企业道德的关系，是企业伦理学主要的、基本的任务。

二、企业伦理学的任务和内容

任何一门学科都有自己特定的任务。企业伦理学既然以全部的企业社会道德现象作为自己的研究对象，那么其研究的任务和内容就必须符合其研究对象的要求。我们认为，要从我国企业社会道德现象的最本质、最重要的规律性问题出发，来确定自己的任务和内容。

（一）企业伦理学的主要任务

1. 科学地阐明企业道德的起源、本质和发展规律。企业道德是怎样发生、发展和变化的？它和人们的经济关系是怎样相互作用的？马克思主义认为，道德不是脱离历史发展的一种抽象的观念，而是经济基础的反映。同时，道德关系作为经济基础之上的一种思想关系，又与其他思想关系（政治关系、法律关系等）交互发生作用。因此，如何在历史唯物主义的基础上，从发生学的观点，从经济和道德的辩证关系的观点，从各种意识形态相互影响的观点，科学地而不是臆测地论述企业道德的规律，是企业伦理学研究中所应当解决的一个重要问题。

从历史发展的长河来看，人类道德的发展，经历了不同的阶段，有着不同的历史类型，经过了一个从全民道德到阶级道德，最后又向全民道德过渡的历程。企业道德也经历了漫长的发展时期。从古老的物物交换到现在的以电子商务为媒介的商品交换，经历了多次的演变和发展，企业道德的内容不断更新。因此，企业伦理学要全面地考察人类企业活动历史发展过程中各种道德类型的演变，从而揭示出企业道德的社会本质，探索出企业道德的必然发展规律。不仅如此，企业伦理学还特别强调，在研究企业道德发生、发展和演变的规律的同时，要特别着重探讨社会主义企业道德发生、发展的历史必然性和客观规律性，着重研究在社会主义初级阶段企业道德的基本特点，以指导企业经营活动。

2. 概括和阐明社会主义企业道德的规范体系。一般说来，伦理学是一门理论科学，但它又十分强调规范在伦理学中的重要地位。因此，从一定意义上说，也可以把伦理学看做是规范科学。对一个社会或一个阶级来说，它的根本的道德原则、重要的道德规范，人们的公共生活准则以及人和人关系中的某些特殊方面的要求，构成了一个社会或一个阶级的道德规范体系。离开了对规范体系的论述，也就不可能建立科学的伦理学。在道德原则和道德规范中，个人利益同整体利益之间的关系，究竟是个人利益应当服从整体利益，还是整体利益应当服从利益，是个人利益至上，还是集体利益至上，乃是企业伦理学所必须回答的问题，也是企业伦理学必须回答的重要课题。某一社会的道德规范，对这一社会的成员，都有一定的约束力，而这种约束力的客观基础是什么？除了道德规范的约束力外，它能不能唤起人们完善自身、完善他人和完善社会的能动精神？或者说，它除了禁止人们作恶之外，还有没有一种导善的作用？道德规范的这种既要约束人，又要启迪人们，既能去恶又能奖善的两个方面，是如何相互作用的？依据社会生活中实际存在的人和人之间的道德关系，在概括和归纳社会的道德原则体系的同时，企业伦理学必须阐明社会规范体系中的许多辩证关系和重要的理论问题。如果企业伦理学只是叙述一个社会的道德规范，那只能是一种道德戒律，而不能算是一门科学。

3. 研究适应社会主义现代化建设的有理想、有道德的新型企业家成长的规律。在社会主义的物质文明和精神文明建设中，只有不断地提高人们的精神面貌，才能和道德情操，才能同社会主义社会的不断发展相适应。因此，探究社会主义新人的形成、发展的规律，特别是社会主义现代企业家和劳动者的成长和发展规律，就必须要对人的道德行为、道德品质、道德评价、道德选择，以及道德教育和道德修养进行深入的研究。企业伦理学作为一门关于调整人和人之间关系的一种特殊规范的科学，它的最终目的，就是要把有关伦理道德的科学认识深入到人们的意识之中，转化为人们的道德实践。是一门有关人们的企业道德品质、行为和修养规范的科学。企业伦理学是一门实践性很强的科学，用我国古代思想家的话来说，它是一门知行统一的科学。不管伦理学家们是否意识到这一点，要想使企业伦理学的研究能够不断发展并受到社会重视，就必须要依据一定阶级或阶层的要求，用特定的原则和规范，用必要的思想教育和修养方法，来陶冶人们的品性，改变人们的气质，以培养一定社会所需要的人才。

我国现在正处于社会主义的初级阶段，建设社会主义市场经济。为了更快地发展社会生产力，就必须大力发展商品经济。在发展商品经济中，一方面要提倡有益于市场经济发展的新观念；另一方面又要在迅速成长着的一代新人中进行社会主义的教育。这就是说，为了有效地发展市场经济，我们必须而且应当鼓励、赞许人们在法律允许的范围内，进行正当而有益的盈利和竞争；另一方面，我们还应当同时努力去抵制、谴责那种惟利是图、损人利己和一切向钱看的拜金主义的思想和行为。这种思想和行为，如果蔓延开来，不但会对我国现代化建设有极大的危害，同时，也会使很多人受到腐蚀，甚至造成人际关系的新的对立或对抗，从而损害社会主义的安定团结，影响到改革开放的成败。凡是对我国精神文明建设和社会道德风尚等问题进行过深入思考的人们，都可以看到培养适应社会主义建设有理想、有道德的新人，在当前有着十分突出的意义。新的改革、开放的政策，必须由有新思想、新道德的人正确地加以贯彻。这种对社会主义新人的培养，只能是结合着改革开放的发展来进行，但对此必须有足够的重视。如果我们的现代化建设，不能在建设高度物质文明的同时提高人们的精神文明水平，不能在生产力发展的同时使人们也沿着道德阶梯向上攀登，不能在人们物质生活水平不断增长的情况下提高他们情系国家发展、心念民族振兴的道德情操，不能在对外开放的同时我国人民的民族自尊心和自信心得以加强，不能在接受外援的同时使自力更生的观念也得到巩固，不能够在学习外国先进技术的同时对我们的社会主义制度和必须走社会主义道路的信心更加坚定，那么，我们的改革开放和社会主义建设，也就不可能取得预期的成果。在建立和完善社会主义市场经济体制中，尤其要培养一批懂经营、善管理的新型企业家人才。

4. 批判旧企业道德，建设社会主义新企业道德。社会主义企业道德，作为人类历史上的一种崭新道德类型，既与以往的旧的企业道德有着质的不同，同时又与这些旧道德有着这样或那样的联系。在社会主义的经济基础上，新的道德正在日益成长和发展，而某些旧的道德，还往往被某些人继续承袭。旧道德作为一种意识形态，也还在社会上发生作用。因此，消除封建主义、资本主义腐朽道德思想和小生产习惯势力，反对和清除这些思想对人们的腐蚀和影响，在今天仍然是一个不可忽视的问题。从伦理思想来看，在建设社会主义精神文明中，社会主义企业伦理学必须以历史唯物主义为指导，对历史上的一切旧的道德理论进行科学的分析、批判，鉴别其精华和糟粕，并根据社会实际生活的进程和需要，在批判其错误的理论的同时，继承其科学的、合理的因素和成分。

随着我国改革开放的进展，特别是由于社会主义商品经济的不断发展和生产力的提高，由于经济关系的变化，要求在伦理道德建设上，能够尽快地形成有利于现代化建设和改革开放的新的伦理观念、道德品质和舆论力量，以保证我国经济社会发展的顺利进行。

在更新观念、改造风尚和建设新道德的过程中，要注意破除那些阻碍社会主义现代化建设的保守的、狭隘的、封闭的旧观点，提倡和树立那些有利于生产力发展、有利于社会主义市场经济、有利于改革开放的新观念，从而能培养出大胆开拓、发奋有为、自立自强、忠于人民的有理想、有道德、有文化、守纪律的一代新人。同时，要注意保持新中国成立以来所形成的优良道德传统。艰苦奋斗、勤俭建国、自力更生、自尊自重、先人后己、先公后私等思想，在新形势下，应该根据新的情况提出新的要求，使其能更好地发扬光大。

在更新观念、改造风尚和建设社会主义新企业道德的过程中，还要注意同封建阶级、资产阶级等一切剥削阶级的企业思想划清界限，防止某些贴着新观念的旧企业道德的沉渣泛起，将人们引入歧途；更不能把那些资产阶级早已提出，甚至在西方也遭唾弃而只是在我国还有一些人不知道的观念，看做新观念。总之，我们要坚持马克思主义和社会主义道路，要坚持共产主义道德和社会主义道德原则，并且努力形成有利于社会主义现代化建设和改革开放的新的价值观念，达到振奋全国各族人民献身现代化建设的巨大热情的目的。

（二）研究与探讨企业伦理学的新内容

企业伦理学还必须从社会主义市场经济发展的要求出发，探索社会主义市场经济条件下社会主义企业道德的新内容。从当前我国社会主义市场经济发展的状况看，下面一些问题是比较重大和迫切需要解决的。

第一，市场经济与企业道德的关系。在市场经济条件下，需不需要企业道德？需要什么样的道德？怎样去获得所需要的道德？在资本主义市场经济条件下与在社会主义市场经济条件下，道德的地位和作用有无区别？如果有，区别是什么？

第二，义与利的关系。义与利的关系问题在中国历史上争论了几千年，是企业道德的核心问题。义与利是在任何活动中都无法回避的问题。因此，传统的义利观与社会主义市场经济条件下的义利观有什么不同？伦理学视野中的义利观与经济伦理学视野中的义利观有无区别？中西方义利观的不同点是什么？在社会主义市场经济中，如何协调义与利的冲突问题？

第三，公平与效率的关系。公平与效率孰重孰轻，是先保护公平，还是先保护效率？公平与效率是二律背反的，还是可以兼而得之的？公平的道德标准是什么？效率的道德标准是什么？公平的目标是什么？效率的目标是什么？怎样理解机会的公平和结果的公平？为什么在市场经济条件下更应该保障社会成员获得机会的公平？作为社会经济发展微观基础的企业在平衡公平与效率的关系中充当什么角色？

第四，贫穷与富裕的关系。贫富差别合理界限的道德根据是什么？道德在防止贫富差别中的马太效应，即在防止穷者愈穷，富者愈富中有什么作用？保护弱势群体的利益的道德根据是什么？企业道德在调节社会贫富差距中有什么作用？

第五，竞争与道德的关系。竞争在道德上的正价值和负价值是什么？在保证竞争的公正秩序中，企业道德扮演什么角色？

第六，企业伦理问题。企业伦理对改善企业的经营状况起什么作用？道德对调节企业内部关系，进而增强凝聚力、提升核心竞争力起什么作用？中国企业的道德责任有哪些？企业对员工应负什么道德责任？社会主义企业的道德规范是什么？对中国国有企业中的公有资本人格化问题该如何认识？经济全球化对中国企业伦理提出了哪些挑战，如何从伦理上进行积极应对？

第七，信用与诚信问题。企业信用与诚信是什么关系？在什么样的经济体制下，信用的问题会显得格外突出？为什么说没有信用就没有市场经济，而信用又必须有诚信这道德纽带来维系？企业道德在建立社会的信用体系方面扮演什么样的角色？

第八，电子商务中的伦理问题。随着现代计算机科学的迅速发展，以互联网为载体和交往工具的电子商务日益成为一种重要的经济交往方式。这种新型的商务模式对现实经济道德的强大冲击有哪些？目前电子商务中的伦理困惑和不道德现象有哪些？如何进行电子商务伦理建设？

第九，建立企业道德规范体系问题。企业经济领域的道德秩序，最基本的是要靠有效的企业道德规范体系来维系，因此，建立和完善与社会主义市场经济体制相适应的、与法律规范相协调的、与中华民族的传统美德相承接的企业道德规范，必然成为企业伦理学的头等大事。那么，企业道德规范体系中都包含着什么内容？企业道德规范体系怎样才能与社会主义市场经济体制相适应、与法律规范相协调、与中华民族的传统美德相承接？

总之，上述问题都是从当前我国市场经济体制的运行现状中概括出来的，既是企业界人士和伦理学界人士关心的问题，也是经济决策部门和经济实践部门人士关心的问题。这些问题的解决需要各方面的参与，但企业伦理学提供的解决方案，将会有特殊的实用价值。因为这些问题既不是单纯的经济问题，也不是单纯的道德问题，既不能靠单一的经济学解决方案去加以解决，也不能靠单一的伦理学方案去加以解决，只有理论与实践相结合，经济学与伦理学相结合，经济学、伦理学和其他学科相结合，才能得出符合实际的答案。

三、企业伦理与中小企业发展

（一）企业伦理概述

1. 企业伦理的含义。企业伦理是经济伦理学的一个重要研究领域。德国学者格贝尔在划分经济伦理学的类型时认为"根据经济范畴的三分法，经济伦理学也被分为宏观、中观、微观三个层次。宏观层次探讨的是'正确的'经济秩序问题，即对市场经济向中央计划经济作伦理上的评判。微观层次探讨的是作为经济主体的个人的正确行为（管理者伦理学、消费伦理学）。中观层次探讨的是企业方面的道德行为（企业伦理学）"。由此可见，企业伦理在经济伦理学中有其重要地位。

美籍华裔著名学者成中英先生在《文化、伦理与哲理》一书中写道："企业伦理是指任何企业团体或生产机构以合法手段从事有利时，所应遵守的伦理规则。"这个界定指出了企业伦理的一个重要内涵，即企业在处理各种关系时应遵循的道德准则。企业伦理应包括渗透于企业全部生活中的所有道德现象，是道德意识、道德准则与道德活动的总和，它是一个具有复杂的内在结构的系统。企业伦理的含义应为：活跃在企业经营管理中的道德意识，道德良心，道德准则，道德行为活动的总和。

（1）企业道德意识。企业道德意识内含道德心理、道德观念和道德评价这三个不同的层次。道德意识可表现为个人道德意识和群体道德意识，企业伦理的道德意识注重体现的是企业群体道德意识。在企业经营与管理中，群体道德意识通过个体道德意识指导和制约企业中人的道德活动。

（2）企业道德良心。良心是用来评价人及其行力的重要尺度。道德主体的良心，既是一种道德意识和道德情感，又是一种道德信念和道德人格，还是道德调解和道德评价的方式和手段。企业道德良心是企业伦理道德心灵的窗口，企业道德良心支配着企业行为活动，它的实质就是社会责任感，对企业自身和企业外部都应承担的责任。人若丧失了良心，精神就会瓦解，信念就会崩溃，心灵中就会长满荆棘和毒草，就会干出伤天害理或不尽仁义的事情，既害人又损己。一个企业如果失去了道德良心，这个企业必然会走上绝路。

（3）企业道德准则。企业道德准则指企业活动中所应遵循的合乎道德的各项制度规则。企业是由人组成的，企业的"企"字如果去了"人"那么就成了"止"了。企业要生存发展，就要按照一定的伦理方式处理好如下五种关系，即企业内部、企业外部、企业与公众、企业与社会、企业与人类的关系。企业要遵循企业道德准则，正确处理好上述五种关系，这五种关系是企业道德的组成部分。

（4）企业道德行为。伦理学所讲的道德行为是指在各种社会活动中具有道德意义，能够进行善恶评价的行为。道德行为是出于明确的目的和本人的主观意志的，是自知、自主、自择的并有利于他人和社会集体的行为。企业道德行为是指企业生产、经营与管理过程中具有善恶价值的企业人的活动。在主体的规定性上它既包括职工个人的道德行为活动，又包括企业全体职工群体的道德行为活动。

总之，企业道德意识、企业道德良心、企业道德准则、企业道德行为都是企业伦理的有机组成部分。它们各自表现的重点不同，它们之间又实现着动态的有机统一。企业道德意识在企业活动中影响着企业的道德行为。企业道德良心是企业踏入雷池的探测仪，企业道德准则在企业道德意识和企业道德行为的基础上概括出来，又制约着企业道德意识和道德活动。

2. 企业伦理的内容和特征。根据上述定义，我们认为企业伦理具有以下五个方面的内容和特征：

（1）企业伦理是关于企业及其成员行为的规范。虽然企业是由个人组成的，但企业的行为却不能简单地表述为单个成员的行为之和，企业具有自己的目标、利益和行为方式。当一个人问企业应该做什么，企业的道德责任是什么，就意味着企业本身被看成一个"道德角色"或"道德个人"。然而，具体工作毕竟是由企业成员来做的，在讨论企业应该遵守的行为规范时，实际上也提出了单个成员所应遵守的行为规范，如管理者、技术人员、生产人员、营销人员、财务人员、后勤人员等的行为规范。

（2）企业伦理是关于企业经营活动的善与恶，应该与不应该的规范。指导企业及其成员行为的规范有很多，有技术规范，如不准戴手套操作车床；有礼节规范，如对来访者以礼相待。企业伦理是关于善恶的规范，它告诉人们哪些经营活动（指以盈利为目的的所有活动）是善的、应该的，哪些活动是恶的、不应该的。究竟什么是善的经营行为，什么是恶的经营行为，正是企业伦理所要研究的内容。

（3）企业伦理是关于怎样正确处理企业及其成员与利益相关者关系的规范。道德的基础是利益，其核心内容即是调整利益关系。那么，在企业经营中存在哪些利益关系呢？具体地说，企业在经营中存在着以下主要利益关系：一是企业与其内部的关系，包括企业与所有者的关系，企业与管理者的关系，企业与员工的关系，管理者与员工的关系，员工与员工的关系等；二是企业与其外部的关系，包括企业与顾客的关系，企业与供应者的关系，企业与竞争者的关系，企业与社区的关系，企业与政府的关系，企业与自然环境的关系等。

一般企业都可能要面临上述关系，在实际经营活动中，还会产生一些别的关系，如企业利用专利来开发新产品，就产生了企业与专利发明人之间的关系；企业与其他企业、高校、科研机构合作开发研究，就形成了企业与合作者的关系。与企业经营活动有关、与企业及其成员有利害关系的所有个人和组织都是企业及其成员的利益相关者。企业伦理就是调节企业及其成员与利益相关者关系的规范。

（4）企业伦理是通过社会舆论、传统习俗、内心信念和内部规范来起作用的。企业伦理与法律都是调节企业及其成员行为的重要手段。但两者在调节方式上有重大的差别：法律是统治阶级依靠国家机器等强制力量执行的，体现了强制性和外在性；而伦理则依靠社会舆论、传统习俗和内心信念而起作用，体现了自觉性和内在性。但企业伦理与一般道德不同。当企业作为道德主体时，为了使企业成员遵守社会提出的企业伦理要求，企业内部可以据此制定出具体的行为守则，对模范遵守者，予以表扬、加薪、评先进、晋升，而对违反准则者予以批评、减薪、降级乃至除名。

（5）企业伦理既有外在性又有内在性。企业伦理的外在性是指，社会对企业及其成员提出了经营行为善恶的规范，这种要求来自企业外部。企业伦理的内在性是指企业及其成员对外部规范的内心感悟，是企业内在的、自觉的认识和要求。这些规范不是墙上贴的，纸上写的，嘴上说的，而是在经营活动中反映出来的、企业真正信奉的规范。我们说一个企业的道德水准低，实际上是说，该企业内在所信奉的并在实践中反映出来的善恶规范低于社会对企业提出的规范要求。

3. 企业伦理研究的任务。理论的作用在于它能指导实践。仅仅指出什么是道德的，什么是不道德的，不是企业伦理研究的根本任务。使企业及其成员更道德才是企业伦理研究的根本任务，是社会赋予它的光荣使命。

为了履行社会赋予的使命，企业伦理研究需要承担以下五个方面的任务：

（1）描述企业的伦理现状。了解企业伦理的实际状况，比如，哪些企业道德规范遵守得比较好，哪些没有得到遵守；有哪些不道德现象，其严重程度如何；产生不道德经营行为的原因是什么；企业与哪些利益相关者的关系处理得比较好，哪些处理得比较差；企业经营者的道德素质怎样，企业员工的道德素质如何，等等。

（2）讨论企业伦理规范。企业伦理不是一成不变的，特别是在我国，从计划经济向社会主义市场经济转变，企业性质发生了重大变化。市场经济条件下的企业是面向市场、自主经营、自负盈亏、自我发展和自我约束的市场竞争主体和法人实体，具有自主性、趋利性、竞争性和平等性等特点。同时，企业与利益相关者的关系发生了"脱胎换骨"的变化。企业性质及企业与利益相关者关系的变化，要求有新的企业伦理规范与之相适应。

另一方面，企业经营有其自身的特点，不能照搬一般伦理规范。例如，诚实无疑是一种美德，可在经营实践中，问题就不是那么简单。企业经营在哪些情况下必须诚实？在哪些情况下可以有所保留？保留的程度允许有多大？单纯的诚实原则很难回答这些疑问。可见，如果企业伦理规范停留在一般规范上，就不可能贴近经营实践，就不可能对经营实践提供真正有益的指导。因此，企业伦理研究的一个任务就是建立一套能充分考虑企业经营特点的伦理规范。

（3）对企业及其成员的行为进行道德评价。运用伦理规范，根据行为的动机和效果来评价企业及其成员行为的善恶，特别应从理论上对似是而非的问题进行分析，明辨是非。例如，买卖双方自愿的经营行为有没有道德问题？粗看上去，既然是双方自愿，就不会有不道德的事情发生，其实不然。由于出售者与购买者之间常常存在着信息不对称，即出售者比购买者拥有多得多的关于产品或服务的信息，购买者往往是在信息不完备的情况下做出购买决策的。所以，如果出售者故意隐瞒关于所售产品或服务的真实信息或做虚假宣传，即使购买时双方自愿，出售者的行为仍然是不道德的。企业伦理研究不仅要指出什么经营行为是正当的，什么是不正当的，而且更重要的，是要证明"正当的行为"为什么是正当的，"不正当的行为"为什么是不正当的。道德规范的有效性并不取决于权威的命令，而取决于理由的充分性。

（4）探索新颖的，既符合企业伦理要求又能给企业带来利益的经营管理模式。企业伦理研究不能仅仅停留在评判现状上；相反，它应该具有创造性，能够开拓企业经营管理的新视野。企业的目的是双重的，既要追求利润，又要对社会做出贡献。利润对于企业就像氧气、食物和水对于人一样，没有它们，人就活不下去；没有利润，企业也不可能生存和发展。然而，如同人活着不是为了拥有氧气、食物和水一样，利润也不是企业追求的最终目标。企业的最终目标应该是通过集体活动，借助于企业这种组织形式对社会做出贡献。既然追求利润和对社会作贡献都是企业应该做的。那么，企业伦理研究的任务就不在于抽象地区分经营实践的利己与利他并把它们对立起来，而在于设计和提出能促使经营行为既符合企业伦理要求又能给企业带来利润的经营目的、经营思想、决策程序、组织结构、报酬制度等。

（5）造就"道德的企业"和"道德的个人"。这是企业伦理研究的归宿。所谓"道德的企业和个人"，是指其经营行为是善的、应该的、符合道德规范要求的。造就"道德的企业和个人"需要多管齐下。包括深化改革，克服短期行为和地方保护主义，在制度上消除一些不道德行为赖以产生的温床：加强法制，使违法者（往往也是严重不道德者）为其恶的行为付出沉重的代价；加强舆论监督，开展多种形式的教育，赞扬行善者和善的行为，谴责行恶者和恶的行为；制定企业内部行为道德守则，把是否遵守道德守则与业绩考核挂起钩来。企业伦理研究的任务是要充分发挥企业伦理的独特调节作用。深化改革、加强法制之类措施虽然不属于企业伦理调节的范畴，但却是企业伦理调节发挥作用的基础和保证。对于这类措施，企业伦理研究也应从自身角度提出建议、设想，发挥它们的综合作用。

（二）企业伦理与中小企业发展

1. 中小企业伦理与道德建设的必要性和重要性。当前，中小企业虽然取得了骄人的发展业绩，为国民经济的发展做出了巨大的贡献，然而，在发展过程中也出现了很多令人担忧的非伦理经营行为。而且，由于社会上存在一些对伦理认识的误区，认为中小企业处在一个"原始积累"的时期，只有企业做大做强以后才有通过伦理行为来维护企业信誉的必要和可能。这些被扭曲的思想观念导致了我国中小企业比大企业的伦理问题更加突出。中小企业伦理缺失问题不仅损害了企业声誉，阻碍了中小企业自身的发展壮大，而且在一定程度上扰乱了经济发展秩序，阻碍了整个社会的持续健康发展，因此，要解决我国企业目前存在伦理缺失问题，应该从问题最突出的中小企业着手。

（1）中小企业伦理与道德建设，是社会对中小企业发展的期盼和必然要求。社会时代的演进及人们对于企业观念的改变，客观上要求企业承担起超越经济目标的更广泛的义务。"企业要想在明天获得生存，今天就必须关心非企业经济问题即企业伦理问题"。作为我国经济主体重要成员的中小企业，进行企业伦理构建，是适应社会的必然要求。

①社会的期盼。首先，市场经济体制的正常运转要求企业承担社会责任，市场经济的规则，伦理要求是社会经济运转所必须的内容，它既可以促使企业降低交易成本增进合作效益，同时可以给企业赢得美誉，取信于消费者。其次，我国是社会主义国家，对企业有更高的伦理要求，随着我国经济体制改革的深入，中小企业对社会各个领域将产生深远的影响，这决定了中小企业在加大物质文明建设的同时重视精神文明建设，承担更大的社会责任。如治理环境污染，维护生态平衡，实现人与自然和平共处等义务责无旁贷。再则，我国加入了世界贸易组织，我国在经济上逐渐融入国际社会，使我国中小企业必须重视遵守国际上的伦理规范，应对国际范围的竞争。

②信息技术的迅速发展和广泛应用，使世界各地的公司及其经营人员处于各方面的监督之下。在当今时代，媒体、政府和非政府性质的监察人员以及公众，都有条件利用现代信息技术了解企业的行为，并对之做出迅速的评判，那些涉嫌违背道德，危害社会的企业将成为新闻和大众舆论的焦点，成为被批评、抨击和谴责的对

象，企业形象一落千丈，企业将付出巨大的悖伦行为的道德成本，使企业的经营陷入极大困境，如美国安然公司的倒闭，美国世界电信公司的重组，以及我国南京冠生园月饼陈馅事件等，是生动的注解。

③顾客维权意识的高涨，各种为伸张和维护人的基本权利的各种法律法规日益完善。随着不断增长的物质文化生活水平的提高，顾客的价值观念也在发生深刻的变化。他们不仅希望企业提供价廉物美的有形产品，同时也希望企业能够提供优质的更符合社会优秀文化、伦理道德的无形产品。在买方经济的时代，顾客用"拒购"的行动来表达对企业伦理品质的关注变得更为强烈和容易。顾客越来越把自己被侵权的行为诉诸法律。如果在法律上处于不利地位，公司及其管理人员就会因此付出昂贵的代价，其中包括花费大量的时间、精力接受调查，进行谈判和打官司，或支付大笔诉讼费与损失赔偿费。一些企业可能因此破产。近年我国的法制建设得到迅速发展，执法环境明显好转，特别是加入 WTO 后，我国的法制进一步得到完备，与国际接轨。如我国的消费者权益保护法律的修改，民法典的出台就是明证。

④竞争理念发生了变化。现代社会随着信息技术、经济全球化的发展，知识经济的到来，市场的交易内容和方式发生了变化，竞争理念出现了新的改变，一方面，企业之间的竞争是合作式的竞争，既是竞争对手，又是伙伴关系。竞争的范围和内容已经超越了行业、国界的限制，竞争方式已经由过去的个体竞争为主转向群体实力之间的较量。另一方面，竞争的结果是与对手平分秋色，追求双赢。"我有利，客无利，则客不存；我利大，客利小，则客不久；客我利相当，则客可久存，我可久存"。中小企业必须树立新的竞争观念，从大处着眼，符合伦理经营，在竞争中求合作，营造"双赢"或"多赢"的氛围，这样才能取得更强大、更持久的竞争优势。

（2）中小企业伦理与道德建设，是中小企业培养核心竞争力，追求永续经营的必由之路。

①企业伦理塑造中小企业崇高核心价值观念。企业核心价值理念是企业行动的基石，企业价值观的核心是企业的伦理观。什么样的价值观，就有什么样的企业行为，崇高的中小企业核心价值观念，应该是尊重人，即尊重所有利益相关者；追求卓越，企业在进行一切经济活动时，都要力争出色地完成，力争创造既有利于企业又有利于利益相关者及社会的"多赢"结果，不断创新实践，这正是企业伦理所要求的，悖伦理的企业是无法做到的。

②构建企业伦理与道德是中小企业的利益驱动。企业利益包括物质利益和非物质利益。物质利益，也称显性利益，主要指经济效益；非物质利益，也称隐性利益，主要包括企业内聚力，员工的价值理念，精神风貌，企业对外的良好信誉和良

好的伦理形象。在现今竞争同质化的时代，非物质利益可以转化为物质利益，也正是这些非物质利益，才能使企业越来越重视在伦理道德的竞争环境中保持核心竞争优势，取得长期发展。中小企业作为经济主体，客观地面临自我利益和社会利益矛盾，且必须在实现社会利益的前提下才能实现自身的利益。

③企业伦理是现代企业制度不可缺少的软件。现代企业制度构筑的逻辑前提：一是明晰的产权，二是独立人格，三是可靠的信用，四是完善的法制，五是敬业的经理阶层，六是成熟的市场环境，缺乏其中任何一个因素，肯定不能构筑科学意义上的现代产权制度和现代企业制度，所有这些前提，都涉及一个社会基本伦理关系，诸如财产归属伦理、人格独立伦理、社会信用伦理、法制伦理、市场伦理和企业家经营伦理。这六大伦理支持着现代企业制度。

④企业伦理是人本管理的客观要求。人本管理是以人为本思想为指导的管理活动，谋求人的全面自由发展为终极目的的管理，人本管理又分为两个层面，一是应确立人在管理过程中的主导地位，围绕着调动人的积极性、主动性和创造性开展企业的一切管理活动，这是维系企业生存和发展的根本；二是通过以人为本的企业管理活动和以尽可能少的消耗获取尽可能多的产出的实践，从而锻炼人的意志和人格，提高人的智力，增强人的体力，获得超越受缚于生存需要的更高层次的更为全面的自由发展。企业伦理正是把人以及人的素质放到管理的最高点，以此来促进各项工作的顺利开展。

⑤基于伦理优势的竞争优势是企业的核心竞争力。企业追求利润与讲求道德，两者可以兼得，并相得益彰。中小企业通过超越法律全面地合乎伦理的行为，并长期一贯地坚持，真诚实意为他人着想，耐心地从点滴做起，并且与公众保持良好的沟通是可以创造出自己的伦理优势。伦理优势可以转化为远大的企业目标，崇高的企业价值观，双赢战略，伦理领导，高质量的人力资源，顾客满意，良好的企业形象等，而这些是竞争优势的源泉和保证，从而使得伦理优势转化为竞争优势。伦理优势引发的竞争优势是一种可靠的竞争优势，它是产品优势，服务优势，成本优势的基石；是一种制胜的竞争优势，在同质化竞争趋向的时代，伦理优势成为一种新的制胜武器；是一种长远的竞争优势，伦理优势不是花钱就可以买到，需要靠自己创造，也不是一朝一夕就能建立起来的，需要长期的积累。所以，基于伦理优势的竞争优势不会被竞争对手轻易超越，企业成立的时间愈久，伦理优势则愈来愈有威力，建立在伦理优势上的竞争优势是最有生命力的竞争优势，是一种主动性竞争优势，完全取决于企业本身，是企业的可控因素。

2. 中小企业伦理与道德建设的内容。

（1）投资伦理。企业的投资方向是受市场潜在利益牵动的，盈利是企业的必然行为，但是这种盈利必须建立在符合投资伦理的基础之上。企业上新的投资项目，其主要目标不是单纯追求销售量的短期增长，而应是着眼于长久占领市场阵地，这就需要不断创新的伦理精神指导投资。它要求企业重视市场调研，在消费需求的动态变化中不断发现那些尚未得到满足的市场需求，从反映在市场上的消费需求出发，按照"目标顾客"的需求，比竞争者更有成效地去组织新的投资和生产。

　　具体地讲，投资伦理需要把握以下三点：一是要求企业投资者对市场负责，不搞大呼隆，盲目的重复生产，这样做只会造成资源的浪费，既不经济，又不道德。二是要求对消费者负责。投资生产的生产内容要健康。借助于少数人不健康的消费需求，启动研制生产有害物品甚至毒品，这种反伦理的投资，偏离了社会发展的方向，对消费个体的人生或身体会产生有害影响。三是要求对自然环境负责。选择投资项目，必须考虑此项目的上马是否会污染环境，是否会破坏生态平衡，以及如何采取防止污染的措施。应坚决禁止边生产边污染边处理的现象。而应在投资开始就彻底解决好这一问题。目前，许多企业排放污水、释放有毒、有害的物质，对大自然的破坏，对人类自身的威胁已引起世界各国的关注。尤其是发展中国家现代化进程中是否必须以此为代价来实现工业现代化，已成为人们关注的焦点。

　　（2）生产伦理。在生产过程中，生产伦理作为劳动者的特有精神，与劳动工具、劳动对象结合和配置，形成生产能力。生产伦理不仅仅反映在生产中对生产要素的道德化处理，还反映在生产结果上，即产品的投入产出率是否符合效益原则，对资源的利用是否符合可持续性原则等等。生产伦理参与生产后被物化为产品，形成企业形象、商品形象，体现着其道德水平和价值的大小。"名牌产品既是物质产品，也是伦理实体"就是讲的这个道理。加强生产伦理建设除了企业管理应坚持"以人为本"的经营观念，提高员工的责任心和质量意识外，企业还应该不断强化生产技术标准、杜绝浪费、减少生产过程中的不合理环节和不科学工艺，力求生产过程经济化、规范化、高效化，并使其成为企业自觉的行为。

　　生产环节，是企业行为的重要组成部分。在生产中的不道德行为，破坏了企业的形象，直接影响了企业的经济效益。因此，应努力避免以下反生产伦理的不道德行为：生产技术不能达到满足社会需要的要求而强行生产，从而导致消费过程中的恶性事故不断发生；管理松懈，执行标准不严，导致产品内在质量下降，致使消费过程提前结束或中断；生产过程中不执行标准，管理水平低下，造成产品的不合格或非法替代品对产品内在质量的严重损伤；生产非法假冒伪劣商品等。反生产伦理的生产是伦理约束无力，特别是自律无效的情况下进行的。因此，加强生产伦理的约束力，创名牌产品，是生产伦理建设的关键。

（3）营销伦理。企业的企业广告，是商品销售的前奏，其伦理的实质在于真实性，实事求是地介绍商品的性能和使用价值，不夸大、不缩小、不故作玄虚、不哗众取宠。欺骗、夸张、误导的广告可能奏效于一旦，得益于一时，却经不起时间的考验而信誉受损。广告过后的销售是营销过程的关键环节。除了遵循商品经济规律和政府有关法规外，还应遵守市场营销伦理，妥善处理好与供货方、经销方、批发商、零售商等的关系，以互惠互利的原则，努力赢得顾客的信任。

（4）竞争伦理。社会主义企业之间的关系，是相互协作、相互支援的关系，这种关系并不排斥竞争。市场经济作为人类经济生活中的一种现象，其基本特征是利用价值规律和市场法则，通过降低成本使自己凝结在商品中的个别劳动量低于社会平均必要劳动量，从而获取比其他企业更多的利润，并通过自己的优质产品和优质服务扩大市场占有份额。商场如战场，但又毕竟不是战场，市场机会是永远存在的，而一个企业，如果其行为不遵守竞争规则，将难以在市场中长久立足。

（5）管理伦理。管理活动是企业行为中的一项重要活动，而对人的管理，从各个方面调动人的积极性，则是所有管理活动中最为重要的方面，特别是在当代社会，以人为本的人本思潮向管理学的渗透，逐渐使它从一种观念形态变为直接的管人之道和用人的伦理。

在企业中，管理者就是企业家和以他为核心的管理领导层。他们的道德素质对员工、对企业乃至对社会都会产生重要的影响。因此，作为企业家及其管理领导层，所必备的伦理素质应该是：秉公办事，不谋私利；严于律己，宽以待人；造福社会，用户至上；勇于进取，开拓创新。相反，一个企业领导如果胸无大志，不思进取，因循守旧，不负责任，滥用职权，独断专行等等，只能将企业引向死胡同，或倒闭、或被人兼并。企业管理领导层的伦理道德如此重要，那么，在现代企业管理中，除了领导者自身的伦理形象外，还必须在不断改革、不断完善管理制度等微观管理方面融入伦理的内容，从而在最大限度内，激励员工积极性和创造精神的发挥，提高企业的内在效率和凝聚力。第一，使员工有充分发挥自己能力的机会，在安排工作时，尽可能考虑员工的能力、特长、爱好等因素，使人尽其才。第二，注重调查研究，在做决策和下达命令之前，应充分了解情况，避免主观臆断，瞎指挥等现象发生。第三，布置任务时，要讲清楚完成任务的必要性，要完成的任务对全局的影响，对本单位和参加者个人的影响。并注意语言艺术，避免命令的口气。第四，在分派任务的同时应正确授权，给任务执行者完成该项任务的相应权力。要遵循分级管理的原则，避免越级授权和越级指挥。第五，尊重员工的人格，采用适当激励的机制。对职工的工作业绩和表现进行评判，奖励和惩罚是必要的，但是必须讲究方法和效果。

在管理伦理的个人层面上，则是广大员工团结在"我与企业共存亡"的旗帜下所进行的一种自我管理。它要求员工有强烈的责任心和无私的奉献精神来体现自己的价值。对工作，兢兢业业，精益求精，勤俭节约，杜绝浪费，遵守劳动纪律，维护生产秩序；对业务，努力攻关，不断进取，学习新工艺，掌握新技术；对同事，互尊互帮，团结协作，取长补短，共同进步。

总之，企业伦理是一种非制度化的行为规范，它不像法律那样以强制手段发挥作用，而是企业的一种内在的自觉的软约束。它只有在为人们真心诚意地接受并转化为人的情感、意志和信念时，才能得到实现。换言之，企业伦理是企业把领导和员工接受客观规律约束同发挥主体自觉统一起来，是企业走向自我解放、自控自律的一种充满和谐精神和进取精神的企业文化观念。

● 本章小结 ●

企业伦理具有以下五个方面的内容和特征：企业伦理是关于企业及其成员行为的规范；企业伦理是关于企业经营活动的善与恶，应该与不应该的规范；企业伦理是关于怎样正确处理企业及其成员与利益相关者关系的规范；企业伦理是通过社会舆论、传统习俗、内心信念和内部规范来起作用的；企业伦理既有外在性又有内在性。企业伦理的功能主要有：指导企业选择正确决策；帮助企业打造信誉；和谐企业与相关者的关系；保证市场经济体制健康运行。企业伦理研究需要承担以下五个方面的任务：描述企业的伦理现状；讨论企业伦理规范；对企业及其成员的行为进行道德评价；探索新颖的，既符合企业伦理要求又能给企业带来利益的经营管理模式；造就"道德的企业"和"道德的个人"。

当前，中小企业虽然取得了骄人的发展业绩，为国民经济的发展做出了巨大的贡献，然而，在发展过程中也出现了很多令人担忧的非伦理经营行为。中小企业伦理缺失问题不仅损害了企业声誉，阻碍了中小企业自身的发展壮大，而且在一定程度上扰乱了经济发展秩序，阻碍了整个社会的持续健康发展。因此，中小企业伦理与道德建设，是社会对中小企业发展的期盼和必然要求，是中小企业培养核心竞争力，追求永续经营的必由之路，具有必然性及重要的意义。

中小企业伦理与道德建设的内容主要有以下几个方面：投资伦理、生产伦理、营销伦理、竞争伦理、管理伦理、社会营销伦理。

▶ 思考题

1. 我国中小企业伦理特征有哪些表现？
2. 企业伦理的含义是什么？有哪些内容与特征？企业伦理的功能有哪些？研究的任务是什么？
3. 中小企业伦理与道德建设的必要性和重要性体现在哪些方面？
4. 中小企业伦理与道德建设的内容是什么？

▶ 案例应用

我国中小企业伦理缺失的表现

2005 年 2 月 18 日，一种叫做"苏丹红"的食品添加剂引起了全球关注。几百种品牌食品因含有致癌色素"苏丹红一号"而被查封。我国在 1996 年食品添加剂卫生标准就明令禁止使用苏丹红，英国食品标准署刚发出警告时中国许多企业异口同声说"我们没有苏丹红"，可是一经检测，因苏丹红而被勒令下架的产品数量与日俱增，给消费者带来了空前的恐慌。食品安全谎言堆成的大厦顷刻倒塌，企业诚信问题又一次被提上日程。

据专家评论，当前我国企业伦理的缺失是导致市场经济秩序混乱的一个重要原因。虽然历经整治，但是伦理危机仍未得到很好的解决，在某些领域甚至有愈演愈烈之势。

▶ 问题

我国中小企业伦理缺失有哪些表现？

第一篇

企业伦理的一般原理

第一章

企业道德的起源与本质

❖ **本章学习目标**

阅读和学完本章后，你应该能够：
◇ 了解企业道德的起源
◇ 了解企业道德的本质

开篇案例

问题的提出

有这样两种观点：一种观点认为，在市场中活动的各主体是纯粹的经济主体，他们进入市场的惟一目的是追求经济利益的最大化，他们之间的关系也纯粹是经济关系，市场调节人们行为的机制和手段也纯粹是经济性质的。因此，市场经济无须道德的参与。如果一定要讲什么道德的话，那么在市场上追求自身利益的最大化就是一种最根本的道德活动、道德标准。另一种观点则认为，市场经济是反道德和排斥道德的，为了使市场经济合乎道德地进行，必须由社会从外边将道德规范灌输进去，社会从外部为市场立德立法。应该指出，上述两种观点都没有正确地说明市场经济和道德，特别是和经济伦理、企业伦理的相互关系，都未能正确地评价市场经济对道德的影响。下面我们将要从企业道德的起源与本质方面入手来探讨这些基本问题。

一、企业道德的起源

（一）商品交换的产生与发展是企业道德产生的前提

1. 劳动是道德起源的历史前提。人之所以能在各种活动中分化出专门的道德活动来，是经过长期发展的结果。动物也有各种各样的活动，但终究归结为本能的驱使，而人的活动，则是有意识、有目的、有不懈追求的活动。人类社会的历史，不过是追求着自己目的的人的活动而已。在人的所有活动中，最伟大、最有价值，也是人真正同动物区分开来的，是人类的生产活动——劳动。劳动不但创造了人本身，也创造出社会，创造出社会关系，创造出人的道德。劳动是人类道德起源的第一个历史前提。

首先，劳动活动创造了道德主体。人类通过劳动活动，不仅使自然界人化，使之成为人劳动的对象，而且使人自身社会化，使人成为现实的社会的人。道德是人的道德。人作为道德的主体，并不是一下子生成的，而是经历了一个漫长的历史过程。在这一历史过程中，劳动活动起着决定性的作用。第一，猿人为了能够生存而征服自然的"前劳动"和劳动，使猿的形体、结构发生了一系列根本性的变化，形成了人的手、足、大脑和感官，为人成为道德主体创造了自然条件。第二，劳动活动使猿群居生活的本能逐渐得到了改善和加强。环境的恶劣、个体力量的单薄，决定了劳动必须在群体中进行。劳动把本来是孤立的个人联系起来，形成相互依赖、相互协作的关系。为人作为道德主体创造了社会条件。第三，劳动使人的意识在猿本能的基础上逐步发展起来。由于经常使用工具作用于对象，使本来是外在的东西变成了内在的影像。影像在量上的不断积累和在质的不断提高，逐步萌发出人类最初的意识、语言和交往。意识、语言和交往丰富和发展了原始人的生活和活动，为人作为道德主题奠定了主客观基础。

其次，劳动活动创造了对道德的需要。劳动最初是一种涵盖人类一切领域的原始活动，是未分化的统一活动，因此还不可能产生道德。后来，劳动开始沿着两个方向日益深化，一是分工，二是协作。分工和协作把人与人的关系固定在劳动过程中。某种人多次重复某种活动，就会产生某种习惯或秩序，按照这种秩序进行活动，是由分工关系的内在必然性决定的。一开始，蕴藏在劳动过程之中的是劳动的自然性。但是，随着劳动活动日趋复杂，对分工和协作的要求逐渐增多，再仅仅靠劳动本身来维持就远远不够了。劳动的发展需要有一种新的东西来执行维持劳动过程职能的东西，这就是风俗习惯和后来的道德。恩格斯指出，在社会发展某个很早的阶段，产生了这样的一种需要：把每天重复着的生产、分配和交换产品的行为用一个共同规则概括起来，设法使个人服从生产和交换的一般条件。这个规则首先表现为习惯，后来便成了"法律"。这里说的法律是指习惯法，它是法律控制作用的机制。这个过程也适用于道德法，即道德规范的产生过程。它表现在人类社会生活方式发展的历史上，法律和道德是行为规范调节手段所形成的两条主要路线或方式。

再次，劳动创造了道德产生与发展的动力。原始劳动的"完满性"决定了人与人、个人与整体在根本上的一致：个人没有自我观念，没有对利益的追求，一切都从属于整体、从属于劳动过程。这些为后人所敬仰的观念和行为，在当时是自然而然的，因此还不是后来所理解的道德。随着劳动的发展，劳动产品的剩余，使得原始人产生了利益的观念和追求，利益的追求又把自然的差别与分工变成了社会的差别与分工。人与人、个人与整体的统一被打破了，而氏族要保持自身的存在，又必须维护这种统一。早已存在的风俗习惯第一次被自觉地赋予这方面的功能，进而又创造出种种其他形式的东西，行使着约束行为的功能。人际关系的差距越大，对道德的需要就越大。劳动不仅产生了人对利益的追求，引起人与人的差距和矛盾，推动着道德的产生。而且也产生对自身全面发展的要求。尽管这种意识和要求在最初还很不完善，还没有成为道德的主要动力和基本内容，但它一旦形成，就孕育着强大的生命力，成为道德发生中的积极的肯定的动因，推动着道德形成与发展。劳动在人类道德的联系发生中所起到的重要前提作用，在人类道德的个体发生中也得到了应验和重现。个体在初生之时，只有一些简单的运动，随后才产生较为完整的有目的的动作及其进一步的行为活动，而且在智力和体力的不断培育和发展过程中，最终才能发展为改造自然和社会的能动的实践活动。个体道德主体的道德意识、道德心理及道德行为，其成熟程度恰恰是与各个个体道德主体的这一系列活动过程紧密相关的。离开了个体的活动（尤其是劳动），道德在个体身上萌发并成熟是不可思议的。

总之，任何规范调节方式的产生，归根结底都是根源于社会劳动活动的某种客观需要和社会历史条件。正是以劳动为核心的人类活动，为道德的起源创造了第一个历史前提。

2. 商品交换的产生是企业道德产生的前提。商品交换活动是人类社会活动发展的结果，又推动着社会的发展与进步。自从商品交换活动产生以来，交换劳动就成为人类劳动的一个重要组成部分。交换活动所要求的是平等与规范，等价交换是商品经济活动的基础，否则，商品交换就难以完成。这种规范一旦形成，就成为商业活动，尤其是企业道德的核心内容，成为企业活动的重要规范，进一步成为企业道德产生的前提。

（二）企业社会关系的发展为企业道德的起源提供了直接的基础

1. 道德是一种社会关系，社会关系的发展为道德起源提供了直接基础。原始劳动从自然分工到社会分工，经历了极其漫长的发展历程。在这一历程中，人类的社会关系逐渐形成并趋于完善。社会关系首先表现为劳动关系、交往关系，进而表现为道德关系、政治关系等等。社会关系的发展，为道德的起源提供了直接的基础。

道德只有在社会中，在发生个人与整体、个人利益与整体利益的关系的时候和地方，只有当人脱离了动物界并将其合群的本能上升为交往关系时，才有可能发生。动物只依靠自身器官从自然界取得现成的东西维持生存，只能作为类的个体消极地适应环境，他们之间不可能形成关系。马克思指出："凡是某种关系存在的地方，这种关系都是为我而存在的，动物不对什么东西发生'关系'，而且根本没有'关系'；对于动物来说，它对他物的关系不是作为关系存在的。"因此动物不可能有什么道德。认为人类的道德是动物某些本能的继续，实际上是把道德的起源归结于动物的非科学观点。本能不能形成关系，而没有关系的人是不能称为人的，人的本质是一切社会关系的总和，离开了社会关系，就不会形成人，也就不可能产生人的道德。

道德的发生不仅必须以社会关系为前提，而且还必须以复杂到一定程度的社会关系为依据。并非人的任何关系都能产生道德。劳动使类人猿最后脱离了动物界而进入人的领域。由于客观和人本身能力的限制，不得不结成劳动共同体，抵御大自然的侵袭、保障自己的生存。但这种关系乃是最简单、最狭隘的社会关系，在这种关系的基础上，道德还只处于萌芽时期。

道德从萌芽到形成，是同社会关系的日趋复杂密切联系在一起的。在原始社会初期，人类的劳动还很不发达，劳动的节奏和秩序还很不明显，个人在劳动中的地位和作用也没有表现出来。所以，相互关系往往带有临时性、偶然性，随着建立在两性基础上的劳动分工的出现，每一性别不仅有自己的特殊劳动地位，有自己相应的劳动工具或手段，而且也逐渐结成了较为广泛、较为稳定的生产关系和交往关系。他们知道何种关系会带来利益，何种关系可避免伤害，以及应该建立哪些关系，应该禁止哪些关系。这些生产关系和交往关系作为原始社会的基本构架，支配着人们的劳动、生活和交往，又作为相对稳定的风俗习惯，维持着原始群体的存在与发展。

分工的发展，交往的扩大，个人地位的日益突出，个人的意识逐渐增强，同时所有相互交往的人们又形成了超然于个人之上的共同利益。个人不仅意识到自己的个性和利益,而且意识到他人的、整体的存在和利益。个人和整体之间既保持着以前那种和谐、统一的关系,又出现了利益分歧与矛盾。这种关系上升为当时社会的主导关系。一方面,在氏族的内部,逐步形成了比较明确的调整个人和整体关系的要求,即个人对整体利益应该怎样不应该怎样的行为准则,并通过群体的舆论使其趋于稳定;另一方面,在人们内心里,也产生了维护整体利益的义务感和荣辱观念。这就是说,在原始社会的物质生活条件发展到一定阶段上,适应一定社会关系的需要,调节个人和整体的关系以及对个人行为提出明确的要求,便成为社会发展和人们共同生活的必要前提,否则氏族或部落的整体利益就不可能维持,个人也无法生存。这些要求逐渐成为氏族社会成员所应共同遵守的行为准则,取代了原来的"风俗的统治",支配着原始人的劳动活动和其他活动,从而形成了人类社会所特有的道德现象。

道德关系的建立,是道德发生过程中一个伟大的进步。道德关系是人类在长期的社会生活中形成的一种客观价值关系。马克思指出:"人在活动之前,并不存在抽象的一般关系,人'并不处在某一种关系中',而是积极地活动",通过这种活动去确定关系。每一种社会活动都有自己特定的形式和内容、节奏和秩序。在无所不包的原始劳动中,只能结成原始的劳动关系,原始劳动的分化,为形成社会的各种关系奠定了基础。因为它不仅使人们结成了与劳动关系不同的关系,而且产生了人的自觉作用于这些关系的活动。道德活动是涉及并自觉调节个人与整体之间利益关系的特殊人类活动,它既是这一关系的产物,又是联结这一关系的媒介,从而推动着人与人关系的发展。

没有与他人的关系、与社会的关系,换言之,没有一张无形的社会关系(尤其是道德关系)之网,道德永远不可能在个体身上发生。因为,个体并不需要这种规范来调节我与他人、我与社会之间的关系。而且与原始初民不同的是,第一批原始初民从动物(类人猿)那里承接下来的并不是属人的关系,因而他们一切属人的关系都是在自己的劳动、生活、交往中自然地"创造"出来的,而婴幼儿从呱呱坠地之时起,就落在了一张千百年来经无数代人们编织好的社会关系和道德关系网之中,在这个意义上说,婴幼儿较之原始初民在社会关系和道德关系面前更加无能为力,更加没有选择的余地,"道德的社会化过程"可以说从婴幼儿诞生那天起就开始了。这就令人信服地说明了社会关系在道德发生上所起的重要作用,也极生动地再现了原始初民在社会关系之中萌生出道德的具体历程。

总之,道德活动就个人和他人、个人和整体的相互关联,它构成社会的最基本的道德关系,在这一关系的基础上,又派生出一系列的从属或并列的人际关系,并由此组成了复杂的道德关系之网,最终标志着原始道德的形成。

2. 企业道德是企业社会关系的反映。企业道德关系也是在商品的交换中逐步形成的。当交换关系日益成为社会关系的主要方面时，企业道德关系也就形成了。企业社会关系的发展为企业道德的产生奠定了基础。

（三）企业社会意识是企业道德产生的必要条件

1. 道德是一种社会意识。在道德发生的过程中，还有一个重要的因素在起着作用，它就是社会意识。

劳动、关系和意识，三者本是密不可分的。我们所说的劳动，不是指动物本能的反应，而是指人类自觉地制造工具、把工具作用于对象、创造财富从而满足自己的需要的活动。因此，劳动是在人的自觉意识的支配下进行的。没有自觉的意识，就没有人的劳动。我们所说的关系，也是人自觉意识到的关系。动物也能够重复地作用于某一对象，也能相互协作完成个体无法胜任的"工作"。但它们却没有关系，其原因之一就是它们没有自觉意识。没有意识到它们与对象的"关系"。相反，人有意识地去"建立"关系，去作用关系，去改变关系，从而使关系变成"为我"的"关系"。

意识是道德发生的前提，而意识本身又是在人类的实践活动中逐步形成的。意识的形成过程就是道德的起源过程。马克思指出："人的智力是按照如何学会改变自然环境而发展的。"即使在原始人打制石器这种最初的实践活动中，活动的主体也"不仅使自然物发生形式变化，同时他还在自然物中实现自己的目的，这个目的是他所知道的，是作为规律决定着他的活动的方式和方法的，他必须使他的意志服从这个目的。"意识在这种劳动中，在劳动的目的性中滋生并逐步使最初的自然意识得到完善。但自然意识只有发展到以人为对象、让外物服从于自己的需要、成为自己需要的对象和满足自己需要的手段的自我意识时才能成为道德产生的前提，意识和自我意识的形成是道德起源过程中的关键环节，它不仅使人意识到了活动的环境和对象，而且给活动注入了一种意图和目的，给活动的节奏和秩序加进了自觉自为的成分。人开始支配自身的活动，开始形成以人为主体认识和发展自己的强烈愿望，但这种意识和愿望又由于其原始思维的结构而呈现为感性的集体表象。原始人的意识富有浓厚的感情色彩，是经过原始部落、原始民族集体记忆和口头渲染而世代相传的。个人一生下来便生活在这种对有关客体产生的种种尊敬、恐惧、崇拜、渴望等强烈的情感氛围中，从小就在意识中打上了集体记忆的深刻烙印，接受前人的生活经验，遵守集体劳动的秩序，按照习俗调节活动的动机和过程。原始集体表象本身是意识和自我意识不发达的表现，同时也是人类道德准则体系的第一种形式。群体要调节个体的行为，必须凭借自己的绝对权威，正如恩格斯所说："部落氏族及其制度，都是自然所赋予的最高权力。个人在感情、思想和行动上始终是无条件服从的"，这种服从还不能说是道德的。因为，第一，群体的权威并非产生于"所有相互交往的人们的共同利益"，而是自然所赋予的，因而还没有成为自觉的群体；第二，群体还没有有意识地制定一套行为准则系统，它的准则仍以活动的节奏、感性的表象形式行使其功能；第三，个体也没有形成自觉的准则意识，他的行为是不得已而为，并不是自由选择的结果。他遵守某种风俗，也是出于习惯，而没有经过自己头脑的过滤。

道德从不自觉的意识发展为自觉的意识，是一个质的飞跃，是从前道德向道德的过渡。这种飞跃和过渡是一个相当长的过程。人们对个人和整体关系的自觉认识，通过"由表及里、由此及彼"而上升为道德的认识。它一开始并不是普遍存在于所有人的意识中，而是首先在个别人、少数人的意识中比较明确、比较完整，然后随着社会交往和思想交流的发展，随着前代向后代的传播，这种认识才逐步扩展为多数人的普遍的、共同的要求，成为人与人之间应该如何和不应该如何的道德要求。当这种应当的关系成为大多数人的普遍的、共同的要求时，经过一定的集中、概括，"应该"从一般价值观念体系中区分出来，成为独立的道德价值形式，形成比较严格、比较系统的道德原则和规范，从而发挥着调节人们行为和相互关系的作用。这是人类意识相对成熟的标志，也是道德从发生到完成的标志。道德就是人们对自身行为在社会关系中的"应当"与"不应当"的自觉意识，是人们调节相互关系的一种特殊规范体系。

在道德的个体发生过程中，也可以看到意识的这种作用。社会关系对婴幼儿来说，属于一种他律性的东西；活动既形成了人们之间的社会关系、道德关系（这是一种自然历史过程），也把社会关系和道德关系显示在每个个体的面前，使每个个体意识到这些关系对自己的价值和意义，并让每个个体自觉地调控自己对待这些关系的基本态度和行为。但是要做到这一点，没有人的自觉意识是不行的。婴幼儿与成人的差别，在这一点上，表现为婴幼儿必须经过一个从无自我意识到萌芽的自我意识和相对成熟的自我意识的发展阶段。在无自我意识阶段，婴幼儿像动物性很重的最早的古人一样，有的只是本能的意识。在自我意识的萌芽阶段，婴幼儿同原始初民一样，开始把不相关的道德事件联系起来，从某些相同的结果中"猜测"到某些道德准则，从而开始产生"他律"性质的道德意识。在自我意识的相对成熟阶段，婴幼儿"自我中心"的意识一方面可能增强，即像道德只是对"我"、"我的氏族"、"我的血亲"而言的原始初民那样，道德只是对婴幼儿自身、对双亲、对其他可亲近的人而言的；另一方面则可能削弱，即相对深刻地意识到道德的更为普遍的性质。但不论怎样，社会的道德在婴幼儿身上内在化，都必须依靠婴幼儿自我意识的相对成熟的发展，没有婴幼儿的自我意识化作社会道德的内在载体，道德就不可能从他律走向自律，就不可能在个体身上发生。显然，意识在道德的起源中起着主体的作用。

2. 企业道德是企业社会意识的反映。与道德是社会意识的反映相吻合，企业道德是企业社会意识发展的结果。在长期的商品交换中，人们逐步认识到一般的商品交换规范，认识到只有按照某种大家都能接受的某种规范进行交换时，商品交换才能顺利进行，这样就形成了人们的企业社会意识，并逐步成为主导人们进行企业交往活动的主导思想，它对企业道德的形成起着重要的作用。

二、企业道德的本质

本质是与现象相对应的一个范畴。所谓道德本质就是指道德作为道德区别于他物的根本性质，是道德基本要素的内在联系和道德内部所包含的一系列必然性、规律性的总和。伦理学的基本任务就是通过研究道德现象而把握道德的内部结构和本质。但以往的伦理学由于其历史和阶级的局限，由于其出发点和方法的偏差，对道德本质的问题大都得出了错误的结论。马克思主义伦理学一方面根据社会存在决定社会意识的基本原理，扬弃了旧伦理学的道德本质观，把道德本质置于科学的历史唯物主义基础之上；另一方面又认为正像"人的思想由现象到本质，由所谓初级的本质到二级的本质，这样不断地深入下去，以至于无穷"一样，对道德的本质的认识也是一个由浅入深的过程，我们不但要把握道德的一般本质，即道德作为社会意识形态的根本属性，也要把握道德的特殊本质，即道德区别于其他社会意识的内在性质，还要把握道德的更深层次上的本质，即道德作为人类实践精神活动的必然性规律性。

（一）企业道德是一种企业社会意识

道德是一种社会意识，是从道德作为社会意识的反映得出来的结论。然而，历史上，把道德的本质说成是神的意志，或者是主观精神、客观精神，这是对中外伦理学影响很大的几个最典型的观点。西方基督教神学家认为，道德是上帝意志的表现，上帝在造人时，曾把德性赋予人类，但人滥用自己的自由意志，听信魔鬼的诱惑，违抗上帝的命令，犯下了原罪，走向堕落。只有诚挚地向上帝忏悔，恳求主的宽恕，热爱、信仰、寄希望于上帝，才能重新进入幸福和道德的世界。我国汉代的大儒董仲舒说，"今善善恶恶，好荣憎辱，非人能自生，此天施之在人"。他认为道德的本质乃是上天的命令和规定："道之大原出于天，天不变，道亦不变"。这些观点把道德归于上帝或人格神的天，不但没有真正解决道德本质的问题，反而将其掩盖起来或推到神秘主义的彼岸世界。

除神学家之外，大多数唯心主义思想家认为，道德乃是精神的产物。主观唯心主义者认为，道德是受人的主观精神如先验的善良意志、自我意识、良心等决定的；客观唯心主义者则认为，道德是客观精神如理念、逻辑、绝对精神、天理的外化和表现。这些观点虽然看到了道德乃是人的意识或精神，但它把这种意识无限地夸大，以至于否定了其客观的社会基础和内容，使之成为自我决定、自我发展，甚至先于人和人类社会的东西，又从根本上歪曲了道德的本质。

马克思主义伦理学首先从批判这些错误的观点出发，揭示出道德的一般本质，认为道德既不是人主观自生的，也不是神的意志，道德的本质蕴藏于社会生活之中，是一种特殊的社会意识形态，受着社会关系特别是经济关系的制约。全部的社会关系可以分成两类，一类是物质关系即经济关系，它是决定其他一切社会关系的基础；另一类是思想关系，如法律关系、政治关系、道德关系等，它是通过人们的意识形成的，受着物质关系的制约。社会经济关系对道德的形成起着决定的作用。

第一，社会经济结构的性质直接决定各种道德体系的性质。有什么样的社会经济结构，就相应地有什么样的社会道德。社会经济结构即社会的生产关系包括三个方面，即生产资料所有制、人们在生产过程中的地位，以及消费资料的分配形式，其中生产资料的所有制是社会经济结构的基础。在人类历史上，社会的经济结构归根结底只有两种基本形式，一种是以生产资料公有制为基础的经济结构；另一种是以生产资料私有制为基础的经济结构。与这两种经济结构相适应，也产生了两种不同类型的道德：一种是统一的社会道德，包括原始社会的原始共产主义道德和在资本主义社会萌芽、在社会主义社会不断发展和完善并随着共产主义社会的实现而形成的全人类道德；另一种是对立的阶级道德，包括奴隶制社会中奴隶和奴隶主的道德、封建社会中农民阶级和地主阶级的道德，以及资本主义社会中无产阶级与资产阶级的道德。

第二，社会经济关系所表现出来的利益，直接决定着道德的基本原则和主要规范。恩格斯指出："每一个社会的经济关系首先是作为利益表现出来的。"这种利益作为道德的直接根源，决定着人们对个人利益与社会利益关系的理解和调整。原始公有制的经济，必然产生统一的社会利益，道德以风俗习惯这样的最初形态自发地维护社会整体利益，把个人利益从属于氏族部落的利益。在阶级社会，经济关系将人们分成两大对抗的集团：剥削阶级和被剥削阶级。利益是从属于阶级经济地位的利益，从而造成阶级利益与阶级利益、阶级利益与个人利益的分裂与对立。统治阶级的道德虽然在名义上也强调社会整体利益，但这种整体利益不过是以普遍形式表达的少数剥削阶级的利益，是"虚幻的"整体利益。因此他们维护社会整体利益，常常仅限于口头上，仅限于装饰门面。社会主义社会，消灭了阶级对立的经济根源，为形成真正的社会整体利益、为整体利益与个人利益的统一创造了条件，同时也为集体主义的道德原则和爱祖国、爱人民等道德规范奠定了基础。

第三，经济关系的变化必然引起道德的变化。这种变化一般表现为质和量两种形式。当旧的社会经济关系日益腐朽、新的社会经济关系日益形成时，旧的社会道德关系也必然随之日益衰微，新的社会道德关系便随之日益兴起。一旦旧的社会经济关系完全被新的社会经济关系所代替，新的社会道德便会或迟或早地取代旧道德而居于社会的统治地位，决定着新时代整个社会的道德面貌。尽管新道德总是要从不同的方面或多或少地继承前人的某些道德传统，但由于不同时代的人们毕竟生活于不同的社会经济关系中，有着不同的利益，因此它与旧道德也有着质的不同。由于社会经济关系的变革是一个由低级形态向高级形态发展的过程，因而历史上前后相继的道德体系也组成了道德进步的过程，表现着人类道德不断发展、不断提高。进而言之，在人类道德史上，一切道德上的兴衰起伏、进退消长，归根结底，无不导源于社会经济生关系的变革。即使在同一个社会里，社会经济关系的某些变化，也常常引起社会道德的相应变化，当某种社会经济关系内部发生某些变化时，生活于这一经济关系中的人们，就会随着对自己利益认识的发展而不断地给道德加进新的内容，或赋予原有道德要求以新的意义。

综上所述，道德是在一定社会经济基础之上产生的一种社会意识形态。道德反映着社会和人类发展的要求，反映着特定阶级的利益。道德的内容、特征、发展和演变都是受经济关系制约的，具有人类精神的一般特征。同时，道德作为社会意识，又不能仅仅停留在精神领域，它要发挥作用就必须有特定的实际附属物，正像法律要借助于国家、警察，艺术要借助于语言、文字、物质材料一样，道德也必须要借助于社会舆论、宣传教育，以及相应的实施机构等，并将它们包容于自身之中，成为社会上层建筑的一部分。道德作为社会上层建筑和意识形态，既具有相对独立的发展过程，又受制于现实社会的经济生活和政治生活，从而表现出与其他社会现象不同的一般本质。

与之相适应，企业道德的本质就是企业社会意识，它决定并反映着企业活动主体所处的利益关系结构，并以一定的社会舆论、宣传教育、约定俗成的习惯或公认的行为模式来调整着企业活动的进行。

（二）企业道德是特殊的规范调节方式

我们把道德放在整个社会中进行考察时，就会发现道德是受经济基础决定的社会意识和上层建筑，从而恰当地揭示出道德的一般社会本质。但是，当我们再深入到社会意识形态的内部，比较诸社会意识形态的异同时，又会发现道德还有着区别于其他意识形态的特殊本质，道德是一种特殊的调节规范体系。

在人类社会长期的发展中，人的活动、人与人的交往和联系，会逐渐形成一定的秩序、节奏；在人与人尤其是个人与他人、个人与整体的关系中，也会相应产生一定要求。这些秩序和要求是人类社会实践的产物，也是人们自觉意识到的，正像列宁所指出的那样，"人的实践活动必须亿万次地使人的意识去重复各种不同的逻辑的格，以便这些格能够获得公理的意义。"秩序、公理、要求相对于个人而言是一种普遍的规律，是一种"应当"，它们改变了人类早期时只知道"日出而作、日入而息"，而不知道自己"应该"怎样生活的状况，使人们开始对自己提出了要求，开始把个别的、偶然的、特殊的活动与一般的、普遍的、必然的东西相对应，并把它们区分为现有与应有、事实与应当。因此，"应当"首先是一种关系，是一种人们自觉意识到的关系。"应当"立足于现有与事实，但又不等于现有，应当是对现有的肯定与否定的统一，是从现有向应有的过渡，是事实与价值的关系。只有对社会发展的规律性、必然性达到自觉时，才能发现应当的关系，也才能产生应当的意识。并非所有的可能性都可以转化为应当，只有那既具有现实基础又符合社会内在必然性的可能才能形成应当，才能作为引导人们达到某一特定境界的应当关系而为人们所认可。其次，应当也是一种秩序，是一种"客观的"力量，支配、左右着人们生活的各个领域，应当本来就是从秩序中来的，但未发展为应当的秩序还是一种潜在的、无所依托的东西，既不为人们所理解，也得不到自觉地遵守，作为应当的秩序保留了原先的强制性，又具有了相当大的灵活性，人不是秩序的奴隶而是秩序的主人，因为正是人发现、创造了应当，形成了秩序。但应当作为秩序，就变为任性的对立物，它要求人放弃偏执，按照"应当"的生活方式、行为模式去生活、去行动。

应当表现为关系、意识和秩序，是联系社会生活、维持社会存在的必要纽带。经过阶级、国家等群体有意识加以总结、提炼概括之后，就形成了人类社会特有的行为规范。行为规范不是单一的个别的要求，而是包括原则、准则、戒律、标准等多层次多方面要求在内的规范体系，是特定的行为方式和生活方式，它们共同组成一个规范之网，将人与人、人与社会联系在一起，保证社会生活的正常进行。

在古代社会，由于社会生活的单纯性和上层建筑的统一性，规范本身并没有或基本上没有分化，同一个规范既是政治的、法律的，也是道德的，甚至宗教的。但总的来说，社会的发展必然要造成规范的分化，形成既相联系又相区别的道德、法律、政治等各种上层建筑和社会意识形态。它们从根本上说都是受社会关系、尤其是经济关系决定的，都是以规范为核心内容的，但彼此之间又有着明显的区别，与政治、法律相比，道德的规范本质更明显、更突出，道德就是由各种各样的规则组成的规范体系。离开规范就无所谓道德。道德不同于其他社会意识的根本特征，就在它的特殊的规范性：

第一，道德规范是一种非制度化的规范。政治规范、法律规范是制度化的规范，是经国家、政治团体或阶级以宪法、章程、司法机构等形式表现出来的意志，是特殊的社会制度。而道德规范则不同，它并没有制度化，不是被颁布、制定出来的，而是处于同一社会或同一生活环境的人们在长期的共同生活过程中逐渐积累形成的要求、秩序和理想，它表现在人们的视听言行之上，深藏于品格、习性、意向之中。

第二，道德规范并没有，也不使用强制性手段为自己开辟道路。法律规范既然是一种阶级意志的体现，就必然要以强制手段强迫人们执行，遵守它的要求就获得了在社会中生活和行动的权利，否则就会受到惩罚。道德规范的实施则不同，它主要是借助于传统习惯、社会舆论和内心信念来实现的。教育、宣传、大众传播媒介等等常常是道德规范转化为人们实际行动的重要手段。

第三，道德规范是一种内化的规范。道德规范只有在为人们真心诚意接受，并转化为人的情感、意志和信念时，才能得到实施。内化的规范也称为良心，良心是人们思想、言行的标准、尺度和检察官，良心形成特定的动机、意图、目的，良心使人们去遵守社会规范。法律规范不管人们是否有遵守的动机，只要在行动上没有违反就不去干涉，而道德规范必须有内在的善良愿望才能加以遵守。那种迫于外界压力而循规蹈矩的人，可以是法律意义上的好公民，但不一定是道德意义上的善人。

企业道德就是规范企业经营活动的一种特殊的规范形式，它不是靠强制力约束贯彻的正式制度，而是内化为企业活动主体内心应当并有内心追求所驱使而心甘情愿遵守的行为规范。

（三）企业道德是一种实践精神

马克思主义认为，道德不仅是一种特殊的社会意识、不仅是行为规范，而且是人类的实践精神，是人类把握世界的特殊方式，是人类完善发展自身的活动。企业道德自然就是一种企业实践精神。

马克思在《1857—1858年经济学手稿》中，曾把人类把握世界的方式分为四种，即科学理论的、艺术的、宗教的和实践精神的。道德是社会意识，是一种思想关系，因此它是一种精神。但道德作为精神又不同于科学、艺术等其他精神，而是一种以指导行为为目的、以形成人的正确的行为方式为内容的精神，因此它又是实践的。道德区别于其他社会意识的根本特征就在于它是一种实践精神。

道德作为实践精神是一种价值，是道德主体的需要同满足这种需要的对象之间的价值关系。需要是人类活动的基本动机，但需要又是分层次的，在物质需要的基础上产生出的精神需要是一种高级的需要，包括艺术的、宗教的和道德的需要。道德需要促使人类结成相互满足的价值关系，推动人们改善这种关系，调节人与人的交往、协作，完善人的人格，形成人类特有的实践精神。

道德作为实践精神不仅是价值，而且是实现价值的行动，是有目的的活动。目的性是人类活动的最基本特征，也是人类精神能够进入实践的主要依据。在所有存在物中，只有人才能根据自己的需要和现有的手段自觉地提出一定的目的。在社会中，"任何事情的发生都不是没有自觉意图，没有预期目前的。"道德也不例外。正是目的决定了道德行为的方向、价值，表现了精神的实践功能。反过来讲，实践精神要成为道德的，就必须转化为一定目的和在这一目的支配下的行动，就必须干预、调节人们的目的，并通过调节目的而达到调节行为。

目的是行为的预期目标。与现有的状态相比，目的是一种理想，因此作为实践精神又具有理性。道德理想是一种善，是集所有特殊物于一身的普遍物，是个别与普遍的统一。黑格尔曾经说过："道德概念，其真正的内容就是纯粹意识与个别意识的统一，个别意识应该看出这种统一对它来说是一种现实，这种现实，作为目的的内容，就是幸福，作为目的的形式，就是特定的存在一般。"黑格尔的道德概念就是道德理想，实践精神把这种理想变为现实，就是实现了自己的目的。实践精神的理想性又在于其行为的义务性。义务是被意识到的道德的必然性，既是外在的职责、使命，又是内在的要求，出于义务的行为是道德的行为，也是将现实升华为理想的实践精神的行为。

从马克思主义伦理学的观点出发，伦理学不仅要强调实践精神的能动性，而且强调其把握世界方式的特殊性。道德作为特殊的实践精神，与以真假范畴把握世界的科学，以美丑表现世界的艺术不同，道德是通过价值方式把握世界的，即以道德评价对象、调节社会关系、预测社会发展、形成行为准则等方式来认识、反映、改造和完善世界。它把世界分成两部分，即善的和恶的、正当的与不正当的、应该的和不应该的，高扬前者、鞭笞后者，不断推动着人类社会的发展。

道德把握世界方式的特殊性是随着人类实践精神的分化而形成和发展起来的。在人类社会的早期，劳动的原始状况和意识的混沌统一决定了当时人们对世界的把握是一体化的，他们还没有意识到自己面前的世界具有多种本质，他们自己也还没有形成多层次的精神领域。随着人类活动日益复杂化并不断分化，人类精神也日益精微而相对独立，人们在认识世界的同时，又在艺术地表现世界、能动地评价世界，并因此形成了科学、艺术、道德等把握世界的方式。这些方式相互联系，在认识中包含有价值和艺术的因素，评价也必须借助于科学认识和艺术形象来发挥作用，艺术将认识与评价集于一身，通过创造出真实的具有道德意义的形象来显示出美的价值，这些就构成了人们常说的真、善、美统一的基础。但另一方面，这些方式又相互区别，既不能以科学代替道德和艺术，也不能以艺术否定科学，它们各自从特定的角度反映着社会生活和世界的本质，从不同的方面促进着社会的进步。

概括地讲，道德把握世界的特殊性表现在以下几个方面：

第一，道德不是被动地反映世界，而是从人的需要出发，从特定的价值出发来改造世界。这里的改造不仅仅是以物质手段作用于物质客体的实践活动，而且是以精神的手段来调节人与人的关系，使社会关系符合某一价值要求的精神活动。这里所说的世界也主要不是指与人类社会相对立的自然界，而是指人类社会、人类活动和人类品质。道德的这种把握之所以必要，是因为人类只有结成群体，社会才能进行生产和再生产，而人类群体和社会只有在有一定秩序和行为准则下才能不至于分裂、出现混乱，道德就是通过形成特殊的社会秩序和行为准则来实现社会的稳定、和谐与发展的。

第二，道德的目的不是再现世界，而是对世界进行评价。评价是道德把握世界的基本手段。道德评价最初是与风俗习惯交织在一起的，通过传统的生活方式和行为方式的延续而维持着人类自身的发展。风俗评价、舆论评价一方面既是按特定的道德准则进行的，另一方面又创造出新的行为规范，制约、指导着人们的行为，这些准则作为评价的依据，规定着评价的对象和内容，它们作为评价的产物，又代表着评价主体的价值取向。评价将有意义和无意义、有价值和无价值、善和恶等加之于评价对象，往往会左右着人们的态度和价值取舍，从内和外两个方面形成道德的环境。对于个人而言，道德评价将外在的准则直接灌输到人们内心，形成个人自己的做人标准和价值目标。而这种标准和目标反过来又作为内心的评价主体，审查过滤自己的动机、欲望、需要、意图，使之符合社会的价值要求和指向社会的价值目标。

第三，道德把握世界不是让人盲目听从外界权威、屈从于现实中的邪恶势力，而是增强人的主体意识和选择能力，动员全部身心力量克服恶行、培养德行，既提高自身的道德境界，又实现社会的道德理想。由于社会中善与恶、高尚与卑劣总是相伴而生，而且在特定时期、特定场合，后者还可能占上风。因此，在把握世界时，道德绝不允许随波逐流，要通过对世界的道德把握来形成人的价值和人生意义，形成人的责任心和义务感。确立人的道德理想，就必须同邪恶势力作斗争，同社会上的腐败现象、同个人的卑污情欲和自私心理作斗争。道德也不允许甘居中游，它要人在把握世界的同时，形成上进心和荣誉感，做到"见贤思齐"、"见不贤而内自省"，不断提高自己的道德境界。道德要求人们在面临几种行为可能性的情况下，在道德冲突的困境中，自觉地选择高尚而弃绝卑鄙，自愿地选取较大的价值而牺牲较小的价值，并以此为人类社会的发展做出自己的贡献。

总之，道德作为一种实践精神，是特殊的意识信念、行为准则、评价选择、应当理想等的价值体系，是调节社会关系、发展个人品质、提高精神境界诸活动的动力。企业道德应该体现这种实践的精神。

◉ 本章小结 ◉

对于企业道德的起源可以从以下三个方面进行理解：商品交换的产生与发展是企业道德产生的前提、企业社会关系的发展为企业道德的起源提供了直接的基础、企业社会意识是企业道德产生的必要条件。

本质是与现象相对应的一个范畴。所谓道德本质就是指道德作为道德区别于他物的根本性质，是道德基本要素的内在联系和道德内部所包含的一系列必然性、规律性的总和。企业道德的本质表现为它是一种企业社会意识、是特殊的规范调节方式、是一种实践精神。

▶ 思考题

1. 如何理解企业道德的起源？
2. 什么是道德本质？企业道德本质有何体现？

▶ 案例应用

中国改革开放后假冒伪劣产品的盛行大致起源于20世纪80年代后期，并由此引发了每年的"3·15"全国打假活动，这项活动至今已开展十余年，然而假冒伪劣产品却仍然盛行，甚至愈发严重。近几年来，有关假钞、假烟、假酒、假名牌服装、毒大米、毒猪肉、毒瓜子的报道时常见诸报端。劣质食品、饮料造成中毒；劣质洗涤品、化妆品使人毁容令人触目惊心；夸大其词的广告更是让消费者眼花缭乱、难辨真伪，极大地增加了消费者的购买成本。假冒伪劣严重扰乱市场经济秩序，损害企业形象，对我国社会生活和经济建设造成了多方面的恶劣影响。据报道，2004年山东省工商系统共查处制售假冒伪劣商品案件13 383件，比2003年增长7.5%。查处的食品案件3 097件，占总案件数的23%。最多假冒伪劣食品的种类是肉类、水产及其制品，共有635件，其次是酒633件和保健食品 620 件。

　　此外，不少企业制作、发布虚假广告和不实产品信息，随意夸大产品的质量和性能指标，隐瞒产品的缺陷和不足，有意抬高本企业形象和产品性能，贬低甚至诋毁其他企业的同类产品等手段欺骗广大消费者，既损害了消费者的利益，也降低了企业广告的可信度。

▶ 问题

　　请分析假冒伪劣商品存在的原因并提出相应的对策。

第二章

企业道德的结构、功能和运行机制

❖ **本章学习目标**

阅读和学完本章后，你应该能够：

◇ 定义企业道德结构、关系、规范和水准

◇ 掌握社会性和个体性企业道德结构以及两者之间的关系

◇ 熟悉企业道德的基本社会功能及其他功能

◇ 了解当代中国社会主义企业道德的形成轨迹

开篇案例

对"南京冠生园事件"的批判

因"陈馅月饼"事件在全国掀起轩然大波的南京冠生园于 2002 年以"经营不善，管理混乱，资不抵债"为由向南京市中级法院申请破产，法院受理此案并正式启动了破产程序，并于 2004 年初公开拍卖。

"南冠破产"谁之过？各方人士对此表露出不同心态：有人固执地将其破产的原因归于媒体的曝光，是"他杀"；也有人说这是企业丧失信誉的必然结果，属"自杀"。认为"他杀"者振振有词："好端端一个企业要不是媒体曝光，怎么会倒？"南京冠生园遭媒体"棒杀"一说在一些政府官员、企业管理者和普通市民中竟颇有些市场。

然而，对于南京冠生园申请破产一事，更多的人则认为是咎由自取。多年来一直冲着冠生园这个老字号买月饼的杨老先生至今仍感到气愤："像这样把信誉当儿戏，不把消费者放在心里的店家，无论是老字号还是新店面，终究要完蛋。"作为同行的南京桃源食品厂厂长孙学钰说，表面看来，"南冠"垮于媒体曝光，而根子上是企业本身失去了起码的"诚信"，不重视产品质量，只想着获取不法利润，结果既害了消费者，又害了自己。"南京冠生园的破产其实是信誉破产"。南京经济学院工商管理系副教授戴庆华一针见血地指出，媒体曝光只是导火线，并非因果关系，而其信誉缺失迟早会出现这种结局，南京冠生园以牺牲信誉为代价攫取利益，无异于杀鸡取卵式的自杀行为。

因失信而破产，南京冠生园破产案成了近年来国内知名企业中的第一例，因此也备受各界关注。怀着对失信行为的痛恨之情，许多人倾向于把南京冠生园的失信和破产两者作为因果联系起来，以慰"谁不诚信就叫谁倾家荡产"的愿望。

公众对于"南京冠生园事件"的舆论性道德评价，属于企业道德的活动现象，构成企业道德的结构模式。

（根据 http：//www. china 315. com/new/news. 2004. 9. 19 有关资料编写。）

一、企业道德的结构模式

企业道德是一个内容复杂的有机综合体，了解整体的企业道德结构，有助于我们全面完整地把握企业道德。企业道德结构，是指在一定物质生活条件的基础上，企业道德要素内部环节的有机融惯性，与外部环境的必然联系性，以及通过一定的中介转换和机制导引的企业道德要素，相互作用的态势和发生发展的过程、脉络与体系。依据基本的道德结构的划分方法，我们把企业道德结构分为社会性企业道德结构和个体性企业道德结构两种。

（一）社会性企业道德结构

社会性企业道德结构是从企业道德的社会背景及其社会功能、作用方式、活动模型入手，从宏观的角度将整个社会看做企业道德的主体或载体，揭示其内部各要素的组合构架及其发生、发展的过程、脉络与体系。这种宏观总体的企业道德结构由不同的层面集合而成，即由企业道德的现象结构、企业道德的关系结构、企业道德的水准结构所组成。

1. 关于企业道德的现象结构。企业道德现象，是各种市场主体在各种现实的企业社会关系中，可以感知的企业道德的表象形态。企业道德现象的主要内容有：企业道德活动现象、企业道德意识现象以及与这两方面密切相关的企业道德规范现象三大类。

（1）企业道德活动现象，是指在经济活动中，市场主体依据一定的企业道德观念或价值原则而进行的企业道德实践活动，它包括经济活动中一切具有善恶价值的群众性企业道德活动和直接为培养和评价市场主体的道德品质而进行的群体活动。比如舆论性的道德评价活动，如对"南京冠生园事件"的批判。

（2）企业道德意识现象，是指从事经济活动的个人在企业道德实践基础上形成的企业道德情感、企业道德意志、企业道德信念和企业道德观点以及各种企业道德思想和理论体系。企业道德意识是企业道德的主观方面，体现着个人对客观存在的企业道德活动及其企业道德关系的认识和理解，并集中地表现在一定的企业道德价值观念和企业道德规范体系之中。

（3）企业道德规范现象，是在一定的经济环境中，指导和评估经济组织的企业行为价值取向的善恶准则。企业道德规范主要包括以下几方面：第一，公平竞争。公平竞争是商品经济运行规律的体现，它是指竞争者包括商品生产者和经营者，在地位平等、机会平等、公平交易的前提下进行竞争。第二，正当求利。社会主义市场经济不反对追求利润；相反，鼓励生产经营者在竞争活动中实现利润目标。但是求利行为必须合理合法，符合道德，通过正当手段来进行。第三，平等自愿。生产经营者必须遵循等价交换原则，在法律许可范围内，参与者完全按自己的意愿进行交易活动。第四，诚实守信。在商品交换或经营过程中，实事求是，不弄虚作假、投机取巧，讲求信用。有的学者，将这些规范归纳为"信、诚、义"三个字。

有人认为，企业道德规范的核心问题就是如何处理义和利的关系问题。在市场经济条件下，作为有利己之心的个人和企业，在追求利润时，应该树立"义利两全"的观点，做到"先义后利"、"见利思义"、"以义取利"、"义然后取利"。

（4）企业道德现象三大内容彼此之间不仅具有紧密的逻辑联系，而且相互之间的影响关系也非常紧密。换句话说，三者的关系，并不是单向的，而是双向交叉的关系，即三者是相互联系、相互影响、相互渗透、相辅相成的关系。第一，企业道德活动是企业道德意识形成的实践基础，它使人们对规范自己的企业行为以维护社会及交换秩序达成共识，由此产生人们的企业道德意识，并使企业道德意识不断深化和提高；同时，它也是企业道德规范形成的实践基础，是既定的企业道德规范巩固、深化和完善的重要条件。第二，企业道德意识不仅是企业道德规范形成的思想前提，而且也具有指导企业道德活动并向道德活动转化的作用。企业道德意识既来自一定的企业道德规范，又对创造新的企业道德规范、完善现有企业道德规范起着能动作用。第三，企业道德规范是在一定的企业道德活动和企业道德意识的基础上形成的，体现着企业道德活动和企业道德意识的统一。作为一种价值目标和道德准则，企业道德规范总是指导和制约着人们的企业道德意识和企业道德活动。由此，三者构成一个密切相关的有机整体。

2. 企业道德关系结构。企业道德关系，是指在一定的社会经济生活中，人们基于某种既定的企业道德意识并遵循某种既定的企业道德准则，而以某种特殊的企业道德活动方式所结成的一种特殊的社会经济关系。它是按照一定的善恶观念和准则形成的，通过人们的企业道德行为和企业道德实践而表现出来的思想关系和价值关系。

但企业道德关系并不是一种纯粹的主观的社会经济关系。企业道德关系一经形成就具有一定的客观性，成为社会经济关系的一个方面。它反映着从社会到企业到消费者个人的客观利益。企业道德关系反映着市场主体进行企业道德选择时所采取的基本立场、遇到的道德冲突。企业道德关系是主体客体之间的一种社会性联系，它既不是某种同主体相脱离的对象和行为本身的属性，也不是某种同客体效用和需要完全无关的主观任意和纯粹偶然，它是主观和客观、事实和价值诸要素的辩证统一。

企业道德关系主要包含以下几个部分：

第一，企业如何处理与社会的义利关系。任何一个企业都是社会中的一员，都要依赖社会提供的环境如社区、交通、秩序、社会稳定等，离开这些环境任何一个企业将无法生存。因此，企业应该对社会有所贡献。例如纳税问题，企业向政府纳税从本质上说是为了自己，国家通过税收取得财政来源，从而能组织专门的力量来维持社会稳定，从而形成企业经营的环境。企业对社会做贡献，也是对自己环境的投资，并能日复一日地取得回报。

第二，企业同服务对象的关系。这是企业道德最直接的体现。社会主义国家发展经济的根本目的是为了最大限度地满足人民日益增长的物质生活和文化生活的需要，最大限度地改善人民生活，提高人民的生活质量。企业处理同顾客的关系，正是直接具体地体现这一经济目的。从现代企业营销学的角度看，企业普遍提出以满足消费者需求为企业经营目的的营销思想，把每一个顾客的每一次购买行为看做一次实现市场的机会，主张尊重顾客权益，尊重顾客人格，成为企业道德的新的认识基础。

第三，企业同企业之间的关系，是一种平等竞争关系。平等竞争包含着两层含义，其一是通过平等竞争，达到优胜劣汰的目的，淘汰劣质产品、服务和企业，以推动社会生产和流通的进步。其二是通过平等竞争，促使劣势企业进行革新，推动企业的进步，采取正当的竞争手段，竞争而不树敌。

第四，企业同法律的关系。依法经营，应该是企业的自觉行为。依法经营，既是对自身的保护，也是对他人的保护。破坏了法律秩序，也就破坏了自身生存的环境。

上述四个方面的企业道德关系是一般社会公德在企业中的自然延伸。

3. **企业道德水准结构**。企业道德水准，是指在一定的历史阶段内，在社会的经济关系中实际流行的企业道德意识、企业道德准则和企业道德活动，同当时整个社会利益关系协调需要和历史发展必然趋势的适应程度。

企业道德水准的高低，同整个社会的物质生产状况、科学文化状况以及企业道德传统等密切相关。马克思主义认为，生产和交换是一切社会制度的基础。物质生活的生产方式决定着社会生活、政治生活和精神生活的一般过程。而且社会的经济关系还包括它赖以发展的地理基础，由过去沿袭下来的各经济发展阶段的残余和围绕这一社会形式的外部环境。我国的社会主义企业道德自 1928 年井冈山革命根据地新民主主义企业道德诞生至今的 70 余年间，正是由于社会经济基础的不断发展和地理基础、外部环境的不断变化而发生新的演进。同时，由于企业道德也同社会总体道德一样，具有传统性、中外杂糅的融合性和继承性等特点，当代社会主义企业道德亦是继承发扬了中国古代和近代传统企业道德的精华并吸收西方资本主义企业道德的精髓，杂糅融合，形成了当代社会主义新的企业道德。当代中国社会主义企业道德的形成轨迹，大体经历了三个步骤：闪光的第一步：根据地和解放区的新民主主义企业道德；艰难的第二步：苏联模式下的社会主义企业道德；充满希望的第三步：当代社会主义市场经济条件下的新型企业道德。

(1) 新民主主义企业①道德。土地革命和抗日战争时期的革命根据地、解放区，长期处于内外反动派的包围和严密封锁之下，物质条件极其匮乏，军民生活均十分艰苦。但由于马列主义、毛泽东思想的科学世界观，武装了企业战线的共产党

---

① 严格地说，土地革命和抗日战争时期的革命根据地、解放区是没有企业的。但却存在类似于企业的活动的商业组织和商业活动，如一些公营商店、合作社等。这里我们权且称之为企业或企业活动。

员、青年团员，教育了广大普通工人、店员，不仅使传统商德闪耀着新的光彩，而且形成了一些新德目。第一，信念、信心。这是新民主主义商德新的重要德目。根据地和解放区的公营和合作社营企业部门的职工，都懂得社会发展史的基本道理，了解社会发展规律的基本常识，树立了较坚定的革命信念，而且坚信帝国主义、封建势力和国民党反动派一定会被推翻，人民当家做主人，这种坚定的信念和信心，使人们精神振奋，心齐团结，成为战胜各种困难的强大精神动力。第二，重大义、谋公利。这是职工们把传统商德的"重义轻利"发扬光大，把贯彻"发展经济、保证供给"的总方针，保证根据地军需民用、支援战争、同自己的具体业务工作联系在一起，为革命经理财，树立了谋公利为荣，谋私利为耻的商德商风，造成了全边区的清廉之风。第三，诚信无欺。这是我国传统商德中的重要德目，根据地企业部门职工身体力行，为其注入了新的内涵。根据地的公营企业是新生事物，是边区的"窗口"，因此边区企业工作者严格执行各项政策。如食盐为统销商品，各商店销盐时如实估量盐的质量，按质论价，并坚持售好盐，不售坏盐；绝不抬高盐价。公营和合作社营商店各门市部营销行为，真正达到了"货真价实、童叟无欺"的境界，这同沦陷区和国统区内投机倒把、诈骗横行形成鲜明对比。第四，尽责敬业。根据地的企业工作者为把经商视作整个革命事业十分重要的组成部分，对自己的工作充满了自豪感。革命工作只有分工不同，没有贵贱之分，"人人是战士，人人是主人"，所以都尽职尽责。对于上级一点点精神的和物质的奖励，都视作对自己价值的高度肯定，感到无上光荣。这种高尚的敬业精神，造就了一代代新型的企业工作者，支撑着根据地不断扩展，直至全国的解放。第五，勤俭廉洁。为了扭转根据地财政经济的困难情况，广大企业战线的职工吃苦耐劳，努力发展边区生产。工厂工人爱厂如家，努力增产节约；企业职工则深入偏远山区采购各种土特产品如皮张、药材等，并把生活必需品、生产工具送到农牧民手中。同时以"为革命节约每一个铜板"的口号，杜绝各种铺张浪费，树立了勤俭节约为荣、奢侈浪费为耻的好风气。这种勤俭廉洁的作风，挫败了日伪和国民党反动派的拉拢和收买，打破了敌人的包围和封锁。第六，顾客至上，全心全意为人民服务。"人民的利益、顾客的利益，就是自己的利益"。为了更好地满足农牧民生活的需要，他们在不少根据地创造了预约销售法，即深入农民群众中，自愿登记各户全年生产和生活必需品的数量，然后以低于市场的价格供给预约户。由于物价和税收是发展企业和影响群众经济利益的重要杠杆，根据地企业部门在制定物价政策时，十分注意公私兼顾，既做到不损害群众利益，又考虑到根据地的财政状况。在陕甘宁边区由企业部门和各界人士组成"评价委员会"，同政府和公营商店营业员一道肩负起平定物价的重任。公营及合作商店营业员自觉遵守物价纪律，主动纳税，以自己的模范行动影响私营商店实行政府的物价政策，不偷税漏税，不搞黑市交易。同时做到不排斥私营商店盈利，不与民争利。总之，以这种良好的商德商风为特色的新民主主义企业道德同其他的新民主主义各项正确的政策一道，形成了对全中国乃至全世界正义力量的吸引力和感召力，终于使革命事业战胜了难以想象的困难，取得了全国革命的胜利。

（2）计划经济体制下的社会主义企业道德。应当说，上述新民主主义美好企业道德在社会主义改造全面完成和文化大革命前的 17 年间，人们仍然把自己从事的工作看成革命事业必不可少的组成部分。把国营工业企业承担的以出色的经济成就领导和影响"一化三改"，建设社会主义现代化，平抑物价、组织社会经济生活作为最高使命。对传统商德中的诚与信、义与利、勤与俭、忠于职守、工作上精益求精的敬业精神，赋予了新的内涵。但是，当生产资料所有制社会主义改造全面完成，新民主主义企业道德存在的经济条件、地理基础的外部环境发生根本变动后，其凝聚力、感召力即逐渐减弱。这是因为人民的物质文化生活要求是不断增长的，而贪图安逸又是一般自然人的天性。然而，只有社会主义的名义并不能产生甘食美味，更不能不劳而获，只有艰苦奋斗，勤劳耐苦，创造出高于资本主义的劳动生产率，才能有幸福的生活。所以，社会主义革命并不是目的，只是开辟了创造共同富裕的途径。

1956 年以后愈来愈严重的"左"的政治路线和僵化的苏联社会主义模式，使生产力水平和商品经济水平都很低的我国社会经济，无论是工业、农业和企业，都实际上成了公有化程度最高的全民所有制。把自然人和自然人组成的家庭对物质财富的属有或结合的观念完全同生产者的劳动行为分离。而高度公有的社会主义又不能满足人们的物质文化生活需求，使人们丧失了对于社会主义的信任力和向往力；在分配制度上，又对人们因劳动技能的高低、熟练度和勤与惰所创造的物质财富的质与量明显差别不予肯定，"干不干一个样，干好干坏一个样"。"政企合一"，工商企业成为政权机关的附属物，商品生产产品化，从而窒息了工商企业的内部微弱活力。特别是文化大革命中对"利润挂帅"、"物质刺激"、"管卡压"、"流通决定生产"、"全民服务"和"资产阶级法权"的批判，使构建中的社会主义企业道德受到全面践踏。种种批判的结果，使构建中的社会主义企业道德同高度集中统一的社会主义公有制一起，被推上了绝路。工商企业内部劳动纪律松弛，消极怠工，职工乱拿原料和商品，店员与顾客纠纷不断，表明社会主义企业道德发生了第一次危机。至 20 世纪 90 年代苏联东欧社会主义制度的解体，不仅宣布了这种社会主义模式的终结，而且也宣布了这种体制下企业道德的被否定。

（3）社会主义市场经济体制下，社会主义企业道德体系的构建。1978 年底党的十一届三中全会提出改革开放，发展社会主义商品经济，推行了诸如农村的农民家庭联产承包责任制，国有企业自主经营和放开价格及产销一体化等，还有从中外市场对接的高度发展内外贸易和中外经济合作，市场运作模式上提出计划经济同市场经济相结合。以致 1992 年春邓小平同志南巡谈话和党的十四大关于社会主义市场经济体制的确立，具有划时代的意义。现在，我们来看一下当代社会主义企业道德的基本德目及其内涵。第一，世界眼光，新世纪意识。目前，世界经济一体化趋势越来越明显，世界统一大市场的统一程度越来越提高。所以，当代中国商界不仅必须具有世界眼光和新世纪意识，而且要肩负起 21 世纪挺进欧美并占领部分世界市场的重任。在世界经济舞台上中国商人应该也必须扮演重要角色。第二，固信念，增信心。改革开放，发展商品经济基本国策的确立，尤其是社会主义市场经济体制的确立，一方面使社会主义走上了科学发展的轨道，同时使传统的农业中国找到了现代化的富强之路。作为社会主义市场经济重要主体的中国商界，必须坚定信念，增强胜利的信心，这样才不会迷失方向。第三，诚信无欺，立商之本。第四，义中取利，实业富国。要处理好金钱与道德的关系并且做到：坚持义中取利，当代中国的国民生产总值虽大大提高，但人均国民收入在世界仍排在倒数的位置。贫穷不是社会主义，要想使社会主义增强凝聚力、感召力和在世界人民心目中的信誉，就必须使中国摆脱贫穷；不取不义之财，用立大义来节制取不义之财恶念的膨胀。第五，竞价廉，争物美。同类商品中哪种价格最合理、商品质量最合于社会大众需要，相形见绌者就会被淘汰掉，其最优者就会在区域市场中取得垄断地位。所以，工商企业家要随时研究社会大众需求的变化，不断改进自己商品的质量并完善售后服务。用非正当的回扣等手段贿买采购员的手段促销，仅见效于一时，是经不起时间检验的。第六，认股份，均商利。社会主义的工商企业，要真正把"各尽所能"和"按劳分配"的原则落到实处。第七，重人才，广气度。各种类型的高质量人才，是企业的生命。为了结集优秀人才，促其发挥"敬业乐群"的团队精神，作企业的前锋，除了为其创造适合工作的安全环境和福利制度外，就是企业家和业务主管的"气度"和"胸襟"。第八，勤俭经商，廉洁理财。从现在起，大力发扬我国人民数千年艰苦耐劳的精神，勤俭经商，廉洁理财。第九，以身作则，回报社会。任何成功的企业，都有一种主要由企业家本人的精神风貌和全体职工共同创造的企业精神。这种企业精神就是高质量的产品、高质量的服务和企业高度社会信誉的源泉。所以，企业家本人的重诺守信、勤劳刻苦、一丝不苟、礼貌待客、热情服务等"以身作则"行为，都会成为无言的力量。特别是企业家富了以后，在力所能及的范围内赞助社会公益事业，扶危济困，支教扶贫，从事社会救济和慈善事业，不仅使职工看到企业家"助人为乐"的高尚精神世界，更增强了每个职工自身的使命感，从而形成企业坚不可摧的凝聚力。

（二）个体性企业道德结构

整个社会的企业道德结构，是由社会性企业道德结构和个体性企业道德结构组成的。在前面，我们已经对社会性企业道德结构做了说明，现在，我们研究个体性企业道德结构问题。

个体性企业道德结构，是从企业道德的个人情境及其个性形成、个人素质及品格入手，从微观个体的角度，将个人看做企业道德的主体或载体，揭示其内部各要素依据某种关系而组合构架的体系模式。个体性企业道德结构既包括个体的企业道德心理结构，也包括个体的企业道德行为结构，还包括个体的企业道德境界结构。

1. 个体的企业道德心理结构。个体的企业道德心理结构，是指具有社会身份并起社会作用的个人的含有善恶意义的心理活动和心理机制。类似于中国传统伦理思想中的"德心"。它体现为个体企业道德的主观形态。从过程结构看，它包括三个方面：（1）企业道德直观、企业道德体验、企业道德思维、企业道德想像等道德认知过程；（2）企业道德情绪、企业道德情感、企业道德情操等道德情感过程；（3）企业道德目的的确立、企业道德决策、如何实施企业道德、如何进行企业道德自控等道德意志过程。

2. 个体的企业道德行为结构。个体的企业道德行为结构，是指具有社会身份并起社会作用的个人，基于某种企业道德心理机制而引发的具有善恶价值的行为体系。类似于中国传统伦理思想中的"德行"。它体现为个体的客观形态。从过程结构看，它包括企业道德动机过程（如企业道德意愿、意向、意图等）、企业道德行为过程（如行为方向、路线、手段及方法等）、企业道德效果过程（如行为结果及行为的后续效应等）。

3. 个体的企业道德境界结构。个体的企业道德境界结构，是指一个人的企业道德素质达到当时企业道德要求程度的标识系统。类似于中国传统伦理思想中的"德品"。

（三）社会性企业道德结构和个体性企业道德结构的关系

社会性道德结构和个体性道德结构并不是两个截然不同的道德体系，而是相互联系、相互依赖、相互转换的辩证统一体系。从生成上看，社会性道德结构与个体性道德结构既有自成的一面，又有相成的一面，是自成与相成的统一；从运动过程看，既有自组自控的一面，又有互动互控的一面，是自组自控与互动互控的统一；

从社会功能看，既有自为的一面又有互补的一面，是自为与互补的统一。二者互相贯通、互相影响、互相转换、互相印证。

二、企业道德的社会功能

企业道德的功能，是指在揭示企业道德结构的基础上所展现出来的企业道德对个人或企业的生存发展和完善的功效及其意义。企业道德结构体现了企业道德内部各种要素的有机结合及相互联系和转化的脉络、过程以及发展趋势。而企业道德功能则体现着企业道德各种要素相互作用的机理及由此表现出来的能量。

（一）企业道德的基本功能

1. 规约功能。企业道德是人们在社会企业活动中形成的各种行为规范的总和。企业道德所具有的规范和约束人们行为的功能，是它最基本的社会功能。这种功能主要是通过社会舆论和企业道德主体自己的内在信念等手段，来唤醒人们的良知和羞耻感、内疚感，从而实现自我控制和社会控制的理性目标。

2. 命令功能。企业道德是人们以评价和命令的方式来把握现实的一种手段，它通过把社会的经济现象区分为善恶、正义和非正义等来实现，通过企业道德向人们提出要求和命令，人们又以对企业道德要求和命令做出回答与奉献来实现。企业道德命令功能的实现，表现为反映社会企业道德的价值准则转化为个人内心隐秘的命令、良心的召唤和义务的呼声，表现为企业道德参与人们内心世界的改造和完善。

3. 认识功能。企业道德是市场主体对社会经济生活及自身的行为认识的结晶，是其理解社会经济环境和自身经济行为的一种独特手段。企业道德的认识功能表现为企业道德反映了市场主体之间的经济利益关系。这种功能，主要是通过企业道德意识和企业道德判断来实现的，能够帮助市场主体正确认识和正确处理它们之间的经济利益关系。

4. 教育功能。企业道德的教育功能是显而易见的。所谓企业道德的教育功能，是指企业道德能够通过评价、激励等方式，造成社会舆论，形成社会风尚，树立企业道德榜样，塑造理想的企业道德形象，来培养市场主体的企业道德观念、企业道德境界和指导其企业道德行为。

5. 调节功能。企业道德是整个社会经济行为调节系统中的一个有机组成部分，它具有通过企业道德评价等方式来指导和纠正市场主体的行为和实际活动以协调它们之间经济利益关系的调节功能。这种调节的特点在于，它能够通过社会舆论、良心、风俗习惯、榜样感化和思想教育等手段，使人们形成内心的善恶观念和情感、信念，自觉地尽到对他人和社会应尽的责任和义务，从而达到协调社会经济利益关系的目的。

6. 激励功能。企业道德的激励功能表现在外在激励和内在激励两个方面。所谓企业道德的外在激励，就是通过社会途径，向人们展示美好的企业道德理想，推出企业道德榜样，同时对不良的、恶的企业行为进行企业道德批评，从而使市场主体激发善行，不断追求和表现出完美的企业道德品质。所谓内在激励，就是通过人们隐秘在内心深处的成就感、认同感、尊严感、荣誉感等，激励自己完善人格，形成良好的道德品质。

（二）企业道德的社会功能

企业道德的其他社会功能主要表现在如下五个方面。

1. 促进企业经营观念和经营规范的形成。

第一，企业道德作为无形资产，可形成良好的商誉，树立企业的形象。在市场交易中，企业道德作为商誉的根本原因体现它重要的价值，商誉是企业无形资产的关键因素。虽然无形资产由诸多方面构成，但离开商誉，其他方面的无形资产的价值将大打折扣，而形成和提高商誉的根本条件就是对消费者真诚的服务态度，对信用的执著，维护消费者利益，对互利公平原则的信守等。须知，企业现象是社会对企业的评价，它由企业的经营思想、经营作风、交往风格、价值观念、商品质量、道德情操、行为方式等多种因素组成。良好的企业形象是企业生存和发展的重要条件。

第二，企业道德可以对企业经营人员起到规范和约束的作用，做到他律与自律的统一。企业道德规范是社会向企业经营人员提出的道德要求，其内容是客观的、外在的，通过社会舆论、道德评价、组织管理等形式对市场行为主体起到约束作用。这种外在的约束是他律，外在的约束变成市场行为主体的自觉认识，成为人的内在要求，使之心悦诚服地实行企业道德规范，这就是自律。企业道德规范的外部制约性不能经常采取行政的或法律的强制手段，它必须转化为企业经营人员的自觉认识和要求，成为自我立法、自我命令，才能树立高尚的道德情操。企业规范和约束就是这种他律与自律的统一。因此，企业道德可以降低员工的"搭便车"，"偷懒"等"机会主义"行为，减少经营的管理成本或交易成本，从而大大提高企业的效率。企业道德的道德价值在于它可以带来效益，促进企业的经营和发展。

2. 促进企业管理效率的提高。

第一，企业道德能增进企业协作。企业道德有助于建立人与人之间的广泛信用关系。有了信任才可能有协作。在共同的企业道德观念下，商人群体内部易于实现相互认同，产生群体归属感，因而能促进企业协作关系的形成，协作有助于促进企业发展。

第二，充分肯定和发挥企业道德的作用，有利于提高企业的管理效益。企业管理包括对物的管理和对人的管理，但其中关键是对人的管理，因为对物的管理是通过人去实现的。20 世纪 80 年代初，美国的企业管理界提出了硬性管理与软性管理的问题。硬性管理包括战略、结构、制度。软性管理包括职工、技巧、风格、共同的价值观念和道德观念。他们认为硬性管理忽略了人的因素，缺乏共同价值观念。只有将营销管理与软性管理结合起来，特别注重软性管理，才能创造卓越的企业。企业道德作为调整企业所遇到的各种关系的行为规范的总和，就是要把人的心理、情感、道德情操、价值观念纳入管理，并且发挥这些软性因素在管理中的作用。

3. 促进商品经济价值观形成，提高员工素质。价值观明确表示提倡什么，崇尚什么，并使企业员工朝着价值观所追求的目标努力，保证企业沿着自己的价值观导引的方向发展。如中国在改革开放以后，人们普遍接受"贫穷不是社会主义"、"发展才是硬道理"等现代观念，确定了"以经济建设为中心"、"义利并举"、"义在利中"的价值取向，因而走向了市场经济和知识经济时代。价值观作为共同追求的目标可把员工团结在一起，使员工采取一致的行为，形成一种共同的价值和道德氛围，提高企业凝聚力，激发员工工作热情和创造精神。企业道德作为企业内在的一种无形力量，能激励员工积极性和创造精神的发挥，提高企业内在效率，同时员工在企业工作中以企业道德的基本要求约束自己，有履行企业道德义务的自觉性。当违反企业道德要求的时候，能受到良心的责备，自觉纠正错误的行为，员工的道德素质可以逐步得到提高。

4. 有效地遏制社会腐败现象。所谓腐败，人们将其界定为掌握政治与行政权力的个人为达到个人目的而滥用权力。突出表现是钱权交易、占用公共财物。其恶果是贪污腐败、行贿受贿、钱权交易、权色交易等恶行的泛滥，干扰社会经济活动的正常有效运行，败坏社会道德；同时也是导致经济活动中规则的多样化，使人们在经济活动中失去了共同遵守的规则，于是乎产生了随机应变、见风使舵、互相猜忌、互不信任等病态心理，随之而来的便是说谎、欺骗、背信弃义、见利忘义等种种不端行为在社会蔓延开来。社会腐败现象不能归因于市场经济体制本身，从根本上说，它与人们的错误价值观念相关。人们的行为是受其思想支配的，其思想正确与否直接关系着其行为正当与否，外在的环境只是一个客观诱因，以致在同样的社会环境下，不同思想境界的人产生不同的乃至完全相悖的行为。虽然一定的客观环境是腐败滋生的土壤，但其关键在于人们的世界观和价值观。近年来出现的严重社会腐败现象，与企业道德在某种程度上的衰弱以及企业道德教育的失误有很大关系。从客观上看，是由于新、旧体制的转换，企业道德观念处于嬗变之中，传统道德观念与现代道德观念交汇与碰撞，导致了双重道德观念与双重经济观念并存的格局；社会道德规范体系的调整和变化，导致了道德教育内容的分散和不确定性。从主观上看，在一定时期和一定程度上，与忽视道德教育的轻视道德宣传不无关系。因此，只有加强社会主义企业道德教育，正确认识到企业道德能对市场经济中利益关系起着调节作用，从这个意义上说，它是与法律同等重要的有效手段。

5. 对企业资源优化配置有重要作用。

第一，人力开发。人力（尤其是智力、潜能方面）是最活跃、最有发展潜力的资源，这种资源的开发程度是与特定体制下人们对人性的认识程度密不可分的。在亚当·斯密看来，"人是'经济人'与'道德人'的统一。对人生道德方面的理想，而应直接根据人的真正本性。人的真正本性就是人永恒地追求自我利益。"企业道德正视这一"人性"特点，赋予人的利己行为以道德的合理性。在自身利益的驱使下，人们的创造力和想像力得到极大限度的发挥，社会也正如马克思和恩格斯所论述的，在无数追求自身需要满足的具有不同方向"力"的"合力"中得到发展和进步。在现代市场经济环境下，企业道德对利己行为的肯定是社会进步的基础。人们在各自利益目标的驱动下，在不同领域、不同层次挖掘着自身的力量。这样，在社会范围内更有效地盘活了人力资源。在这个过程中，一方面人尽其才；另一方面，社会需要也得到一定程度的满足。

第二，人力配置带动、推动物力配置。这可以从两个方面来理解：（1）人力作为活劳动有其特殊性。如果说物力资源可以脱离人力资源而独立存在，那么人力资源是绝不可离开物力资源的。也就是说，人力资源必须与物力资源配置使用。所以，人力资源配置的同时，必须带来一定的物力资源的配置；（2）人力资源具有能动性。在企业道德的激励机制下，人力资源得到广泛的、深度的开发。在这一过程中，人力既是客体又是主体，它不仅能积极主动接受开发，而且还有自觉地进行自我开发的能力。这种自我开发必须通过物化才能显示出来。在物化的过程中，它往往得到升值，创造出更新的价值来。在这种自身需要和能力释放的推动下，物力资源得到进一步配置。

第三，市场竞争。市场经济对资源的配置是在竞争中实现的。竞争是市场经济的一个内在机制和基本特征，这在企业道德中也是明确倡导的。对此，也应该从两个方面来认识：（1）自由竞争。它使每个利益主体意识到必须参与市场的竞争，只有在竞争中居于上风才能实现自己的利益目标。在管理环节上，企业道德更加符合以"人"为核心的现代管理思想，它对于劳动生产率的提高起着不可估量的作用。就企业来说，企业道德直接影响它的存在与发展。（2）公平竞争，这是企业道德约束与协调作用的结果。企业道德是激励机制与约束、协调机制的和谐统一。依据企业道德开展的竞争于市场配置资源的全过程，推动着资源的合理开发与流动，调整产品结构和产业结构，使社会资源从效率低、信誉差的企业向效率高、信誉好的企业靠拢，从而实现资源的节约和有效利用。另外，在竞争中，不同企业在共同利益和相互信任基础上联合、兼并，推动着生产规模的扩大，进一步满足了社会需求。

第四，人才的合理流动。随着市场竞争的加剧，对人才这一最宝贵的社会资源的争夺日见炽热。这就在人才流动过程中出现了一些不负责任的行为，要解决这种问题，除了司法外还要依靠道德的自律机制。尤其在法制仍不健全的情况下，更要加强人才流动中的企业道德建设，充分发挥企业道德对人才流动的调节作用，以促使人才资源的合理、优化配置。

总之，企业道德总是以其特有的方式和影响力积极而稳妥地推动市场经济的运行，最终对资源的配置产生有效的优化作用。

三、企业道德的运行机制

所谓企业道德的运行机制，就是指企业道德作为系统基于内部构成要素之间的有机关联性，以及同外部诸因素之间的有机关联性，而形成的因果联系和运转状况。本节将探究企业道德的运行目标、外部机制、内部机制等问题。

（一）企业道德运行的目标体系

企业道德作为系统的运行，不论企业道德主体是否自觉意识到，总是有其运行目标的，并总是围绕其目标展开的。

1. 企业道德运行目标的含义。所谓企业道德运行目标，是指某一历史时代的企业道德作为系统整体，基于当时社会经济关系的性质和状况的客观要求及其自身内外有机关联性形成的必然趋势，而在其运行过程中实际蕴含或自觉确立并力求在过程结束时实现的结果。这也就是说，企业道德运行目标就是市场主体力求于企业道德运行过程结束时实现的某种结果。这样的结果，或者是企业道德运行过程实际蕴含的，或者是市场主体在企业道德运行过程之初作为预期目标自觉确定的。企业道德运行过程实际蕴含的目标，无疑体现着这一过程的必然趋势；就是市场主体在企业道德运行过程之初自觉确定的目标，要想在这一过程结束之时实现，同样必须体现这一过程的客观必然趋势。这里所说的企业道德运行过程的必然趋势，不是由任何人随意指称的，而是由两类客观条件所决定的，其一是当时社会经济关系的性质和状况的客观要求；其二是企业道德自身的内部机制和外部机制。这种意义上的企业道德运行目标，既是企业道德运行过程的出发点，又是企业道德运行过程的归结点，并因此实际规定着企业道德运行的方式及其发展方向。

2. 企业道德运行目标体系的结构特点。企业道德运行目标，不论是企业道德实际蕴含的还是市场主体自觉确立的，都不是单一的，而是有其复杂的结构。综合起来看，一个社会实际存在的企业道德运行目标有以下几个结构性特点：

第一，多向性。这是就一个社会的企业道德运行目标的取向而言的。一个社会总是存在着不同的市场主体，它们会因各有其不同的利益要求和实际具有的视界，而实际选择不同的企业道德运行目标，从而整个社会范围上表现出企业道德运行目标的多向性。再就是由于商品经济关系的存在，不同性质的社会经济成分并存，各种陈腐企业道德的影响还存在。基于这种条件，全社会范围的企业道德运行目标，虽然有可能趋向根本一致，但在直接现实性上仍是多种取向的。

第二，级次性。这是就不同市场主体的企业道德运行目标而言的。在同一社会里，作为企业道德运行的主体，既有整个社会，又有各个经济单位、个人等。这些不同主体即使利益根本一致，并因此对企业道德运行目标的取向也根本一致，但又由于主体不同，企业道德运行的范围不同，其直接追求的具体目标也会不尽相同。企业道德运行目标一般包括三个级次，即全社会总的企业道德运行目标、各经济单位的企业道德运行目标和个人的企业道德运行目标。

第三，序列性。这是就同一市场主体和范围的企业道德运行目标而言的。同一市场主体和范围的企业道德运行目标，是各构成要素之运行目标的集合。社会企业道德运行总目标，是各种社会企业道德关系中的社会企业道德意识、社会企业道德规范、社会企业道德活动等的具体运行目标的集合。正因为如此，同一市场主体和范围的企业道德运行目标，就依其各要素的结构关系，形成某种模式的序列。

第四，阶段性。这是就企业道德运行过程的不同时期而言的。不同的阶段，由于受到当时的主、客观条件的制约，而有着不尽相同的企业道德运行目标。

3. 企业道德运行的基本目标。企业道德运行的基本目标，抽象地说，就是完善社会企业道德，完善个体企业道德。它具有以下几个层次的特征：第一，它必须是由现实社会的根本性质和历史趋向所决定的；第二，它必须表达现实社会结成最优利益关系，特别是结成个人和社会的最优利益关系的要求；第三，它必须是该社会的企业道德追求的根本诱因和方向。只有同时具有这些社会特征的"企业道德完善"，才能视为企业道德的基本运行目标。总之，所谓企业道德基本运行目标，就是由当时社会的根本性质及其应有的最优利益关系所要求和决定的，并能实际成为该社会的企业道德追求的根本方向的企业道德完善。

4. 企业道德基本运行目标的实现。企业道德基本运行目标只能在企业道德运行过程中得以实现。但在此过程中，会遇到各种各样的矛盾。如不同取向的企业道德运行目标之间的矛盾、较高级次目标和较低级次目标之间的矛盾、此序列目标和彼序列目标之间的矛盾、过程目标和阶段目标之间的矛盾，以及社会企业道德运行目标和个体企业道德运行目标之间的矛盾。为了解决以上各种目标矛盾，以保证企业道德基本运行目标的最佳实现，企业道德运行机制必须具有以下四个功能：第一，目标决策功能，即保证企业道德基本运行目标对各个不同取向的目标的支配作用或主导地位；第二，目标控制功能，即通过企业道德基本目标的分解和具体化，使其内涵于各个层次、序列、阶段的具体目标中，并随着这些具体目标的实现而最终得以实现；第三，目标协调功能，即排除某种具体目标因过度膨胀和冲动而对企业道德基本运行目标的干扰；第四，目标应变功能，即保证预定的企业道德基本运行目标值，能顺应外部条件和运行过程本身的变化得以有效校正。

（二）企业道德运行的外部机制

企业道德运行的外部机制主要是指现实社会的企业道德基于同外部的有机关联性所构成的运行机制。

1. 外部机制的主要表现。总体上主要有以下五个方面：（1）目标机制。企业道德运行目标不仅要以其同外部诸社会因素的有机关联性作为参量，而且要直接同外部诸社会因素的运行目标发生有机关联性；反之亦然。企业道德运行目标的这种外部机制，不仅涉及经济的、政治的、文化的诸社会因素及其运行目标，而且还表现在运行前的确定、运行中的调整和控制、运行后的实现等环节。在某种意义上说，企业道德运行目标的确定，主要不是由其内部机制所决定的，而主要是由其外部机制所决定的。（2）涵容机制。企业道德运行的外部机制不仅表现在目标上，而且表现在具体的社会内容上。这在企业道德准则和其他如政治准则、法律准则、宗教戒规等之间表现的特别明显。它们之间往往相互吸取、相互贯通、相互限定。（3）功能机制。企业道德运行系统作为开放系统，要作为一个整体对外发挥其社会功能。但是，它的社会功能同其他外部因素的社会功能之间，仍然存在着相互联系、相互作用的有机关联性。这种功能性的外部机制特别是调节功能的外部机制，突出地表现为相同社会性质的各因素之间的相互借助、相互补充。（4）时空机制。企业道德运行的时空，包括其发生的迟早、运转的缓速、存续的久暂，以及波及和影响范围的广狭等。企业道德在这些方面的状况，不仅同企业道德内部各要素间的有机关联性相联系而且同道德的外部关联性相联系。（5）效应机制。企业道德运行效应是就其目标的预定值和实现值而言的。目标实现值与目标预定值相当即为正效应，而目标实现值与目标预定值不相当即为负效应。企业道德运行效应的状况，不仅同其内部机制是否优化有关，而且同其外部机制是否优化有关。因此，要保证企业道德运行的正效应，除了要保持其正常的内部机制之外，还应使其有正常的外部机制。

2. 外部机制的性质与程度。企业道德同外部不同因素形成的机制，对企业道德运行有着不同的性质和程度。首先，从外部机制的性质上看。当企业道德同外部关联因素同属于一个社会或阶层所需要的因素，即具有同一社会属性时，由此而形成的外部机制，一般来说，对于企业道德运行往往会起到推动作用、促进作用，并因此而成为积极性质的外部机制。其次，从外部机制的程度上看。企业道德运行的外部机制不仅在性质上有积极和消极之分，而且在程度上有强弱之别。外部机制的强弱程度，往往同外部各因素当时在生活中的地位和能量有关。最后，需要指出的是，企业道德运行的外部机制，无论其性质和程度，都不是一成不变的，一切都是以时间、地点和条件为转移的。

（三）企业道德运行的内部机制

企业道德运行不仅有其外部机制，而且有其内部机制。从因果联系上说，这两方面的运行机制都是不可缺少的，且外部机制是通过内部机制而起作用的。所谓企业道德运行的内部机制就是企业道德作为系统因内部各因素以固有机理和功能相互关联而形成的运行机制。因企业道德运行的内部机制，在表现、性质和程度上，均与其外部机制大同小异，下面将着重探究企业道德因得益其内部机制而具备的运行能力。综合起来看，企业道德运行能力将主要表现在以下三个方面：

1. 自选择能力。企业道德系统的内部各要素的机理和功能，各要素彼此之间的联系和作用，都有其相对稳定的客观规定性。因此，企业道德系统运行的内部机制便成为某种既定的；有赖于内部机制的这种既定性，其运行能力又成为某种既定的。自选择能力就是这种能力之一并突出地表现在两个方面，即企业道德运行目标的自选择能力和企业道德运行方式的自选择能力。前者是指在若干可能性目标并存的情况下，企业道德运行系统仅基于自身固有的内部机制，选择某一运行目标，而摒弃其他运行目标。企业道德运行方式的自选择能力则是说，在若干可能方式并存的情况下企业道德运行系统也是基于其自身的内部机制，选用某种运行方式，而拒用其他运行方式。

2. 自组织能力。企业道德运行的自组织能力也是依赖其内部机制的。企业道德作为开放系统的各构成要素，其运动往往是随机性的，其相互作用是非线形的，并由此能产生相干效应。这样，企业道德系统内一个随机性的小小扰动，就会因各要素间的非线性机制产生的相干效应而得以放大，导致系统的结构和功能在宏观上有某些变化。这就是所谓企业道德运行的自组织能力。如果在企业道德建设过程中，自觉利用企业道德运行的自组织能力，那么，就需着力找到能够激发企业道德系统内部相干效应的"扰动"因素。

3. 自控制能力。企业道德运行的自控制能力是指作为系统来看的企业道德依赖于自身的内部机制，排除环境干扰以最终实现预定目标的能力。企业道德运行的自控制能力主要包括预前自控能力和随机自控能力。企业道德运行的预前自控能力是指企业道德基于排干扰经验的积淀和运行前对未来干扰的预测而形成的机制，所具有的"防患于未然"的抗干扰能力。企业道德运行的随机自控能力，是指企业道德作为系统在运行的过程中，随时根据反馈回来的信息，检查并修正因外来干扰引起的运行偏差，以保证预定目标最终实现的能力。

综上所述，企业道德作为系统正因为有其特殊的内部机制，以及赖此而具有的自选择、自组织、自控制等能力，才成为相对独立的社会因素，并有自身相对独立的运行过程。但是，企业道德运行过程始终离不开人的参与，归根结底是由经济必然性决定的，其内部机制和赖以具有的能力本身也是相当复杂的。

● 本章小结 ●

道德结构是指道德作为在普遍依赖于社会经济条件基础上形成的系统，其内部各要素遵循某种关系联结而成并相对稳定的整合形式。本章主要探讨的是道德的社会结构模式和个体结构模式以及社会道德和个体道德之间的辩证统一关系。企业道德的社会结构包括企业道德的社会关系结构、企业社会道德的现象结构和企业社会道德的水准结构；个体结构包括个体道德心理结构（德心）、个体道德行为结构（德行）和个体道德境界结构（德品）。

企业道德的社会功能是指在揭示企业道德结构的基础上所展现出来的、企业道德对个人或企业的生存发展和完善的功效及其意义。其内容主要包括企业道德的社会反应功能、企业道德的认识功能以及企业道德的社会调节功能。

企业道德的运行机制是指企业道德作为系统基于内部构成要素之间的有机关联性，以及同外部诸因素之间的有机关联性，而形成的因果联系和运转状况。企业道德运行机制的基本目标是完善社会企业道德，完善个体企业道德。运行的外部机制主要表现在五个方面：目标机制、效应机制、功能机制、时空机制及涵容机制。内部机制主要表现在三个方面：自选择能力、自组织能力、自控制能力。

▶ 思考题

1. 试述企业道德结构的内容。

2. 简述企业道德的社会功能。

3. 试述企业道德的运行机制。

▶ 案例应用

"惠普方式"中体现的企业道德功能

惠普公司（HP）在 1939 年由威廉·休利特（William Hewlett）和戴维·帕卡德（David Packard）创立。惠普公司的核心价值观被称为"惠普方式"（HP 方式），比尔·休利特（Bill Hewlett，比尔士威廉的昵称）对其描述如下：

我认为总体上讲是来自于这样一种观念、一些政策和行为：人们想做好工作，想做创造性的工作，如果给他们提供合适的环境他们会做到的。但这只是其中的一部分。与此密切相连的是 HP 的传统，即关心和尊重每一个人，并且承认个人的成就。

惠普价值的核心内容体现在三份文件中，主要的一份是，制定于 1957 年的《公司目标》，它对一些惠普方式作了一些总结。有些经理们由于公司过大和地理上距离太远等原因不能再与最高管理层保持日常接触，这些惠普方式便是为他们设定的。这份《公司目标》分以下几部分：利润、顾客、利益领域、增长、我们的人员、管理和公民身份。两份稍次要些的文件是《以惠普方式沟通》和《企业行为标准》。虽然所有文件中都没有突出地标明伦理观，但显然宣传了道德价值观。特别可以看到大量内容是关于如何对待雇员价值观的问题。公司不断强调对雇员的信任和尊重，给予雇员大量自由。工作时间为 8 小时，分别从早 6 点、7 点、8 点开始，雇员可以选择他们上哪一班。惠普不是用上下班计时钟。公司给雇员们特定的工作目标，他们可以通过与主管讨论来决定如何实现工作目标。

公司强调开放式交流。公司的每个人都用名而不用姓相互称呼。公司办公室的设计都是用低隔板，这样人们仅仅把身体探过隔板就可以和另一个办公室的人谈话了。管理层大力鼓励在公司中进行自上而下和自下而上的开放式交流。惠普还有一个"开门政策"，公司的文件中这样描述这一政策：

如果雇员们认为有必要，所有雇员都有权与任何级别的管理层讨论他们的问题，只要他们觉得该管理层适合处理这种情况。不管是通过威吓还是任何其他方式，任何组织雇员与高层管理者沟通的做法都是与公司政策绝对对立的，将会受到相应的处理。使用开放政策不会对雇员评估产生任何影响或给雇员带来任何其他不良后果。

惠普极其关心雇员。公司竭力避免解雇雇员，有时还有意放慢增长速度以便能合理控制公司的扩展过程，避免带来解雇雇员的情况。公司成功地得到雇员们的同意——他们自愿接受工作实践和工资的减少以避免解雇一部分雇员。虽然有些工作岗位消失，但又增设了一些新工作岗位，管理层通常都能通过班次分配给所有雇员提供工作机会。公司的立场是，它提供就业保障而不是岗位保障。因此，如果某个雇员工作岗位消失了，惠普从公司内部选择提升人选，并且为雇员提供大量的培训机会。

诚实和正直是惠普公司基本的核心价值。公司不能容忍雇员的不诚实。业务行为标准中提出了雇员义务的四个方面：对惠普的义务、对顾客的义务、对竞争者的义务，以及对供应商的义务。对惠普的义务包括：避免利益冲突、为公司的信息保密、汇报并避免给外国销售代表或政府官员的贿赂。对顾客的义务包括：贸易行为、差别价格、不公平竞争、政府采购和信息保密几方面。对竞争者的义务包括竞争关系、获取竞争信息和评论竞争者几方面。对供应商的义务包含两个方面：尊重机密信息和有根据地区别对待供应商。总经理们负责让其雇员熟悉这些标准。

惠普公司内部的审计部制定了一个审计计划，目的是监督雇员们掌握标准、揭露所有违反标准的行为，并且保证采取措施纠正这些不足之处。每年每个工作集团的最高管理层选出一名成员，审计小组与他们进行一次全面的面谈。

1987年9月，又谣传说惠普公司在加州圣克拉拉（Santa Clara）的销售处有人吸毒，公司领导大为震惊。9月18日早晨5点，两个警卫带着两条金牌缉毒犬和一条拉布拉多缉毒犬走进了销售处。警卫和猎犬搜查了整个大楼（包括管理办公室在内）寻找毒品。他们没有打开任何锁着的办公室、书桌或文件夹。当300名雇员来上班时，他们被要求打开提包，结果没有发现毒品。雇员们由于被侵犯了隐私权和公司对他们缺乏信任和不快。但在1987年3月，在惠普公司在爱达荷州Boise的运输和收获办事处里发现了毒品，20名雇员被解雇了。

（摘自［美］戴维·J·弗里切著：《企业伦理学》，杨斌等译，机械工业出版社1999年版。）

▶ 问题

1. "惠普方式"中显示了哪些企业道德功能？请说明。
2. 惠普公司采取了哪些方式增进了公司与员工的信任？
3. 你认为公司搜查毒品的行为合适吗？如有欠妥的地方，你认为应如何改进？
4. 1987年3月，惠普公司解雇20名员工的行为方式正确吗？请说明理由。

第三章

企业道德的基本原则

❖ 本章学习目标

阅读和学完本章后，你应该能够：

◇ 掌握企业道德原则的核心内容

◇ 理解并区分功利主义、个人主义和利他主义，并了解利他主义和集体主义的区别

◇ 熟练掌握社会主义企业道德的核心、本质及基本内容

◇ 理解集体主义企业道德的内容

开篇案例

比奇纳特：掺假婴儿苹果汁

比奇纳特成立于 1891 年，是美国第二大婴儿食品的生产商，纯正、幼稚和自然一直是公司的广告词和经营理念的中心。其生产的苹果汁是公司最畅销的产品。1977 年比奇纳特公司中止了从老供应商那里购进苹果浓缩汁，而改从一个设在布朗克斯的供应商——英特果汁商贸公司及其销售部门万能果汁公司那里购买廉价产品。万能果汁公司的浓缩汁价格降到比市场价格低 25%。在初步的检测中，比奇纳特配剂师发现果汁不纯的迹象。1981 年春，李凯瑞把大部分时间用于掺假检测，但是他很难说服上司中止比奇纳特与万能果汁的生意。之后，他到费城比奇纳特总部面见了总裁尼尔斯·霍伊瓦尔德。虽然总裁听到他的汇报后当时表

现出震惊，但几个月过去后仍不见其有明显行动。李凯瑞于1982年1月辞职。他确信，公司这样执迷不悟下去必然违反法律。果不其然，1988年2月17日，两位比奇纳特营养制品公司最高负责人被指控触犯联邦法律，经审判罪名成立。其罪行是蓄意销售掺假婴儿苹果汁。（摘自［美］罗伯特·F·哈特利著：《企业伦理》，胡敏等译，中信出版社2000年版。）

在缺乏道义的问题上，如果面对的是顽固不化的决策层，以为处于次要地位的管理人员应该做些什么呢？杰罗姆·李凯瑞辞职以示抗议。在这种情况下，一般有三种选择：（1）接受这种情况，在决策层制造的这种不太道德的气候中明哲保身；（2）辞职；（3）向外宣扬并寻求公众的关注。最容易的做法——也是为大多数人所采取的做法——就是第一种，这样做不会危及自己的事业，是个人主义的表现。第三种做法则是利他主义的一种表现。当然，采取第二种做法也需要具备高度的道德标准及勇气。假如你身处李凯瑞的情况，你会怎么做？

一、道德原则概述

道德原则的核心议题是个人与集体的关系问题，这是道德领域内一个具有重大理论意义与实践意义的研究课题。作为伦理学的核心理论，道德原则必然为各式各样的伦理学体系所重视，如同马克思主义伦理学确立了自己的集体主义原则一样，别的性质的伦理学，也有各自不尽一致的道德原则。根据个人与集体关系的不同，可以分为功利主义、个人主义、利他主义原则。

（一）功利主义

功利主义并不像我们通常从汉语字面所误解的那样，是自私自利的。按照现代汉语惯常的用法，当我们说一个人有点"功利"的时候，是完全贬义的，甚至否定这个人的道德人格。实际上，作为一种与古典社会契约论相对立的学说，从边沁到休谟，功利主义意在为国家制度和社会政策的合法性提供一种新的、实在的基础，以增进整个社会的利益与福祉。

第一，功利主义是一种旨在增进公共利益的学说。首先，它既不是简单的利己主义，也不是简单的利他主义，而是要为绝大多数人谋利益的。可以说，关心人类利益的最大化，使得功利主义至少在表面上成为道德和政治学说的一个最有感染力的部分。其次，由于追求利益的最大化、追求事物的可意状态，功利主义成为一种改革的、实践的学说。它反对教条主义，尤其是那些强调循规蹈矩的重要性，甚至循规蹈矩会给人类带来不幸也在所不惜的教条主义。正因为如此，它总是吸引那些常常把科学的技术手段运用到决策形成过程中的社会改革者和进步思想者（Progressive Thinkers）。再次，功利主义还是一种"理性主义"学说（"Rationalist" Doctrine）。它的主张者相信，社会问题是能够找到科学的解决方案的，社会和谐是可以像工程那样设计出来的。当然，这种设计也是有价值判断的，功利主义的判断是在"理想的"或无偏倚的观察者立场上做出的，并且是为增进总体利益而设计出来的。最后，还要注意的是，功利主义不同于那种根据仁慈原则为政府行为、为国家强制提供正当性证明的经济、社会与政治学说。它注重个体的选择，强调个人行动，以便在每一个可能的情况下产出普遍幸福。所以，从古典功利主义到现代功利主义，都明确主张个人自由、社会平等和政治民主，尤其是社会政策和制度安排要最大限度地满足每个人的选择和欲望。

第二，作为一种道德理论，功利主义属于结果主义（Consequentialism）的范畴。结果主义理论先是盛行于西方18世纪，它是一些哲学家企图靠诉诸经验而非诉诸内心直觉或一系列颇成问题的义务来获得从道德上评估行为的一种便捷方法。相当于我们经常说的，"让结果说话"、"靠事实证明"、"通过实践检验"。结果主义主张，一种行为，只有其结果较为有利时才能说在道德上是正当的。因此，正确的道德行为只能通过对行为结果的利益成本分析来决定。结果主义要求，我们既要计算行为的好结果，也要计算行为的坏结果，从而确定整个好结果是否超出整个坏结果。倘若好结果大一些，那么，行为就在道德上是恰当的。结果主义理论又被称作客观目的论（Teleological Theories），认为行为的最终后果是道德上的惟一决定因素。大致说来，结果主义有三种基本形态，一是伦理上的利己主义（Ethical Egoism），主张只有行为的结果对行为者较为有利时，才具有道德正当性；二是伦理上的利他主义（Ethical Altruism），认为只有行为的结果对除行为者外的其他每个人都较为有利时，才具有道德正当性；三是功利主义（Utilitarianism），它把法律、道德看做一种功利衡量体系，一种交易规则体系，认为只有行为的结果对所有的人都有利时，才具有道德正当性。这三种观点的主张者通常靠诉诸某种人类天性来捍卫他们的理论。伦理利己主义者诉诸动机的心理学原则，被称作心理学利己主义（Psychological Egoism）。心理学利己主义声称，人类的一切行为，无一例外地都是

绝对由自私自利的利益动机所支配的，这是不可改变的人类本性事实。利己主义者
进而争辩说，道德义务必须限制在我们人类特质所允许的范围内，我们不能被期待
去做超出我们自身能力的事情。因此，他们的结论是，既然惟有伦理利己主义承认
我们完全自私自利的动机，那么，它就是道德评判的惟一可能的标准。但是，伦理
利他主义同样也诉诸人类本性。利他主义者拒绝心理学利己主义，主张人类在天性
上是仁慈的。天性的仁慈是我们人类本性的特征，该特征是利他主义道德义务的基
础。最后，功利主义是我们的自私自利和专门利人的理想之间的一个调和。功利主
义有多种流派。许多功利主义者认为，我们的公共生活和私人生活是缠绕在一起
的，所以，我们在追逐自我利益的同时，也在追逐其他人的利益。约翰·斯图亚
特·密尔也认为，尽管人类是自私的，但是，我们还是具有对团结的天然情感，这
样的天然情感有助于扩展我们的私人利益。

第三，功利主义借公共利益的名义侵犯个人权利和自由。在这里，我们应当着
重关注的是，作为一种学说，功利主义的重要意义，不仅仅存在于它从所谓普遍有
利的结果的角度对人类行为、政治与社会政策做出一般估价，而且在于它解释结果
的特殊方式。它设定，社会大多有一种"功利功能"，这种功能是可观察、可测量
的，并且由个人功利功能的总和构成。尽管功利主义预设了个人主义的前提，但
是，它还是导致了把社会作为整体的集体主义价值判断。我们被告知，社会的价值
标准是功利，或者，是最大数量的最大幸福（the Greatest Happiness of the Greatest
Number），但是，正如我们经常观察到的，至少有两种解释，我们是要尽可能把幸
福的总量最大化，即简单地"把蛋糕做大"，还是按照让最大多数人能够享受到方
式来分配幸福？究竟有多少人真正享受幸福？围绕这两个问题，功利主义尽管在当
代有一些变化或修改，但它仍然遭到强烈反对，因为它从功利的产出角度只关心结
果，它抹去了我们的道德和政治语汇里的一些重要因素，这就是平等、正义和
权利。

（二）个人主义

在伦理学领域，个人主义理论首先强调自身与集体主义的针锋相对性，在信奉
个人主义原则的人们心中，集体主义是一种反对个人、轻视个人甚至迫害个人的理
论；认为它不尊重个人的价值、尊严、自由和平等权，因而必须以强调个人至上的
个人主义来取而代之。

个人主义理论往往还申明自己与利己主义有根本区别，标榜自己在强调个人至
上的时候，仅仅是强调个人在价值、尊严、自由及平等方面的本位性和独立性，而
不管别人在干什么，更不会以损人来达到自己的目的。

　　从集体主义原则的观点来看，个人主义对集体主义原则关于个人的观点所做的歪曲是毫无道理的。集体主义原则并不因强调集体而忽视或压制个人；个人的价值、尊严、自由和平等权在社会主义集体主义原则中是题中应有之意。集体主义与个人主义在对待个人问题上的差别，就在于集体主义不是抽象的谈论个人问题，抽象地谈论个人的价值、尊严、自由和平等问题，而是把这一切放回到社会历史中，从人的社会存在和历史活动中来谈论这一系列问题。实际上，真正把个人同社会分割开来并最终使个人的实现受到阻碍的，不是集体主义，而是个人主义自身。到了19、20世纪，随着大规模社会组织的兴起，个人主义思想的影响就有所削弱。西方社会之所以演变出技术主义来反对人本主义思潮，在某种意义上正是西方人士反省个人主义危害性的一种结果。下面详细介绍个人主义的主要思想以及与集体主义的本质区别。

　　第一，个人主义用以构筑体系的哲学世界观，是"人的本质是自私的"。"自爱"这条道德规律在从古代到现代的个人主义道德家那里，始终被奉为金科玉律。爱尔维修对此曾做过经典式的描述：人从幼年到风烛残年一直铭刻在心里的感情，就是"对自己的爱"；无论人们所受的教育有什么差别，"在任何时代，任何国家，人们过去，现在和未来，都是爱自己甚于爱别人的"。

　　个人主义心目中的世界、社会和个人，与集体主义所说的世界、社会和个人在根本上是不同的。集体主义从人的社会历史性出发，认为人的本质并不是先天具有的，而是后天社会环境的产物。因而人的自私性，并不是人的本性或本质，而只是私有制社会关系在人的观念中的折射。原始人之所以没有这种私有观念和自私行为，已成为证明人的本性不是自私的经验事实。这种私有观念和自私行为，必将随着公有制社会的建立和不断完善，而逐渐消失在历史长河中。

　　第二，个人主义把个人利益作为判断人的行为善恶与否的根本价值尺度，集体主义则相反，它认为人们行为善恶与否的根本价值尺度，只能是集体利益。这种集体利益，不是那种与个人利益相对抗的虚幻的集体利益，而是与个人正当利益辩证统一的集体利益，因而它作为衡量人们行为善恶与否的价值尺度，并不包含反个人性。

　　第三，个人主义以个人的利益的满足为出发点和归宿，这种满足是建立在与集体利益或社会利益相对立的前提之上的。个人主义往往把集体利益看做是一种虚构，它们即使承认存在着集体利益或社会利益，顶多也只承认这种利益不过是个人利益的简单叠加。因而在个人主义看来，以集体利益的实现为出发点和归宿是虚妄的，以个人利益的满足为出发点和归宿，才是真实可靠的。

　　集体主义自己的出发点和归宿，建立在集体主义利益实现的基础上。集体利益不是个人利益的简单相加，而是包含着个人利益，又高于个人利益的一种真实的共同体利益。因而认为在调节个人与集体利益的关系时，不是以个人利益为基础，而是以集体利益为基础，不是让集体利益从属于个人利益，而是让个人利益从属于集体利益，从而在这种前提下，实现个人利益与集体利益的辩证有机统一。

（三）利他主义

在伦理学中，利他主义作为利己主义的直接对立面，它不是以个人利益为确定善的标准，而是强调他人利益，颂扬为其他人做出牺牲的精神，并以此作为善的标准。一般来说，伦理学中的利他主义往往从抽象的人性本能和人性需要来证明利他主义的合理性。一方面，利他主义者借助动物的利他行为，特别是社会性程度较高的利他行为，来证明人类在天性中也存在着这种利他动机。其中最典型的，是流行于西方的社会生物学观点。例如，美国哈佛大学的教授爱德华在其巨著《社会生物学：新的综合》中，就对动物的利他现象和人的利他现象做了分析比较，并得出在西方影响颇大的结论，认为自然选择由于在增加生物个体的利他行为的过程中，增加了个体的语言和种族存活的可能性，从而从根本上支持了动物和人的利他行为。

另一方面，利他主义者往往还认为人的本能需要是多方面的，即认为人既有自私的一面，也有利他的一面，半是野兽、半是天使，这种观点同功利主义或合理利己主义看待人的行为的观点是一致的，并试图利用这种观点，来缓和人的自私自利之心。

正像利己主义在过去和现在都激烈抨击利他主义的"虚伪性"一样，利他主义也在不断的回击利己主义，认为利己主义是"人性的堕落"。利己主义和利他主义的这种论争，到现在还在持续。集体主义则认为无论是利己主义还是利他主义这种抽象的谈论人的本性的观点，都是对社会历史现象的一种曲解。马克思和恩格斯在《德意志意识形态》中曾对人的这种利己和利他属性做过深入分析，认为利己主义和利他主义，不过是一种统一的利益的分裂形式。在剥削阶级虚幻的集体中，由于旧式分工和私有制造成的严重对立，从而造成这样的情况，作为普遍利益的国家，要求个人利益为国家利益做出牺牲，并向人们灌输这种"利他主义"的道德原则，并称之为"美德"；作为追求个人利益的个人，则强调人的"自私的本性"，要求实行利己主义的道德原则，把个人利益作为道德的基础，把个人利益的实现作为最高的"美德"。最后在整个社会中人们对待利己主义和利他主义道德原则持互相对立的态度。

因此利己主义和利他主义作为个人在私有制社会利益分裂的条件下个人自我实现的两种方式，其对立并不是出自人的本性，而是私有制社会。从利他主义的根源中我们即可见利他主义与集体主义的根本区别。

第一，利他主义是私有制社会统一的利益形式相互对立的产物，而集体主义则是消除这种利益对立形式的无产阶级革命运动的产物。

第二，利他主义从人的抽象本能出发来颂扬人的利他精神，牺牲精神，而集体主义则从无产阶级的伟大历史使命出发，从人的彻底解放，社会的彻底解放的高度出发，科学地揭示了人的利他精神和对集体做出的牺牲的本质。

第三，利他主义在谈论人的利他精神时，往往包含着反个人的倾向，不理解个人利益和集体利益的辩证统一关系，因而往往流于禁欲主义，宗教禁欲主义就是其中的典型。集体主义在谈论人的牺牲精神时，并不包含着反个人的倾向，而是在正确理解个人利益和集体利益辩证关系的基础上，把个人的牺牲看成个人自我实现的一种必要形式。

第四，利他主义包含的利他精神，由于受其他理论和实践的局限，往往流于一句空话，而且最终还可能以利己的形式表现出来，至多也只是实现个人利益的一种权宜之计，而集体主义所强调的自我牺牲精神，是建立在道德自由基础上的一种崇高的道德选择。

二、社会主义企业道德的核心与本质

社会主义企业道德原则与其他道德原则的不同在于，它适应社会主义市场经济发展的要求，与社会主义基本道德原则相统一。

（一）社会主义道德的核心

1. "为人民服务"是社会主义企业道德的核心。长期以来，"为人民服务"是作为党的宗旨和无产阶级人生观来理解，而没有从道德的核心上去认识。中共十四届六中全会第一次以决议形式，肯定了为人民服务是社会主义道德的核心，为我们加强社会主义思想道德建设指明了正确的方向。

从经济基础看，道德作为一种社会意识形态，是由一定的社会经济基础决定的，并为经济基础的巩固和发展服务。我国现阶段的经济制度，是以公有制为主体的多种经济并存发展的经济制度，其发展的最终目的是发展生产力，消除"两极"分化，最终达到广大人民的共同富裕。因此，作为反映社会主义经济基础客观要求的社会主义道德，就不能忽视广大人民的根本利益。而强调以"为人民服务"作为社会主义道德建设的核心，就是充分发挥社会主义道德建设能动作用，以维护人民利益为最高要求。

从政治角度来看，我国是一个人民民主专政的国家。在这一政治制度下，人民当家作主，人民的根本利益是一致的，人与人之间是平等、团结，相互服务的关系。因此，在社会里，人人都是服务的对象，人人又都是为他人服务的。而以"为人民服务"作为社会主义道德建设的核心，体现的正是社会主义制度的本质要求。

2. "为人民服务"的基本内容与不同层次的要求。

（1）"为人民服务"的基本内容。第一，就社会层面而言，强调发展社会主义市场经济，更要在全体人民中提倡为人民服务和集体主义精神，提倡尊重人、关心人，热爱集体，热心公益，扶贫帮困，反对和抵制拜金主义、享乐主义和极端个人主义。第二，就经济活动层面而言，强调在经济活动中，国家依法保护企业和个人的利益，鼓励人们通过合法经营和诚实劳动获取正当的经济利益；同时引导人们对社会负责，对人民负责，正确处理国家、集体和个人的关系，反对小团体主义，本位主义，反对损公肥私、损人利己。第三，就政治生活层面而言，强调要严格防止把经济活动中的商品交换原则引入党的政治生活的国家机关的政务活动中。以上这些，是在社会主义市场经济条件下，赋予"为人民服务"的崭新内容，并为全体社会成员的思想和行为，提出了明确的价值导向和道德要求。

（2）"为人民服务"不同层次的要求。在对"为人民服务"的理解上，向来存在这样的一种观点："为人民服务"是不带功利性的，是无偿的行为。实际上，这种观点是有失偏颇的。我们现在面对的是社会经济成分、组织形式、就业方式、利益关系和分配方式日趋多元化的形势。在此形势下，我们必须重新认识"为人民服务"的问题。我们既要肯定无偿服务的道德作用，又要肯定有偿服务的实践意义。这是因为，在现阶段，由于经济、政治、思想文化方面的原因，我国公民的思想觉悟水平处在不同的境界点上。因此，对于不同觉悟水平的公民，就要有不同层次的"为人民服务"的要求。

对于共产党员和有觉悟的先进分子，其要求是全心全意的为人民服务，先公后私，大公无私，一切以人民利益为最高准绳。这就是说，在通常状况下，自觉自愿牺牲自己的利益。

对于一个普通劳动者来说，我们倡导其义务的为人民服务，但也肯定他们有偿服务的实践意义。只要他们诚实劳动，合法经营，不损公肥私，不损人利己，有偿服务，也是为人民服务。

总之，为人民服务，是社会主义道德要求的根本出发点和核心，是贯穿于整个社会主义道德中的活的灵魂。离开了这一出发点和核心，就谈不上道德行为。

（二）社会主义道德原则的本质——集体主义

所谓道德原则，就是指一定社会或阶级根据其利益并在道德生活经验中形成的，用以调节人们的行为和相互关系在一切领域里普遍遵循的原则。道德原则在社会的道德实践中决定了其他道德规范、范畴等的性质，形成一个以其为总纲的体系，并成为区分不同道德类型的基本标志。不同形态社会有着根本不同的道德原则，社会主义的道德原则的本质是集体主义。

集体主义是无产阶级世界观的内容之一，是调节个人利益与集体利益的原则。它指一切言行以合乎无产阶级及其广大人民群众集体利益为根本出发点的思想。集体主义是共产主义道德的核心，是社会主义精神文明的重要标志。它同资产阶级个人主义是根本对立的，是共产主义道德区别于一切旧道德的本质特征。集体主义作为道德原则，是在资本主义条件下，工人阶级联合起来反对资本家的过程中产生的。作为与个人主义相对立的概念，它出现在 20 世纪初。基本思想是马克思主义创始人提出来的。它继承了历史上先进的伦理思想，体现了人类社会发展的客观规律，概括和总结了先进工人中把集体利益放在首位的行为和思想，是社会主义道德和共产主义道德规范体系的基本原则。集体主义的内容是：一方面，从无产阶级和广大劳动人民的根本利益出发，坚持集体利益高于个人利益；另一方面，在维护集体利益的前提下，把个人利益和集体利益结合起来，当两者之间发生矛盾时，个人利益服从集体利益，在必要时甚至牺牲个人利益。共产主义是集体主义的最高形式。集体主义反映着无产阶级和劳动人民的整体利益，是个人利益和社会集体利益的辩证统一。集体主义最高原则是全心全意为人民服务、大公无私、毫不利己、专门利人。集体主义集中体现了无产阶级的优秀品质和为人类解放而奋斗的牺牲精神。

1. 确立集体主义基本原则的依据。

（1）集体主义是由人类的本质所决定的。自地球上出现了人类以后，人类就一直生活在社会集体之中，个人和集体便结下了不解之缘。个人离不开社会，社会也离不开个人。一方面，社会的存在与发展以个人的存在和发展为前提。社会是由个人组成的，社会也是个人交互作用的产物，离开了个人，社会就不复存在。而且，个人是社会发展的动力源，人类发展本质上是人的发展。另一方面，个人的发展要以社会的存在和发展为基础，个人的生存依赖于社会，个人的价值实现和个性发展需要社会为其提供条件。特别是在现代社会，社会化大生产使人类活动的社会特性更加显著。人的大量活动是直接以集体的形式存在的，社会集体有利于激励和促进个性的发展，社会集体的存在为个人才能的发挥创造了舞台；社会集体的价值目标为个性发展提供了参照系，明确了个性发展的方向；社会集体的互帮互助和协作精神为个体发展提供了动力和保障。离开了社会和他人的需要，就无法评价个人的价值。因此，没有社会集体的存在，就没有个人的发展。

集体主义作为公民道德建设原则，是社会主义社会发展的必然要求。集体主义原则并非古已有之，而是工人阶级先进世界观与传统美德相结合的崭新概念。它作为整个社会的价值导向和道德基本原则，是同社会主义制度相联系的。在社会主义社会，人民当家作主，国家利益、集体利益和个人利益根本上的一致性，使集体主义成为调节三者利益关系的重要原则。实践表明，只有国家、集体的发展和富强才是人民共同富裕的前提和保障，损害国家、集体的利益，最终也必然会损害个人的利益。因此，要保证我国经济社会的快速发展，就必须在全社会大力倡导集体主义精神，人们在经济社会活动中不仅追求个人利益，还要兼顾国家、集体和他人利益；就必须大力提倡顾全大局、团结互助和扶贫济困精神，人们要自觉履行对国家和社会的义务；就必须处理好个人与社会的关系，人们通过自己的劳动，既满足自己正当的利益，又为国家和集体创造财富，最终走向共同富裕。

总之，个人和社会的密不可分的关系，揭示和演化出人的社会本质。作为反映人与社会基本关系的道德准则，集体主义原则的确立是由人的社会本质所规定的。

（2）集体主义是社会主义经济社会关系的要求。社会主义经济关系的基础是劳动人民共同占有生产资料，它反映的最基本的利益关系是劳动人民的共同利益。维护、巩固和发展社会主义公有制，维护劳动人民的共同利益，则是社会主义道德赖以存在和发展的基础。而反映这个基础的道德观念，必然是社会主义的集体主义。集体主义强调集体、国家的公共财产不可侵犯，反对任何损公肥私，为满足个人欲望而挥霍、浪费、侵害集体财产的行为。因此，在社会主义条件下，集体主义原则就成为人们衡量一个人的行为和品质的是非、善恶的标准。

集体主义作为公民道德建设原则，是我国社会调节人与人、个人与集体道德关系的经验总结。道德领域内无论是道德理论还是道德实践，人们存在的主要分歧基本上是围绕着个人与集体的关系而展开的。在调节个人与他人、个人与集体的道德关系上，不把集体主义作为原则，就必然会把个人主义或者利己主义作为原则，二者必居其一。极端个人主义对国家、民族、社会无疑是有害的。只有集体主义才能帮助人们实现个人正当利益，实现个人尊严和价值。我国社会主义道德建设的实践经验表明，集体主义的生命力及道德价值，对改善社会风气、提高人们道德品质的作用，以及在推动社会发展和实现个人全面、自由发展方面的地位，都是个人主义或利己主义所无法比拟的。

2. 集体主义道德原则的基本内容。马克思说："人们奋斗的一切，都与他们的利益有关。"利益是人的原动力，满足人的利益需要是人的行为的出发点，又是人的行为的归宿。因此，个人利益与集体利益的关系问题是贯穿集体主义原则的核心内容。集体主义原则的内涵，概括地说，就是集体利益和个人利益的辩证统一，其中包含三层意思：

（1）尊重和保护个人的正当利益。在集体主义原则中，集体利益指的是以工人阶级为核心，由全体人民组成的利益集团，在经济、政治、精神文化等方面利益的综合；个人利益，指个人在经济、政治、精神等方面需求的总和。集体利益和个人利益的辩证统一，首先承认和保障个人的正当利益的实现。这就意味着集体利益对个人利益来说并不是虚幻的、绝对凌驾于个人利益之上存在的，而是由组成集体的成员的个人利益汇总而成的利益实体，集体利益应尽量体现最大多数成员的统一意愿，最大限度地成为尽可能多的个人利益的真实代表，从而使集体利益成为真正保障个人的正当利益的力量。

（2）坚持集体利益高于个人利益。集体利益应当成为个人利益最集中、最权威的代表，但现实中的集体利益与个人利益的关系仍未达到理想状态，集体利益和个人利益矛盾仍然存在，而且有时还很尖锐。当个人利益和集体利益出现矛盾时，集体主义原则即要求个人利益服从集体利益，为保全集体利益甚至要牺牲个人利益。这体现了集体主义原则中，集体利益和个人利益相互关系上的主从位置的特征。集体主义原则之所以要强调集体利益至上，是因为个人离不开集体，个人利益的实现是以集体利益的实现为前提和保证的。所以，集体主义原则强调集体利益的至上性，并非是无视和扼杀个人的正当利益。相反，恰恰是为了更好地保障个人利益，为个人正当利益的实现寻找切实可行的途径。

（3）集体利益和个人利益的合理调节。在社会主义条件下，个人利益和集体利益、局部利益和全局利益之间固然会有发生矛盾的时候，但是这种矛盾并非不可调节。在许多场合，这种矛盾是可以通过努力得到缓解以致消除的。社会主义集体应当尽可能兼顾调节各方面利益，以疏通、缓解和解决矛盾冲突，最终使集体利益与个人利益得到兼顾和实现，最大限度地促进集体和个人的和谐平衡的发展。

三、社会主义企业道德原则

　　既然社会主义企业道德的核心是为人民服务，其本质是集体主义，那么社会主义企业道德原则的基本内容就必须体现为人民服务和集体主义的本质要求。具体应包括以下一些基本原则内容。

（一）诚实守信的原则

诚实守信是道德要求的最基础部分，它是企业道德的最重要的品德标准，是其他标准的基础。在我国企业经营实践中，它被奉为至上的律条。历史上，曾涌现过一批诚实守信的老字号。如，北京的同仁堂，以诚信为本，获得广泛赞誉，至今已有 300 年的历史。其他著名的企业也获得很高的赞誉，其共同特点是，以诚信为本。据《永窗春呓》中记载："著名老店，如扬州之戴春林，苏州之孙春阳，嘉善之吴鼎盛，京城之王麻子，杭州之张小泉，皆天下所知……然此各家得名之如，只循'诚理'二字为之"。孔子认为，活政必须有"足食、足兵、民信"三条，在不得已的情况下，可以去掉"兵"和"食"，而"信"却是必须坚持的，"自古皆有死，民无信不立"。诚实守信的原则在市场营销中的具体体现就是"货真价实，童叟无欺"，"诚招天下客，信揽四方财"。所有这些都是诚信原则的体现。在市场运营过程中，把握诚信原则，是企业获得成功的关键。爱国实业家陈嘉庚先生在海外创业之初，曾遇到自己的企业尚无规模，而其父又欠债 20 万元的困境。按新加坡的法律，不必子还父债，但陈嘉庚认为中华民族向来以诚信为本，虽然从法律上没有还父债的义务，但道义上不免遗憾。于是他和债权人协商，分期还清了父债。此举在东南亚赢得了广泛的赞誉，也为其此后的事业发展奠定了坚实的基础。

当今，由于在由计划经济向市场经济转轨的过程中，许多方面的环境条件尚不规范，失信现象在企业行为中发展到了极为严重的境地。于是社会各界（不仅仅是营销界）大声疾呼，建立一种信用经济，树立守信的社会风气。实际上，市场经济本身就是一种信用经济，没有参与市场经济的各主体的诚实守信行为，市场经济的大厦就失去了根基。从宏观的价值链角度分析，一个企业失信造成的是其他企业的损失，而其他企业从而效之，形成恶性循环，又接下去生成更广泛的信用危机，该企业也将最终受害。

诚实守信，是我国传统的古训。当今仍应是企业市场活动中把握道德界限的重要基础规则，具体地应当包括产品质量上的诚实，不假冒；广告中要诚实相告；价格上明码实价，童叟无欺；交易中履行合同责任，信守承诺，以及市场调查数据真实等许多方面。

而西方的文化虽然与我国的文化背景在许多方面不同，但是在诚实守信这一点上是相通的。在西方，罗斯提出的显要义务理论中，第一条就把诚实的责任列了出来。国外著名的大公司如福特汽车公司、通用电器公司、摩托罗拉公司、默克公司、P&G 公司等也都把诚实守信作为公司的指导思想。

（二） 义利兼顾的原则

义利兼顾的思想既是西方伦理学在道德评价中主张道义与功利相结合的思想体现，同时与我国传统的义利并重的思想也是一致的。义利兼顾的思想是处理好利己和利他的关系的基本原则。

我国历史上传统的儒家思想的一个重要内容就是义利观。儒家主张，在义利观中，要积极地追求义，要将义放在第一位，对那些有利自己的东西，首先要自问是否合乎义，出于义。根据义来决定取舍，必要时要怀义去利。李梦阳在《空洞先生集》中记载，山西商人王文显教训儿子说："夫商与士，异术而同心，故善商者处财货之物而修高明之行，是故虽利而不污……故利以义制，名以清修，各守其业……"主张商人获利要以义为本，要得其所，不能通过不正当的途径获利。总之，是见利思义，见得思义，义然后取利的原则。南宋大儒朱熹在《朱文公文集》中断定："义利之辩，乃儒者第一义"。

进而，在今天的企业行为中，要提倡的原则是"义"与"利"的兼顾。义利兼顾是指企业获利，要同时考虑是否符合消费者的利益，是否符合社会整体和长远的利益。这并不是反对企业通过经营活动获得利润，恰恰相反，追求利润是企业营销的根本动力和重要特征。利润本身无所谓善恶，判断企业营销行为是否道德，显然不取决于它是否去追求利润以及追求多少利润，而是取决于它是以什么方式去追求利润及会带来什么后果。利是目标，义是要遵守达到这一目标的合理规则。二者应该同时加以重视，达到兼顾的目标。

在此值得再次强调的是，正像前面所述的那样，企业在取利方式和获利之后的投向上，都要综合地体现义利兼顾的思想。

（三） 互惠互利原则

互惠互利是进一步针对企业的经营活动，提出的交易中的基本信条。商品生产是在社会分工的条件下产生的，企业经营活动的核心是要发生交易行为，要与买者（顾客）发生关系。而且这种关系时刻伴随着企业的经营实践活动。在交易中，交易物品只有对别人有利才能实现卖方利益。另一方面，买者希望从市场获得自己所需商品。推而广之，市场上的各交易主体都是带着各自的需求参与市场活动的。在这里，交易中只有遵循互惠互利的原则，才能使市场活动周而复始地延续下去。因而，企业既要为他人提供各种满足，又要依赖他人，从中得到自身的利益，只有互惠互利，社会经济才能正常运行。因而，在企业相关利益者关系的把握上，必须遵循互惠互利的原则，就是要实现互利互惠的交换过程，考虑对方的利益，而不是一味地追求个人利益。孔子的名言"己所不欲，勿施于人"之所以能流传至今，成为一句警世格言，也正是由于它道出了互惠互利原则的真谛。互惠互利的原则是企业营销活动得以持久发展的基础信条，因为它不是单纯的道义说教。

互惠互利原则要求在经营行为中，正确地分析、评价自身的利益，评价利益相关者的利益，对自己有利而对利益相关者不利的活动，由于不能得到对方的响应，而无法进行下去。而对他人有利，对自己无利的，又使经济活动成为无源之水，无本之木。企业本身是独立的经济实体，获利应是理所应当的行为，只要不损害他人的利益，有效的经济活动本身就具有伦理性，只有繁荣的企业，才能生产出有意义的产品，创造新的就业机会等。

在企业之间的竞争中，摒弃前嫌，携起手来开发市场的例子，在世界经济中成为1998年的一个突出特色，这种合作本身就是互惠互利原则的有效印证。在计算机行业，"苹果"与"微软"一直是一对竞争对手。在微软开发出视窗系列之后，苹果一直指控微软剽窃它的麦金托（MAC）。但在近年苹果公司走下坡路时，1997年8月，微软购入了1.5亿美元的苹果股票，与正处于逆境的苹果公司携手开发软件，这样一来，双方都可以从这种合作中获得好处，从而使研究与开发（R&D）力量壮大，共同分享市场利益。

（四）理性和谐的原则

理性和谐的原则是企业道德化活动达到的理想目标模式。实际上，早在古罗马时期，柏拉图伦理思想中就体现了和谐理性的思想。在《理想国》一书中，他认为灵魂是由理智、意志、欲望三个方面构成的，理智的德性是智慧，意志的德性是勇敢，欲望的德性是节制，其实质是要以智慧、意志控制欲望、情绪，从而创造出一种以理性为基础的和谐的生活。马克斯·韦伯认为，资本主义经济获得迅速的发展，得益于新教伦理转化而来的工具理性。在这种工具理性的支配下，新教徒合乎理性地使用资本，合乎理性地组织劳动，合乎理性地获取利润。这种经济的理性化，成了经济活动的主导性力量。与此相关，中国传统上，儒家认为，由于人性经常被物欲所困扰，为了防止人心为物欲所累而自由放纵，所以人们应该"以理节情"，"发乎情而止乎礼"，"非礼勿听，非礼勿视，非礼勿言，非礼勿动"。自愿用理性来引导、满足、节制情欲，在物欲与道义的追求上，取得某种均衡。总之，儒家主张的是情感、欲望与道义的合理调节，以取得个体与社会之间的关系的均衡。它重视和谐地处理彼此之间的关系，认为和谐是一种境界，要配合、协调，软化和淡化矛盾，避免冲突。

企业在经营活动中，理性就是运用知识手段，科学分析市场环境，准确预测未来市场发展变化状况，不好大喜功，单纯追求市场占有率，而损失利润；像营销界一直抨击的秦池一样，不问自身的生产条件，只为"标王"而付出高昂的代价，最终只能自食恶果。

和谐就是提倡企业的市场营销活动，应保持在适度竞争的水平上，过度的竞争导致资源浪费，两败俱伤的结局。在市场营销中的和谐就是正确处理企业与市场各相关利益者的关系，以和睦相处为基本原则，创造出天时、地利、人和的氛围。中国人一直讲究和气生财，由于在营销活动中创造了祥和的气氛，减少了摩擦和冲突，自然也就降低了交易的费用，这对各方都是有利的。

● 本章小结 ●

道德原则是指一定社会或阶级根据其利益并在道德生活经验中形成的，用以调节人们的行为和相互关系在一切领域里普遍遵循的原则。道德原则的核心议题是个人与集体的关系。根据个人与集体关系的不同，可以将道德原则划分为功利主义、个人主义、利他主义原则。功利主义是一种旨在增进公共利益的学说。它既不是简单的利己主义，也不是简单的利他主义，而是要为绝大多数人谋利益的。可以说，关心人类利益的最大化。

社会主义道德的核心是"为人民服务"，其基本原则是集体主义。集体主义道德原则的基本内容包括尊重和保护个人的正当利益；坚持集体利益高于个人利益；集体利益和个人利益的合理调节。

社会主义企业道德原则的基本内容包括：诚实守信的原则；义利兼顾的原则；互惠互利的原则；理性和谐的原则。企业和个人在从事企业活动时应遵循上述原则。

▶ 思考题

1. 社会主义道德原则的核心是什么？
2. 如何正确看待自利与利他的关系？
3. 社会主义市场经济条件下，企业道德原则的基本内容是什么？

▶ 案例应用

优速减肥食品

山德士保健品公司（Sandoz Nutrition Corporation）是瑞士大型制药公司山德士有限公司（Sandoz Lid.）的一个分公司。山德士公司的总部在明尼苏达德明尼阿波利斯（Minneapolis），于 1976 年开始生产优速 70（Optifast 70）这种在减肥计划中使用的流失替代品。这是一种疗程为 6 个月的减肥计划，专门针对那些体重超过正常值 30% 或 50 磅以上的肥胖者。这样的超重情况一般会影响人们的健康。优速食品给人们提供了一个快速减肥的机会。

优速减肥计划只能在医院或诊所中，在医生的指导下进行。减肥计划中所用的处方药就是优速食品。在此计划中，患者在一开始的 12 ~ 16 周内，每天吃热量 420 ~ 800 卡路里的蛋白质流食。在接下来的疗程里，每天增加至 1 000 或 1 200 卡路里的热量。整个疗程的花费在 1 400 ~ 2 800 美元之间。

优速减肥计划推行以来，随着医药界和消费者越来越多地了解它，销售额不断的增长。但直到 1988 年的 11 月中旬，销售额增长的都很缓慢。一次，欧普拉·温芙蕾（Oprah Winfrey）在她的脱口秀节目中提到她通过优速减肥计划减掉了 67 磅的体重。而且，她还在节目中穿了 10 号的牛仔裤来证明它是真的瘦了。这简直就是名人对优速产品的认同，尽管没有人要求她这样做，也没有人付费，在一个小时之后，山德士公司就接到了将近 20 万个咨询电话，询问有关优速减肥计划的情况。虽然公司没有公布具体的销售数字，但据估计，欧普拉的节目播出之后的 6 个星期内，销售额至少增加了 25% ~ 30%。

1989 年，山德士公司在一些专业杂志上为优速减肥计划做广告。在宣传小册子和广告中提到了如下的内容：（1）该产品在医学上已被证明是安全和有效的；（2）您今天给优速计划打电话，就可以在您的余生中满足控制体重的需求。

不幸的是，欧普拉在减肥后的一年内，体重反弹了 17 磅。而且，宾夕法尼亚大学的一项研究表明，通过吃流食等方式快速减肥计划容易造成体重反弹。密歇根大学的学者也表示，90% 的人在减肥后的 5 年内，体重完全恢复到减肥前的情况。而且服流食往往会引起头晕、头痛、恶心、胆囊出现问题和心律不齐等症状，所以，真实的使用情况和产品的说明似乎有些出入。

（摘自［美］戴维·J·弗里切著，《企业伦理学》，杨斌等译，机械工业出版社 1999 年版。）

▶ 问题

1. 本案例中，山德士公司有违背企业伦理原则的地方吗？违背了哪些原则？

2. 服用流食有哪些好处？又有哪些害处？

3. 流食产品是一种符合企业伦理原则的产品吗？

4. 在山德士公司设计产品促销的广告词时应该考虑哪些内容？

5. 山德士公司对于完成了减肥计划的消费者应负哪些道德责任？

第四章

企业道德规范

❖ **本章学习目标**

阅读和学完本章后，你应该能够：

◇ 掌握道德规范的性质

◇ 明确人类道德规范的各种表现形式

◇ 了解社会主义道德规范的体系结构及层次性

◇ 掌握社会主义企业道德规范的定义、特点及重要性

◇ 明确社会主义企业道德的基本规范与要求

开篇案例

我国中小企业已超过 1 000 万家，占企业总数 99% 以上，其工业产值、实现利税和出口总额分别占全国的 60%、40% 和 60% 左右，并提供了 75% 以上的城镇就业机会。到目前为止，在中小企业就业的农村劳动力已超过 2.5 亿。但在我国中小企业中的丧德行为，却在迅速滋生蔓延，假冒伪劣、以次充好、暴利定价、"什么钱都敢挣"、"谁的钱都敢骗" 等欺诈行为和严重违法行为大肆泛滥。

我国中小企业大多存在产品信誉差、企业道德意识薄弱、企业内部信任不足等一系列问题，症结在于信用缺失。信用已成为每个企业立足社会不可或缺的 "无形资本"。在现实中，我国不少企业、尤其是中小企业信用意识差，自挖陷阱而不自知，出现信用危机。

一、道德规范一般

（一）道德规范的性质

1. 主观和客观的统一性。规范是人类社会中普遍存在的现象，就最一般意义上说，规范就是一种标准，一种准则，既可以是人们约定成俗的，也可以是人们有意识制定的，最常见规范的地方，就是法律生活领域和道德生活领域。一切法律条文和道德要求，都是一种具体的法律规范和道德规范。但是规范不仅仅局限于法律或道德领域，在许多别的领域，总有相应的规范。例如在我们社会生活中所碰到的各种行政规定，在军队中实行的纪律等，都属于各自领域的规范。

但不论规范有多少不同的表现形式，也不论规范是人们约定俗成的还是有意识制定的，规范都有其客观的社会基础，或者说规范本身是一种客观的社会要求和人们的主观意识相统一的结果。一方面，规范总是在社会关系中产生出来的对人们的某种客观要求，这种客观要求既不以人们的主观需要为转移，也不是在人们头脑中臆造出来的，它首先是一种客观的东西。另一方面，规范又总会凝聚着人们的主观因素，它作为对社会某种客观关系的反映形式，是非客观性的，属人的东西。

强调道德规范这种主、客观统一的特性，对于我们在道德实践中具有重要意义。强调规范的客观性，是为了避免在道德实践中把道德规范理解为任性的，由人们随意取舍的东西，从而否认客观存在的道德规范的价值，否认社会对个人提出的道德要求的合理性。强调道德规范的主观性，则是为了防止把道德主体封闭在道德规范体系中，防止道德主题丧失其在道德规范面前的主体性。一方面，道德主体在抽象、概括确立道德规范时，绝不是消极地、机械地反映客观存在的道德关系和道德要求。另一方面，道德主体在按照一定的道德规范进行道德活动时，也不是盲目服从道德规范的要求，而总会或多或少地打上道德主体本身的主体性印记，要么自觉地服从道德规范的指令，要么创造性地发挥道德规范的作用。

2. 阶级性。道德规范主客观统一的特性，决定了道德规范在阶级社会中，必然显示出阶级的特性。有些伦理学家不承认道德规范的阶级特性，认为道德规范应具有恒久的价值，而不只是具有阶级的价值。但实际上，在阶级社会中，由于人们的一切社会关系都打上了阶级的烙印，因而人们之间的道德关系，也必然成为阶级的道德关系。道德主体是阶级的主体，道德关系及道德要求是阶级的关系和阶级的要求。也就是说，影响道德主体的是阶级的道德关系，而从道德关系中抽象和概括出道德规范的则是阶级的道德主体。因此，无论是道德规范的客观性内容还是道德规范的主观性因素，都是从阶级性中引申出来的。这就是在阶级社会中，为什么道德规范必然具有阶级属性的根本原因。

当然，即便在阶级社会中，也不排除某种道德规范具有种全人类的因素，例如"不随地吐痰"、"遵守交通规则"，等等。但是，第一，这些道德规范在阶级社会中数量并不多，不足以影响整个社会的道德风尚；第二，这些道德规范，远离社会生活的重要领域，特别是远离社会的经济、政治、军事领域，因而不足以影响整个社会的道德秩序。鉴于此，这些具有全人类因素的道德规范，在本质上是千百年来人们就知道遵守的"公共生活准则"。而且这些公共生活准则，在特定的场合下，还必然受制于一定的带有阶级属性的道德规范。

（二）道德规范的表现形式

在人类漫长的道德生活中，道德规范作为人类道德行为的基本准则，从古至今，曾有过形态各一的表现形式。这些道德规范，不但其所包含的道德内容是由一定的社会关系和道德关系所决定的，就是它们各自的具体形态，也是由不同的社会关系和道德关系所赋予的。从原始人到现代人的道德规范，如果仅从纯形式上进行抽象，大体可以把这些数不清的具体规范，集中概括为图腾、禁忌、礼仪和风俗、缄言和准则、义务和责任，等等。

1. 图腾。图腾是原始人认作祖先的某种神物，正是在原始人把图腾崇拜的偶像和自己的祖先等同起来的意义上，图腾在原始人那里，成为道德规范的最初形式。在原始社会中，调节人与人之间，人与自然之间相互关系的手段，并不是今天这样的道德和法律等规范形式，而是准宗教和原始宗教等不成文的规矩，是某种原始人所朦胧感知的超自然的神灵、神力。图腾就是这种最早的神灵、神力的表征，是人们赖以进行各种活动的基本行为准则。因此在原始人那里，怎样对待图腾是一件了不得的大事，往往关系到某一氏族的生死存亡；人们由图腾崇拜所产生的图腾观念，也几乎成为人们至高无上的信念。在有些原始氏族那里，图腾物种是禁食甚至是禁触禁语的；而在另一些氏族那里，则必须在一定的情况下食用图腾物种。但无论对待图腾物种的是什么方式，都充分显示出图腾物种在人们心中所占的特殊地位，以至于原始人或万分敬畏这些物种，或以为使用这些物种就可获得自己祖先的优良性能。

2. 禁忌。与图腾崇拜紧密相关的是禁忌。禁忌在原始社会中，通常是指普通人必须忌讳的人、物或事。较之图腾而言，它更直接具有道德规范的含义，而且其外在的强制约束力，恐怕在原始社会中是最强烈的。图腾的作用，在相当的程度

中小企业管理系列丛书

上，也只能靠相应的禁忌来维持，因而只有把图腾和禁忌联系起来观察，才能更好地理解图腾在原始社会中的规范作用，离开了禁忌，原始人就几乎没有行为准则而言。禁忌在原始社会中的这种作用，使得禁忌几乎无处不在，大至狩猎、战斗、生死，小至头发、个人的名字，都具有专门的禁忌内容。由此看来，在原始社会中，禁忌比图腾更接近于后来意义上的道德规范。

3. 礼仪和风俗。与图腾、禁忌联系在一块的，是原始人的礼仪。礼仪作为原始社会约束人们的一种方式，最经常地表现在人们要越过禁忌的约束，达到某种目的的活动中。在原始人之间，像氏族的头人、祭司这样一些人，往往是不受一定禁忌的制约的，他们可以接触对普通人来说是禁忌的人、事、物等。但一般来说，头人和祭司也非天生享有这样的特权，他们往往是经过一定的礼仪之后，才被认为得到了某种超自然的力量和准允。在许多原始氏族中，如果整个氏族要做某一件犯禁忌的事，一般也有特定的礼仪活动相伴随，以此表达氏族的某种敬神祀鬼的真诚感情，从而求得辟邪的法力。而对那些犯忌者，许多氏族专门有不成文的处置规条，这些规条，往往与举行相应的礼仪联系在一起。

礼仪在本质上是一种习俗，不过这种习俗经过人们经常重复，天长地久，就流化为社会风俗。风俗也是人类早期的一种极为重要的行为规范，它已经不是某种个别的习惯或一时性的礼仪，而是在无数代人的相互承接过程中，形成一种具有社会意义的风气，并对某一社会群体中的所有成员发生影响。一个社会的风俗对人们的约束力是非常大的。就是在现代社会中，一些很古老的陈风陋俗，如我国许多地方的婚丧嫁娶风俗，竟然也会使现代人一筹莫展，这就可见风俗作为一种道德规范的力量。

尽管图腾、禁忌、礼仪和风俗作为道德规范在人类历史上曾起过重要的作用，但严格来说，这些道德规范还是比较低级，比较粗糙的，它们基本上是人类在盲目地同自然，同社会，同他人的交往中自发地形成的，还没有更多地凝聚着人们的道德智慧，归根结底是人类幼年的产物。因而随着人类文明的不断发展，随着人类道德智慧的不断提高，它们终于或渐渐消失在历史的长河中，或渐渐失去原有的含义而成为一种纯粹的娱乐形式，或改变其蒙昧的面目，注入新时代的道德智慧，成为现代意义上的道德规范。

4. 缄言和准则。在人类道德文明的进程中，首先发达起来的是以缄言形式出现的道德规范。缄言一反原始人的种种粗陋、蒙昧的规范形式，而用富于哲理的格言警句，向人们展示世界、社会和人生的图景，并以劝诱的方式，制约人们的行为。缄言不但是人类道德智慧的结晶，而且真正属于人类的理性信念，因而它在制约人们的行为时，已不再是单纯外在地使人恐惧的祸福惩奖，而转向人们的心灵，转向人们的道德觉悟。世界上许多民族都有丰富而深刻的缄言流传下来。在现代生活中，我们可以从人们床头桌前的"座右铭"中，看到缄言在人们生活中所起的重要作用。

准则作为道德规范，其对待行为善恶的倾向性就更加明确了。从图腾、禁忌、礼仪和风俗等规范形式来看，很难区分出原始人当时有什么自觉的善恶意识。原始人膜拜什么或禁忌什么，几乎完全受一种蒙昧意识，一种蒙昧常识所支配。缄言尽管消除了这种蒙昧性，但它基本上还是劝诱性的，把一个道理描述出来让你思考，并让你自行选择。准则却不同，准则明确认定某一行为只能是这样而不能是那样。准则由于是包含着道德理性的成分，从而同图腾、禁忌、礼仪和风俗区分开来，准则又由于包含着道德命令的成分，从而又同缄言区别开来。准则已经完全成为文明人最一般的道德规范形式。一切道德规范，在本质上都是一种准则。

5. 义务和责任。义务作为道德规范，其道德强制性又高于一般的道德准则，准则还仅仅是一种行为适当与否的标准。换言之，每一项准则，只有当道德主体碰到相应的行为处境时，才必然受这项准则的制约，但并不是任何道德主体在任何时候都会同时遇到各种行为准则的。从这个意义上讲，只要道德主体的行为与某一准则不相干，那么这项准则对道德主体就没有约束力。但道德义务则不同，在一个既定的道德体系中，作为义务的准则，常常是道德主体在社会的道德生活中所摆脱不掉的。因而道德主体要成为有德的人，就必须履行这些道德义务，不履行这些义务，就称不上是有德的人，甚至还有可能是"缺德"的人。也就是说，道德主体在面对这些义务时，几乎不能选择是否履行这些义务，而是必须接受这些义务。例如"五爱"作为我国各族人民的社会公德，就是具有"命令"性质的道德义务，只有遵守这些公德，才谈得上做一个有德的人。

责任作为道德规范，又是在道德义务上的一次升华。如果说道德义务还较多地表现为外在的道德要求，那么责任则已把这种外在的要求转化为内在的要求，因而责任是人们主动意识到的义务，它具有良心的成分。换言之，道德义务与道德责任，是同一种道德"命令"在人之外和在人之内的两种表现形式。由此可见，责任所包含的道德强制力和道德理性，是所有道德规范中最多的，也是社会道德要求和个人的道德信念结合的最紧密的。从这个意义上说，责任在道德规范的整个体系中，是处于最高层次的道德规范。

（三）社会主义道德规范及其层次性

道德由于是靠特殊方式调整个人与个人，个人与集体、个人与国家、个人与社会关系的行为规范的总和，因此，任何一种道德都是一种相对完整的，稳定的道德规范体系。社会主义道德规范也不例外，它是一个特殊的、相对完整的、稳定的道德规范体系。

关于社会主义道德规范的体系的结构问题，目前我国学术界意见并不完全一致。道德的内涵和外延很复杂，对它的体系结构可以从各方面探讨和研究。我们认为，如果从道德和社会利益的关系，道德对人们行为要求的高低来划分，那么，由于对人们的要求不同，由于人们的思想觉悟水平和道德觉悟水平不同，还由于生活领域的不同，因而社会主义道德规范体系可以分为以下几个层次结构：社会主义社会公共生活领域的一般道德规范；社会主义社会家庭生活领域、职业生活领域特殊道德规范；社会主义社会的基本道德规范；社会主义社会最高道德规范。

1. 社会主义社会生活领域的一般道德规范是社会主义全体居民都应共同遵循的最简单、最起码的公共生活准则，如讲究卫生、文明礼貌、遵守公共秩序等规范。它是维持社会秩序、保障社会生活正常进行的最基本的社会条件。社会要求每个成员都应该做到，否则，人们就无法生存和进行交往。因此，它是社会主义道德规范体系中不可缺少的有机组成部分。

2. 家庭生活和职业生活是亿万人民生活的最基本领域。家庭生活影响着整个人类社会生活的延续和健康发展。职业生活是走上工作岗位的成人每日从事自己专业活动所特有的生活。如何处理好这两个生活领域各方面人和人的关系，对社会和个人具有重大意义。社会主义社会在这方面向人们提出了很多道德要求。所以，社会主义家庭道德规范，职业道德规范同样是社会主义道德规范体系最重要的组成部分。由于这些特殊道德规范的存在，使社会主义道德规范体系更加完整，更加丰富，更富有生命力，对社会主义人们的道德实践活动更具有广泛的指导作用。

3. 公共生活领域的一般道德规范和家庭生活领域、职业生活领域的特殊道德规范，如果说这是对人们最一般、最特殊的要求的话，那么，在它们之上，就是社会主义道德规范，即爱祖国、爱人民、爱劳动、爱科学、爱社会主义。它是社会主义国家每个公民处理个人与国家，对人民、对劳动、对科学、对社会主义关系时必须遵循的社会准则，也是社会主义国家对广大公民的基本要求。这种道德要求，既反映了社会主义国家和广大劳动人民的根本利益，又能为广大公民所接受和具体实践。

4. 在社会主义道德规范体系中，共产主义道德属于最高层次，也是最高要求，它要求人们树立共产主义远大理想，全心全意为人民服务，大公无私，毫不利己，专门利人；树立共产主义劳动态度；为了共产主义事业，随时准备牺牲自己的一切。这些共产主义道德要求，对普通人民群众来讲，显然是高了些，往往不容易做到。只有少数先进分子，特别是共产党员才能真正实践它，共产主义道德为整个社会主义道德规范体系指出了前进的方向。

以上就是我国社会主义初级阶段社会主义道德规范体系结构，对这种体系结构的层次所进行的划分，基本上是按照道德要求的高低标准、道德实践的难易程度，以及道德要求的对象差异范围大小来划分的。

社会主义道德规范体系之所以要划分出若干层次来，一方面这是由社会主义初级阶段的经济，政治制度决定的，特别是由生产资料所有制的多样性决定的。目前在我国除作为主体地位的公有制经济，集体经济，还有私有经济，个体经济，合资经济等。一般来说，不同生产关系下的劳动者就可能有不同的道德觉悟。但是，这种所有制和道德觉悟的关系是辩证的，而不是机械的。此外，旧的各种道德思想的影响，也使人们的道德水平参差不齐。在这种情况下，就不能用统一的道德标准去要求人们，而必须根据人们道德觉悟的实际情况，对不同觉悟的人们提出不同的要求。

二、社会主义企业道德规范

（一）社会主义企业道德规范及其重要性

道德是人们日常活动中遵循的行为准则，道德本身具有很强的实践性，它不是空洞的口号，必须落实到具体行动中。企业道德规范，是指企业在生产经营中应自觉遵守的各种行为准则和规范的总和。它是企业社会责任观念的一部分，是企业文化的重要内容，已成为企业竞争力的源泉。

1. 企业道德规范是现代市场经济发展的内在要求。企业道德是直接规范和调节经济活动过程中各经济主体相互关系的一系列伦理原则和道德规范的总和。显然，独立的经济主体的存在，经济主体间区别于其他社会关系的经济关系的相对独立的存在，是经济伦理得以产生和发展的客观条件。在自然经济中，人们间的经济关系并没有从血缘关系、家庭关系中分离出来，也没有形成独立存在的经济主体，因此在血缘关系、家庭关系基础上形成的某些企业道德规范，虽然具有经济上的调节功能，但不是独立的经济伦理规范；在中央集权的行政计划经济中，人们间的经济关系也没有从行政计划关系中分离出来，全国除了国家这个经济主体之外没有其他的经济主体，企业等各种经济单位不过是全国大工厂中的一个车间、执行全国计划的一种工具，因而在行政计划关系基础上形成的企业道德规范，虽然也发挥着对生产、分配、消费的协调功能，但也不属于独立的经济伦理规范。在商品经济、市场经济中则存在着不同情况，人们间的经济关系已经从其他各种非经济性的相互关系中分离出来，并成为人们相互关系中的主要方面，商品的生产者和交换者在市场上形成了独立的经济主体，企业道德规范，就是适应对经济主体及相互之间经济关系的调节规范的需要而产生的。

任何一种经济体制同时也意味着一种企业道德文化体制，因为任何一种经济体制无例外地蕴含着某种文化、某种企业道德规范和标准。商品经济、市场经济也是如此。它在否定自然经济和经济活动中的各种人身依附关系的时候，既是一种经济体制上的否定，也是一种思想、文化、伦理、道德上的否定。它承认产权原则、等价交换原则，这是对前市场经济中超经济掠夺方式的否定，因而产权原则、等价交换原则既是一种经济原则又是一种伦理原则，这种原则的实现无疑是企业道德上的一种进步；它承认经济主体在市场上的平等原则，承认人们在市场上依赖于某种物的价值而形成的人的独立性，承认人们在法律上、在公民地位上的平等地位，否定了以前经济中的等级制、各种人身依附关系，这也是企业道德上的一种进步；它承认人们在市场上自由竞争的权利，鼓励人们在追求自身利益的过程中进行竞争，根据自己利益的盈亏得失实现资源的流动，把资源配置到最有利的环节上去，这同自然经济和中央集权的行政计划经济鼓励合作反对竞争、鼓励服从反对自主选择的伦理原则相比，确是新原则、新观念。马克思曾经把"商品交换领域"称为"天赋人权的真正乐园"，认为在这个乐园中"占统治地位的只是自由、平等、所有权和边沁"。这是对市场经济伦理原则、伦理特征的深刻概括。然而，市场经济的机制和原则本身却包含了矛盾性和两重性，它对人们的文化、思想、伦理、道德的影响也存在着矛盾性和两重性。等价交换原则在实现过程中是采取交换双方协商和契约的方式进行的，这就为不等价交换留下了巨大的可能性空间；它对产权的承认只限于市场交换过程中，至于交换前财产的来源、获得方式及交换后财产的消费和使用方式则一概不予过问，这就使得市场往往成为那些不义之财"洗钱"的场所，从而也就间接地鼓励了不正当的致富途径和致富手段，使各种非法的经营得以存在和发展；市场经济在鼓励人们勇于竞争的同时，也为人们使用不正当手段进行竞争留下了空隙；市场经济虽然主张机会平等，但由于盈亏损益的不断积累，就会造成结果上的不平等、造成两极分化、造成不同的利益集团，从而造成伦理价值观念上的分裂；市场经济在鼓励人们追求自身利益的同时，也怂恿和滋长着极端的利己主义、拜金主义和享乐主义。市场经济的上述矛盾在推动经济发展获得一定速度和效率的同时，造成了经济发展本身的各种矛盾，造成了经济和企业道德文化之间的矛盾，造成了思想道德文化领域的分裂。

不能恰当地解决这些矛盾和问题，人类就不能进步，社会就不能发展，经济也就不能正常地运行。如同国家宏观调控和经济立法一样，经济伦理、企业道德规范也是在解决市场经济的各种消极负面影响和各种经济矛盾、文化矛盾、企业道德矛盾的过程中，产生和发展的，是市场经济从原生的初级的阶段向现代的高级的阶段、从无序的不文明的状态向有序的文明的状态过渡的产物。当然，市场经济发展过程中出现的各种矛盾，只是为企业道德规范的出现提出了客观要求和准备了客观条件，而经济伦理、企业道德规范的真正产生和发展，还是人们自觉努力的结果。在人们自觉地提出和建构经济伦理、企业道德规范的原则和规范的时候，除了考虑经济过程的发展要求之外，也同时考虑着社会的企业道德文化领域的发展要求，在这一意义上，企业道德规范则往往是经济规范和一般企业道德规范相互渗透和结合的产物。

当前在我国，加强企业道德规范建设，已成为建立社会主义市场经济体制的内在要求。中共十四届六中全会决议已明确指出，社会主义市场经济体制，不仅同社会主义基本经济制度政治制度结合在一起，而且同社会主义精神文明结合在一起。从建立社会主义市场经济体制的角度来看，企业道德规范建设有着不容忽视的重要性。

首先，企业道德规范建设有助于建立规范、有序、文明的市场经济秩序，有助于市场机制的正常运转。企业作为最重要的市场主体，是市场价格关系、供求关系、竞争关系中的主要角色，是市场价格机制、供求机制、竞争机制、损益机制作用过程的主要参与者和承担者，因而企业的行为对市场机制和市场秩序产生着重大影响。企业的价格行为、供求行为不规范，如采取价格垄断、哄抬物价、故意压价、抢购、套购、囤积不供等行为，就会扭曲供求关系和价格关系，价格机制、供求机制就会失灵；企业如果采取种种不正当竞争行为，就会破坏市场竞争规则，破坏自由、平等、公正的竞争秩序。企业道德规范建设可以使企业采取在企业道德上正当合理的目标和手段，去争取经济利益的最大化，正确认识竞争各方之间的相互关系，尊重竞争各方的合法权益，遵守国家规定的竞争规则，在竞争中讲究自愿、平等、公正、诚实、信用的原则。

其次，企业道德规范建设有助于国家宏观调控和社会监督的顺利进行。宏观调控和监督的目的是为了克服市场调节所具有的弊端和缺陷，实现经济、社会、环境之间的协调发展。然而，宏观调控目标要顺利地实现，经济、法律、行政等宏观调控手段要有效地发挥作用，还需要企业的积极响应和配合。因为宏观调控过程实际上是企业在宏观调控手段作用下按照宏观调控的要求改变、调整自身的目的和行为的过程。显然，当企业根据宏观调控要求去改变自己的生产经营目标和规模的时候，宏观调控目标可以顺利实现；而当企业不根据宏观调控要求去做相应变化甚至和宏观调控要求逆向行动的时候，宏观调控目标的实现就会遇到障碍。法律手段和某些行政手段虽然带有强制性，但需要有企业的自觉遵守和执行才能顺利地发挥其作用。企业道德规范建设可以帮助企业正确认识企业利益和国家宏观整体利益、社会发展的长远利益之间的相互关系，以内在自律的形式提高企业支持和配合宏观调控和监督的自觉性，从而保证宏观调控和监督机制作用的正常发挥。

第三，企业道德规范能够调节和平衡各种关系。企业作为一个行为主体，无论是"经济人"角色，还是"社会人"的角色，都需要协调平衡各种关系，为企业的生存和发展创造良好的内外部环境。企业道德作为道德的一种特殊形态，同样具备道德的功能，即能够以善恶评价的方式调整企业内部、企业与企业、企业与社会的相互关系，符合规范和标准的行为，就是道德行为。从企业的外部环境来看，除了要处理好依法经营、照章纳税、维护生态环境、注重可持续发展这些与国家、与环境大的关系外，更重要的是处理好与消费者、与其他企业尤其是同行业的关系。企业不仅有义务创造好的产品，还有义务创造一个公平有序的竞争环境，这也是建立社会主义市场经济体制的客观需要。从企业的内部环境来看，重要的是协调好部门之间、人际之间的关系，而这些关系仅靠组织手段和制度难以做到，因为领导的公正和制度的严明，也不可能对所有的问题都做出是非明确的裁决，而企业道德规范却能够较好地解决这个问题。当企业道德规范一旦为企业中的成员所认可，便会自然而然地成为评价好与坏，判定功与过的标准和尺子，背离企业道德规范的行为，不论有多么冠冕堂皇的理由，因为它违背了企业整体和根本利益，都会受到共同意识的压力和公共舆论的谴责乃至自己良心的不安，促使其自动纠正错误行为，而那些为了实现企业崇高目标而舍弃部门和个人利益的行为，就会受到公共舆论的褒奖，成为人们推崇的楷模。因为从根本上说，对企业有好处的就是对部门、个人有好处的事情。这种思维方式、行为模式和处世之道一旦成为企业的传统、习惯和惯例，就会形成一个人际和谐的内部环境，就会更好地促使部门、职工之间形成相互信任的情感交流和互相负责的道德规范，促使人们自我管理、自我调节、自我塑造、自我激励，自觉地从事有利于企业发展的工作，企业的凝聚力就会得到进一步强化，始终保持旺盛的生命力和持久的内动力。

2. 企业道德规范是现代企业生存和发展的重要条件。现代市场经济正越来越成为一种规范经济、信誉经济、文明经济、法制经济，现代市场上的企业家已不是市场初生阶段时那种很难同强盗、骗子区分清楚的形象，而是讲法制、讲规矩、讲道德、讲文明的现代企业家形象。前者在那时曾经是人们崇拜的英雄形象，但在今天却成为人们鞭挞和谴责的对象，今天人们推崇的企业家典范则是后一种形象了。因此，在现代社会和市场中，一个企业越是具有企业道德水平，就越有可能在市场上和社会上赢得消费者和同行的信任和声誉。在一个讲道德、伦理、文明的社会和市场中，企业的信用、声誉是一种无形的资本、潜在的市场。这种无形的资本、潜在的市场是企业发展中长期起作用的因素。从这个角度看，企业道德规范建设虽然直接提高的是企业的伦理素质、伦理水平、伦理价值、伦理形象，但这种伦理素质、水平、价值、形象的提高却可以转化为企业的经济效益，转化为企业在经济上的利润和收入。

3. 企业道德规范是现代企业制度和管理中不可缺少的软件。企业道德规范之所以成为现代企业存在和发展的重要条件，就是因为企业道德规范是现代企业制度和管理中不可缺少的软件。

首先，企业道德规范是企业正确认识和处理它在社会上、市场上的角色、功能、责任、义务所不可缺少的，可以为企业正确处理它和社会、生态环境之间的关系提供正确的指导原则。企业作为一种生产经营单位，它的经济功能是为社会为市场提供有益的商品和服务，但是企业在提供商品和服务的过程中，会对社会和生态环境产生各种影响，有些影响是消极的负面的，社会为了克服或忍受这种消极的负面的影响，常常要支付一定的社会成本，这就要求企业对社会对环境承担一定的义务和责任，要求企业分清有益和有害、正当和不正当、合理和不合理的企业道德界限，要求企业提供有益的而不是有害的供求，采取正当的而不是不正当的手段，获取合理的而不是不合理的利润和效益，要求企业正确处理经济效益、社会效益、环境效益三者之间的关系。企业道德规范可以为企业处理上述问题和关系提供一种基本的理念、原则和方法，在企业和社会、环境之间建立一种融洽、和谐、协调发展的关系。这种关系既是现代社会、现代市场经济发展所需要的，也是现代企业发展所需要的。在当代社会文化条件下，我们已经不能设想，一个同社会、环境处于尖锐矛盾、对立的企业能够生存和发展下去；我们已经看到，那些对环境造成了严重污染的企业、那些违法经营的企业已经越来越难于逃脱法律的制裁和社会舆论的谴责。现代企业在社会上、市场上的竞争已不仅是经济上的竞争，还是社会效益、环境效益上的竞争，是精神文化、企业道德、文明程度上的竞争。在经济效益相同的情况下，社会、市场肯定会选择那些具有更好的社会效益和环境效益、具有更好的思想道德文化的企业；在经济效益和社会效益、环境效益发生冲突和矛盾的情况下，人们已更加清楚地认识到，为了一时的经济效益而牺牲社会效益、环境效益，在根本上是不利于经济和社会的持续发展的。

其次，企业道德规范是正确处理企业内部各种关系、化解企业内部的各种矛盾、增加企业内部的团结和凝聚力所不可缺少的。现代企业在管理过程中首先会碰到投资者、经营者、劳动者三者之间的责权利关系问题，这牵涉到如何认识和评价资本、劳动、管理在企业生存和发展中的地位和作用，也牵涉到如何在分配过程中恰当地处理三者之间的利益关系，处理不当就会侵犯某一方的正当利益，影响某一方的积极性，而任何一方的正当利益受到侵犯、积极性受到影响，都不利于企业的生存和发展。然而，解决这类问题的复杂性还在于，这三者在生产经营过程中的贡献及相应的利益关系，并不是完全能够依据技术原则、经济原则精确地定量确定的，目前已经采用的各种定量计算的方法实际上都存在着不确定的、不准确的方面，因此在处理这三者关系的时候，还不同程度地要依赖企业道德原则，即在进行分配的时候，既要从技术原则、经济原则出发，根据三者的贡献去分配三者之所得，又要使三者所得的差距符合企业道德上的公正合理的原则。现代企业管理过程中还碰到如何对待人和机器的关系问题。现代社会化大生产企业一般都是机械化乃至自动化的企业，人（无论是劳动者还是管理者）往往成为机械化、自动化机器体系中的一种附件。这就提出了一个问题：是把人作为机器体系的一个组成部分加以管理，还是把人同机器体系区别开来加以管理。如果按照前一观点去管理，有可能忽视人所具有的特殊性；如果按照后一观点去管理，有可能违反机器体系所具有的运动规律。显然，解决这个问题，除了根据技术原则、经济原则之外，还要根据伦理原则。在按照技术原则、经济原则把人整合到机器体系中去的时候，要考虑对人的要求的伦理合理性；在按照科学的、技术的、经济的原则对生产经营过程进行严格管理，以求得最有效地利用资源并获得高效率、高效益的时候，不能违反尊重人的尊严、人格及各种基本权利的伦理原则。

　　总之，现代企业制度不过是处理企业内外各种关系的原则、方式、方法的经常化、持久化、稳定化、制度化的体现。它的建立和完善既要有经济上、技术上的根据，又要有企业道德、社会文化上的根据。现代企业制度必须在经济上是有效率的，在技术上是科学的，在社会文化上是文明进步的，在企业道德上是公正合理的。因此企业道德规范建设是建立和完善现代企业制度所不可缺少的基础建设、软件建设，企业道德规范中的根本原则应成为现代企业制度理论基础中的重要构件，企业道德规范中的各种具体规范、规则应成为现代企业制度的一部分，从事企业道德规范建设的组织机构应成为现代企业组织管理机构的组成部分。可以这样说，经济伦理、企业道德规范将具有日益显著的地位、发挥日益重要的作用，这是当代市场经济和企业发展的一种明显的不可阻挡的历史趋势。

（二）社会主义企业道德的基本规范与要求

　　1. 货真价实，质价相符。货真，是指商品质量是原装货，而不是假冒伪劣商品；价实，就是质价相符，按质论价，价格合理。为做到货真，必须坚持商品质量标准，而做到价实，必须严格掌握国家和市场有关的价格政策和规定，坚持按质分档论价。货真价实，质价相符是义利统一原则的重要表现，也是优质服务的前提条件。例如，北京长安商场多年来实行"诚信工程"，首先严把产品质量关，凡购入商品都与供货商签订《质量保证协议》，货到后，仓库保管员进行验收，上柜前由柜组长再次严格检查，任何人一旦发现商品质量有问题，都有权当即停止进货或销售。同时，建立商品质量监督检查小组，采取日巡查、周检查、月抽查、质检部门定期到商场举行咨询活动，向职工和消费者传授辨别假冒伪劣商品的知识，并对商场的商品质量进行长期监督检查。这样使顾客买得放心，受到消费者的欢迎，商场的营业额也不断上升。

2. 诚实守信，童叟无欺。工商企业出售的商品和劳务在量上要合乎标准，不允许短斤缺两，缺尺少称，克扣顾客。同时向顾客介绍商品要实事求是，不允许任何欺骗。《广告法》规定了宣传商品不能夸大其词，许多商店设有"公平秤"就体现了这一点。

3. 平等待客，一视同仁。所有顾客在人格上是平等的，对待顾客要做到：生人熟人一个样，童叟一个样，中外客人一个样，外地人，本地人一个样，等等，对每位顾客都要热情，周到服务。有一位来自边远山区的女教师，托人在北京长安商场买了一台按摩器，使用后觉得有不适感，三个月后，她来北京出差，到商场要求退货，售货员验看了商品完好无损，就给退了货，同时还主动向她介绍同类产品。这位女教师说："长安商场知道我是个边远地区的教师，不会有机会常来北京，但他们还是对我这么热情，我很受感动。"日本东芝公司的董事长土光敏夫任职时，一次听业务员说一笔小生意由于买方课长经常外出而不能见面谈妥，这位业务员也不想再去了，但土光敏夫认为今天不买的看客也可能是明天东芝的顾客，所以他亲自出马，往返数次，才见到那位课长，仅一笔 30 元的小生意，亲自光临，使那位课长深受感动，表示下次无论如何一定要买他的产品。这件事同样说明了平等待客、一视同仁的道理。

4. 信守诺言，履行合同。信守诺言，履行合同是企业信誉的一种表现。在社会主义市场经济中，企业在采购、供应、调拨等业务活动中，经常要签订一些合同。这些合同是业务往来双方在平等自愿的原则下，为维护各自的合法权益、保证双方经济活动顺利进行而缔结的一种契约。合同要受法律保护，毁约，违约要受法律制裁，也是道德所不容的，要受到道德的谴责。

在零售企业中，零售企业与零星购物的顾客，没有什么书面合同，但商品的保质、保量是商店对顾客的承诺，口头承诺同样具有法律意义，履行承诺也是企业道德的要求。凡确属商品质量或数量上的问题，商店应该坚持合理退还、保修。此外，商店开出的发票、定单和信誉卡等也带有合同性质，加工订制和修配开出的发票，都是注明取货日期的，如果到期不能付货，就是违约，也是不守信用的行为。

5. 文明经商。文明经商是接待顾客的行为规范，是体现工商企业服务的重要方面，其主要内容有下面几条。

（1）尊重顾客。主动、热情、耐心、周到地为顾客服务。主动，就是在接待顾客时要充分发挥主观能动性；热情，就是在接待顾客时时态度和蔼，语言亲切；

耐心，则是在回答顾客疑问时，百问不厌，帮助顾客挑选商品时，多挑不厌；周到，就是处处为顾客着想，帮助顾客挑选商品，对一些有特殊困难的顾客，应想方设法，予以特殊照顾。

中国素有"礼仪之邦"之称，主张用礼仪统一人的行为。这反映在传统企业道德上，就是对顾客要"以礼为先"。俗话说"人无笑脸休开店，礼貌待客客如云"就说明了这个道理。

（2）举止庄重。业务员、服务人员在岗位上要姿势端正、自然大方，表情和蔼、动作敏捷、行为有度，礼节得体；对合作单位要诚恳、热情；对职工要平等相待。

（3）语言和蔼。语言是交流和表达思想的最重要的工具。无论是业务谈判或接待顾客中都要注意使用礼貌用语，不说"忌语"，语言亲切，使顾客有宾至如归之感。语言粗俗，即使西装革履，风度翩翩，也会令人顿生厌烦之感。企业管理者在业务洽谈中还要注重语言谦逊和气。服务语言的基本要求一是说话用词要准确、得体；二是运用生动的语调，友善的口气，少用干脆的否定词，多用婉转的征求意见式的语气语调；三是用丰富的表情配合语言传递信息，保持精神饱满，微笑，亲切，给顾客留下好的印象。

（4）环境整洁美观。企业面貌反映企业的精神风貌，创造优美环境会使顾客有清新舒适之感。在零售企业这一点尤其明显。例如，商场的设施、商品的陈列要美观、新颖，同时方便顾客购买。店容店貌是顾客视觉的先导，店容装饰的文化格调，直接吸引顾客的多少，也是为顾客提供的一种精神服务。例如，有些大商厦的底楼中厅会放上一架钢琴，为顾客演奏轻松优美的乐曲，营造一种温馨的氛围。有的餐厅则内设小桥流水，花香鸟语，体现回归自然，一片田园风情。不管环境布置风格如何，都要整洁美观。同时服务设施要齐全，功能完整，方便顾客，例如，服装部要有试衣室，鞋业部要有试鞋凳，商场洗手间要清洁方便。最好能有母婴休息室、儿童活动区和为残疾人设计的专用通道及服务设施等。随着人们物质文化水平和精神文化水平的不断提高，企业服务应适应需求，尽可能增加一些服务设施，创造一个整洁、舒适、优雅的服务环境，体现文明服务。

6. 遵纪守法。遵纪守法是社会各种组织规定其所属成员共同遵守的行为准则。纪律有党纪、政纪以及各行各业的职业纪律等。职业纪律，是维持职业活动的正常秩序，保证职业责任的实现所必须遵守的规矩和准则，如厂规店规等。遵纪守法是指工商企业人员理应遵守职业纪律，不贪不占，保持清白，奉行公平，秉公办事。

遵纪守法、廉洁奉公作为企业道德规范，是同工商企业的行业特点相联系的。如，企业作为专门从事商品交换的行业，每天都要同社会诸多行业、企业、各种人打交道。作为经济交往，遵循的是等价交换原则。随着社会主义市场经济体制的建立，经济形势的剧烈变化，企业工作者面临着新的挑战和考验。特别是多种经济成分，多条流通渠道并存，以及采用多种经营方式的情况下，企业的经营自主权扩大，进货权、定价权都不同程度地放开。加上市场运作不规范，社会上有的人以金钱开道，采取以假乱真、以次充好、掺杂使假等手段，千方百计将伪劣商品通过企业经营人员之手进入市场，破坏了市场经济秩序，损害了消费者的利益，造成极坏的社会影响。所以，遵纪守法、廉洁奉公是企业工作者必须遵守的职业道德规范。

要自尊自爱，公私分明。做人要有尊严，爱惜自己的名誉，看重自己的人格，在金钱和物质的诱惑下能保持清醒的头脑。对公家的钱、物，一分一厘，一针一线都不能拿，做到"常在河边走，就是不湿鞋"。加强学习，依法办事。企业工作者必须认真学习有关法律、法规，还要学习党的有关方针政策。此外，要加强企业职业纪律、规章的学习。只有加强学习，才能真正做到遵纪守法，依法办事，杜绝违纪现象。

● 本章小结 ●

道德规范的性质表现在主观和客观的统一性和阶级性。规范是人类社会中普遍存在的现象，既可以是人们约定成俗的，也可以是人们有意识制定的，但不论规范有多少不同的表现形式，也不论规范是人们约定俗成的还是有意识制定的，规范都有其客观的社会基础，或者说规范本身是一种客观的社会要求和人们的主观意识相统一的结果，强调道德规范这种主、客观统一的特性，对于我们在道德实践中具有重要意义；道德规范主客观统一的特性，决定了道德规范在阶级社会中，必然显示出阶级的特性，无论是道德规范的客观性内容还是道德规范的主观性因素，都是从阶级性中引申出来的，当然即便在阶级社会中，也不排除某种道德规范具有种全人类的因素。

在人类漫长的道德生活中，道德规范作为人类道德行为的基本准则，从古至今，曾有过形态各一的表现形式。这些道德规范，不但其所包含的道德内容是由一定的社会关系和道德关系所决定的，就是它们各自的具体形态，也是由不同的社会关系和道德关系所赋予的。从原始人到现代人的道德规范，如果仅从纯形式上进行抽象，大体可以把这些数不清的具体规范，集中概括为图腾、禁忌、礼仪和风俗、缄言和准则、义务和责任，等等。

社会主义道德规范的体系可以分为几个层次结构：社会主义社会公共生活领域的一般道德规范；社会主义社会家庭生活领域、职业生活领域特殊道德规范；社会主义社会的基本道德规范；社会主义社会最高道德规范。社会主义道德规范体系之所以要划分出若干层次来，这是由社会主义初级阶段的经济、政治制度决定的，特别是由生产资料所有制的多样性决定的。

企业道德规范，是指企业在生产经营中应自觉遵守的各种行为准则和规范的总和。它是企业社会责任观念的一部分，是企业文化的重要内容，已成为企业竞争力的源泉。企业道德规范的重要性表现为它是现代市场经济发展的内在要求，是现代企业生存和发展的重要条件，是现代企业制度和管理中不可缺少的软件。社会主义企业道德的基本规范与要求是要做到货真价实，质价相符；称准量足，童叟无欺；平等待客，一视同仁；信守诺言，履行合同；要文明经商；要做到遵纪守法。

▶ 思考题

1. 道德规范的性质是什么？
2. 社会主义企业道德规范的重要性体现在哪些方面？
3. 社会主义道德规范的体系的结构及层次性是什么？
4. 社会主义企业道德的基本规范与要求是什么？

▶ 案例应用

2004年，安徽阜阳出现的劣质奶粉伤害婴儿的事件引起了人们的广泛关注，据初步调查，自去年5月份以来，已有170多名婴儿因食用劣质奶粉而患上重度营养不良综合症，其中最严重的13人因并发症死亡。

这次发现的40家劣质奶粉生产厂家既有无厂名厂址的黑窝点，也有证照齐全的合法企业，超过一半是恶意造假。河北唐山市田力乳业有限公司就是一家恶意造假的正规企业。据当地质监部门介绍，该厂生产的婴儿奶粉蛋白质含量仅为4%～6%，但其包装袋上却注明是18%。据分析，制造劣质奶粉毛利率高达70%。

阜阳发现的劣质奶粉伤害事件令人震惊，人们都在问，是不是其他地方，也存在这样的奶粉呢？最近，《生活》记者在浙江温州采访时就发现了类似的可疑奶粉，这些奶粉的包装都很精美，名称也很诱人，上面还写着"ISO9001认证、100%纯鲜奶制造、来自内蒙古天然牧场"，等等，可这些奶粉的品质真的像它们包装上写的这样吗？在某个乳品厂的一个加工车间，记者看到几个工人正在分装奶粉，车间的外面还堆放着很多袋子，袋子上写着"麦芽糊精"的字样。食品专家告诉我们：麦芽糊精是一种由淀粉经低度水解、净化、喷雾干燥制成，不含游离淀粉的淀粉衍生物。简单地说，麦芽糊精是一种淀粉。但在这家厂里，这种淀粉类的物质却成了生产奶粉的主要原料。奶厂的负责人告诉我们：他们造的 1 000 公斤的奶粉里也就掺上 300 斤的奶粉，剩下就是什么香精啊、香乳精啊、乳清粉、油、白糖还有糊精粉这些别的东西了，而主要的还是麦芽糊精占多数。

（根据 http：//www. people. com. cn. 《安徽阜阳"毒奶粉"事件》等相关文字编写。）

▶ 问题

　　我国中小企业的企业道德不规范表现在哪些方面，有什么应对措施？

第五章

企业道德选择与企业的
价值取向和经营观念

❖ **本章学习目标**

阅读和学完本章后，你应该能够：

◇ 了解企业道德选择的机制与影响因素

◇ 明确企业应该承担的企业道德责任

◇ 掌握以市场为中心和以社会为中心的企业价值取向和经营观念，结合实际分析企业如何在企业活动中处理好企业利润与企业伦理之间的关系

开篇案例

IBM 企业公民排名第一

2002 年，美国《企业道德杂志》"企业公民排名"年度排名推出，IBM 在 650 家知名公司中独占鳌头。根据《企业道德杂志》"企业社会责任报告"的结果，IBM 被评选为年度最佳企业公民。该杂志根据 650 家知名公司对包括雇员、客户、社会团体、股东、环境和海外投资者等 7 种资金持有群体的企业服务的定性评估，每年列出 100 名最佳企业公民。

《企业道德杂志》的编辑兼发行人 Marjorie Kelly 说："位居《企业道德杂志》前 100 名的企业意味着这些公司能够很好地为各资金持有人群提供良好的服务。排名本身是根据公正的社会数据和评测方法，同时这也代表着一种荣誉。能够升到前几位是不小

的成绩，IBM 值得骄傲的是，他们已经是第二次夺得第一名。"

IBM 人力资源部高级副总裁 Randy MacDonald 说："良好的企业责任和道德将带来领先地位、优异的管理以及高素质的人员。我们的道德这项荣誉直接反映了 IBM 人员的优秀素质以及他们每天提供给我们所有的受益者的价值。"

对于所有的 7 种资金持有群体，IBM 对少数民族和妇女的政策和计划得到了最高分。IBM 的高排名得益于它的特殊员工及供应商政策、聘用和提拔女性与少数民族经理的奖励政策、多元化工作委员会的工作成绩、儿童关爱援助和贷款以及对少数民族供应商的技术帮助。

另外，IBM 还积极参与到 K—12 教育改革中，这项改革是一项价值 12 700 万美元的全球企业慈善事业计划的组成部分。这项 7 500 万美元的教育计划提高了学生的学习成绩，并正在为全球大约 65 000 名教师和 600 万少年儿童提供帮助。

（《企业道德杂志》在过去的 15 年中，不断地将更多的社会责任感带入到企业中，因而逐渐成为一份知名杂志。）

（摘自：IBM 新闻——中国，2002 年 6 月 27 日；苏勇：《现代管理伦理学》，石油工业出版社 2003 年版，第 316 页。）

一、企业道德选择的机制

道德问题离不开选择，这种选择无非是特定个体利益与其他个体利益以及与社会整体利益的权衡取舍；企业道德选择就是企业交易活动中怎样处理其作为特定个体与其他个体以及与整个社会之间的利益关系，因此，企业的价值取向和企业的经营观念，直接决定着企业道德选择的过程和结果。

（一）企业道德选择机制的含义

企业道德选择机制，是指企业在企业活动中为适应外部经济环境，求得业界以及整个社会认可，从而获得生存与发展的机会，而对自己的企业活动进行道德选择的过程和方式。一般来说，它包括以下几方面：

1. 认识机制，即企业对其存在和活动在经济社会中的地位和作用的道德认识方式。企业作为企业活动的主体，它是孤立存在的，还是与其他企业交易主体相互依赖以及与整个经济社会相联系而存在的？它的企业交易活动仅仅是求得自身利益最大化，还是为了社会福利的不断提高？自身利益的增大与社会福利的提高是不是矛盾的？这些都需要在企业交易活动中的企业不断深入思考、认识和回答，以便做出正确的企业道德选择。

2. 决策机制，即企业对其存在和活动在经济社会中的道德选择和确定方式。企业作为企业交易活动的主体，它应当确立怎样的地位？应当经营什么样的产品或服务？以怎样的方式来扩大经营，赢得市场？在企业利益和社会整体利益中做怎样的选择？在眼前利益和长远发展中怎样把握？在企业活动中是诚信经营还是虚假运作？把交易对方当作伙伴还是仇敌？把自己的服务对象仅仅当作自己获利的工具还是长远发展的价值指归？同时，企业在做出这些决策时，仅仅是以企业自身为中心，从企业本身的利益出发，还是以服务对象为中心，兼顾所有交易关联各方的正当利益？仅仅是把企业自身看做是惟一的利益主体，还是将企业置于经济社会的整体利益和可持续发展的长远历史背景之下，维护和遵守有利于增进经济社会整体利益和永续发展的法律道德机制？面对社会发展、市场需求和企业服务对象的利益置之不顾还是真诚地予以负责和满足？这些都要贯穿于企业的存在和企业活动中，并体现着企业决策的道德风范。

3. 评价和校正机制，即企业对其存在和企业活动中的道德判定和引导。企业作为一个社会整体，其存在和活动都要涉及其他社会个体以及整个社会的利益关系，这也就必须存在着一个道德评价和校正的问题。正如 P. 普拉利所说，伦理学的目标是双重的，一是依赖道德标准对人类行为加以评价，另外是为人们在特定环境下如何行动提出规范性的忠告。企业伦理也具有一般伦理学的两个特点，即诊断性和理疗性。一方面它要运用明确界定的道德标准对企业道德行为加以评判；另一方面它要阐述具体的道德规则，以适应于实际的企业问题。① 企业在其存在和企业活动中是否适应了市场的需求？是否真的实现或满足了交易关联各方以及其服务对象的正当利益？是否增进了整个社会的公共福利和长远发展？这些就是企业道德判断问题。在此基础上，对企业的存在和企业活动做出怎样的判断才是正当的道德指向和引导。

---

① P. 普拉利：《企业伦理》，中信出版社 1999 年版，第 31 页。

（二）影响企业道德选择的因素

企业道德选择同人的其他任何选择一样，都不是孤立存在的，它要受到各种因素和条件的制约。影响企业道德选择的因素大致如下：

1. 企业利益。毫无疑问，企业的存在和企业活动，离不开企业自身的利益。没有利益的存在，企业的存在和企业活动就会失去了依托，而变得毫无意义。企业之所以存在并展开其企业活动，总是以其自身利益的实现为保证的。因此，企业的存在和企业活动，都要受到自身利益的决定和制约。一个没有自身利益并为之不断追求的企业就不成其为企业，当然这样的企业也是不存在的。但是，这并不意味着企业可以置交易关联各方特别是服务对象的利益和整个社会利益于不顾，甚至损害它们的利益，一味追求自身利益。当然，这样的企业也不成其为企业，而是盗贼或匪帮。而企业作为利益主体，其存在和企业活动要追求自身利益的实现，在道德选择上，抹杀这一点是不可能的，但道德的选择毕竟不是以个体自身利益为中心的，而是以他人利益、社会利益和社会所有主体利益的和谐为着眼点，所以，企业道德选择还要受其他利益因素的制约。

2. 市场交易规则。正是企业在其存在和企业活动中的逐利倾向，构成了企业发展的内在动力。而企业是在市场中存在的，其交易活动是在市场竞争中进行和实现的，因而市场规则也不断影响着企业的企业道德选择。市场交易规则就是在市场竞争中自发地形成的企业交易活动必须遵循的规范和准则，如诚信自愿、平等互利等。没有这些规范和准则，交易就无法长期进行。然而，这种自发地形成的市场交易规则，并不带有强制性，因此，它不能完全避免企业在某些交易活动中的投机欺诈行为。而且，市场自发竞争所形成的垄断，也会使居于垄断地位的企业凭借其垄断地位，控制供给或需求，为本企业或少数企业的利益，破坏公平竞争原则，侵损其他主体（企业和消费者）以及整个社会利益。因此，企业道德选择还必须受到法律的制约。

3. 市场法规和法律。市场法规和法律是国家根据市场交易规则，为维护市场公平竞争和正常交易秩序，以法的形式而规定的法律制度。因为法律制度具有强制性，所以它在企业的企业道德选择中起着重要的制约作用。

4. 社会舆论导向。社会舆论赞成什么，反对什么，往往会对企业的企业活动形成强大的动力或压力，引导着其企业道德选择。一个在企业活动中得到社会舆论赞誉的企业不仅会赢得人心，也会赢得市场；相反，受到社会舆论谴责，不仅会失去人心，也会失去市场。因此，社会舆论导向对企业的企业道德选择有着不可忽视的影响。

5. 企业自身的道德意识。道德行为的一个最重要特点应当是社会个体发自其本身意愿的活动，所以它必须是一种自愿选择，即康德所说的"绝对命令"。正因为如此，影响企业道德选择的上述外在因素，最终必须"内化"为企业的自身意愿，使企业自身的道德意识不断得以强化或提升，才能真正变为企业个体的道德行动。因此，企业自身的道德意识是企业道德选择的根本的内在因素。

二、企业道德选择的自由

（一）道德选择自由和自由道德选择

前面我们已讲过，道德离不开行为个体的自由选择，也只有以自由选择为前提，我们才能评判某一行为该不该做，是否道德。如果没有个体行为的自由选择，那就没有伦理的该怎样而不该怎样；任何人都只能必然如此，不可选择，那么也就不存在道德的问题了。

1. 道德选择的自由。人们总是生活在一定的客观环境中，其思想和行动都要受到主客观条件的制约，从这个意义上讲，人们的行为选择是不自由的；但另一方面，在同样的条件下，人们的行为选择总是不同的，这种不同则取决于人们对客观条件的不同认识和不同的价值取向，因此，从这个意义上说，人们的行为选择又是自由的。总之，只讲选择的自由，不承认客观条件的决定，是主观主义和唯意志论，自然也就否认了企业活动存在的必然性。只讲客观条件的决定，而不承认选择的自由，也就否认了企业活动中道德存在的必要性，自然，企业道德也就不存在了。因此，我们承认企业活动中道德选择的自由，而这种自由又是有条件的，相对的。

2. 自由的道德选择。正是因为我们承认了相对的、有条件的道德选择的自由，所以才能进一步追问或评价人们行为自由的道德选择，或者说人们的自由选择是否符合道德的问题。恩格斯指出："自由不在于幻想摆脱自然规律而独立，而在于认识道德规律，从而能够有计划地使自然规律为一定的目的服务。这无论对外部自然的规律，或对支配人本身的肉体存在和精神存在的规律来说，都是一样的。"① 因此只有建立在对客观规律、社会基本趋势和人类发展命运深刻洞察的基础上的人的行为选择才是真正意义上的自由的道德选择。"意志自由只是借助于对事物的认识

① 《马克思恩格斯选集》第3卷，人民出版社1995年版，第455页。

来做出决定的能力。因此，人对一定问题的判断越是自由，这个判断的内容所具有的必然性就越大；而犹豫不决是以不知为基础的，它看来好像是在任意不同的和相互矛盾的可能的决定中任意进行选择，但恰好由此证明它的不自由，证明它被正好应该由它支配的对象支配。"① 只有建立在对客观规律、社会基本趋势和人类发展命运深刻洞察的基础上的选择，才是自由选择的道德最高境界。正因为如此，自由选择的道德行为，说到底是对他人以至整个人类存在状态的一种责任。

（二）企业道德责任

企业道德责任就是企业在企业活动中对他人以至整个人类存在状态应履行的责任或应尽的义务。个人及人类的存在状态取决于自然环境、社会环境以及精神风貌。因此，企业道德责任也体现在企业活动对这些方面的作用上。

1. 创造社会财富，提供优良服务，增进社会福利。企业的企业活动说到底是为创造社会财富以获得企业利润。只有增加社会财富，从而提供人们的便利和改善社会的福利，提升人类的生活质量。既是企业获取利润的正当渠道，也是企业活动的道德责任。然而，也存在这样一些企业，它们不是通过增加社会财富，为人们提供良好的服务，而是靠投机钻营、巧取豪夺、弄虚作假、欺诈诱骗攫取利润，损减了社会财富，违背了企业道德的责任，是极不道德的企业行为。

2. 架构公平交易秩序，实践诚信理念，优化社会风尚，提升社会精神品位。任何社会个体既可以是既定社会运行秩序的接受者、维护者，又可以是新的社会运行秩序的创造者、引导者。因此，交易秩序的好坏，诚信理念的兴衰，与每一个企业以及它的每一次企业活动都有直接关系。企业的企业活动对架构市场的公平交易秩序，弘扬诚信经营理念，优化社会风尚，提升社会精神品位，营造和谐健康的社会氛围，满足人们的心理文化需要具有重要作用。这也是企业在其企业活动中应担负的企业道德责任。

3. 节约资源，保护环境，促进人与自然的和谐发展。企业是社会财富的提供者，同时又是资源的消耗者和生态环境的影响者。企业在企业活动中一方面创造着社会财富，另一方面又利用着资源和生态环境。但是自然资源是有限的，生态环境的承载功能是脆弱的。如果企业在企业活动中不注意资源的节约和生态环境的保护，掠夺性地耗费资源，肆意排放"三废"，并且提供的产品和服务在人们的消费或享用中破坏了资源和生态的平衡，那么将会对人类生存和发展的自然环境带来日益严重的威胁，最终会危及人类生存和发展，影响人们的生活质量的提高和福利的

---

① 《马克思恩格斯选集》第 3 卷，人民出版社 1995 年版，第 455 ~ 456 页。

增进。因此，节约资源，保护环境，注重生态效益，促进人与自然的和谐发展，也是企业道德中的不可忽视的责任。

三、企业的价值取向与经营观念

（一）企业的价值取向与经营观念的转变

企业的企业道德责任，决定着企业的价值取向与经营观念。如果企业充分认识到自己的企业道德责任，那么它就会在其企业活动中以通过造福于他人，贡献于社会来取得企业的生存和发展为价值取向，采取对他人对社会极端负责的经营观念。相反，如果企业无视或蔑视自己的道德责任，那么就会在其企业活动中以不顾他人利益和社会利益，见利忘义、不择手段、惟利是图为价值取向，采取损人利己、以邻为壑的经营观念。

企业的价值取向与经营观念，笼统地讲是一个意思。它是指企业在经营活动中以什么样的理念和取向来赢得自己的生存和发展。但是二者又有细微的差别，企业的价值取向是企业的最终价值指归，即企业是仅仅为自己还是为他人为社会而存在；企业的经营观念就是企业的经营指导思想或经营哲学，它是指由企业的价值取向所决定的在经营活动中企业的根本指导思想，是企业价值取向在经营活动中的实际体现。一般说来，企业有什么样的价值取向，就有什么样的经营观念，企业的经营观念总是体现着其价值取向。正是二者的这种密切联系和一致性，人们通常把企业的价值取向和经营观念合而为一，当作一个东西。因此，我们将二者合起来作为一个概念来阐述。

根据企业活动的社会背景的变化和企业对自己的社会地位、社会责任认识的不同，企业的价值取向与经营观念可分为若干类型。

1. 以企业利润为中心的惟利是图的企业价值取向与经营观念。毋庸讳言，追求利润是企业存在和发展的内在动力，也是企业存在和发展的应有之义。不追求利润，企业就不成其为企业。但是，追求利润是企业生存和发展的必要条件，而不是充分必要条件，更不是惟一的条件。但是，也确有一些企业，特别是市场经济初期，信奉惟利是图的企业价值取向和经营观念，他们见利忘义、利欲熏心、弄虚作假、掺杂使劣、坑蒙拐骗、囤积居奇、投机倒把、损人利己、敲诈勒索，甚至谋财害命，作奸犯科。正是在这样的企业价值取向和经营观念的支配下，其"资本害怕没有利润或利润太少，就像害怕真空一样。一旦有适当的利润，资本就胆大起来。如果有10%的利润，它就保证到处被使用；有20%的利润，它就活跃起来；有50%的利润，它就铤而走险；为了100%的利润，它就敢践踏一切人间法律；有300%的利润，它就敢犯任何罪行，甚至冒绞首的危险。"恩格斯在《英国工人阶级状况》一书中，曾经说到一次他和一个资本家在曼彻斯特街上走，谈到工人区恶劣的、不卫生的建筑，可怕的居住条件时，那位资产者静静地听着，直到最后分手时说："但是在这里到底可以赚很多钱。"恩格斯说："英国资产者对自己的工人是否挨饿，是毫不在乎的，只要他自己能赚钱就行。一切生活关系都以能否赚钱来衡量，凡是不赚钱的都是蠢事，都不切实际，都是幻想。"① 这种以企业为中心的，惟利是图、不择手段、见利忘义的价值取向和经营观念，随着市场经济的发展，交易的频繁和交易的扩大，由于它在追求利润时不顾他人和社会的利益，失信于他人和社会，在企业活动中无法建立起大家以及全社会公认的统一的交易规则，所以它为社会所不齿，也渐渐地被大多数企业所抛弃。

2. 以市场为中心的顾客至上的企业价值取向与经营观念。信奉以企业利润为中心的惟利是图的企业价值取向与经营观念，既为顾客所反感，为社会所不齿，同时也使企业失去了顾客，失去了市场，阻塞了企业生存和进一步发展的空间。以市场为中心的顾客至上的企业价值取向与经营观念是大多数企业求得生存与发展在企业活动中所推崇的。特别在商品供过于求、卖主之间竞争非常激烈，买方处于优势地位的"买方市场"形成以后，这种企业价值取向和经营观念更成为企业追捧的法宝。在这样的企业价值取向和经营观念的指导下，企业在企业活动中，把市场需要作为出发点，把顾客满意作为归宿点，以人为本，诚信经营，从而为企业的生存和发展开辟了广阔的前景，同时也规范了市场秩序，推动了市场经济的健康发展。

3. 以社会为中心的可持续发展的企业价值取向与经营观念。这是在以市场为中心、顾客至上的企业价值取向与经营观念基础上形成的一种新的企业价值取向和经营观念。随着经济的发展和人口的增加，资源和生态环境的问题越来越受到人们的重视，人们对生活质量的提高，生存和发展环境的改善，以及经济社会的长远发展越来越关注，于是人们对企业的价值取向与经营观念就有了新的要求。在这样的背景下，企业的企业活动不仅被看做是关乎企业与其服务对象的事情，而且被看做是关乎整个人类社会发展的事情。这就要求企业在企业活动中要以社会为中心，顺应经济社会可持续发展的趋势。"绿色浪潮"、"循环经济"、"生态效益"等就是这种要求的体现。因此，企业在以市场为中心、顾客至上的基础上纷纷开始确立以社会为中心的可持续发展的价值取向和经营观念。

---

① 《马克思恩格斯全集》第2卷，人民出版社1957年版，第565页。

（二）企业以社会为中心的可持续发展的价值取向和经营观念的基本要求

企业以社会为中心的可持续发展的价值取向和经营观念是在人口、资源和环境问题日益突出，经济社会可持续发展受到严重威胁的背景下形成的，这就使企业在企业活动中不仅要考虑企业本身和其服务对象的利益，而且还要考虑整个社会的利益；不仅要讲求经济效益，而且要讲求社会效益和生态效益；不仅要关注经济的短期增长，而且要关注经济社会的长远发展。因此，企业的生存和发展不仅是企业的事情，而且要对消费者负责，对社会负责，对历史负责。具体地讲，企业以社会为中心的可持续发展的价值取向和经营观念的基本要求是：

1. 在生产中，以节能低耗少污染为宗旨，尽可能以可再生资源替代不可再生资源，以人工资源替代自然资源，以多次性可再利用资源替代一次性不可再利用资源，以减轻或消除对环境和资源的压力，节约资源，保护环境，向人们提供安全、健康、舒适、便捷的产品和服务。

2. 在交换中，弘扬绿色理念，强化忧患意识，不追捧奢华，不鼓动浪费，引导健康、安全、节约、文明的消费生活方式。

3. 在消费中，像重视生产污染一样重视消费污染，关注生产生活废弃物的回收处理和再利用。

总之，企业要在其整个企业活动中，在生产、交换、消费等各个环节，都始终全面抱有对他人、对社会、对整个人类历史高度负责的态度，贯彻可持续发展的现代经济理念。

同时，这里还要指出的是，以社会为中心的可持续发展的价值取向和经营观念不是抛弃了以市场为中心的顾客至上的价值取向和经营观念，而是对它的进一步发展和提升，是把企业的企业活动放到社会整体和历史进程中进行再认识的结果，是经济社会发展的要求，也是企业价值取向和经营观念演变的必然趋势。

（三）企业价值取向和经营观念的影响因素

马克思主义的唯物史观揭示了人的主观意识和思想观念形成和发展的规律性，为我们探索企业价值取向和经营观念的确定和引导机制提供了科学的指导。企业价值取向和经营观念的确定和引导，既离不开社会的客观物质环境，又离不开社会的思想文化氛围；既需要企业外在环境的作用，又需要企业主体自身的追求。

1. 社会外在环境。有企业，就有企业的价值取向和经营观念，企业的价值取向和经营观念是随企业的产生而产生，随企业的发展而演变。企业的产生、存在和发展，离不开社会的外在环境，因而企业的价值取向和经营观念也决定于社会外在环境的状况。

　　企业是商品经济或市场经济的产物，因而商品经济或市场经济的运行机制必然决定着企业价值取向和经营观念的形成和内容。商品交换是商品经济或市场经济的基本存在方式，交换的发生形成机理以及其实现的过程特点，对于企业价值取向和经营观念的确定起着初始的引发和决定作用。商品交换作为商品经济或市场经济的基本存在方式，之所以发生或形成首先在于社会的分工，也就是说，只有分工，社会主体才有将自己的产品或劳动进行交换的必要，即任何社会主体都不能靠自己的产品或劳动来满足自己的需要，而是必须将自己的产品或劳动与其他社会主体进行交换，来满足自己所不能满足的各种需要。而要实现这样的目的，首先就要求每一个社会主体自己的产品必须适应和满足社会主体的需要，自己的产品不能适应他人的需要，自己的需要就无从满足。其次，社会分工决定社会产品在不同的社会主体之间的交换，又是以承认交换主体之间各自存在着自己的独立利益和相互尊重其所有权为前提的。因此，不同社会主体之间的交换的原则是等价交换。没有社会主体之间的利益的独立性和对其所有权的尊重，就没有等价交换，没有等价交换也就没有商品交换。对社会产品的贡赋、馈赠、霸占、掠夺都不是商品交换。正如马克思所说，"商品交换领域"是"天赋人权的真正乐园"，在这个乐园中，"占统治地位的只是自由、平等、所有权和边沁。"① 也就是说，自由选择、平等交换、利益独立、互利互惠是商品交换的普遍原则，也是对交换主体的基本要求。第三，虽然商品交换是以自由选择、平等交换、利益独立、互利互惠为原则，但它本身暗含着对交换主体追求自身利益的肯定和鼓励。这就会使交换主体形成自我利益膨胀而不顾或损害他人和社会利益的可能。"他如果诉诸他们的自利之心（Self-love），向他们表明，他要求他们所做的事情是于他们自己有好处的，那他就有可能如愿以偿。任何想要同他人做买卖的人都是这样提议的。给我那个我想要的东西，就能得到这个想要的东西，这就是每项交易的意义；正是用这种方式，我们彼此得到了需要的帮助的绝大部分。不是从屠夫、酿酒师和面包师的恩惠，我们期望得到自己的饭食，而是从他们自利的打算。我们不是向他们乞求仁慈，而是诉诸他们的自利之心，从来不向他们谈自己的需要，而只是谈对他们的好处。"② "正是他指引这种劳动产品使它具有最大的价值，也只是为了自己的利得；在这种场合，也像在许多其他场合一样，他被一只看不见的手引导着，去达到一个他无意追求的目的。虽然这并不是

---

① 《马克思恩格斯全集》第23卷，人民出版社1972年版，第199页。
② 亚当·斯密：《国富论》上卷，杨敬年译，陕西人民出版社2001年版，第18页。

他有意要达到的目的，可是对社会来说并非不好。他追求自己的利益，常常能促进社会的利益，比有意这样去做更加有效。"① 虽然亚当·斯密怀着极大热情肯定"自利之心"在商品交换以及促进社会利益的积极作用，但这未免过于天真和简单。在交换主体之间利益不一致以及他们以实现自己的利益最大化为目的的条件下，就有以牺牲损害他人和社会利益来追求自身利益的可能性。如果交换主体不能正确认识自己的利益与他人和社会利益之间的相互依存、相互促进和一致性，在没有伦理道德和社会政治法律制度的约束条件下，一味地追求自身利益，由于交易本身的复杂性和交易客体的多维性以及交易主体的知识的局限性等所导致的交易各方之间所存在着信息的不对称性，就会使具有信息优势的一方欺骗不具有信息优势的其他各方，从而将交易主体以牺牲他人和社会利益来追求自身利益的可能性变为能够付诸实施的现实性，使商品交换中的形式上的自由选择、平等交换、利益独立、互利互惠变成了实质上的尔虞我诈、坑蒙拐骗、侵害他人和社会利益的手段。因此，在现实的市场经济舞台上，既存在着信守自由选择、平等交换、互利互惠，通过为他人和社会提供货真价实的商品和服务，增进他人和社会的福利而实现自身利益，追求以诚信为本，对他人和社会利益高度负责的企业活动主体，也存在着打着平等交换、互利互惠的旗号，而利用自己的信息优势，实际干着坑蒙拐骗他人，侵蚀损伤社会利益的勾当而一味追求自身利益最大化的企业活动主体，它既体现着企业不同的价值取向和经营观念，又反映着商品交换所赖以实际存在的社会外在的客观环境。可见，企业的价值取向和经营观念不可避免地由社会外在环境所决定。

2. 思想文化氛围。我们虽然看到企业的价值取向和经营观念由社会外在环境所决定，但并不否定社会思想文化氛围对它的影响，如果只是一味地强调社会外在环境的决定作用，那就否定企业价值取向和经营观念的道德意义，因为这本身就等于否定了企业价值取向和经营观念的道德选择，进而也就否定了企业企业伦理的存在，那么对企业的企业理念和经营活动的道德评价也就成为多余的了。

实际上，企业的价值取向和经营观念的确定，不仅由社会外在环境所决定，而且受着社会思想文化氛围的影响，而且，在既定的相同社会外在环境条件下，营造不同的社会思想文化氛围，对于企业价值取向和经营观念的选择和确定，具有重要的引领和导向作用。

在西方，随着资本主义商品经济的统治地位的确立，最大限度地追求企业利润成为企业经营活动的惟一目标，金钱是衡量经济行为主体价值的惟一标准，这虽然推动了资本主义经济的发展，但也造成了社会的丑恶、道德的沦丧和公共利益的动摇，特别是 20 世纪 60 年代以及之后，消费者权益、生态环境、自然资源受到严重

① 亚当·斯密：《国富论》下卷，杨敬年译，陕西人民出版社 2001 年版，第 502～503 页。

侵害和破坏，企业信用缺失、不道德行为泛滥，市场秩序和社会公共利益受到尖锐的挑战。这既反映了资本主义旧有社会思想文化氛围对企业的价值取向和经营观念的负面影响，也促使了人们对市场经济条件下企业伦理的关注，引起了对企业追求利润的目标与企业价值取向和经营观念相互之间的联系的思考和追问，从而催生了企业道德（Business Ethics）这门学科的问世和维护市场秩序与社会公共利益的法律制度的建设和完善。而企业道德的发展和普及以及维护市场秩序和社会公共利益的法律制度的制定和实施，有力地遏制了企业价值取向和经营观念与社会公共利益及长远发展方向的偏离。

在我国，商品经济的发展一方面动摇了传统思想文化的框架，促进了人们的思想解放，另一方面也刺激了人们对私利的大胆追求，但由于维护市场经济秩序和社会公共利益的法规制度和道德观念的缺失，从而造成了一些人的私欲的恶性膨胀和劣行的泛滥，严重影响着市场经济的健康发展和社会公共利益的有效实现。以至于人们不断发出"道德滑坡"的感叹。"一手硬，一手软"就是对这种状况的客观描述。"坚持两手抓，两手都要硬"正是为改变这种差强人意的不良状况而提出的必然要求。这也说明我们社会也注意到社会思想文化氛围对企业价值取向和经营观念的确定和引导的重要作用。

3. 社会道德判断。唯物辩证法认为外因是变化的条件，内因是变化的根据，外因通过内因起作用。社会外在环境和思想文化氛围对企业的价值取向和经营观念的确立和引导具有重要的作用，但具体的企业怎样形成某种特定的价值取向和经营观念，这就不能仅仅从社会的外在环境和思想文化氛围来说明。它必须从社会的外在环境和思想文化氛围深入到企业活动主体的认识和觉悟中来分析。因为企业的价值取向和经营观念是社会的外在环境和思想文化氛围作用于企业活动主体的认识和觉悟进而形成其主观道德判断的基础上进行选择的结果。这种社会的外在环境和思想文化氛围的作用过程说到底就是一种"教育"过程，而就企业活动主体来说，也就是一种"学习"过程。通过这种"教育"和"学习"的双重互动，提高企业活动主体的认识和觉悟，优化其主观道德判断和选择，从而完善企业的价值取向和经营观念。

（1）通过利益引导进行"教育"，使企业在利益得失中进行"学习"，强化企业价值取向和经营观念中的社会责任感。这就需要社会制定出完善的法律、法规和规章制度，以利益的奖惩来约束和鼓励企业对消费者负责，对社会的整体利益负责，对人类的长远发展负责。这样的法律、法规和规章制度包括：财政税收、信贷利率、行政性奖惩、司法监管、价格保护、产业支持和抑制政策等。

（2）通过舆论褒贬进行"教育"，使企业在声誉得失中进行"学习"，提高企业价值取向和经营观念中的社会道义意识。这就需要营造良好的社会舆论氛围，形成正确的舆论导向，树立先进的企业道德榜样，激励企业活动主体学习科学、学理论、学文化，倡导诚信、礼貌、自尊、自强、自律、公正、求精、求实、节俭，对消费者负责，对社会负责，对人类的长远发展负责和遵纪守法的企业精神，对各种丑恶的经营观念和经营行为进行无情的揭露和严厉的抨击，使道德的企业美名远扬，不道德的企业臭名昭著，从而引导企业确定符合社会道义的价值取向和经营观念。

当然，这里要说明的是，社会舆论氛围的褒贬所形成的企业在声誉上的得失，说到底会影响企业在利益上的得失。一个声誉良好的企业，会赢得更多的顾客的青睐，使其市场不断扩大，利润增加；一个名声扫地的企业，会丢掉自己的顾客，使其市场不断丧失，利润不断下降，最终甚至导致倒闭破产。也正是因为这样，社会舆论才有力量，企业才肯接受社会舆论的"教育"，重视在声誉得失中进行"学习。"

◈ 本章小结 ◈

企业道德选择机制包括认识机制、决策机制、评价和校正机制。在企业利益、市场交易规则、法律法规、社会舆论和企业自身道德意识的影响下，企业会做出不同的道德选择。企业拥有企业道德选择的自由，但不能违背其应该承担的企业道德责任。企业的价值取向和企业的经营观念，直接决定着企业道德选择的过程和结果。受到社会环境、文化氛围和社会道德判断的影响，企业的价值取向和经营观念经历了"以企业利润为中心—以市场为中心—以社会为中心"的发展过程。

▶ 思考题

1. 企业道德选择机制的含义与内容是什么？
2. 企业的企业道德选择受到哪些因素的影响？
3. 企业应该承担哪些企业道德责任？
4. 以社会为中心的企业价值取向和经营理念的基本要求是什么？

▶ 案例应用

企业在赢利之外更要承担社会责任。在我国企业伦理普遍缺失的今天，社会责任被错误地认为与"企业的根本宗旨——追求利润"相矛盾。不仅仅是单纯以营利为目的的企业，甚至连公立学校、医院等传统公共部门，在市场经济的浪潮中，也以"改制"、"创收"为借口，追求经济利益而摒弃社会责任，背离了其存在的根本价值。

IBM 作为世界知名企业，连续两年被评为"最佳企业公民"，正是因为其在企业道德和社会责任承担方面，为其他企业做出了表率。企业内部管理方面，对女性雇员和少数民族经理等特殊员工在晋职等方面，给予和其他员工相同待遇甚至政策优惠。对于企业外部，IBM 有良好的企业道德，不仅给客户、股东、海外投资者等资金持有群体提供优良服务，重要的是，IBM 将自己定位为"公民"，承担了广泛的社会责任。通过儿童关爱援助和贷款、参与全球性的慈善事业——K—12 教育改革等，赢得了良好的社会声誉和政府信任。

IBM 并没有否认企业的营利性和追求利润的目标，但是他们认为社会责任承担与企业追求利润并不矛盾；相反，良好的企业道德和强烈的社会责任感等企业伦理的存在，给 IBM 带来了更大的长远收益。正如其内部高级管理人员所说："良好的企业责任和道德将带来领先地位、优异的管理以及高素质的人员。"

企业作为市场主体，更作为社会主体，如何认识企业伦理，以及如何确立自己的价值取向和经营理念，关系到企业能否生存和长远发展。IBM 正是把企业道德和社会责任承担等企业伦理运用到企业管理中，确立了以市场和社会为中心的价值取向和经营理念，才能在激烈的市场竞争中长久立于不败之地。

▶ 问题

1. IBM 价值取向和经营理念的特殊之处在什么地方？
2. 从企业伦理的角度来分析，哪些是 IBM 的成功之道？
3. 如何看待企业利润和企业伦理之间的关系？

中小企业管理系列丛书

第六章

企业道德行为

❖ **本章学习目标**

阅读和学完本章后，你应该能够：

◇ 了解企业道德行为的机制和过程

◇ 明确社会主义企业道德品质的基本要求

◇ 结合实际，掌握在现代企业制度建设中，如何加强企业伦理建设，杜绝不道德的企业行为

开篇案例

银广夏的不道德融资

2002 年 12 月 6 日，曾屡次创造利润神话，一度号称"中国第一蓝筹股"的 ST 银广夏，因伪造经营业绩、虚报财务报表而受到中国证监会的处罚，在暂停上市 132 个交易日后恢复上市，当日以 15.14% 的涨幅，收于 4.14 元。沉寂多时的银广夏事件又再度引发人们的关注。

上市公司"银广夏"，在近 4 年期间累计虚构销售收入 10 亿多元，虚构利润 7.7 亿多元，欺骗股东和社会公众，误导广大投资者，在社会上造成了极其恶劣的影响，造成近 68 亿元流通市值的无形蒸发，对所有持有银广夏股票的机构和个人投资者来说，"银广夏事件"是一个从天堂到地狱般的噩梦！一个欲哭无泪的回忆和永远的痛！

"银广夏事件"不是偶然的，也不是孤立的。从琼民源到ST红光、猴王、黎明股份等，造假之风可谓由来已久，不道德的金融活动所产生的严重后果，从这些造假实践中可见一斑。

银广夏利用虚假的财务信息误导投资者进行有巨大风险的证券投资活动，使他们处于信息真空状态，剥夺了投资者的知情权，使其对自己将要面临的风险没有可能及时采取预防措施，也就是通过欺骗窃取了广大投资者的钱财，严重地损害了广大中小投资者的利益，违背了公平的伦理原则。

股票市场上的这种欺骗活动，会使投资者获得错误的信息，导致资金流向无效率的企业，使广大中小投资者无法获得应有的回报，从而失去投资的热情，导致股市的萎缩。

银广夏的不道德行为严重违反了企业的企业伦理，在使投资者损失惨重的同时，最终导致股票价格大幅缩水，企业信用荡然无存。

（摘自：范征：《中国经营报》，2002年12月23日。）

道德行为是人类社会生活中最基本的道德活动现象，不同的道德说到底都要体现在不同的道德行为上。我们对道德的评价，一般也是以道德行为为基础来进行的。一定的道德原则、规范和理想总是要贯彻到人们的道德行为中。所以，我们研究企业道德，就必须分析企业道德行为。

一、道德行为的规定和分类

（一）道德行为的含义

笼统地讲，道德行为是人类社会生活中的道德活动现象，是一定的道德原则和规范的实践基础，也是人们根据一定的道德原则和道德标准进行道德评价和道德引导的直接对象。那么，什么是道德行为，它有哪些规定呢？我们在分析道德行为和企业道德行为时必须予以明确。

1. 道德行为是人的行为。虽然人和动物在其生命过程中都要发生这样那样的行为，但道德行为首先是人的行为，而不是动物的行为。只有人的行为，才存在道德问题，而动物的行为不具有道德性，即没有道德和不道德的问题。所谓人伦道德，讲的就是人的行为的道德或人的道德的行为。

2. 道德行为是人的有意识支配的行为。虽然道德是人的行为，但不是人的所有行为都是道德行为。人的无意识的行为，就谈不上道德或不道德的问题，如失手的过错。而只有人的受意识支配的行为才具有道德性，而且这种意识是健全的意识，精神病患者的失常，无知幼儿的胡闹等，也不具有道德性。

3. 道德行为是人在健全意识支配下对他人或社会的利益关系进行自由选择的行为。虽然道德行为是人的有意识支配的行为，但它必须对自己与他人或社会之间的利益关系产生作用，不对这种利益关系产生作用，对他人或社会没有什么利害，就没有道德性；并且，它对自己与他人或社会之间的利益关系产生作用，又必须是行为主体所做出的自由选择的结果，如果行为主体不能自由选择，即行为主体通过努力也无法改变事物的态势，主体行为即使产生了对自己与他人或社会利益关系的影响，也不具有道德性质。因为道德理论说到底是要对支配人们做出的对自己与他人或社会之间的利益关系发生影响的行为的自由选择（或自由意志）进行分析评价。正如恩格斯所说："如果不谈谈所谓自由意志、人的责任、必然和自由的关系等问题，就不能很好地讨论道德和法的问题。"[①]

综上所述，我们可以对道德行为做出这样的规定，即道德行为是人们有意识地对自己与他人或社会之间的利益关系进行自由选择的行为。根据道德行为结果的分析，人们可以对道德行为及其受之支配的自由选择或自由意志进行道德评价。

（二）道德行为的分类

任何事物都有若干类别，根据道德行为的不同特点，我们可以将其做出不同的分类。

1. 根据行为的善恶标准，我们把道德行为分为有道德的行为（日常中人们直接称作道德行为）和不道德的行为（日常中人们称为败德行为）。

（1）有道德的行为（道德行为）是指行为主体有良好的动机，对他人或社会产生好的结果的行为。

（2）不道德的行为（败德行为）是指行为的主体心存恶意，对他人或社会产生坏的结果的行为。

---

① 《马克思恩格斯选集》第3卷，人民出版社1972年版，第152～153页。

　　当然，在现实中，也存在这样的情况，行为主体存在良好的动机，但对他人或社会产生了坏的结果的行为，以及行为主体心存恶意，但对他人或社会产生好的结果。我们认为，这样的情况只能是暂时的、偶然的；从长期的、基本的道德实践过程来看，行为主体的善良动机会不断地趋于形成对他人或社会产生好的结果的行为；行为主体心存恶意，必定会形成对他人或社会产生坏的结果的行为。因此，不能仅借短暂、一时的情况来判断行为主体的道德行为，而必须从行为主体的长期的基本的道德实践过程来进行分析评价其道德行为。否则，就很难对道德行为做出令人信服的科学区分。

　　2. 根据行为的发生领域，我们把道德行为分为社会公德行为、家庭道德行为和职业道德行为。

　　（1）社会公共道德行为是指人们在社会公共生活领域中的道德行为。

　　（2）家庭道德行为是指人们在家庭生活中以及与家庭生活密切相关的人际关系中的道德行为。

　　（3）职业道德行为是指人们在各自从事职业活动中的道德行为。职业活动因为是社会公共生活的一部分，所以，职业道德行为也可以划归到社会公共道德行为之中。同时，职业道德行为又可根据行为主体所从事的不同职业，分为不同的职业道德行为，如从政职业道德行为、行医职业道德行为、教育职业道德行为、企业道德行为，等等。

　　企业道德行为就是个人或企业（企业也是由人构成的行为主体）从事企业活动即与市场交易相关的一切生产经营活动的道德行为。

二、企业道德行为的机制和过程

（一）企业道德行为的机制

　　人们的行为是人们通过一定的手段来达到一定目的的活动。企业道德行为的机制说到底是企业活动主体的企业道德目的和企业活动手段的统一。

　　1. 企业道德行为的目的和手段及其辩证关系。企业道德行为的目的就是企业活动主体在企业道德活动中所期望的，并力求达到或实现的道义目标和后果。企业道德行为的手段就是企业活动主体为力求达到或实现的道义目标和后果所采取的方式方法。因此，企业道德行为既要选择目的，又要选择手段，而且必然要把它们统一起来。对进行社会道德实践的人来说，没有目的的手段并不存在，没有手段的目的只是幻想。

一般来说，目的决定手段，手段从属于目的，为目的服务。正当的目的，需要正当的手段才能达到；不正当的目的，往往采取不正当的手段（或者打着正当的旗号实际采取不正当手段）来实现。同时，目的和手段都可以改变和调整，以达到相互适应，使道德行为更加完善。

因此，我们在评价道德行为时，必须以行为目的来分析行为的手段，根据行为的手段来认识行为的目的，把二者统一起来才能做到科学全面、恰如其分。

2. 企业道德行为的目的和手段在企业道德行为选择中的体现。道德行为既然是一种行为主体对自己与他人或社会之间利益关系的选择行为，其目的和手段无不体现在这种选择中。企业道德行为的目的和手段也是这样。目的和手段相互依存，不存在没有目的的手段，也不存在没有手段的目的。目的是行为主体所要实现的目标，在行为过程中具有决定作用和指导意义；手段是行为主体为实现其目标采用的方法，为目标服务，受行为目的的制约，并体现着行为目的。因此，要实现合乎道德的行为目的，就要采取合乎道德的行为手段。如果行为主体采取不合乎道德的手段，道德的目的就难以实现，以致会改变整个道德行为的性质。道德行为目的也就无从谈起，其合乎道德性自然也就值得人们怀疑了。在企业活动中，行为主体从事生产经营固然要获得利润，但其道德目的应是为他人或社会的生产、生活服务，增进人们福利的提高和促进经济社会的发展，这就要求其在经营活动中以诚信为本、顾客至上，对他人、对社会、对人类的长远发展高度负责。相反，惟利是图、见利忘义而不惜坑蒙拐骗、掺杂使假、挥霍资源、破坏环境，其行为手段是恶劣的。无论怎么解释和辩护，都无法掩盖其不道德行为的目的。用害人的手段无法实现道德的行为目的，不道德的、害人的目的也绝不会采用利人的道德行为手段。

（二）企业道德行为过程

简单地说，企业道德行为过程就是企业道德行为目的的确定和采用企业道德手段不断实现企业道德行为目的的过程，它体现着行为主体对道德的义务、良心的认知和把握。

1. 义务。义务在道德中是一个重要的概念，道德的义务是道德行为主体在其行为中自觉履行的以或多或少牺牲自身利益为前提的，这种牺牲不是以求得报偿为初始愿望，是对他人或社会利益负责的职守和本分。如企业活动主体在其企业活动中，对客户或消费者的利益负责，提供使用方便、健康、安全的产品和服务，适当、及时、准确地宣示或披露真实的信息；对社会的整体利益负责，节约资源、保护环境、倡导文明；对自己员工的利益负责，为其改善工作条件和待遇水平，等等。

2. 良心。良心是人们隐含在内心深处的对道德义务的自觉责任意识。它在人们行为的过程中既不断地激发行为主体履行道德义务的强烈责任感，又使行为主体不断地对自己履行道德义务的行为过程及其结果进行自我评价、自我监督和自我调整。企业道德行为的良心体现在从事企业活动的每一个个人的每一行为过程中。从事企业活动的主体有良心，才能有对他人利益或社会利益的责任感，在企业道德行为过程中自觉履行企业道德义务，关心他人利益，关心社会利益，自觉反省和审视自己的企业道德行为，并自觉抵制和改正侵害他人和社会利益的不道德行为。

三、企业道德品质的形成和社会主义
企业道德的品德要求

（一）企业道德品质的形成

企业道德品质是与企业道德行为密切联系的。企业活动主体的道德行为总是以一定的企业道德品质为基础，而企业道德品质也总是由企业活动主体的一系列的企业道德行为所构成。企业道德品质是一系列企业道德行为所表现出来的企业活动主体的一贯道德倾向和特征。它具有稳定性、综合性的特点：它一旦形成，就会在企业活动主体的所有企业道德行为及其过程的每一阶段表现出来；同时，它是企业活动主体的企业道德意识和企业道德行为（实践）相统一的综合反映。企业道德品质的形成既不能离开一定的社会环境和物质生活条件，也不能离开企业活动主体的生活实践和主观修养。它是在一定的社会环境和物质生活条件中，通过一定的社会生活实践和教育的熏陶，由企业活动主体自觉地认识、反省、修养和锻炼的结果。

1. 企业道德品质的形成受一定社会环境和物质生活条件的制约。道德品质虽然就是社会主体的个体道德现象，但反映着一定的现实的社会关系，社会环境和物质条件对道德品质包括企业道德品质的形成不可避免地产生重要的制约作用。"'特殊的人格'的本质不是人的胡子、血液、抽象的肉体的本性，而是人的社会特质"。① 个人是什么样的，这就取决于他们进行生活的物质条件。如果没有社会的物质利益冲突，也就不会有反映这种利益冲突，处理人们之间利益关系的道德选择，自然也就不存在道德品质的问题。同样，如果没有人类社会所面临的资源危机

---

① 《马克思恩格斯全集》第 1 卷，人民出版社 1956 年版，第 270 页。

和生态环境威胁，自然也就不会形成与此相关的道德意识和在人们生产生活（包括企业活动）中反映出来的道德品质（包括企业道德品质）。因此，人们在实践中所形成的道德品质，必然以不同方式反映着人们的实践所处的社会环境和物质生活条件。离开一定的社会物质生活条件和具体环境，包括企业道德品质在内的人们的道德品质的形成是不可能的。

2. 企业道德品质的形成也是社会主体在社会实践基础上经过主观努力的结果。企业道德品质的形成过程，不仅是社会活动主体行为受客观条件的制约过程，同时也是社会活动主体自觉认识和行为选择的过程，是由道德认识、道德意志和道德行为即构成道德品质各个方面相互作用的综合过程。

道德认识是指社会主体对于客观存在的道德关系及其处理这种关系应当遵循的方式的认识。道德认识包括道德概念的形成、道德判断能力的提高和道德情感的陶冶。道德概念就是对道德善恶内涵的理解；道德判断能力就是在道德概念理解的基础上按照善恶标准来对道德行为进行分析评价，从而形成情感上的好恶。

道德意志就是在道德认识的基础上根据道德情感上的好恶，诉诸道德行动而求善拒恶的努力和决心。

道德行为就是在道德认识的指导下以道德意志为动力，采取一定的方式或手段来实现一定的道德目标的实践活动。道德品质正是这种不断持续的实践活动即道德行为所形成的一贯倾向，它是道德行为主体的道德认识、道德意志、道德行为状况和特征的集中体现。

这里我们还应指出的是，道德品质的形成不仅以社会主体的个体实践为基础，而且与社会的引领和导向密切相关，因为认识的形成和实践的进程，从来都要受着社会舆论和文化氛围的影响。因此，企业活动主体的企业道德品质的形成还需要社会的思想引导和教育培养。这就要求整个社会应大力整顿和完善市场秩序，加强精神文明建设，净化社会风气，端正舆论导向，树立道德榜样，灌输正确的利义观、是非观、善恶观和荣辱观，倡导文明经商，弘扬诚信公正理念。强化社会整体意识和资源、环境保护意识，持之以恒地进行思想道德教育，培养良好的公民道德素质和高尚的企业活动主体的企业道德品质。

（二）社会主义企业道德的品质要求

我们的企业活动是在社会主义初级阶段中的社会主义市场经济体制条件下进行的。因此，社会主义企业道德的品质要求，既要反映市场经济条件的企业活动特点，又要反映社会主义道德建设的需要，要把社会主义道德建设的需要根据市场经济条件下的企业活动特点，落实到社会主义企业道德的品质要求中。

1. 中共中央印发的《公民道德建设实施纲要》提出的公民基本道德规范是社会主义企业道德品质、品德要求的一般准则。

（1）爱国守法。社会主义企业活动必须以国家的利益为重，以促进生产力的发展，提高人民群众的物质文化生活水平，增强我国社会主义的综合国力为己任，遵纪守法，努力维护和完善社会主义市场经济秩序和社会秩序，促进市场经济和整个社会生活的健康有序、高效的运转。

（2）明理诚信。社会主义企业活动必须公正道义，尊重他人，以礼相待，诚信为本，信守合约，勤恳做事，诚实经营。

（3）团结友善。社会主义企业活动必须公平竞争，真诚协作，团结奋斗，光明正大，与人为善。

（4）勤俭自强。社会主义企业活动必须勤勤恳恳，艰苦创业，精打细算，讲求节约，注重实效，科学管理，合理经营，勇于创新，自强不息。

（5）敬业奉献。社会主义企业活动必须关注市场，关注民生，以精良的产品和优质的服务满足人民群众的需要。一心一意干事业，聚精会神搞经营，为改善人民的福利，促进社会的发展做出积极的贡献。

2. 社会主义企业经营活动是社会主体活动的基础领域，企业道德品质除了社会主义道德品质的一般要求以外，还有着自己的特殊具体要求。

（1）在企业经营活动动机和目的上：

①不得以损害社会效益来追求个体经济效益；

②不得以牺牲他人利益和公共利益来追求个体利益；

③不得以破坏经济社会的长远发展来追求眼前利益；

④不得以侵蚀全局利益以追求局部利益。

（2）在企业经营活动的行为中：

①在生产方面，以人的生命健康和安全为本，提供质量优良的产品和服务，注意资源的节约和环境的保护，并尊重劳动者的权益。

②在交换方面，以诚信公平为本，公正合理定价，公开相关信息，公平竞争，自愿平等契约，自由交易，互利互惠，信守合同。

③在管理方面，以人为本，团结互助，严格制度，明确职责，相互信任，民主平等，崇尚知识，知人善任，发挥才干。

④在广告宣传方面，信息要真实客观，内容要积极健康，形式要高雅优美，真正做到真、善、美相统一。

（3）在企业经营活动的效果上：

①以科学的理念提升社会的知识水平；

②以道德的情操优化社会的精神氛围；

③以优质的产品和良好的服务增加社会的物质财富，使人们得到更多的福利和享受。

总之，真诚地投身于社会主义物质文明和精神文明建设，推动社会主义经济社会全面、协调和可持续发展，坚持以人为本，促进人的全面发展，以中华民族的伟大复兴为己任，是社会主义道德品质的集中体现，也是社会主义企业道德品质的根本要求。

● 本章小结 ●

企业道德行为的机制是企业活动主体的企业道德目的和企业活动手段的统一。企业道德行为过程就是企业道德行为目的的确定和采用企业道德手段不断实现企业道德行为目的的过程，它体现着行为主体对道德的义务、良心的认知和把握。社会主义企业道德品质在企业活动的目的、行为和效果上，有不同的具体要求。通过建设社会道德品质评价体系，加强企业伦理制度的建设。

▶ 思考题

1. 简述企业道德行为的机制与过程。
2. 企业的企业道德品质是如何形成的？
3. 社会主义企业道德品质的基本要求是什么？

▶ 案例应用

"银广夏陷阱"，是一种不道德的企业行为，违反了企业的道德责任和企业伦理的基本要求，严重损害了投资者，特别是广大中小投资者的利益。

而就在银广夏事件被曝光刚刚过去 20 多天，阴云密布的中国股市再度爆出黑色新闻：堪称医药界龙头的三九医药，同样在信息披露的真实性上栽了一个大跟头，大股东占用上市公司资金达 25 亿元，占公司净资产的 96%，而在公司公开发布的中报中，并未完全披露以上事实。"银广夏"和"三九药业"带出了两家公司的审计机构——中天勤，会计中介遭遇前所未有的信誉危机。

企业道德行为是目的和手段的统一，体现着行为主体对企业道德义务、良心的认知和把握。在企业的企业活动目的上，企业伦理要求：企业不得以牺牲他人利益和公共利益来追求个体利益；在企业的企业活动行为中，企业伦理要求：以诚信公平为本，公正合理定价，公开相关信息，公平竞争，自愿平等契约，自由交易，互利互惠，信守合同等方面。"银广夏"和"三九药业"等上市公司造假的目的，无非是为了通过虚报业绩达到圈取股民金钱的目的。"银广夏"剥夺了投资者知情权，虚假的财务信息违背了诚信的根本企业原则。企业是社会资源的组织者和财富的创造者，它们是诚信最大的受益者，也是不讲诚信最大的受害者。"银广夏"的不道德融资行为，在损害了投资者利益的同时，使其股票价格大幅缩水，企业信用荡然无存。此外，企业作为市场主体，诚信与否不仅直接关系到企业能否继续生存发展，而且对市场秩序有重要影响。2002 年，随着上市公司造假案的不断曝光，引发了股民对股市前所未有的信任危机。

企业作为一个经济组织，不仅要有经济利益的追求，还要有企业伦理的约束。企业的企业伦理要求企业利益与社会利益的协调统一，反对损人利己的不道德行为。实践证明，企业经济目标的实现，必须以遵循企业伦理为原则，否则只能自食苦果。

▶ 问题

1. "银广夏"的不道德融资，除了损害中小投资者的利益外，还造成了哪些负面影响？

2. "银广夏"事件违背了哪些企业伦理？对于加强现代企业伦理建设有何启示？

3. 除加强企业的企业伦理建设外，如何从制度上规制企业在企业活动中的不道德行为？

第七章

企业道德评价

❖ 本章学习目标

阅读和学完本章后，你应该能够：

◇ 了解企业道德评价的含义和作用

◇ 解释企业道德评价的善恶标准在历史范畴下的内涵，树立正确的"义利"标准

◇ 理解企业道德评价的具体标准

◇ 掌握企业道德评价的基本依据，探讨动机与效果、目的与手段、品质与行为这三对范畴的关系，能够对道德现象的评判找到科学合理的根据

◇ 理解企业道德的自我评价和社会评价的统一性

开篇案例

企业道德 vs 企业利益

王女士和刘先生共同投资成立了一家公司，并且在一年的时间里就取得了良好的经济效益。按照二人制定的公司章程规定，王女士是公司的执行董事和法定代表，集各种大权于一身。公司目前资金雄厚，但是想要进一步扩张发展却并不容易，因为公司的社会知名度较差。王女士认为，做一些公益活动更容易引起公众和媒体的注意，能够树立起公司良好的声誉和形象，从而有利于公司的长远发展，于是决定在公益事业的宣传上下工夫。王女士以公司的名义先后向见义勇为基金会、贫困大学生基金会、希

望工程累计捐款400多万元。王女士公司的善举得到了政府的高度评价，各大媒体也给予了高度关注，她成了本地的新闻人物，当年就被政府授予"三八红旗手"称号，还当选了政协委员。刘先生对此甚为不满，认为王女士是拿公司的钱，为自己买名誉，违反了公司章程的规定，不符合公司的经营目的，超出了股东会决议规定的公司投资范围，严重地损害了公司和其他股东的利益。

面对刘先生的反对和不满，王女士陷入了沉思：自己的行为应该坚持下去吗？如何来解决和刘先生之间的矛盾呢？

一、企业道德评价及其作用

（一）企业道德评价

企业道德评价是根据一定的道德规范、准则体系对企业活动参与主体的道德活动或行为所做出的善恶价值判断。企业道德评价是企业道德活动的重要组成部分。在某种意义上可以说，企业道德评价是企业道德活动的核心部分，体现着企业道德活动的特点，指导着企业活动的道德方向。企业道德评价对于企业活动主体道德品质的形成，对于企业人际关系的协调，对于企业行业风气及至社会风气的改善，都具有重要的理论意义和现实意义。

（二）企业道德评价的作用

企业道德评价在企业活动中是一种人人都能感觉到的巨大精神力量。企业道德评价是企业道德规范向企业主体良心或内心信念转化的重要杠杆，是企业道德意识转化为企业道德行为的重要推动力量。其重要作用表现在：

第一，促进社会主义市场经济的健康发展、以德治国。社会主义市场经济体制是我国经济体制改革的必然选择，是我们党在新时期对马克思主义政治经济学的一大创造性发展。实践证明，市场经济有利于进一步解放和发展生产力，有利于激发人的积极性和创造性。但是，市场经济要健康有序地运行，充分发挥其真正价值，就必须将其置于法律和道德的规范之下，否则，它就会自发地演变成一股危害社会的祸水，阻碍社会的进步。一句话，市场经济不仅要和社会主义法制相结合，也要和社会主义精神文明相结合。与刚性的法律规范相比，道德当然是一种柔性文化，更多地依靠社会舆论和个体的自省，是他律与自律的统一。在现实的社会生活中，法律和道德就是一种互补的协同关系，二者缺一不可。通过企业道德评价，树立正面的企业道德规范和道德形象，贬斥不道德的行为和思想，启发个体的道德自觉性，在市场经济条件下，这可以帮助人们超越"经济人"的局限性，帮助人们在市场经济大海中畅游而不致被其浪涛吞没，顺利地抵达彼岸，促进主体自由的、全面的发展。

第二，引导企业主体在复杂的企业活动中明辨是非，增强其道德责任感。企业道德评价的特点，是借助于人的内心信念或社会舆论，深入到人们的内心世界，作用于人的良知。进行企业道德评价，首要任务就在于判明主体行为的善恶属性，唤起主体的普遍的道德良知和社会责任感。在这个意义上，人们常常把道德评价比作道德法庭。现实生活告诉我们，这个无形的法庭常常比有形的法庭更有震撼力，因为它所触及的是人的灵魂。企业道德评价诉诸应该和不应该的尺度，以唤起主体的自觉为前提。通过道德评价，人们可以认识到哪些行为是准许或认可的，哪些行为是禁止或否定的，并感受到在道德评价所肯定的行为上社会舆论和内心信念的赞许，在道德评价所否定的行为上社会舆论和内心信念的压力。企业道德评价对负面现象的否定，本身就是对正面道德的弘扬。同样，它对高尚行为的肯定，本身就是对负面价值的鞭挞。当前，我国经济正处于转型时期，深入地开展企业道德评价，有助于引导和规范主体的行为，有效地克服企业道德失范现象和道德虚无主义，增强参与主体的道德责任感。

第三，协调企业人际关系，提高精神生活的质量。人际关系是一切社会关系的基本内容，是人的精神生活的重要方面。追求一种和谐共处，互助互谅的人际关系是社会和个体的价值目标之一。企业道德评价是调节和完善企业人际关系的重要手段。正确的企业道德评价，教会主体如何做人、如何处事、如何处理企业活动中个体与个体、个体与集体、个体与社会的关系，从而不断地按照道德要求调整自己的行为方式，使人际关系在良好的轨道上得到协调和完善，为社会经济的发展和人们生活水平的提高提供一个良好的企业环境。

第四，激励企业主体，发挥主体能动性。通过作用于人们的内心世界，企业道德评价能够激发企业主体的道德责任心或道德荣誉感，唤起企业主体的强大道德动力。常言说得好："知耻而后勇。"在良心机制的作用下，企业道德评价将促使企业主体发挥最大的道德主体能动性。

二、企业道德评价的标准

进行企业道德评价，首先需要建立统一的企业道德评价标准。无道德评价标准，则评价对象的善恶优劣无从谈起；道德评价标准不统一，则无法形成一致的社会舆论，于是道德评价的褒善贬恶功能也无法发挥威力。

企业道德评价标准指的是那些判断企业活动行为或善或恶、或对或错的一般的和具体的价值尺度。要把握好这个道德评价尺度，理解其合理性，必须和它的历史性、相对性结合起来。人类道德评价的合理性标准，只能植根于人类社会生活之中，任何道德评价都是关于一定社会存在中道德理论客体对于道德主体，即对某个具体社会或具体群体有道德价值的表述。不同的社会存在，不同的道德主体需要，其善恶尺度是不一样的，善恶标准的历史性、相对性，决定了道德评价的合理性也是历史的、相对的。

从根本上看，人们确立和调整企业道德体系，进行企业道德评价，最终是以合理地处理和协调参与企业活动的各利益相关者之间的关系，以促进经济的发展为基础的。因此，可以根据这一基础来构造确定评价的标准，把那些可以正确处理好各方利益的、推动经济发展的企业现象视为道德的；反之，则视为不道德的。

（一）企业道德评价的一般标准

企业道德评价的一般标准也就是善恶标准。善恶标准是适合于一切道德行为评价的最一般标准。作为判断人的伦理行为价值的最一般的标准，善是指一个人或一个群体的行为或活动符合于一定社会或阶级的道德原则、规范的要求；恶是指一个人或一个群体的行为或活动违背一定社会或阶级的道德原则、规范的要求。善和恶既是一种评价，又是一种关于个体或群体的行为、活动有无道德价值的一种价值判断。

善和恶是一对历史范畴，其内涵随着社会生活的变化而变化。历史表明，不同的时代、不同的社会利益需要，道德评价的善恶标准是不同的。由于民族、地域和文化的差异，各个民族对善恶也有着不同的理解。正如恩格斯所说的："善恶观念从一个民族到另一个民族、从一个时代到另一个时代变更得这样厉害，以致它们常常是直接矛盾的。"[①] 善和恶是相比较而存在的，在相互斗争中不断发展的。在人

---

① 《马克思恩格斯全集》第20卷，人民出版社1971年版，第101页。

类社会生活中，人们总要谴责那些不利于社会发展利益的行为，赞扬那些有利于社会发展利益的行为。从这个意义上看，正是有了善，才有了恶，或者说，正是因为有了恶才有了善。

运用历史标准进行企业道德评价时，不能持简单化的态度。历史标准对于企业道德评价的终审裁决权威，是从最终目标上来立论的；如果涉及历史发展的具体环节、具体事件，还需要对其作具体的分析。因此，运用历史标准进行企业道德评价时，必须考虑到企业行为在历史发展总链条中的具体地位和具体道德性质。

善恶作为一种价值判断，总是同人们的利益相联系的。在阶级社会，利益总是分裂为阶级利益。因此，在阶级社会中，判断行为善恶与否，主要是以其所属的阶级利益为标准的。恩格斯说："社会直到现在还是在阶级对立中运动的，所以道德始终是阶级的道德；它或者为统治阶级的统治和利益辩护，或者当被压迫阶级变得足够强大时，代表被压迫者对这个统治的反抗和他们的未来利益。"[1] 一般说来，有多少阶级利益就有多少善恶标准。历史上和现实中善恶标准的这种相对性和不稳定性，归根到底，在于阶级利益的多样性。但这不等于说，善恶就没有作为共同的确定性标准的历史标准。道德评价的历史标准，就是在评价人们行为的善恶时，把行为置于整个社会历史发展的总链条中去考察，看这些行为是否有利于社会的进步，是否有利于大多数人的幸福，是否有利于社会物质文明和精神文明的发展。凡是最终有利于社会进步、大多数人的幸福、社会物质文明和精神文明发展的行为，就是善的；反之则是恶的。

企业道德评价的任何阶级利益标准都必须经受历史标准的检验，以确定自己在社会历史中的合理性。社会主义企业活动及其道德标准更应该自觉地以有利于社会的进步、大多数人的幸福、社会物质文明和精神文明的发展为根本标准。

企业道德的善恶标准在根本上表现为义利关系标准。义，即道德规范。其含义包括：(1) 不自私、不侵占别人利益；(2) 有利于别人；(3) 舍弃自己的利益以成全别人；(4) 超越直接的人际关系，为社会利益服务。利，即利益，指个人物质财富利益和社会地位。长期以来，企业活动中对道德和利益的关系问题，是评价企业活动或行为是否符合道德的核心问题。

在西方企业活动中，参与者追求自身利益的合理性，最早起源于亚当·斯密的"经济人"观点。亚当·斯密在《国富论》中就曾分析到：经济现象是由具有利己主义的人们的活动所产生的，人们在经济行为中追求的是私人利益，人是一种经济动物。以这种对人的经济本性的假设为基础，出现了一些较为极端的思想，认为企业活动中的道德观可以建立在自私自利的基础上，放弃道德约束，追求私利是人之

---

① 《马克思恩格斯全集》第 20 卷，人民出版社 1971 年版，第 103 页。

天性，所谓"无商不奸"。后来，芝加哥大学的米尔顿·弗里德曼也强调：企业的惟一任务就是赚取利润，只要是在法律允许的范围内，企业就应在经营中谨慎地使用有限的组织结构资源为股东带来最大利润。亚当·斯密是第一个旗帜鲜明地提倡保护私人利益的人，其"经济人"的观点在西方世界产生深远影响。多少年来，西方社会里拜金主义到处泛滥，人际关系惟利是图，公司竞争尔虞我诈，这一切都在"经济人"观点的合理解释下变得理所当然起来。

我国古代商德也认为好利欲富是人的本性，司马迁指出自天子王侯到庶民百姓，都是有利欲的，揭示出"求利"是"自然人"千古不变的自然律，说："天下熙熙皆为利来，天下攘攘皆为利往。"① 而且指出不仅都有利欲，还患贫求富。"富者，人之情性，所不学而俱欲者也"，"夫千乘之王，万家之侯，百室之君，尚犹患贫，而况匹夫编户之民乎?"② 人性的这种好利求富是包括经商在内的一切行为的驱动力。"利之所在，天下趋之。"③"有利则竭蹶而趋，无利则掉臂而往。"④ 商人经商的目的是要获利，没有利益驱动，就没有人经商，所以管仲学派认为，商人不辞辛苦，不远万里从事贸易，就是因为有利益吸引。

从本质上讲，商人的本性是追求利润，这当然无可非议。市场经济是利益驱动机制，没有对利益的追求，也就没有市场经济。因此，利益原则是市场经济的一个基本原则，社会主义市场经济的企业道德也不否定人们对正当利益的追求。在市场经济条件下，企业是以盈利为目的而从事生产和经营活动、向社会提供商品或服务的经济组织。所以，凡是独立从事生产和经营活动的企业和个人都是市场的主体。而经济利益——尤其是最大经济利益和最高利润，乃是市场得以运行的原动力。

但是，一味主张个人利益第一，把个人利益的最大满足作为人生追求的价值目标，把索取物质财富的数量多少作为衡量自我价值实现的惟一标准；只看到个人利益和需要的至上性，看不到在享受个人权利、利益的同时，应当承担对社会和他人应有的义务和责任；只看重企业经营的经济效益，忽视社会效益，甚至置消费者的利益和生命财产于儿戏，不择手段、惟利是图；只推崇索取，不思奉献，总希望以最少的劳动或者不正当的劳动甚至不劳动就能得到最多的财富，而不管是否道义，是否正当索取，是否违背法律，这种人性的内在要求，在企业活动过程中如果任其发展，必然导致各种不道德行为的泛滥，从而在物质上、精神上都给社会成员和社会整体利益造成极大的伤害。特别是惟利是图的巨商们的贪婪性、投机性、欺诈性和侈糜性，具有很大的破坏性。

---

①② 《货殖列传》。
③ 苏洵：《上皇帝书》。
④ 乾隆：《宣化府志》，卷37。

对此我们提出把义利结合、先义后利作为现代市场经济条件下对企业道德评价的基本善恶标准。其明确了社会主义市场经济下的利益与道德不是对立的，社会主义企业既讲企业道德又讲经济利益，提倡义利结合。否则，过重于义，则与市场经济的效益原则背离，不利于社会主义市场经济的快速发展；而过重于利，又会造成如上述的种种危及企业原则与社会秩序的丑恶现象，同样不利于社会主义市场经济的快速发展。义利结合是社会主义市场经济的本质特征之一，"共同富裕"实际上就是这种道德标准的一种体现。在义利结合的基础上，还要先义后利，即在义和利发生矛盾时，必须让利尽义。只有这样的行为或活动才是道德的，否则，则是不道德的。事实上，当今国内外所有业绩卓著的企业，都是反对"见利忘义"，主张"先义后利"的。这不仅体现在它们一般都重视做善事和促进地区与全社会繁荣，更主要体现在它们的生产和经营活动都十分注意不损害消费者和社会的利益。相反，那些"见利忘义"的经营者，哪怕一时能聚敛一大笔不义之财，但最终必然是"以不义得之，必以不义失之，未有苟得而能长也"。因此，在市场经济条件下，企业追求利润时，应奉行、遵循义利两全、先义后利、见利思义的企业道德准则，摈弃那种认为只有损人才能利己的极端利己主义的道德意识，在义利两全中实现企业的发展目标。

（二）企业道德评价的具体标准

从道德评价的学理要求上讲，规范往往被理解为指导社会成员行为的某种准则，其中还包括标准的意思。就如同《辞海》所解释规范这一词语那样，"规范是指标准、法式等"。这里的标准，指的是衡量事物善恶的准则或楷模。由于一定的利益标准在道德领域内具体化为一定的道德规范标准，因而在具体的道德评价中，行为善恶与否，首先要看是否符合一定的道德规范。利益标准在总体上是一切道德评价尺度的最终源泉，而道德评价标准则是利益标准在伦理道德领域的具体化。

要确定评价企业经营活动是否道德的具体标准，我们首先来看一下企业经营活动的进行、企业经营行为的发生所要涉及哪些环节，进而可以把评价的具体标准渗透到各个环节之中去比较对照，以便更好地做出正确的评价。

社会主义市场经济中企业经营活动或行为所涉及的主要环节有：

1. 生产环节，主要是指作为利益主体的厂商在生产和提供满足社会和消费者需要的各种商品和服务时的活动或行为。

2. 流通环节，主要包括在商品购销和商品存储过程中的活动或行为。

3. 营销环节，主要涉及商品定价、商品宣传（广告、促销等）过程中的活动或行为。

4. 服务环节，主要是指在生产销售商品过程中提供各类服务的活动或行为。

5. 管理环节，贯穿于以上各环节的属于管理方面的活动或行为。

社会主义市场经济的企业道德，其核心是从消费需求出发，为用户服务，遵纪守法，文明经商，维护国家、企业和消费者的利益。因此在进行企业道德评价时，在义利标准的基础之上，提出了企业道德评价的具体标准，这些标准同样属于企业道德规范的范畴，正如上面所提到的，标准和规范是可以相互表述的，它们具有统一性。这些具体标准包括：

1. 讲求效益。市场经济之所以终被我国采纳，是因为它具有经历史和实践证明的迄今为止其他各种经济类型社会所无可匹敌的效率优势和效益优势，亦即我们通常所说的生产力优势，所以市场经济社会的一大终极价值目标就是效率和效益。由于效益意味着社会财富的快速积累和增加，我们有时也可以把这个社会终极价值目标表述为富裕。但在此我们还是要强调，在追求效益的提高和财富的积累时，不能以道德的沦丧为代价，而是要义利结合，先义后利。

2. 讲求公平。公平即公开、公正、平等。

公开，指商品交换活动公开，商品质量和价格公开，市场规则和管理公开。没有公开，是非曲直难辨，真假善恶难分。

公正是一种品德，是讲公道、讲正气的品德。公正，保证市场的平等性、秩序的权威性和严肃性。古今中外，凡是公正的商人，由于本人的品德高尚，经商活动中必然是以顾客的利益为重、主张公道、公正的行为，把公道、正义的行为看做道德的行为而加以推崇。坚持以消费者为中心，维护消费者的正当权益，全心全意为顾客服务，是企业道德的一项根本要求。

平等是市场经济的内在要求和运行基础，没有平等的市场主体，就不可能发挥市场机制的作用，使市场充满活力。平等是效率的保证。以竞争的方式实现社会资源的配置和社会利益的初次分配，是市场经济社会所特有的激励机制。这一机制必须按照使所有竞争者包括商品生产者和经营者在地位平等、机会均等、公平交易的原则下来设计建构，方能实现其对每个社会成员都起作用的最佳激励效果，从而实现市场经济社会的高效率。市场主体不因其身份的差异、经营规模的大小、所有制形式的不同而形成市场地位的不平等，他们在市场活动中根据价值规律的要求平等交易、自主经营，绝不能以大欺小、以强凌弱。只要经营者合法经营，守法致富，就要充分进行无为管理，为经营者的市场活力释放创造最佳的管理环境。

3. 讲求诚实。诚实作为一种企业道德，得到了古今中外的公认。中国古代的商德规范就以"诚实守信、市不豫贾"最为基本，是支配其他商德规范的两大商德原则。现代市场经济，诚招天下客，诚实服务是企业成功之路。诚实的实质是货真价实，童叟无欺，待客平等，优质服务。厂商不虚定高价，愚弄、诓骗顾客以牟取暴利；保证商品货真量足，不以次充好、缺斤短两。对待顾客，无论年龄长幼，相貌如何，穿戴好坏，都应真诚、友好、热情相待。时时处处为顾客着想，认真了解和解决顾客在购物过程中遇到的各种难题，真正做到售前、售中、售后始终如一，让顾客感觉便利满意。

4. 讲求信誉。企业信誉是在相同条件下能影响企业获得高于一般利润水平的能力而形成的价值。信誉是企业的名声，企业的形象，企业的生命，是无价之宝。企业的信誉好，就有强大的生命力，就能不断地发展；企业的信誉不好，就没有生命力，就会陷入困境，甚至破产。由此可见信誉是企业成败的关键。"信"作为一条重要的道德原则，是人立身处世、自我修养的基本准则，也是人们进行市场活动的基本准则。"信"是市场主体，立足市场、开发市场的重要资源，"人无信不立，店无信不开"。"信"就是要遵守诺言，讲求信誉，说话算数。"言必信，行必果"，这是做人最起码的道德要求，也是市场契约的内在道德要求。"人而无信，不知其可也"。中国传统文化中，"信"有着崇高的道德地位，在今天，信仍然是市场经营者和管理者的人之所立，是市场秩序的重要保证。因此，要继承历史优良道德传统，以"信"为核心来弘扬市场经济道德。

由此可知，我国目前统一的企业道德评价具体标准实际上是个标准体系，它由效益、公平、诚实、信誉四项基本标准构成。

道德评价标准既定，评价的操作化便变得可行。简单说来，就是用效益、公平、诚实和信誉这四项基本评价标准对企业活动或行为进行评价。经评估，凡是与四大评价标准相符的，就是好的、善的，否则就是坏的、恶的。不过大量的实际评估肯定远比上述过程复杂。在用评价标准体系评价某一问题，有时可能会出现结论不一的情况，如"允许一部分人先富起来"的方针，虽有利于社会生产效率的提高，可同时也导致了个人在财富拥有方面的不平等。因此要深入地理性分析并根据二者利弊大小的权衡计算才能决定对二者的取舍。

三、企业道德评价的根据

企业经营行为是一个包含动机、效果、目的和手段的复杂系统，在企业道德评价中，除了确立评价善恶的标准，还必须研究行为主体的动机、效果、目的、手段及其关系等问题。企业道德评价的依据究竟是什么，这些直接关系到企业道德评价的客观性、公正性。现有的大多伦理学理论一般只从评价对象的动机与效果这对范畴入手解决评价依据问题，可这既不全面也不够用。完整的道德评价依据除此以外，还应包括对评价对象的目的与手段、品质与行为这两对范畴的分析与处理。以下是本书对这三对范畴的具体观点。

（一）动机与效果

企业道德评价的对象首先是各种企业道德现象。各种道德现象总是由主体的一定行为构成，而主体的行为又总受一定动机的驱使、要达到一定的效果。在复杂的经营活动中，主体的动机、意图并不能总是达到预期效果，在进行道德评价中，就出现了一个如何看待行为过程中动机与效果的相互关系问题——我们究竟应当依据动机还是效果来判断企业经营行为的善恶呢？在这个问题上，有的人坚持"动机论"，有的人坚持"效果论"，也有人主张把二者联系起来看待。

1. 动机论与效果论的对立。所谓"动机论"是指在对行为的评价上主张：只要行为者动机善良，不管其行为能否带来好效果都应予以肯定，而行为结果的好坏丝毫不影响行为的性质和对它的评价。

在西方思想史上，18 世纪德国哲学家康德是动机论的最著名代表。他认为评价行为的根据，只能是他的"善良意志"。一个行为之所以有道德上的价值，就因为它是从善良意志出发的。只有从"善良意志"出发、以"善良意志"为指导的行为，才是道德的。从动机到效果是一个复杂的过程，而动机和效果，又往往不能一致，在这种情况下，应该如何判断其善恶呢？康德说："如果由于生不逢时，或者由于无情自然的苛待，这样的意志完全丧失了实现其意图的能力，如果他竭尽自己的最大的力量，仍然还是一无所得，所剩下的只是善良意志（当然不是个单纯愿望，而是用尽了一切力所能及的办法），它仍然如一颗宝石一样，自身就发射着耀目的光芒，自身之内就具有价值。"[①] 康德所说的善良意志，绝不是一般人所说的只是一种良好的愿望，而是包括了从善良意志出发、竭尽自己最大力量去实现这一意志的努力。康德强调要把出于责任的"善良意志"作为道德评价的根据，确实看到了道德价值的特殊本质，认识到了道德评价与一般评价的区别，把动机论提高到一个新的高度。

康德动机论的缺陷在于没有回答如何检验"善良意志"的问题。康德不认为善良意志是一个需要检验的问题，在他看来，从善良意志出发的行为是无须检验的。但是，一个从私利出发的主体，也可以大喊自己是从善良意志出发的。康德并没有意识到以人们是否能为善良意志的实现而竭尽全力来检验动机是否是善良意志的必要。

---

① 《道德形而上学原理》，第 42 页。

"动机论"抽象地看是有道理的，一些事例也能为之提供证明，但若将其作为普遍方法用之评价则会贻患无穷。首先，它意味着对"好心办坏事"的绝对宽容，这种宽容在道德生活中将会产生削弱人们关心自己行为后果的道德责任心。其次，它将引出许多荒谬的结论。根据"动机论"的逻辑，企业为了追求自身的最大利益，而不管采取了什么手段，对社会和公众造成了什么样的影响，都是好的，因为其动机是好的。第三，评价时不看效果也很难确定动机。由于动机无从直观，全靠行为者自白，这就使一些恶人在干了坏事之后可以利用"动机论"钻空子：只要声称自己当初有好的动机，就可为自己的恶行辩护，从而逃脱惩罚。由此可见，在现实生活中，这种完全不讲效果的动机论是很难对各种道德现象做出公正的道德评价的。

所谓"效果论"则在评价中否认动机与行为性质的关系，认为一个人动机如何，与他的行为是否道德无关，只要行为效果好，这个行为就是道德的，反之就是不道德的。

18、19世纪的英国功利主义者边沁和密尔是效果论的最著名的代表。他们认为，一切行为的道德价值，最主要的是要看它能否对人们产生快乐和幸福，即产生对行为者有利的效果。道德之所以有价值，不是因为它具有什么崇高的美名，而是因为它有着能满足人们快乐的实际利益。因此，功利主义认为对人们的行为进行道德评价的根据，只能看行为的结果，离开行为对人们所产生的有利的效果，也就不可能有道德上的善恶。一个人的动机无论如何善良，无论为善良的动机做出了多少努力，只要其行为没有达到好的客观效果，那也不是道德行为。在功利主义看来，动机是复杂而难以确定的，不能作为道德评价的依据。

尽管效果论把道德与行为的实际后果联系起来具有积极的意义，但却错误地将行为的有益性完全等同于行为的道德性，并以前者代替后者，因而难以对一些复杂的行为做出公正的评价，如把居心不良但歪打正着视为善，无疑会损害人们的道德情感。

"效果论"在评价中注重考察行为的效果，但由于它将效果的作用强调过了头，遂亦使之走向荒谬。它的荒谬一方面表现在能为动机卑鄙者套上耀眼的道德光环，如一个企业为公益事业捐款，但这并不是本性使然，而是为了给自己造势，获得社会的称颂；另一方面表现为对一些善良意志的极大不公，企业间的并购使工作岗位减少，增加了失业人数，给社会带来了不稳定，按照效果论，这就是不好的。由此可见，在现实生活中，这种完全不讲动机的效果论也是很难对各种道德现象做出公正的道德评价的。

2. 动机论与效果论的辩证统一。从客观上讲，行为过程中动机与效果是否统一是因不同主体、不同场合而异的。主体的认识能力和环境因素既是保证动机与效果统一的条件，也是造成动机与效果相分离的原因。鉴于现实生活中既有动机与效果相统一的行为，又有动机与效果相分离的行为，在企业道德评价中，无论是"以动机断善恶"的"动机论"还是"以成败论英雄"的"效果论"都是危险的。合理的评价依据是动机与效果并重，即既要考察行为者的动机，又要依据行为者的效果，主张动机和效果的辩证统一论。

动机和效果作为人的行为的组成部分，二者是辩证统一的关系。动机是个体在行为前的欲望、意图、情感、信念、理想的综合体，是道德行为的思想动因，其受个体的价值目标所导向。效果是指一个人的行为所产生的客观结果。从伦理学上说，效果是由动机所达到的一种对他人或社会有益或有害的客观事实。任何动机总是要指向效果的，在这个意义上说，没有效果就没有动机。

动机和效果的统一，首先表现在动机包含着一定效果，动机决定行为和效果；效果制约并体现动机。任何一个企业活动主体的行为动机，都不是超越于现实需要的空洞的意向或愿望，而是由一定的目的和效果所决定的。动机总是指向一定的效果，并以达到这种效果为目的。离开了预期的效果，动机就没有任何意义。在行为的整个过程中，动机引导着人们的行动向一定的目标前进，以获得可能得到的目标效果。也正由于动机总是指向预期的效果，因而受效果的制约，效果反过来也起着检验和纠正动机的作用。由此可见，动机和效果相互包含，相互依存，紧密结合在一起。

动机和效果的统一，还表现在二者是相互转化的。动机一定要转化为相应的效果才能完成动机的目的。动机是主观的东西，而效果是主观见之于客观的结果，动机必须转化为客观的效果才有企业经营活动，否则，动机就是一个无效的空想，企业经营活动也就不可能有什么进步。实际上，一切从事企业活动的主体总是按照自己的主观愿望去进行经营，力求达到经营效果。在经营效果实现之时，这种经营效果又会成为新的经营动机产生的基础。

动机和效果是统一的，但这种统一是对立的统一。动机是一种主观的东西，效果是一种客观实际的存在，二者总有可能存在不一致的情况。动机与效果的关系层次包括：（1）善良动机——好的效果；（2）善良动机——不好的效果；（3）不良动机——好的效果；（4）不良动机——不好的效果。当动机所包含的目的实现之时，动机和效果是一致的（（1）、（4）两种情况），这种情况下，把动机与效果的统一作为道德评价的根据，这是比较容易做到的；当动机所包含的目的得不到实现时，动机和效果是不一致的（（2）、（3）两种情况），而此时对行为的评价就易于偏颇。在现实生活中，像歪打正着之类的坏的动机引出好的结果，好心办坏事之类的好的动机引出坏的结果的情况是大量存在的。因此，在企业道德评价中，必须强调实践及其效果的检验作用。

坚持动机和效果的辩证统一论，必须特别强调行为主体的实践在从动机到效果的过程中对行为的检验作用。行为者从一定动机出发，为了达到一定目的必须进行必要的活动，要采取一定的手段、方法以及为克服困难所作出种种努力。所有这些情况只有在实践中才能够得到检验。动机不但从实践中产生，在实践中发展，而且在实践中得到检验。一般来说，好的动机尽管也可能发生动机和效果不一致的情况，但如果一个人能够有真正善良的动机，他就必然能在实践中总结经验，不断改进，从而最终达到动机和效果的一致。一个人出于善良动机通过一系列的努力竭尽全力去达到预期的效果，即使他没有达到目的，实践也会证明他的行为的道德价值。比如，一个医生为了抢救病人用尽了种种医疗办法，竭尽了自己最大的努力，即使没能挽救病人的生命，他的行为仍然是高尚的。反之，某些人出于自私的卑鄙的动机做了几件客观上对社会有益的事，只能暂时骗取人们的好评，其动机最终会在实践中被检验出来。因为，一切道德行为的目的，都是要达到好的效果。在长期的实践过程中，那些卑鄙的动机总是会被展现出来的。

企业道德评价必须坚持动机和效果统一论，既要注重企业经营行为的动机和本质，又要联系行为效果考察动机，并结合动机考察效果，以实践作为检验行为的最终标准。企业道德行为要达到动机与效果的一致，就应该做到：第一，确立为顾客、企业、国家利益服务的动机，克服发自个人自私的动机；第二，掌握好经营服务的业务技能，在技术上精益求精，练好使动机达到效果的业务能力；第三，树立高度的道德责任感，全心全意，善始善终，兢兢业业地做好本职工作，做好自己应该做的事。

（二）目的与手段

以动机与效果来评价企业活动或行为，是企业道德评价的基本依据，但对于目的与手段来说，动机与效果具有一定的隐性，此处所论及的目的与手段，这也是评价企业活动或行为道德与否的依据之一。

目的与手段的关系层次也有四种情况，分别是：（1）正当目的——正当手段；（2）正当目的——不正当手段；（3）不正当目的——正当手段；（4）不正当目的——不正当手段。对于（1）、（4）两种情况，我们比较容易做出判断，因为这两种情况的道德价值是统一的。第（1）种情况下，参与企业活动的市场主体为了追求企业的正当利益，诚实劳动、合法经营、维护广大消费者的利益，协调好企业与政府社会的关系等，据此我们就能判断其行为是符合企业道德标准的。而在第（4）种情况下，参与企业活动的市场主体为了获得更多的私利，采取各种不正当的手段，损害他人或社会的利益以达到疯狂敛财的目的，例如，市场上假冒伪劣商品泛滥、缺斤短两、坑蒙行骗、欺行霸市、投机倒把，走私贩私等腐败之风蔓延，其行为必定是违背企业道德标准甚至是违反法律的。

而（2）、（3）是两种道德价值相悖的情况，在企业活动的那些较为复杂的行为过程中，尤其是有政府及社会组织参与活动中，常会遇到目的与手段的目标价值相悖问题。对于以正当的手段达到不正当的目的这种道德现象，一般出现的情况较少，因为不正当的目的的实现必定包含着对他人利益或社会利益的侵占，能使不正当目的得以实现的所谓正当手段，必定是靠钻社会规则的空子，因而也无所谓正当，可以归于第（4）种情况中去。所以在这里留下的通常困惑是：可否用不正当的手段达到正当的目的？或者说，一个正当的目的是否可以为其不正当的手段辩护？

在此所谓正当与不正当之分的手段，其实就是行为方式。任何行为方式总出自于一定的目的，所以从来就不存在什么纯粹为手段的手段。既然如此，对手段的任何正义性规定，都一定是基于某种正当目的性的考虑：有利于这一目的的手段属于正当，不利于这一目的的手段属于不正当。但问题的复杂性在于，人们经常是有多种追求而不只是一种目的。在多种追求、多种目的并存的情况下，难免会出现如此情形：某手段虽利于 A 目的却不利于 B 目的，从 A 目的考虑可谓正当，从 B 目的考虑则可谓不正当。例如我国对私营企业、合资企业和外资企业的存在与发展的允许就是如此，从发展经济的目的上讲它是正当的，从消灭剥削的目的上讲则是不正当的。如是，任何为着某种目的而背离了对手段的正义性要求的，都意味着为了这一目的而伤害了另一目的。这种情形在社会生活中还是较常见的，如为了功利而伤害和谐，为了效率而伤害公平，为了稳定而伤害自由等。

根据以上分析，当目的和手段在价值上是不可避免地相悖时，我们选择判断的要点应当是将认定的目的同可能被手段伤害的目的做价值量的比较，然后依据价值量的大小做出取舍。无论是对选择者还是评价者，下述三个判断式都是可参照的思路：

第一，无论目的如何正当，只要手段有某种不正当性，实现该目的便是付出了代价的，该目的之价值也因此要打折扣。如发展经济是非常正当的目的，但靠允许有限剥削，毕竟是不正当的，为此我们付出了完全免受剥削的代价，而发展经济给我们带来的好处亦受到某种抵消。又如为了降低企业的经济成本，排放未经处理的污物，以造成环境的极大污染和降低人们的生活质量的社会成本为代价，使得企业正当目的的价值大打折扣。

第二，对不正当的手段的选择是不是不可避免的惟一办法。如果是可以避免的，则正当的目的不能为这种不正当的手段辩护；如果是不可避免的，则正当的目的可以为这种不正当的手段辩护。在排放污物来降低经济成本的例子中，如果企业不旨在注重短期的经济利益而注重社会利益，从长期来看将更有利于企业经济利益的获得，排放污物既不是惟一的也不是最好的手段，因此，企业降低经济成本的目的不能为该手段辩护。在允许有限剥削（即允许私营、合资、外资企业的存在与发展）的事例中，由于实践证明这种有限剥削确实比纯公有制的完全没有剥削的方式更有利于社会经济的发展，并且又是实行市场经济所不可或缺的条件，因而发展经济的理由在此是可以为允许有限剥削的政策提供辩护的。

第三，在价值量上，不正当手段之所得是否大于所失？若得大于失，该手段可以受正当目的的辩护并被选择；若得小于失，则不能受正当目的的辩护并不宜采纳。允许有限剥削的政策之所得是促进经济增长、扩大就业，所失是对社会公平的一定伤害，两相比较，两利一弊，由于其弊即对公平的伤害还可通过税收和制定劳动保护政策来加以减轻，所以允许有限剥削这种发展经济的手段是得大于失，是可以被采用的。而相反的例子，排污手段所得是企业经济成本的降低，所失是整个社会成本的提高，相比之下可以很清楚看出其利弊，因此是不能被采用的。

（三）品 质 与 行 为

在企业道德评价中，品质与行为的评价作为评价的依据，也是一个不易把握的问题。

行为评价指对某一具体行为的评价，一般是"对事不对人"；品质评价（其中包括对人品）则指对一个主体（自然人和法人）的总体道德面貌的评价。

行为和品质大体上是统一的，因为品质是由主体的一贯性行为的总趋向表现出来的。但是，个别行为与品质亦有分离的可能性。这有四个方面的原因。

首先是认识上的偏差。主体的各种行为都是选择的结果，而选择又都是在认识的指导下做出的。由于对许多事物的认识要经过多次反复才能达到全面，对许多事情的判断要经过许多环节才能达到准确，所以只要其中某个步骤出现偏差，就有可能造成认识上的片面和判断上的失误，从而使行为者做出与其品质或本意不符的行为选择，导致不符合品质的行为发生。如一个在新环境中创立的新企业，由于对当地的政策法令没有吃透，犯了错误，就属于这类问题，并不能就此断定有什么品质上的问题。

其次是动机的复杂性。由于主体的需要是多层多维的，因而决定主体行为的动机往往也是多种多样的。有的企业为公益事业作贡献是企业宗旨，有的则是为了得到表彰；有的人慷慨解囊是出于同情心，有的人则是为了显阔；有的企业从业人员提供热情周到的微笑服务是良心使然，有的则是为了更高的报酬……在这些事例中，前者是在做与其品质相符的事，后者所为则与其品质不相一致。

再次是人格的多重性。人是复杂的，每个人在人格方面都有着或多或少的二重性，即既有向善的一面，也有向恶的一面；既有人性的一面，也有非人性的一面，只不过有些人的双重人格较为突出，有些人的双重人格不甚明显罢了。双重人格不明显的人，也就是一重人格占优势，一重人格潜伏，他的人品特征比较稳定，但在某种特定的情境下，他的那重潜在人格也会偶尔决定他的行为，出现行为与其人品不合的情况。如此才有恶人有时也会良心发现做点儿好事；正派人有时不抵诱惑做出恶事等现象。

最后是慑于道德的外在制裁力而进行的行为伪装。在现实生活中，许多主体遵从道德并非出于自律，而是因为惧怕受到社会赏罚机制的惩罚。一旦失去外在制裁力的条件或处于社会赏罚机制鞭长莫及的场合，他们便会脱掉伪装，原形毕露。例如，有的企业准备两套账，在接受财务稽核时，规规矩矩，一本正经；在稽核结束后，则大肆做假账来攫取不义之财，掩盖不义行为。对于这种主体来说，它们的一贯性行为就是伪装，并不表现真正的品质；相反，他们那些非经常性行为才是其品质的真实表现。

因此，我们在道德评价中，应当把这两个依据区别开来。这有两个要点：其一，不能用品质为个别行为辩护。如我们不能因为某企业一贯循规蹈矩，而对他偶发的不当行为不加批评，不予追究。其二，不能从个别行为推及品质。如我们既不应因某企业的一次奉献之举而赞颂它具有奉献精神，也不应因一次行为失当而断言其品质恶劣。

同时，个别行为与品质可能出现分离的事实还启示我们：以品质作为评价依据必须加倍慎重，它比行为依据复杂得多，如果没有长期、全面的观察为条件，任何一种有关品质的评价都将是轻率而不负责的。换言之，我们只有在掌握了与某主体的品质相关的大量行为资料之后，才能排除某些偶然因素和假象的影响，从中看出他的一贯性行为倾向，从而为品质评价提出较为客观真实的依据。

四、企业道德评价的形式

道德评价的主要形式有自我评价和社会评价这两种，企业道德评价也不例外。这是因为几乎任何一种道德都是自律性与他律性的统一。道德不只是一种外在约束力量，就其本性而言它更是一种内在自律性力量。道德自律性相对于道德的他律性，意指道德主体为自己立法。道德立法不同于法律立法，道德的立法，就社会而言，表现为社会关系中引申出来的种种道德规范，因而具有外在于个体的制约性质，这也即我们所说的道德规范的他律性。就个体而言，道德主体自己为自己立法，是把这种外在的道德要求内化为心中的道德法则。道德主体为自己立法，一方面把基点建立在对道德他律性的认同上；另一方面又是对这种认同的进一步发展，即不但敬畏和服从道德，而且主动给自己制定具体的行为准则。道德主体的行为既要有自身的内在意志约束，又要结合道德规范的外在他律性来评价。

（一）企业道德的自我评价和社会评价

企业道德的自我评价，就是企业活动的参与主体对自己行为所做的一种善恶上的自我认识，是依据自身的价值取向，对自身行为所做的道德判断。它依赖于道德主体的内在约束力量，即主体的理性自觉、良心机制、积极主动性。其主要特点，就是行为者既是评价的客体，又是评价的主体。主体要评价的客体就是主体自身。其目的主要是要正确地认识自己和了解自己的道德品质和道德行为，从而能够不断提高自身的道德品质。

企业道德自我评价依据的是企业活动主体的内心信念机制，也就是良心。良心是对自身道德行为的自我认识、控制、调节和评价的综合体。良心在道德自我评价中总是同责任感、荣誉感和羞耻感结合在一起的，对于自己做出的符合社会道德规范要求的善的行为，感到光荣、崇高，并带来精神上的欣慰感；反之，对自己做出的不符合社会道德规范要求的恶的行为，则感到羞愧、卑劣，并对自己进行道义上的谴责。良心在对自身的行为进行评价的过程中，总伴随着一种对自身行为的价值导向。当企业活动主体对某一行为感到道德满足时，他就会对自己发出指令，在今后遇到类似的处境时，就应当做这样的选择；当他对某一行为感到道德愧疚时，他就会对自己提出告诫，在今后遇到类似处境时，避免犯同样的道德错误。

由于人们对自身道德行为的评价，总是要受自己的利益、感情等影响，往往很难做到客观地、正确地认识自己。因此，"人苦于不自知"这条古老的道德格言，应该成为人们在道德自我评价时所特别注意的戒律。老子认为："知人者智，自知者明；胜人者有力，自胜者强。"从道德修养的角度来看，能够正确地认识和评价别人，只不过是一种机智，只有能正确地认识和评价自己，才能算高明。而且，只有能够战胜自身弱点的人，才算是最坚强的人。因此，在道德自我评价中，不仅要能够站在自身的立场上进行道德自我评价，而且要能够站在顾客、企业集体、社会的立场上，从顾客、企业集体、社会的利益出发，来对自身的行为进行客观分析和评价。

企业道德的社会评价，是社会对企业活动参与主体的行为所做的价值评判或道德判断，它依赖的是道德主体之外的外在客观约束力量。道德的社会评价的最重要的方式，就是社会舆论。

社会舆论包括口头议论和大众传播媒介两个方面。因而道德社会评价既可以是评价者依据道德评价标准，通过口头议论的方式，对被评价的人或事进行评论、指责、贬斥或赞扬、肯定，并通过人们彼此相传的形式，对被评价的行为施加影响；也可以是通过大众传播媒介，即通过报纸、广播、电视、互联网等方式，对某一个体或群体的行为进行善恶评价，并对被评价行为施加影响，从而在更大范围内或在全社会中起到抑恶扬善的作用。个体或群体的行为，在自我评价的同时，必然受到社会评价的导向。道德规范之所以具有约束力，一个很重要的方面，就在于有社会舆论这一强大的力量。主体的自我意识、良心并不是天生的，而是一定历史和社会的产物，社会舆论在主体的良心的形成过程中，有着特殊的作用。在日常生活中，人们都会随时随地感到，社会的共同舆论具有的权威性。对于某些人来说，他们之所以不愿做或不敢做不道德的事，往往就是由于惧怕社会舆论的谴责。社会舆论之所以具有权威性，就在于他代表着广大群众的一种意志、感情和价值取向，并能给人以荣誉感或耻辱感，迫使人们在行为选择时，不得不考虑社会舆论对自己的评价。

社会舆论作为社会成员表达他们自己意志和意愿的一种特殊方式，总是与社会上长期形成的、传统的价值观念联系在一起的。因此，我们在对待社会舆论时，必须区别正确的舆论和错误的舆论，并努力消除、减少错误舆论在社会道德评价中的影响。对于一个时代、一个社会来说，由于在一定经济基础上形成的社会舆论和道德评价，反映着一定的利益关系和道德准则的要求，因此，基本来说，这一社会舆论体现着它的总的价值取向，是维护社会安定的巨大力量。

加强企业道德的社会评价作用，对规范企业行为、纠正企业行业不正之风以及改善社会风气、培养企业从业人员良好的企业道德品质、抵制种种不道德的企业行为，都具有十分重要的作用。企业道德的社会评价，能够造成一种特殊的善恶分明的氛围，使不道德的行为者受到强大的精神压力，感到羞愧、内疚甚至无地自容；使那些合法经商、诚实服务于大众、造福于社会的行为得到尊敬。中央电视台每年一次的"3·15"晚会以及各大报刊对企业无德不法行为的曝光，就是较好地发挥了社会舆论的道德评价作用。可以说，社会道德评价的强弱，往往形成一个社会道德水平的试金石，与社会道德水平的高低成正比关系。强有力的、正确的社会舆论，代表着一个社会大多数人道德上成熟的善恶判断，反映着人们共同的感情、意志、信念和愿望，体现着社会进步的要求。这种社会舆论，通过口头议论和大众传播媒介的信息传递，形成了一种独特的社会力量，使不道德行为犹如过街老鼠，人人喊打；使道德行为能够广为扩散，对社会成员产生强烈的感染作用。这样，一个社会的道德水平和道德风尚就会不断进步、不断升华。

（二）企业道德的自我评价与社会评价的统一

人们在道德上的自我评价，要受社会评价的制约；而道德的社会评价，只有为该社会成员的自我评价所认同，才能发生有效的作用。因此，使道德的自我评价和社会评价统一起来，是道德自律性与他律性统一的体现。

道德的自我评价，作为良心的自我评价，是人的自我意识的一种表现，取决于个人的生理心理机制、个人的性格特征及所受教育和所生活的环境。可以说，不同阶级的人有不同的良心，甚至每个人都有各自不同的良心。因而，道德自我评价具有主观性和随意性。道德的社会评价（或社会舆论），基本上代表了一个社会的道德原则和规范的要求，体现着社会的利益，因而对于每一个人来说，它是一种不以个人的意志为转移的、客观存在的、具有约束性的力量。因而，道德社会评价具有客观性和普遍性的特点。尽管自我评价必须受社会评价的制约，但它也常常会同社会舆论产生矛盾。由于社会中总是存在着个人利益同整体利益的矛盾，因此道德的社会评价同自我评价之间，也常常会发生这样那样的矛盾。社会中正确的、进步的社会舆论，将不断地发挥其价值导向的作用，逐渐改变那些不适应社会评价的自我意识，并逐步形成符合社会道德原则、道德规范的自我意识。同时，随着社会的发展和道德观念的变化，道德的社会评价也必将在这一过程中发生变化。

由于企业道德自我评价和社会评价各有特点，需要互相补充、取长补短。一般来说，自我评价应该主动适应社会评价，与社会评价保持一致，并通过自我评价实现社会评价的约束作用。但在某些特殊情况下，可能会相反。比如，在社会剧烈变革时代，特别是在旧观念已经不能适应社会的需要而急需变更的时期，社会的道德评价，社会舆论的导向，往往既可能显示出正确的一面，又可能显示出与时代精神相违背的一面。在这种情况下，自我道德评价，不但不应当受到旧的社会评价的约束，而且应该坚持正确的自我评价，根据自己的价值判断去改变环境以致改变社会。所以，道德的自我评价与社会评价统一的关键，在于自我评价与社会评价是否反映了时代的意志，是否反映了时代的本质。如果社会舆论反映着时代的意志或本质，个人的道德自我评价就应当受这种意志或本质的制约，并服从这种意志或本质的召唤。相反，如果社会舆论所表现出来的只是错误，而道德上的自我评价体现着时代的意志或本质，那么，人们就应当不对那种偏见的舆论做任何让步。总而言之，道德上的自我评价和社会评价，必须以时代的意志或本质为转移，以社会发展的客观需要为准则。

从另一方面说，由于真正有道德的道德主体所尊重的是那种表现了时代的意志和本质的社会舆论，藐视的是那种非时代的意志和本质的社会舆论，因此，如果道德主体能够确信自己所认定的社会舆论真正是时代的意志和本质，代表着社会道德发展的未来方向，那么，即使这种社会舆论在眼下还不为人们所重视、所服膺，甚至由于"人微言轻"而受贬斥，他们也仍然坚信它最终必将冲破旧的社会舆论的藩篱，成为社会中占主导地位的新道德舆论。社会舆论在人类道德生活中的生命力，终究还是由它所依附的社会生活来决定的。

我国正处于向市场经济转型时期，企业活动领域存在大量的伦理道德问题，为规范企业行为、提高企业服务质量，企业活动参与主体，一方面必须自觉接受社会企业道德评价，依据有关企业法规和道德要求从事企业活动；另一方面，在企业法规和道德要求还不够完善、详尽，甚至还有很多漏洞、空白存在的现阶段，还需要充分发挥企业主体的能动性、创造性，通过正确的自我道德评价规范并完善自身的企业活动。

● 本章小结 ●

企业道德评价是根据一定的道德规范、准则体系对企业活动参与主体的道德活动或行为所做出的善恶价值判断。作为企业道德活动的重要组成部分，它能够促进社会主义市场经济的健康发展，引导企业主体在复杂的企业活动中明辨是非，协调企业人际关系，激励企业主体，促使其发挥主体能动性。

企业道德评价标准是判断企业活动或行为善恶、对错的一般的和具体的价值尺度。企业道德评价的一般标准是善恶标准。善和恶是一对历史范畴，其内涵随着社会生活的变化而变化。在运用历史标准进行企业道德评价时，必须考虑到企业行为在历史发展总链条中的具体地位和具体道德性质。企业道德的善恶标准在根本上表现为义利关系标准，义利结合、先义后利是现代市场经济条件下对企业道德评价的基本善恶标准。我国目前统一的企业道德评价具体标准由效益、公平、诚实、信誉四项基本标准构成。

完整的道德评价依据包括对象的动机与效果、目的与手段、品质与行为这三对范畴的分析与处理。企业道德评价必须坚持动机和效果统一论，要结合动机考察效果，以实践作为检验行为的最终标准。在进行企业道德评价时，目的与手段在价值上会出现不可避免的相悖情况，此时应当将认定的目的同可能被手段伤害的目的做价值量的比较，然后依据价值量的大小做出取舍。品质与行为作为评价的依据基本上是统一的，因为品质是由主体行为的总趋向表现出来的。但是，由于人们认识的偏差、动机的复杂性、人格的多重性以及慑于道德的外在制裁力而进行的行为伪装等原因，个别行为与品质亦有分离的可能性，因此在道德评价中，不能用品质为个别行为辩护，也不能从个别行为推及品质。

企业道德评价的主要形式包括自我评价和社会评价。自我评价是企业活动主体依据自身的价值取向，对自身行为所做的道德判断，它依赖于道德主体的内在约束力量。企业道德的社会评价，是社会对经营活动主体行为的价值评判或道德判断，它依赖于外在的客观约束力量。一般来说，自我评价应该主动适应社会评价，并通过自我评价实现社会评价的约束作用。道德的自我评价与社会评价统一的关键，在于自我评价与社会评价是否反映了时代的意志，是否反映了时代的本质。

▶ 思考题

1. 企业道德评价指的是什么？它的重要作用体现在哪几个方面？
2. 企业道德评价的一般标准和具体标准是如何规定的？
3. 企业利益最大化与企业道德基本标准是否矛盾？
4. 企业道德评价的根本依据有哪些？如何来理解它们？
5. 试述企业道德评价的方法和手段。

▶ 案例应用

齐药二厂假药事件

2006年4月29日和30日，在广州市中山大学附属第三医院里，传染病科连续发生群体重症肝炎病人突然出现急性肾功能衰竭症状的情况。通过排查和专家会诊，院方认定罪魁祸首是齐齐哈尔第二制药有限公司生产的"亮菌甲素注射液"。5月2日，这一信息报送到了广东省药品不良反应监测中心。5月9日，广东药检所最终确定齐药二厂生产的亮菌甲素注射液里含有大量工业原料二甘醇，导致患者急性肾衰竭、死亡。国家食品药品监督管理局发出紧急通知，封杀齐二药生产的所有药品。经调查，有关这起假药案的成因是齐齐哈尔第二制药有限公司采购人员购入了假冒原料。

齐齐哈尔第二制药有限公司是一家相当正规的药品生产企业，其前身是一家国有企业，归黑龙集团经营管理。2005年，经齐齐哈尔市招商引资，北京东盛园投资公司以1400多万元收购了齐齐哈尔第二制药厂，并于2005年10月14日在当地工商部门办理了企业变更手续，将企业名称由齐齐哈尔第二制药厂变更为齐齐哈尔第二制药有限责任公司。这样一家企业怎么会购入假冒原料，并任其通过重重检验关卡呢？

药监部门调查确认，齐齐哈尔第二制药有限公司生产的"亮菌甲素"注射液里的工业"二甘醇"来自江苏省泰兴市失河镇一个叫王桂平的人。据王桂平交代，工业用的丙二醇比药用的丙二醇每吨要便宜一两千元，从2005年1月起，王桂平先后以每吨12 000元和7 000元左右的低价购买工业丙二醇和二甘醇，然后伪造各种手续，冒充中国地质矿业总公司泰兴化工总厂的产品，假冒药用丙二醇，以每吨14 500元的高价卖给齐齐哈尔第二制药有限公司。而经手购进工业原料二甘醇的该厂采购员钮忠仁，现年55周岁，工作时间已经很长了，理应了解采购的规范和要求，但却为了利益放弃了原则。为图便宜，他从江苏省中国地质矿业总公司泰兴化工总厂购入丙二醇时，在见到了后来被认定为是伪造的证件后，根本没有到厂家实地考察和验货，导致了假原料进厂。

按照有关规定，要将丙二醇作为药用辅料卖进制药厂，经销商必须向药厂提供相关的资质证明。经泰兴食品药品监督管理局证实，当初王桂平提供给齐齐哈尔第二制药有限公司的各种手续，包括营业执照、药品注册证、药品生产许可证以及产品检验单都是伪造的。这些手续都是王桂平以中国地质矿业总公司泰兴化工总厂的名义向齐药二厂提供的。泰兴食品药品监管局副局长戴开桂说，这些伪造的证照有非常明显的漏洞，比如，正规药品生产许可证一般只注明获得许可的类别，不会注明具体的产品名称，而王桂平伪造的药品生产许可证上却明确注明丙二醇、二甘醇等产品名称。制药企业工作人员经常查验相关证照，对这样的假证照应该一眼就能识破。然而，齐药二厂有关人员只向王桂平索要了证照，就束之高阁，既没有认真辨认，也没有在国家食品药品监管局网站进行查询。

此外，在王桂平卖给齐药二厂的假冒丙二醇产品的包装上，都贴有伪造的合格证。标示的单位还是中国地质矿业总公司泰兴化工总厂。而在购销丙二醇和二甘醇的增值税发票上，王桂平开具的单位名称也基本上是这家化工厂。后经鉴定，这些发票都是真的。中国地质矿业总公司泰兴化工总厂位于泰兴市曲霞镇印达村。经调查，该厂主要生产工业染料，并没有生产丙二醇或者二甘醇的设备和能力。不过，这家化工厂的负责人承认，王桂平购销工业丙二醇和二甘醇的发票的确是厂里给开的，王桂平是包采购包销，从该厂开票。对此，王桂平说，租用一个正规企业的户头，开一些增值税发票，这样业务比较好做。

不仅仅是采购环节存在问题。国家规定，药品生产企业必须有一整套自我监督机制，但假丙二醇进入齐齐哈尔第二制药有限公司后，却如入无人之境，经过验收、检验等一道道关卡，各项检验结果均认为合格，最终把药品制成了"毒品"。由此可见齐齐哈尔第二制药有限公司在对药品的原料、成品等质量检验环节存在的严重漏洞。

据悉，在药品成品前的诸多检验项目中，"鉴别"环节最为重要，它要求本品的红外光吸收图谱应与对照的图谱（即标准图谱光谱集）一致。而通过对齐齐哈尔第二制药有限公司化验员的讯问，该公司根本没有标准的药品红外光谱集，并且化验室 11 名职工中竟没有一人会进行图谱的分析操作，因此无法进行对比。而且，在检验过程中，化验员做出丙二醇图谱后，没有做任何对比就直接交给原料检验员，原料检验员也没有任何依据，按惯例就写上了"符合规定"。药用丙二醇和二甘醇样品，从外观上看，两者都是无色无味透明黏稠状液体，没有什么差别。但靠近闻，丙二醇有一点淡淡的甜酸味，而二甘醇没有任何气味。即使是非专业人员，也能从中看出端倪。如果齐二药认真检验，是完全可以避免"误投辅料"的，可是该厂在原料加工前和加工后都未按照规定进行检验，导致用假原料生产的成品药最终进入了市场，从而酿成多人死伤的惨剧。

另外，据调查，除致人死亡的假亮菌甲素注射液外，齐齐哈尔第二制药有限公司购进的工业原料二甘醇还被用来生产了另外四种药品，分别是葛根素注射剂、倍他米松磷酸钠注射剂、小儿对乙酰氨基酚灌肠液、盐酸萘福泮注射液。其中，小儿对乙酰氨基酚灌肠液是非处方药，主要用于治疗小儿发热，一般患者在药店就可以买到。经国家药检所进行检验这四种药也都是假药。

整个事件过程被央视栏目连续报道，在社会上引起了很大的轰动。在齐齐哈尔第二制药有限公司造假事件发生后，药厂职工普遍情绪低落，纸盒车间工人焦凤玲说："厂子因造假被停产，企业没有指望了，但我们很多职工是无辜的。"该公司于 5 月 13 日晚被当地公安部门查封停产，使该厂在职职工面临失业，药厂的稳定工作面临严峻考验。

（本案例根据央视相关新闻编写）

▶ 问题

1. 你认为本案例中谁应该对本事件负责？

2. 王桂平是否违背了企业道德标准？采购员钮忠仁呢？中国地质矿业总公司泰兴化工总厂呢？该厂的质检人员呢？

3. 在这个案例中，受害人是谁？该事件对本企业、本行业造成的直接和潜在的后果是什么？

4. 你怎样来评价该事件中相关责任人的道德水平呢？你的评价根据是什么？

5. 你认为央视栏目对该事件的介入会起到什么作用？

6. 事已至此，你认为有什么办法能弥补该事件所造成的恶劣后果？

第八章

企业道德教育和道德修养

❖ **本章学习目标**

阅读和学完本章后，你应该能够：
◇ 解释企业道德人格的含义，区分企业道德人格的类型
◇ 理解企业家道德人格的内涵，明确企业家道德人格构建的基本原则和途径
◇ 解释企业道德教育的含义，了解其特点和意义
◇ 识别企业道德教育过程的五个基本环节，掌握企业道德教育的原则和方法
◇ 解释企业道德修养的含义，理解企业道德修养的必要性和实质，描述企业道德修养的基本途径和具体方法
◇ 定义工商经营活动者的道德境界，区分工商经营活动者五种层次的道德境界

> **开篇案例**
>
> ## 波音公司——重视企业道德的公司
>
> 波音公司（Boeing Company）被公认为是一个经营良好、成功而且道德良好的公司。公司自1916年建立以来，至今已是世界上商用飞机的最大制造商。波音强有力的一套价值观可以追溯到威廉·艾伦（William Allen），他是公司的首席执行官，其真诚、诚实和正直被人们铭记。在艾伦的带领下，波音成了一个知名的道德良好并享有佳誉的公司。1964年，艾伦组建了一个道德委员会，该委员会由上层管理者和董事会成员组成，由董事会直接领导。同时，波音制定并实施了一个道德政策，巩固了公司对高水平

价值观的承诺。

威尔逊（T. A. Wilson）是艾伦的继任者，他继承了艾伦建立的高标准，公司因而经久不衰。20 世纪初波音的几个雇员参与了对国外的行贿，1974 年，他们的行为作为飞机行业对外国行贿的丑闻被曝光。这种国外支付直接违反了波音的道德标准。威尔逊立即采取了行动，波音彻底审查了其销售政策，开展了巩固公司标准的销售培训计划，并制定了一套审计体制以保证政策得到遵守。

1981 年，波音开始努力改进其道德计划，随后产生了 1984 年的提案。提案包括副总裁合同和一份名为《在你道德气压计上的压力》的一般忠告，讨论了一些能导致道德违规的竞争压力和组织内部压力，并强调了管理公司道德文化的重要性。仅仅几天后，波音计算机服务公司（BCS）接到内政部的通知，认为该公司在参与为全国公园系统建立财务系统的投标之前得到了一些政府内部信息，这违反了联邦获取规则。因此，BCS 的联邦系统集团（FSG）与联邦政府的所有分支进一步的业务被中止了，这些事情波及了整个波音公司。

BCS 迅速找到违反规定的雇员，并进行了加强纪律教育的行动，还开展了一项重要的道德教育计划，这些行为使政府解除了对 FSG 的惩罚。这项道德计划的内容包括修订市场营销程序；实施一项员工培训计划；委任一名"道德顾问"，雇员们可与他联系并向他报告违反道德的行为；以及建立内部审计程序等等。BCS 的违规行为突出了对管理层驾驭组织道德风气的重要性。

外国支付和内部信息事件提供了三个教训：（1）和政府机构进行交易的伦理学与和企业进行交易的伦理学不同。（2）对与外部团体打交道的雇员需要给予特别的注意，以使他们不会成为公司的道德负担。（3）保持道德上的高标准可能是关系到企业生存的中心问题。

波音继续发展着道德计划，多年来，这一计划一直以原则和价值为基础，而不是只注重政策和规划。1985 年，波音修订了其道德政策，将政策内容集合成一个小册子，名为《业务行为指南》。其中将业务行为分为五个领域：市场营销行为；提供企业礼貌；利益冲突；接受企业礼貌；以及公司时间、材料、设备和专有信息的使用。目前的小册子又增添了三个领域：（1）与供货商的关系；（2）美国政府的前雇员——利益冲突；（3）证券买卖——内部交易。此外，公司在一些经营部门实施了培训计划。1986年波音在公司总部增设了业务行为办公室。

一、企业道德人格

（一）企业道德人格的含义

在伦理学上，人格通常被认为是一个人在一定社会中的地位、尊严和作用的统一体，是做人的资格和为人品格的总称，是人应具有的起码权利。简而言之，人格就是做人的尊严、价值和品质的总称。道德人格是一种具体的人格，就是个人人格的道德规定性。它有以下几种含义：第一，道德人格是个人的脾气、习性与后天的道德实践活动所形成的道德品质和道德情操的统一；第二，道德人格表示着人类与其他类存在物的区别。个体通过加入道德关系、参与道德生活，意识到自己所负的道德责任与道德义务，以及人生的价值和意义，从而自觉地选择做人的范式，培养自己的道德品质，丰富和完善自己的精神世界，体现出与动物相区别的内在规定性；第三，道德人格具有社会性、个体独立性、全面整体性、相对稳定性的特征；第四，道德人格既有善和恶的性质区别，也有高尚和卑下的层次之分，而且，它是衡量人性优劣的标志。

根据以上的分析，我们可以引出企业道德人格的含义。所谓的企业道德人格，是指在企业领域内，企业从业人员在经营过程中形成的道德品质和道德情操的统一，表现为企业和个人的价值观念、精神理念以及企业的文化底蕴。与一般的道德人格特征相似，企业道德人格同样具有社会性、个体独立性、全面整体性和相对稳定性的特征。

1. 社会性。企业道德人格是企业或个人在长期的经营实践过程中形成的，在社会中形成，在社会中完善，在社会中发展，因此具有社会性的特点。

2. 个体独立性。不同的企业和个人具有不同的道德人格，而且这种道德人格具有很高的独立性。

3. 全面整体性。企业道德人格的内容涵盖企业的价值观念、精神理念以及企业文化等方面，并且，这些方面并不是相互分割的，而是相互联系的整体。

4. 相对稳定性。企业道德人格一经形成，就具有相对的稳定性。但这并不是说企业道德人格是一成不变的，它是随着社会、企业的发展情况不断发展的。

（二）企业道德人格的类型

从不同的角度和层面，企业道德人格可以分为以下几种类型：

1. 从企业和个人对社会现实的认识看道德人格，可以分为违背型、认同型和超越型。违背型是指企业和个人对社会占主导地位得到的体系持冷漠、拒绝、敌对态度的道德人格；认同型是指对社会占主导地位的道德体系持认同、信仰、遵守态度的个体道德人格；超越型是指对社会占主导地位的道德体系不但持有认同、信仰的态度，而且是出自主体的理性认同、自觉信仰和自由选择。

2. 从企业和个人主观作用的发挥看道德人格，可分为被动适应型、主动适应型和创造性适应型三种。被动适应型是指对占主导地位的道德体系采取消极服从、被动趋同的态度，显现出很大的盲目性；主动适应型是指对占主导地位的道德体系采取积极赞赏、主动趋同的态度，并主动调节自己的行为，使行为价值取向与道德体系的价值取向保持一致；创造性适应型是指不仅满足于对道德必然性的主动适应和积极趋同，而且据之进行合乎逻辑、合乎规律的道德创造。

3. 从企业和个人的综合素质看道德人格，可分为他律型、自律型、自由型三种。他律型是指企业或个人在社会道德体系面前缺乏道德自主能力，道德必然性成为一种外在的、异己的力量；自律型是指企业或个人对社会道德规范的遵守，不是出于外在的压力，而是出于道德自觉，即自觉地将外在的道德必然性内化为内心信念，并约束、指导自己的经营活动；自由型是指企业或个人基于对道德必然性的认知和把握，在履行道德义务时，完全摆脱了任何外在性和异己性的特征，达到"随心所欲不逾矩"的状态，成为道德人格发展水平上的最佳类型，或者说是一种理想人格。

理想人格是道德理想的内涵。道德理想包括两方面含义：一是追求和向往的完美道德关系和道德风尚；二是追求和向往的完美道德人格。也就是说，理想人格显然是一定道德原则、规范的结晶或道德的完美类型，是一定道德所认定的各种善的集合，是一定道德为人们树立的最高行为标准，是道德理想的内容之一。在人类历史上，自从阶级出现以后，理想人格也就打上了阶级烙印。所以，衡量理想人格是否先进和高尚的标准必然是历史标准和生产力标准：看它是否符合社会前进的方向，是否符合社会生产力的发展，是否符合大多数人的利益。因此，对于企业和个人来说，一个理想人格究竟成立与否，只要看它是否具有"利国"、"利业"、"利人"、"利身"的内容，就可以达到目的了。

（三）企业家道德人格构建

现代企业的成长需要企业的道德文化建设作为保障与推动，而企业道德文化建设的重心在于企业家的道德人格构建。可以说，企业家的道德人格如何直接反映了企业家的整体素质，关系到企业成长与社会发展，而且也影响着社会主义市场经济体制的完善。因此，探讨企业家道德人格建构具有十分重要的现实意义。

1. 企业家道德人格的内涵。优秀的企业家，其素质与魅力表现在其人格，直接表现为道德人格。企业家道德人格是其素质，包括知识、经验、能力、品质等方面的内在化，决定着企业家的人格质量。

企业家道德人格的首要表现是必须具备良好的思想作风和工作作风。一是要有大公无私、公而忘私的忘我精神，一心为公，严于律己，宽以待人。二是要有一丝不苟，实事求是的工作作风。有成绩不夸大功劳，有缺点不缩小过失，勇于批评与自我批评。用严肃的态度，严格的精神，去做好企业各项工作。三是要有雷厉风行、艰苦奋斗的实干作风。要言行一致，不尚空谈，追求务实，树立威信，带领员工沿着企业正确的发展轨道前进。四是要有密切联系群众的民主作风。要有群众观点，走群众路线，工作上依靠群众出谋划策，生活上要关心群众疾苦。全心全意依靠工人阶级办好企业。企业家要牢固树立"公仆"意识，切忌在自己的位置上把是职工的公仆当作是职工的老板。唯有具备上述作风品质，企业家才能有效树立个人威望，发挥自己的领导力，通过科学决策，领导企业在市场挑战中保持强大的竞争力。

企业家道德人格的完善与人格魅力的散发还依靠优良的道德品质。企业家（尤其是我国企业家）担负着发展企业、振兴企业、实现民族腾飞的重任，决定了企业家必须富有理想、廉洁奉公、遵纪守法、崇尚信誉、公正待人、尊重员工、坚忍不拔、锐意进取、忧国爱民，先天下之忧而忧、后天下之乐而乐，这样才能团结员工、凝聚人心、振兴企业。就我国目前而言，作为社会主义企业家，其道德人格风范更应该具有责任意识、廉洁作风、创新精神、博大胸怀。可以说，为社会创造财富、为民生提供福利的社会责任感、强烈的创新精神、永不停止的经济冲动、坚忍不拔的内在毅力、对市场变化的灵敏触觉、极强的复合素质，是企业家的永恒主题。以上的相互关联构成了"企业家道德人格"的基本要素。

从现实来说，由于不同社会的市场经济各具模式特点，其企业家又都受着本民族文化的熏陶，因而各个国家和地区的企业家的"人格"也就有了各自的特色。当代中国的企业家，就其本质而言，应是以企业为本位、国家—企业—员工三者利益统一的人格化，是民族经济利益的人格化。因而，当代中国企业家的道德人格，既具有"企业家人格"的时代一般内涵，又应具有中华民族的民族气质和传统特色，其中包括近代民族实业家的优良的"道德人格"传统。同时，当代中国特色的企业家道德人格还应包括："见利思义"、"正义谋利"的经营价值观念，"正人先正己"的表率意识，廉洁奉公，严于律己的高尚品质，处理人际关系的"贵和"精神，坚忍不拔、自强不息的进取精神等。

当代中国企业家道德人格的这些要求，显然融入并创造性地发展了以儒家伦理精华为内容的优良的传统伦理文化，对此，为了表达当代中国企业家道德人格的民族特色，我们可称之为"现代儒商精神"。它与卓越的经营管理才能相结合，构成了完整的当代中国企业家人格的整体模式。近年来，企业界有人提出的"造就一代儒商"的口号就反映了这种完善企业家道德人格的呼声。

2. 企业家道德人格构建的基本原则与途径。企业家作为企业的领导者，其道德追求应是永恒的。从理论上来说，人的道德追求始终包括教育与自我教育、意识与行为的过程。企业家的道德人格追求既是一种社会行为，更是企业家的个人行为。

第一，明德造势，发挥环境优化原则。加强企业道德与企业文化建设，营造一种正确的价值导向、是非观念、行为准则的道德文化氛围，利于形成造就优秀企业家的良好氛围。在当前，特别要学习邓小平理论、"三个代表"重要思想，贯彻执行党的十六大精神，造成有利的舆论声势，形成道德环境的强大导向力和约束力。对正在形成的企业家队伍造成一种社会集体的外部压力与作用，促成其社会规范的有力内化，从而形成全社会关注企业家，企业家关注社会、回馈社会的良好氛围，使一大批优秀企业家能脱颖而出。

第二，德育修身，发挥主体自省原则。修身是知、情、意三者的有机结合。在这方面，我国传统文化有着深刻的内涵，如儒家提出"诚"、"正心"等问题。要磨砺坚强的道德情感和意志上的自制力，思想认识只有借助于情感和意志的推动，才能落实在行动上。古人提倡"吾日三省吾身"，道德修养应"莫见乎隐，莫显乎微，故君子慎其独也"。企业家要有正确的角色意识，在对待问题上，对的坚持，错的改正，切忌高高在上，文过饰非，我行我素。要加强自我武装，向成功和先进的企业家与领导者学习，取人之长，补己之短，并向群众学习，在群众中汲取营养，塑造自我形象。运用自我教育、自我调控的方法加强个人的道德修养，达到精神自律，"不降其志，不辱其身"，"天行健，君子以自强不息"，弘扬中华民族的传统美德。

第三，机制驱动，发挥利益激励原则。所谓机制，就是指制约或决定某一系统存在或发展状态深层次的各相关因素或各相关过程，遵循一定规律或规则，相互作用形成的连锁促动的过程和内容。良好的机制是任何一项事业成功的理性保证。在企业党政领导下，建立和完善必要的企业道德激励、约束机制，是保证企业家履行道德规范的一种重要手段。主要是建立和完善道德导向机制、激励约束机制、自律他律的监督机制、企业党政工团齐抓共建的合作机制，通过机制驱动，促使企业家养成良好的道德习惯。只有有力而健全的激励约束机制，才能保证企业家在领导者位置上乐当员工与国家的公仆，杜绝"道德风险"的发生。同时企业家良好的道德人格形象能置换出鲜明丰满的企业形象，在形象制胜的今天，这是企业的宝贵无形的财富与丰厚资产，使企业能在变幻莫测的市场经济竞争中立于不败之地，保持竞争优势。当然，这也是企业家道德人格的利益所在。

第四，行为践履，发挥道德实践原则。"没有主体的自由就没有道德"，企业家在经济上的自由决定了其存在践行高尚道德的内在基础。当代企业家在驾驭企业中，应有自己的信念与追求，不怕竞争，不满足已取得的成就，不为一己之利，只为深沉的使命感所驱动，即对企业、对社会、对历史承担的不可推卸的责任。企业家道德人格不是停留在口头上的漂亮名词，而是一种行动上的表率。确立和实践道德，切忌褊狭的功利思想，搞虚假的"包装"、"炒作"，把它仅仅看成谋取自身利益的工具，这只会引火自焚。

总之，当代中国企业家的道德人格，既要融入国际社会中的企业家风范，又要具有民族的传统特色。高尚道德人格的企业家，既是中国企业家不断发展壮大，走向世界的要求，也是企业家自我发展的内在要求。"现代儒商精神"可以说是这一人格的具体体现。

二、企业道德教育

（一）企业道德教育的含义

道德教育是道德活动的一种重要形式。它是确立人们的道德信念，形成社会道德舆论，创造良好的社会风气的重要手段，是培养理想的道德人格，形成人们内在的优良品德，造就善良的道德个性的重要条件。在伦理学上，即称之为道德教育过程。在企业领域，培育企业道德人格的教育活动即是企业道德教育。

道德教育有广狭两种含义。广义的道德教育是教育者和受教育者共同完成道德教育内容和任务的过程。狭义的道德教育是受教育者道德品质形成的一般过程，大体上包括五个环节，即提高道德认识、陶冶道德情感、锻炼道德意志、确立道德信念、养成道德习惯。事实上，凡是成功的道德教育，都是将行为的外部要求转化为内部动机的结果。即是说，道德教育不仅将道德知识和道德要求灌输到每个人的思想中，还要使之成为个人的道德需要和道德信念，并在道德实践中不断地加以强化。换言之，道德教育必然是广义道德教育过程和狭义道德教育过程的结合和统一，而且，广义道德教育的内容和任务，必然通过狭义道德教育过程来实现。因此，道德教育在本质上乃是一定社会和群体，为了使其成员接受和遵循他们的道德行为准则，自觉履行道德义务，而有目的、有组织、有计划地实施教育活动的实践过程。或者说，它是一个培养理想人格、造就道德品质、发展良好社会风气的活动方式及其实践过程。

（二）企业道德教育的特点和意义

1. 企业道德教育的特点。

第一，企业道德教育起点的灵活性。企业道德教育要一切从实际出发，从企业的经营现状和市场环境出发，坚决反对形式主义、教条主义。不同的市场环境，不同的企业或个人，不同的道德教育任务，可以而且应当有不同的教育起点。因此，我们应该认真研究教育对象——企业和从业人员的特殊性，因材施教，因势利导。根据企业不同的道德层次，寻找不同的切入点。

第二，企业道德教育的各个环节的交叉性。在企业道德教育的实际过程中，道德认识、道德情感、道德意志、道德信念、道德习惯这五个环节或方面的训育，具有同时并进和互相交叉的特点，不能机械割裂。企业道德教育过程常常是各个环节相互关联、相互促进、相互补益。大凡成功的道德教育，常常既能提高企业从业人员分辨道德是非善恶的能力，引发和触动企业人员良善的道德情感，又能有助于培养企业或个人坚强的道德意志，增进正确的道德信念，影响道德行为和习惯的培养。

第三，企业道德教育方式的多样性。企业的经营活动是丰富多彩的，道德教育的方式也是多种多样的。道德教育的方式，不能局限于培训课堂上的说教，会场里的报告，而是要从丰富多彩的经营实践中寻找丰富多样的方式。不仅学习和工作中的典型事例可以成为道德教育的契机，而且日常经营往来、参观旅游、文化休闲、网上交流等，经过精心、自然的引导，都可以成为实施道德教育的方式。

第四，企业道德教育进程的艰巨性。企业道德教育是一种艰巨的"人性改造工程"，是一个把人的自然人性改变为道德人性的文明化过程。由于企业从业人员比一般人更受利益的驱使，对他们的道德教育不可能一蹴而就，需要反复施教，习德成性。"不积跬步，无以至千里"，企业道德教育需要循序渐进，日积月累。企业道德教育的反复性、艰巨性还在于随着社会环境的不断变迁，企业经营状况的不断发展，道德观念会发生的相应的变化，作为教育对象的企业从业人员，需要不断地接受先进的道德观念，不断完善自我道德人格和道德个性，使自己具有社会发展所需要的道德品质和道德情操。

第五，企业道德教育具有强烈的实践性。道德教育具有一种实践精神。蔡元培先生说过"道德不是熟记几句格言，就可以了事"，企业道德教育的实践性具有三重含义：企业道德教育从具体的社会道德实践出发，合乎企业发展的客观要求；企业道德教育的目的和方法，是指导企业从业人员在经营实践中躬行合理的道德规范和要求，践行自己的道德义务；企业道德教育的结果要在企业实践中予以检验，并从实践中反馈信息。

2. 企业道德教育的意义。企业道德教育的意义表现在两个方面。一方面，它是企业道德发挥作用的杠杆之一，是形成良好的企业风尚，促进企业良性运行和有序发展的一种重要手段。人类企业史表明，自从企业产生以来，任何社会都需要形成符合统治者要求的企业秩序以及相应的人际关系，但它们并非自发形成，而是必须借助道德教化的手段来达到目的。同时，企业道德本身也在不停地发生嬗变，其新旧过渡亦非自发联结或自然转化，同样需要通过道德教育来实现其除旧布新和清源洁流的转化。另一方面，企业道德教育特别重视它的内化效果，由此成为企业品德形成的一种重要推动力。企业品德的形成与提高自然离不开个人的自觉，但是，内驱力与外推力向来都是辩证统一的。

道德教育是企业道德得以形成和发展的必要条件和手段。康德曾经讲过，在人们道德品质的形成过程中，只有道德教育才能使人摆脱激情和情欲的不良影响。实际上，对于一个企业人而言，他的企业道德的形成乃至整个人生境界的提升，道德教育所起的作用是无法替代的。因为它能使企业道德的形成按照一定的规律而有计划、有目的地进行，它是企业道德形成和发展的一个重要的外在动力系统。

（三）企业道德教育过程的实现

企业道德教育过程，是与企业从业人员道德人格形成和完善的过程相一致的，是广义道德教育和狭义道德教育的有机结合，并且也是通过狭义道德教育的五个基本环节而进行的。

首先，提高道德认识。人是理性的社会动物，人的行为是受自己特定的道德认识指导的。一个人一旦通过接受道德教育而确立了正确的善恶是非观念，懂得了基本的做人道理和社会行为准则，就能趋善避恶。所以，这个环节的任务，是帮助企业和个人正确理解企业和个人对社会、对职业、对他人应尽的道德义务，正确理解社会主义道德的道德原则、道德规范、道德范畴以及社会主义企业道德的规范范畴、道德品质、道德操守、道德素质、道德文化和理想人格，成为一个具有一定道德科学知识的企业人。

其次，陶冶道德情感。道德是生活中的一种真理和争议。要培养人的道德人格和个性，必须从培养一个人的健全的道德情感开始。孟子曾提倡，道德教育要从培养人的"恻隐之心"、"羞恶之心"、"是非之心"入手。这是很有道理的。人的道德情感是自觉进行道德选择的心理基础，并对人的道德品质的形成起重要的作用。所以，这个环节的任务，重在使企业和个人形成与其道德认识相一致的道德情感，或者改变与应有的道德认识相抵触的道德情感，形成"利国、利业、利人、利身"那样的道德情感，或如"敬业"、"廉洁"、"信用"、"严谨"那样的道德情感。

再次，锻炼道德意志。道德意志是道德人格形成的关键，道德教育本质上是使人社会化的一个过程，就是要使人们在道德实践中培养自己良善的道德意志，时时克服"利己心"，培养"利他心"。一个人有了正确而坚定的道德意志，就能"富贵不能淫，贫贱不能移，威武不能屈，"（陶行知语），经历考验，怀揣仁义，志笃心坚，奋然而行，追求正义。因此，这个环节的任务表现在两个方面。从客观方面说，道德意志需要在克服现实条件制约、落后势力阻挠和错误舆论的非难中经受锻炼；从主观方面说，道德意志需要在克服自身能力的限制、个人欲望的冲突、情绪状态的波动中经受锻炼。

还有，确立道德信念。使受教育者确立道德信念，是道德教育的中心任务。提高道德认识，陶冶道德情感，锻炼道德意志是确立道德信念的基础。道德信念确立的过程，是一个"实践—认识—再实践—再认识"的过程。正确的道德观念一旦真正地在内心确立起来，就会升华为自我道德人格，达到道德自觉的境界。所以，这个环节的任务，是把外在的道德要求转化或升华为坚定的、一贯的道德信念。

最后，养成道德习惯。道德教育的宗旨，一方面是使良善的道德转化为人们内在的道德信念；另一方面是使这种良好的道德信念通过具体的道德实践表现为外在的道德行为，并最终形成自我的一种道德习惯。因此，这个环节的任务，是使企业和个人把自觉的道德认识转化为实际的道德行为，经过日积月累而成为日常生活习惯。

这里谈到的五个基本环节，具有前后相随的一定顺序，但是由于道德教育过程的复杂性，这种顺序是相对的，不是机械不变的。而且，道德教育绝不是立竿见影和一次性完成的，而是一个循环往复和持续不断的渐进过程，并且还要有相应的途径和方法。

（四）企业道德教育的原则和方法

1. 企业道德教育的原则。

第一，知行统一的原则。这个原则的根本点是，在教育的过程中，道德教育的主体既要用社会道德规范和准则教育企业从业人员，又要引导他们在企业的经营实践过程中进一步加深对企业道德的认识，陶冶道德情感，锻炼道德意志，树立道德信念，训练道德习惯，培养言行一致、表里如一的优良道德品质。

第二，身教和言教相结合的原则。企业从业人员在接受道德教育时，对道德教育的内容和要求的理解以及转化为自己的行为过程中，都要受到他原来的道德认识能力的制约，这种内心世界形成的道德意识，远不是道德教育主体苦口婆心教导所能完成的，还必须倚重身教和其他方面的教育，注意言教和身教相结合。言教可以是企业从业人员对道德规范和道德准则有清楚的认识，使他们知道原来不知的东西，而身教可以使企业从业人员对道德教育主体产生信赖感，从而使他们对道德教育主体所宣扬的道德本身认同，使其自觉效仿。

第三，严格要求与关心、尊重相结合的原则。这一原则是指，在企业道德教育过程中，道德教育主体必须按照社会所要求的道德规范，严格要求企业从业人员，并在道德教育的过程中，注意关心、热爱和尊重他们，以保证道德教育目标的实现。严格要求是道德教育的出发点，它使道德教育对象能认真的认识和体验社会道德要求，明确人生的价值取向，是促使他们的道德教育转化的动力。严格要求还必须同热爱和尊重结合起来，对企业从业人员倾注感情，真诚地理解和爱护他们，一心一意帮助他们健康成长，并且尊重他们的人格，尊重他们的思想实际和认知能力。

第四，集体道德教育和个别道德教育相结合的原则。这一原则包含两方面的内容：一是进行道德教育时，既要注重集体教育，又要注重对个别人的单独教育；二是依靠集体的力量对个别道德教育对象进行教育，使个别人的进步，影响和促进集体的道德水平的提高。这就是集体内部的自我道德教育，每个成员在集体中可以相互学习、相互感染、相互鼓励、相互监督，促进自己道德水平的提高。

2. 企业道德教育的方法。

首先，传授道德知识与总结受教育者的经验相结合。道德知识既是前人实践的理论成果，又是现实生活中群体道德经验的结晶，并且是一种培育理想人格的教育资源。但要真正使受教育者得到认同，还要分析他们的利益需求，使之在他们的感性体验中得到确认。

其次，榜样示范与集体影响相结合。在现实生活中，榜样往往是无声的命令，因而，榜样示范的意义非常重大。关键在于，教育者向受教育者展示英模人物的成长历程时，要做到实事求是，平易近人。所谓"集体影响"，就是通过各种教育方式，在特定的集体中造成一种既重视受教育者的个性特征，又不乏统一意志、彼此尊重、相互感染、相互监督、相互信任的气氛，以提高集体素质来提高集体成员个人的道德素质。古人所谓"蓬生麻中，不扶自直"，就是这个道理。

最后，扬善与斥恶相结合。肯定或嘉许善行，同时也是否定恶行，而且是一种正面教育的方式。但是，"扬善"并不等于"斥恶"。斥恶不但是对恶行的直接否定，也是一种扬善的过程，甚至是一种难能可贵的扬善行为。实践证明，仅有扬善教育是远远不够的，只有与斥恶相结合，并通过斥恶来扬善，才能显示出一个道德体系的真正威力和魅力，才能显示出"两手都要硬"的辩证逻辑，才能使受教育者的道德人格坚定不移。

不难看出，企业道德教育是一种实践性极强的教育活动，而且是在不断深化改革中的道德教育活动，因而，体制创新、知识创新、人格创新、教育创新便成为时代潮流。所以，现实生活中的企业道德教育，就要在坚持道德科学体系的同时，坚持面向改革、面向实际、面向未来的创新精神。

三、企业道德修养

（一）企业道德修养的含义

"修养"是一个含义非常广泛的范畴，泛指人们在政治、思想、道德品质和知识技能等方面所进行的勤奋学习和涵养训练的功夫，以及经过长期努力所达到的一种能力和思想品质。由此推及，道德修养是指个人在道德意识和道德行为方面，自觉地按照一定的社会生活和社会道德的要求，在道德品质、道德情感、道德信念、道德习惯等方面以自我完善为目的，所进行的自我改造、自我锻炼、自我陶冶和自我培养的精神活动和行为实践活动。这种活动的基本任务，就是使个人通过这种特殊的自我道德教育的方式，完成在道德上由他律转为自律的过程，最后确立道德自我，从而达到较高的道德境界，实现理想人格。

由此可见，所谓的企业道德修养，是企业从业人员依据一定的企业道德原则、规范在道德品质、道德意志、道德情感、道德情操、道德习惯等方面进行自觉的自我改造、自我锻炼、自我陶冶、自我培养的道德实践活动过程，以及经过长期的努力而达到的道德境界。

可以说，企业道德修养是企业道德实践活动的一种重要形式。企业道德修养是道德自我教育的方式，是企业道德原则和规范转化为从业者内心信念的最后途径。

在一定意义上说，所有企业道德活动，包括企业道德选择、企业道德评价、企业道德教育等，都是通过企业道德修养活动而树立从业者的道德意识，形成道德信念，养成道德习惯，从而培养高尚的企业道德品质和情操。可以说，在企业道德活动过程中，企业道德修养是最后的一个环节。

（二）企业道德修养的必要性和实质

1. 企业道德修养的必要性。

第一，企业道德教育所灌输的企业道德价值，必须通过企业道德修养，才能转化为从业人员的道德意识或道德信念。如果说企业道德教育是一种他律教育的话，那么，企业道德修养是一种自我教育。企业道德教育是一种他律教育，是道德培养的第一步；企业道德修养是一种自律教育，是道德培养的第二步。缺少企业道德修养，道德培养仅仅停留于他律的阶段，是不可能完成企业道德建设的任务的。企业道德教育必须与企业道德修养结合起来，才能完成企业道德培养的任务。

第二，企业从业人员的企业道德水平的高低，在很大程度上取决于企业道德修养的自觉性。企业从业人员在企业道德上的成熟，离开了企业道德修养是不可能的。只有自觉地按照企业道德的原则和规范进行自我教育和自我改造，才能使企业道德要求转化为内心信念，转变为行为的道德品质，不断地形成高尚的道德境界。外在的社会压力和行业压力，只能对企业从业人员的品性起一种"外因"的作用，成熟的人格的形成还要靠自动的道德修养。

第三，只有通过企业道德修养，企业道德才能发挥其行业作用和社会作用。只有通过企业道德修养，从业人员才能形成道德动机，树立起道德的自觉性和主动性。道德只有在个体品性中成为自我发动的系统，才能发挥其社会作用。通过企业道德修养，从业人员使企业道德原则、规范的他律转化为内心信念、良心机制的自律，成为自我发动的道德主体。从业人员一旦出于内心信念自觉地、愉快地遵守企业道德规范，他的这种遵守必然是主动的、创造性的，而不是被动的、机械的。主动的、创造性的企业道德行为，正是企业道德发挥其行业作用和社会作用的途径。在某种意义上可以说，企业法规、法律、纪律的他律，以及外在的企业道德原则规范的他律，都是以形成企业从业人员内心信念或良心机制的自律为目的的。他律是自律的前提，他律必须转化为自律，才能完成或实现自己。

2. 企业道德修养的实质。企业道德修养有两个方面的主要矛盾。一个矛盾是企业道德要求与从业人员的道德选择能力、道德践行能力之间的矛盾。进行企业道德修养，就必须不断地培养与企业道德要求相一致的素质、能力和技艺，克服自己在欲望、意志、行为习惯方面的弱点。从欲望、感情、意识的关系来说，要逐步克服在欲望和感情上的任性，培养起自我调节和自我控制的意志力，使欲望、感情、意识处于水乳交融的和谐状态之中。从行业技艺来说，要不断地学习和探索企业服务的技艺，不断提高自己行业服务的能力。古人以治玉比喻道德修养："如切如磋，如琢如磨"。企业道德修养必须经过切磋琢磨的艰苦的过程，才能不断地提高自己的道德能力。

另一个矛盾是从业人员所面临的不同道德体系的对立和矛盾。社会是多元的，人们所受的道德影响也是多元的。不同价值体系的伦理观念、伦理意识在从业人员身上的对立，是一种经常的现象。只有在不同的道德价值体系或伦理观念的对立中，企业从业人员才能比较、鉴别哪一种道德价值体系最能代表社会进步或发展趋向，哪一种伦理观念最为合理、最能反映道德规律或道德真理。道德体系的对立在个体内心中是一种感情、倾向、习惯及理性的一种纠缠和斗争，需要发挥理性的冷静的分析、思考、比较和鉴别的作用，以期为价值选择提供可靠的方向。

企业道德修养的实质，就是健康的、进步的、科学的道德价值体系及伦理观念与腐朽的、没落的、蒙昧的道德价值体系及伦理观念的斗争，就是以健康的、进步的、科学的道德价值体系及伦理观念反对和取代腐朽的、没落的、蒙昧的道德价值体系及伦理观念的过程。这两种不同的道德价值体系或伦理观念之间的对立，在某种程度上可以说是善与恶、正与邪、是与非、荣与辱、高尚与卑下的对立。人们经常把企业道德修养中的这种对立比喻为自己与自己打官司。"原告"是社会主义企业道德的原则、规范或自己身上的良好的行为习惯、优秀的个性品质，"被告"是自己受消极的道德影响所形成的恶劣的、卑下的伦理观念、行为习惯或个性品质，"法官"是自己内心信念或良心。"法庭"就设在自己的内心世界。"原告"、"被告"、"法官"、"法庭"四位一体，集于从业人员一身。"法官"的判决是否公正、客观，"执法官"能否不折不扣地执行正确的判决，都取决于修养者自身的自觉和意志。企业从业人员要有自觉的自我批判精神和严格纠正自己的坚强意志，才能不姑息养奸，放纵和容忍自身的弱点和错误。因此，在企业道德修养过程中，一旦发现隐藏在内心深处的私心杂念，应该立即毫不留情地加以扫除。人们内心深处的道德价值体系或伦理观念的思想斗争，不是一个一朝一夕的过程，而是多种新旧道德的长期斗争过程。有时候，某些暂时克服了的不良思想观念或行为习惯，也会出现一些反复。在复杂的社会环境中，必须坚持积极向上的坚毅信心和清醒的价值判断，坚持不懈地开展企业道德修养，才能培养起高尚的企业道德人格。

（三）企业道德修养的基本途径和具体方法

1. 企业道德修养的基本途径。在企业道德修养的过程中，要真正解决好上述所论及的两大矛盾，培养高尚的道德品质，除了要有自觉的自我剖析、自我改造、自我教育的意识和坚强的克己毅力之外，还必须寻找到道德修养的正确途径，把握好行之有效的道德修养的方法。

历史上的思想家们提出了很多关于道德修养的理论和具体方法，如中国古代思想家提出的"格物致知"、"修身"、"正心"、"内省"、"省察克治"、"养心"等方法，至今仍然有着积极的意义和一定的价值。但是，道德修养的途径不应当像以往的思想家所说的那样只是内心的反省，比如"闭门思过"、"修身养性"一类，更主要的应当是个人的思想和行为自觉地与社会实践相联系，在实践中践行道德，从而达到自我完善。因此，与实践相联系，才是个人进行道德修养的根本途径。如果不沿着与实践相联系的这个根本途径进行道德修养，再好的道德修养的方法也不可能取得它应有的效果、达到预期目的。

社会主义企业伦理学则强调企业道德修养必须与企业服务实践及社会实践相结合。离开企业采购、生产、运输、储存、管理、财会、广告等行业实践活动去空谈道德修养，是不可能提高从业人员的企业道德品质的。企业从业人员的道德修养与企业服务实践及社会实践相结合，是道德修养的根本方法。理由如下：

第一，企业从业人员只有在经营服务实践中，才能改造主观世界，也只有在与顾客、同行的道德关系中，才能培养自己的道德品质。因为，道德的基本问题是道德与利益的关系问题。个人利益与他人、集体、社会利益的关系是道德基本问题的一个重要内容。这种利益是在实践中产生和改变的，也只有在实践中才能表现出来，本质上它是一种实践关系。离开了企业经营实践，从业人员的行为善恶就无从产生，也就无法改变，当然就更谈不上克服自己的不道德的思想和行为，培养社会主义企业道德品质。唯心主义伦理学家把道德修养归结为"闭门思过"，认为一切"私欲"，只要通过内心的功夫就可以消灭，其结果必然是"静坐亦觉意识好"，一接触到实际行动，就完全是另一码事了。由上可见，脱离了人和人之间的现实关系，脱离了社会实践，道德修养就成了一句空话。

第二，只有在经营实践中，才能贯彻企业道德修养的言行一致、理论与实践相结合的原则。道德本身就具有知行统一的特点，言行不一本身就是不道德的。作为社会主义企业从业人员只有身体力行，把自己懂得的那些社会主义企业道德原则和规范，运用到实践中去，指导自己的工作，改正、克服自己不符合这些原则和规范的思想和行动。这样，才能不断提高自己的企业道德品质，成为一个有道德的人。离开了企业服务实践，当然就谈不上言行一致、理论联系实际，更谈不上企业道德品质的锻炼和提高。

第三，反复的实践是企业道德修养的目的所在。企业从业人员的道德修养，显然不是为修养而修养，其目的是为了培养自己优良的道德品质，更好的适应社会竞争的需要。企业道德修养的效果如何，是不是符合社会的道德原则和规范的要求，只有通过实践来检验。从这个角度讲，实践是推动道德修养的基本动力之一。

2. 企业道德修养的具体方法。道德修养和道德实践的紧密联系构成了道德修养方法的前提。在历史上，中外思想家提出了一系列颇富积极意义的道德修养的方法。例如，孔子的"学、思、行"相结合；荀子的"以心知道"、"善假于物"和"锲而不舍"；《大学》的"正心"、"诚意"、"格物"、"致知"；宋明理学的"居敬穷理"、"自存本心"和"省察克治"，等等。在批判地继承和借鉴其合理因素的基础上，总结现实生活中道德修养过程的经验教训，从理论上探寻其内在的梯级性与同构性，并结合企业经营活动的实践，可明确如下几种企业道德修养的方法。

第一，注重学习和思考。历史发展表明，文明与高尚总是同知识和理智相联系的。古希腊圣哲苏格拉底认为，知识是一切德行之母。学习包括一般的文化学习，也包括理论学习，尤其是伦理学理论和企业道德理论的学习。通过系统的伦理学理论和企业道德理论的学习，才能掌握系统的知识，为道德修养打下坚实的基础。在学习的基础上，应在内心加以思考、反省和默虑，这样才能于心灵深处滋养出趋善避恶的道德情感。所以孔子讲："君子有九思：视思明，听思聪，色思温，貌思恭，言思忠，事思敬，疑思问，忿思难，见得思义"，而且"学而不思则罔，思而不学则殆"。可见，"学思结合"的修养方法，至今仍有现实意义。

第二，反省对照、省察克治的方法。用现代语言来说就是自我解剖或自我批评，用于他人之事就是批评。"省察"是指经过反省找出自己思想和行为中的不良倾向和习惯；"克治"是指整治和克服省察出来的不良倾向和习惯。这里，关键是要有改恶从善的勇气；而勇气的有无又在于"心底无私"的道德境界。因此，"省察克治"既是一种道德修养的方法，又是一种自我解剖的品德。毛泽东曾经把批评和自我批评作为中国共产党的三大作风之一。批评是党内民主的重要形式，自我批评则是进行人生修养的重要方法，包括道德修养方法。二者是相辅相成的。

第三，在实践活动中"躬行践履"的方法。用现代语言来说，就是理论联系实际。荀子讲得好："不闻不若闻之，闻之不若见之，见之不若知之，知之不若行之。学至于行之而止矣。"道理很简单，人们通过学习所得到的全部知识，并不是为了满腹经纶，而是为了应用于"行之"。因此，人们便将"躬行践履"作为一条道德修养的方法。躬行践履，核心在于行。行的过程就是一个道德学习和道德提高的过程，也只有在行中，人们才能不断地发现和纠正自己身上存在的道德缺陷，从而更快地提高道德认识，养成高尚的道德品质。所以，为了达到修养的目的，就要注重理论联系实际，将道德意识引向道德行动。

第四，"慎独"，即在任何场合下都要注意约束住自己的行为。此语出自《礼记·中庸》："莫见乎隐，莫显乎微。故君子慎其独也。"意思是说，道德高尚的人就是在个人独处、无人知晓的情况下，也不做丝毫有损道德原则的事情。也就是说，"慎独"首先是一种崇高的道德境界和道德理想，同时也是一种高度自觉的道德修养方法。从这个意义上来说，慎独是企业从业人员的道德觉悟高低的试金石。一个人是否树立了企业道德信念，只有在独自一人、无人监督的情况下，自己是否还自愿自觉地履行企业道德规范，才能检验得出来。

四、企业经营活动者的道德境界

道德修养是人生的过程，不是一时一刻的事情。在人生旅途中，有的人自觉地进行道德修养，有的人缺乏道德修养的自觉性，从而在不同的人身上表现出不同的道德境界；在同一个人身上，个体在长期的道德修养过程中，其道德觉悟、道德水平伴随着实践的磨炼而不断提高，从而也会呈现出不同的道德境界。

（一）企业经营活动者道德境界的内涵

企业经营活动者的企业道德境界，有两个方面的含义。一个方面的含义，是指企业经营活动者在接受道德教育和进行道德修养过程中，所达到的程度不同的道德觉悟水平。有的人从事企业经营活动，仅仅是为了发财；有的人从事企业经营活动，是把经营作为自己实现人生价值的途径；有的人从事企业活动，是为了增强国家的财力，力图为振兴民族事业贡献自己的心力。显然，在企业经营活动中存在着种种不同的境界。

另一方面的含义，是指企业经营活动者在接受道德教育和进行道德修养过程中所培养起来的道德品质状况和道德情操水平。有的人在经营活动中，以不违法为自己进行企业服务的准则，这说明已经有了一定的道德品质，因为法律是道德的最低界限，守法是道德的起码要求。有了守法的行为，也就意味着有了起码的道德意识，当然还是最低层次的意识。有的人在经营活动中，不仅能守法，而且愿意遵守企业道德原则和规范，这又是更高的道德境界，表明其具有了比守法更高的道德品质。有的人不仅愿意遵守企业道德原则和规范，而且能在行动中大体遵守企业道德原则和规范，这又是较之前一种更高的道德境界。不同的人在企业道德修养中付出的努力不同，其所表现出来的道德品质和道德情操的境界也相应不同。

企业道德境界是一个综合范畴。说一个人达到了某种企业道德境界的时候，不仅意味着他具有与这种境界相应的对于道德、人生的理解程度，以及与这种境界相应的意志状态、精神情操，而且意味着他具有与这种境界相应的道德选择、道德评价等道德活动能力。企业道德境界是多方面的道德意识、道德品质、道德情操、道德信念、道德意志力、道德觉悟等道德要素的综合体，把握和评价个体的品格应该从多方面来进行。企业道德境界是一种相对稳定的人格或品质状态，因此，把握和评价个体的品格不能因一时地达到了某种企业道德境界的要求，就相应地认定个体已经达到了这种道德境界。只有当个体在一定时期内较为稳定地达到或符合某种企业道德境界，才能认为个体具备了此种企业道德境界。

（二）企业经营活动者道德境界的层次

当前，理论界往往根据人们对公私关系的认识和态度，将现存的道德境界分为五种。他们之所以以公私关系为划分依据，不仅因为它是我国社会主义社会生活中的一个普遍性问题，而且是"道德与利益"这对基本矛盾的集中反映。

一是自私自利的道德境界。这种境界的道德主体或者奉行"个人主义"的信条，或者承袭"利己主义"的恶习，他们根本不关心集体利益和他人利益，他们的行为特征总是惟私是举、惟利是图，他们所有活动的根本动机和目的都是私欲的满足，甚至为了达到目的不择手段。自私自利是一种思想境界，不是企业道德的境界。自私自利境界是私有制社会的产物，是剥削阶级的道德观念的反映。在处于自私自利境界的人的心目中，人天生是自私的，每一个人都是为了自己的利益打算。人即使做出对他人、社会有益的事，也是因为这样做对他自己有利，否则人是不会这样做的。在利益争夺中，每个人都力图将他人、社会的利益据为己有。人与人的一切关系，都可以换算为金钱关系或财富关系，世界上的一切都可以用钱来购买。不可否认，在我国当前的社会中，存在一部分处于这种自私自利境界的人。

二是先私后公的道德境界。这种境界的道德主体虽然承认"公利"的存在，但却将它置于"私利"之后，从根本上颠倒了公私关系。因而，当公利与私利发生冲突时，他们会毫不犹豫地满足自己的私欲，甚至伤害或摒弃社会公益。这种境界在表面上看来虽然与"自私自利"有所区别，但在实质上并无明显差别。

三是公私兼顾的道德境界。这种境界的道德主体总想摆平公私关系，他们既不想放弃个人利益，也不想损害他人和集体利益；他们既想维护集体利益和他人利益，又不愿损失自己的个人利益。这种"公私兼顾"的道德境界在现实生活中具有一定的广泛性，但也极易发生分化：或者倒退到"先私后公"的境界上去，或者走向更高一级的道德境界。处于这一境界的人，以追求个人正当利益为目的，以不违背国家法律和企业法规为原则。处于这种境界的人，不以侵害他人、社会的利益作为获取自身利益的手段，而是依靠勤奋工作、积极进取作为实现自身利益的方式，能够尊重他人的利益和人格。处于这种境界的人，尚未能达到先人后己、先公后私的境界，但是，通过一定的努力，通过刻苦的企业道德修养，会向先人后己、先公后私的境界递进。同时，如果不注意思想道德的修养，也有可能在剥削阶级的利己主义观念和意识的影响下，下降为自私自利的境界。

四是先公后私的道德境界。这种境界的道德主体重在坚持"集体主义"的道德原则，他们在主观上总是力图将个人利益与集体利益和社会整体利益有机地结合起来，力图通过壮大集体利益而实现和增强自己的个人利益。在处理现实利益关系时，他们也是先集体后个人、先他人后自己，必要时则能够克制甚至牺牲个人利益。与"公私兼顾"相比，"先公后私"同样具有一定的广泛性，并且旗帜鲜明地反对和抵制"先私后公"和"自私自利"的恶劣行为。先人后己、先公后私的企业道德境界是在追求个人正当利益的企业道德境界的基础上发展起来的。处于这一境界的人，能够以社会集体的利益为重，把社会集体利益摆在第一位，把个人利益摆在第二位，凡事先为社会集体、先为他人着想。处于这一境界的人，往往爱人如己，乐于助人，在企业服务中兢兢业业，以工作的成功为自己人生价值的实现方式。应该说，先人后己、先公后私的境界有一定的先进性，但也不难做到。

五是大公无私的道德境界。大公无私的境界是从先人后己、先公后私的境界发展而来的，是社会主义企业道德的最高境界。处于这一境界的人，一切行为从社会集体利益出发，一切以有利于社会、人民为原则。他们总是把人民的事业作为自己的事业，把社会集体的幸福作为自己的幸福。"全心全意为人民服务"、"毫不利己，专门利人"、"先天下之忧而忧，后天下之乐而乐"等就是这种境界的写照。处于这种境界的人，已经把个人的利益融入到社会集体利益、人民的利益之中。处于大公无私境界，不同于先人后己、先公后私境界之处在于，这一境界对个人正当利益的追求，与社会集体利益、人民的利益没有矛盾。因此，这一境界的个人正当利益，总是促进和发展社会集体利益、人民的利益。大公无私境界，是个人正当利益与社会集体利益、人民的利益完美结合的境界。大公无私境界在目前是很少人才能达到的崇高的企业道德境界，但并不是不可企及的。大公无私境界与先人后己、先公后私境界之间并没有不可逾越的界限。在先人后己、先公后私境界的基础上努力进取、坚持不懈地进行企业道德修养，就有可能达到大公无私的企业道德境界。大公无私境界对企业道德及整个社会道德具有很好的带动作用，对于社会风气的改善具有很大的影响，是我们应该歌颂和崇敬的道德境界。

（三）企业道德境界的提升

从横向的比较来看，人们的企业道德具有不同的层次；从纵向的发展来看，个体的企业道德有不同的发展阶段。道德层次的不同与道德发展阶段的不同，都呈现出企业道德境界的高低之别。企业道德境界的高低犹如阶梯，体现了不同的等级。具备企业道德的最起码的要求，即处于企业道德境界的起点。而社会主义企业道德的最终目的和最高要求，则意味着企业道德境界的最高境界。企业道德境界的发展是从最基本的起点出发，通过一系列中间层次，不断地向更高道德境界进发的过程。在这个过程中，前一层次的境界是达到后一层次的境界的基础、起点，后一层次的境界是吸引前一层次的境界发展的目标；企业道德修养一旦达到了后一层次，这一层次的境界又成为另一个更高层次的境界的起点，并以新的更高层次的境界为目标向前发展。需要指出的是，这里所说的企业道德的最高境界，并不意味着企业道德境界的发展有一个最高的临界点。企业道德境界的发展是无限的。这个过程是永远不会完结的；反之，不进则退，高一级的境界也可能下降为低一级的境界，甚至转化为非社会主义企业道德性质的境界。俗话说，人往高处走，水往低处流。在境界问题上，企业道德要求发挥道德主体性，保持积极向上的坚持不懈的努力。

● 本章小结

　　企业道德人格是企业从业人员在经营过程中形成的道德品质和道德情操的统一，表现为企业和个人的价值观念、精神理念以及企业的文化底蕴。企业道德人格从不同的角度和层面，可以分为多种类型。企业家的道德人格的构建是企业道德文化建设的中心，其基本原则包括：明德造势，发挥环境优化原则；德育修身，发挥主体自省原则；机制驱动，发挥利益激励原则；行为践履，发挥道德实践原则。

　　企业道德教育是广义道德教育过程和狭义道德教育过程的结合和统一，它具有起点灵活、环节交叉、方式多样、进程艰巨、强烈实践性等特点。企业道德教育是企业道德发挥作用的杠杆之一，也是企业经营活动者品德形成的一种重要推动力。企业道德教育过程与从业人员道德人格形成和完善的过程相一致，主要通过五个基本环节进行，即提高道德认识、陶冶道德情感、锻炼道德意志、确立道德信念、养成道德习惯。企业道德教育的原则包括知行统一原则、身教和言教相结合原则、严格要求与关心尊重相结合原则、集体道德教育和个别道德教育相结合原则。企业道德教育的方法，包括传授道德知识与总结受教育者的经验相结合、榜样示范与集体影响相结合、扬善与斥恶相结合。

　　企业道德修养是道德自我教育的方式，是企业道德原则和规范转化为从业者内心信念的最终途径。企业从业人员的道德水平主要取决于其企业道德修养的自觉性；只有通过企业道德修养，企业道德教育所灌输的企业道德价值，才能转化为从业人员的道德意识或道德信念；企业道德才能发挥其行业作用和社会作用。企业道德修养的实质，就是健康的、进步的、科学的道德价值体系及伦理观念与腐朽的、没落的、蒙昧的道德价值体系及伦理观念的斗争。从业人员的道德修养与企业经营服务实践及社会实践相结合，是道德修养的根本方法。注重学习和思考，反省对照、省察克治，在实践活动中"躬行践履"以及"慎独"方法是企业道德修养的具体方法。

企业经营活动者的企业道德境界，是企业经营活动者在接受道德教育和进行道德修养过程中所达到的道德觉悟水平，同时，也指企业经营活动者在这个过程中所培养起来的道德品质状况和道德情操水平。现存的道德境界分为五种，即自私自利、先私后公、公私兼顾、先公后私、大公无私。道德层次的不同与道德发展阶段的不同，呈现出企业道德境界的高低之别，企业道德要求发挥道德的主体性，保持高的道德境界水平。

▶ 思考题

1. 什么是企业道德人格？它主要有哪几种类型？

2. 你是如何理解企业家的道德人格的？企业家的道德人格与企业道德建设的关系如何？企业家的道德人格是如何构建的？

3. 定义企业道德教育，简述企业道德教育过程、特征以及方法和手段。

4. 什么是企业道德修养？企业道德修养的必要性表现在哪几个方面？

5. 企业道德修养的实质是什么？试述企业道德修养的基本途径和方法。

6. 你认为企业经营活动者应该如何提高自身的道德水平？

▶ 案例应用

雅芳为新人建立"道德雷达"

雅芳（Avon），一个始终引领世界最新潮流的国际美容巨子，全美 500 家最有实力的企业之一，是一家属于女性的公司，目前在 53 个国家和地区进行直接投资，拥有 43 000 名员工。雅芳深信，女性的进步和成功，就是雅芳的进步和成功。在一百多年的源远流长中，雅芳人一直恪守着"信任、尊重、信念、谦逊和高标准"的雅芳价值观。2004 年 4 月，雅芳已经是连续第五年被誉为全美"百名最佳企业公民"。

"加强企业道德规范教育"是 2004 年全球雅芳的目标之一。为回应总部的要求，雅芳人力资源部已将"企业道德教育"这门课程列入了 2004 年新员工的迎新培训模块中。以下是该课程的相关内容：

1. 用"道德雷达"衡量选择

企业道德课程长度约 2 小时，主要注重理论与生动案例相结合，使员工掌握道德与企业道德的含义，了解人们做出不道德行为的原因，以及做出决定前须考虑的因素。培训中还引入了一个十分实用的理念：道德决定的雷达，员工可以通过"准则导向"、"结果导向"、"品德导向"、"公正导向"来衡量自己的选择，从而做出合乎企业道德规范的行为。

2. 培训注重弹性互动

该课程强调互动式学习，保证员工在轻松愉快的环境中汲取养分，增长知识。同时在课题设计上也充分考虑到员工不同的业务需求，以不同的案例情景，充分调动大家的主观能动性；同时还辅之以全程跟踪指点：专业化引导、职业化关注。

公司的培训通常在互动练习和游戏中展开。以"企业道德"为主题的培训为例：首先，通过图案引出概念，具体做法是拿"老人"、"妇女"、"老头"三个人物，给不同组别的人员看，每个人都可能看出不一样的东西，并得出不同的结果。这是因为每个人的道德观因不同的经历、背景而不尽相同，从而引出道德这个抽象的概念；其次，通过不同的练习（比如，讲师给大家讲一些与道德主题相关的故事，然后让大家指出自己最喜欢和最不喜欢的人物，每个人都有自己的理解和喜好，通过比较，从侧面引出并互相分享不同的观点思想），引导学员弹性理解概念；然后，就是小组互动讨论。每个小组指出一个目前企业社会中因不遵守企业道德而落败的企业案例，由这个案例引出问题，列举其中有多少违反企业道德的行为；接下来，大组一起讨论"为什么我们要讲究企业道德"。在讨论过程中，讲师只是扮演指引的角色，当问及出现违反企业道德行为的原因时，并不直接告知，只说可能性，更重要的是让大家自己比较分析，总结归纳该怎么去做。整个讨论更注重过程，讲师主要起导向作用，引导学员把概念运用到实际工作中去；最后，学员会被要求认真阅读《雅芳企业道德行为准则》，强调其重要性，并在上面签名。

3. 道德认同带动凝聚力

雅芳人认为，"企业道德是文明词典的扉页"。他们明白道德操守必须存在的意义，并一直以自己的行动印证"良性的企业竞争是可以最大程度地赢得顾客、赢得市场的成功所在"。雅芳的"企业道德"教育是对"道德"真正意义上的解读，使这个看起来枯燥的辞藻深入人心。这种人性的解读让受训者引起共鸣，员工们发现诚信守规范的企业行为与公司绩效的增长是相辅相成的，他们的心灵在教育过程中被涤荡，精神世界被感染，全身心认同了雅芳的企业文化，完全融合进雅芳的大家庭中。

总之，雅芳的道德培训课程是富有成效的，激发和鼓舞了全体成员的士气和斗志,从而形成了高绩效的团队。每位受训者在接受培训后都深深感觉到:雅芳是一贯秉承高标准企业行为的公司。为了诚实可信的道德操守,所有的同仁都在身体力行地维护。

(本案例由中华培训网小培周报第 101 期《雅芳为新人建立"道德雷达"》改编而成,http://www.china-training.com/xiaopei/xp101.asp 中华培训网小培周报第 101 期。)

▶ 问题

1. 雅芳公司为什么要对员工进行企业道德的相关培训?

2. "道德雷达"是什么意思? 你如何看待雅芳公司的企业道德培训方法?

3. 雅芳公司的员工通过人力资源部的企业道德培训,其道德境界就能提高吗? 为什么?

4. 有人认为,"企业道德,特别是公司高级管理层的企业道德,对一家公司是否能够长期生存起着决定性的作用。忽视企业道德的教育,很可能给一个企业带来的是灭顶之灾。"结合本案例谈谈你对这个观点的看法。

第二篇

企业运行中的伦理道德问题

第九章

厂商的道德责任

❖ **本章学习目标**

阅读和学完本章后，你应该能够：

◇ 了解厂商的道德责任
◇ 了解产品安全及其道德标准
◇ 了解产品风险
◇ 了解产品责任

开篇案例

超廉价 MP3 考验 MP3 厂商的道德基准线

MP3 的市场竞争越来越激烈。在先前高利润的情况下，做到质量保证很容易，毕竟利润是存在的，但是在低利润的情况下，得不到利润保证的产品，质量就很难保证了。

超廉价的 MP3，第一点想到的是真便宜，第二点就会想到这样能赚钱嘛？到底能不能赚钱，我们得看看是什么样的产品。如果是压仓货，我们认为就产品本身是没有利润的。但是，如果是新品新款，或者是上市不久的东西，我们反倒认为可能是有利润的。

第一，FLASH 现在很便宜，8Gb（1GB）闪存芯片，20 美元就可以拿到。但是对于压仓货，以前的闪存芯片可不是这么便宜的价格。还有使用的解码芯片，我们相信这些产品使用的解码芯片，可以用低端来形容，估计十几美元都到不了。

第二，屏幕、模具都省很多钱。CSTN 的屏幕可以用手机剩下的，黑白屏更不用说。模具在如今量很大的情况下，每个的均摊成本很低，或者用公模会更低。可以说这么组合下来，超廉价MP3 的利润十几元总会有的。

按照上面算好像没有什么问题，不是超廉价 MP3 也赚钱嘛。但是，我们没有提人工质量和售后这两个问题。应该可以看到，我们上面算到的只是 MP3 硬件方面，但是我们没有做软性连接，这就是人工质量和售后。

产品质量其实并不是零件的简单组合，还在于人工的把关。所有的零件都一样放到一起，你给这个人 0.5 元让他装和你给 50元让他装，最后的质量肯定不一样。我们现在面临的就是 0.5 元那种情况。硬成本下不来，软成本会找平。

一个产品签订一个代工厂，对产品的平均成本要求很高，也就是活简单，钱不多，量很大，这样会产生低价效果，但是同样的东西生产的质量就可想而知。然后，代工厂会只顾眼前利益在合同条款中答应产品的售后问题。这就是第二个漏洞。

我们知道，MP3 的售后相对于很多电子产品范围都很宽。7天保换，1 个月保换，甚至 1 年保换。为什么？我们确实承认，这样消费者的后顾之忧好像没了，再不好的产品也能换成新的，但是消费者忧从何来？

因为，消费者拿到不仅仅是 0.5 元装配的东西，或许还是个二手货。

产品坏了，当时可以换，然后攒够数量返厂，翻修。再往后等你第二个坏的时候再把这个给你，其实还是原先那个坏的。返修，翻修，就是这么多产品，总会都卖出去的。这个就是一个产品没有多少售后费用的原因。

这两点，都是厂商挤压代工厂产生的后果，也是很多超廉价MP3 还有利润的原因。

这就产生了道德问题了。我们知道一个产品合理地赚取消费者利润是正当的，但是如果为了销量用利益的砝码胁迫代工厂来成批地生产不合格的 MP3，然后卖给消费者，从中赚取利润或者广告效应，这已经可以用道德这个词来判定了。

一、厂商的道德责任

市场经济下的企业，一方面它贯彻资本的逻辑以营利为目的、在竞争中追求最大限度的利润；另一方面它是由资本、劳动力等要素构成的组织单位，其经营行为会对利益相关者产生影响，而且企业的发展也带来环境破坏等社会伦理道德问题。这样一来就使许多人意识到，企业"支配"社会的这种强者的地位是建立在牺牲消费者、劳动者以及其他社会群体利益的基础之上的。这不仅扭曲了市场关系，腐蚀败坏社会风气，而且破坏了厂商与利益相关者的关系，这显然有失社会公平，必须对厂商的这种恣意行为进行约束。而且也要求厂商必须严以自律，协调好与利益相关者之间的关系，承担起道德责任，追求厂商目标和社会和谐的双重实现。

（一）厂商道德责任的概念及特点

根据责任所产生的依据可把其分为两大类，即法律责任和道德责任。法律责任又包括刑事责任、民事责任和行政责任，它产生的依据是法律、法规和部门的规章制度。道德责任产生的依据是社会道德规范。法律责任和道德责任的区别实际上和法律与道德的区别并无二致，需要强调指出的是，法律责任当然应该具备法律的强制性和规范性，即不管行为人意愿如何，都必须以法律为准则，无条件地履行之。而道德责任则是自律性的，是出于行为人良知的举动，例如，有自愿含义的引咎辞职行为所承担的并不是法律责任，而是道德责任。

《中国大百科全书》把道德责任解释为"人们在一定的社会关系中所应该选择的道德行为和对社会和他人所承担的道德义务"。对于厂商道德责任的定义，学术界并无统一见解。在此，将其界定为厂商所应承担的保护或提高其利益相关者的利益或福利的责任，它是厂商对其自身行为的要求和规范。其中，利益相关者是指对厂商产生影响或受到影响的团体和个人，如股东、员工、消费者、业务伙伴、债权人、社区公众、社会等。作为社会的企业公民，厂商不能随心所欲地从事经营活动，而应全面考虑自身决策与行为可能对环境、公众及公共利益造成的影响，避免不利的影响，保证自身的企业行为不会损害利益相关者的利益，满足利益相关者的利益与要求。厂商道德责任具有以下特点：

1. 非强制性。厂商道德责任是基于厂商的道德观和企业的伦理观，它最大的特点是自觉性，是行为人出于高度的道德责任感，基于对相关利益者权益的充分尊重而自觉为之的，而非出于强制性约束。正因如此，公害、缺陷商品、工伤事故的受害者以及法律界认为，仅仅依靠厂商的道德观和企业伦理观是不够的，他们要求把道德自律变成法律强制，把厂商在社会生活中应负担的最低限度的道德责任作为法律责任确立下来，强制企业负担。在我国，劳动法学界主张把公司道德责任纳入劳动法制的轨道。

2. 社会属性。厂商道德责任并非自古有之，它是随着人类社会的发展而逐渐出现的。20 世纪 60 年代和 70 年代的西方社会，生态问题、污染问题、有毒废弃物问题等不断恶化，抨击厂商缺乏社会良知和不择手段危害社会的市民运动，尤其是消费者运动高涨，并引起了科研机构、媒体对厂商经营活动中伦理问题的关注，厂商道德责任问题自此出现，并日益受到社会各界的关注。

3. 阶级性。道德作为意识形态，本身是属于上层建筑，从唯物史观的角度来看，道德根源于一定的物质生活条件。恩格斯指出："一切以往的道德论归根到底都是当时的社会经济状况的产物。而社会直到现在还是在阶级对立中运动的，所以道德始终是阶级的道德。"基于不同的物质生活条件的不同社会集团，有着不同的道德观，在阶级社会中的道德具有阶级性。因此，厂商道德责任也具有阶级性，在不同的社会制度下，厂商的价值观和伦理观不同，其道德责任自然也不同。

4. 扩展性。厂商道德责任不是一成不变的，在经济发展的不同阶段，公众和厂商的道德认知不同，对厂商道德责任的要求也不同。随着社会的发展和进步，厂商的道德责任范畴在不断扩展。

（二）厂商的道德责任体系

利益相关者是厂商道德责任的指向对象。根据各利益相关者与企业的关系，可将其分为内部利益相关者（包括股东和员工）和外部利益相关者（即债权人、业务伙伴、消费者、社区公众、社会公众）。相应地，可将厂商的道德责任分为公司的对内道德责任和对外道德责任两种。其中对内道德责任主要指对没有参加经营的股东的责任和对劳动者的责任，对外道德责任主要指对债权人的责任、对业务伙伴的责任、对消费者的责任以及对社区、社会公众等的责任。

1. 厂商的内部道德责任。股东及员工是企业重要的利益相关者，若厂商不能尽到对股东及员工的道德责任，就难以得到他们的支持和配合，企业的经营活动也难以持续下去。所以，厂商应重视企业的股东及员工，并切实承担其所应承担的道德责任。

（1）对股东的道德责任。厂商对股东以及其他资本提供者，应负有诚实而有效地管理企业，按其边际收益得到应得的报酬的责任，在短期收益和长期收益关系的冲突中，厂商更应注重长期收益，注重永续经营。厂商应向股东提供必要的信息，以便其对公司的经营状况和财务状况做出判断和进行决策。

（2）对员工的道德责任。员工是企业中最宝贵的资源，一个企业的长期发展关键是要靠发挥员工的积极性和创造性，而员工积极性和创造性的发挥，又需要和谐的企业与劳动提供者的伦理关系。这就要求厂商在员工就业安全、就业机会均等、反对歧视、薪酬公平、员工职业发展等方面尽到其道德责任。应注意的是，员工的就业安全包括两个方面的内容，一方面是企业要确保工作场所的安全，创造并提供员工舒适安全的工作环境，并对员工进行劳动安全卫生教育，防止劳动过程中的事故，减少职业危害；另一方面是企业要落实好缴纳养老保险、失业保险、医疗保险等有关保障福利措施，尽量减轻和免除员工的后顾之忧。企业应尊重员工的隐私权。如果企业终止经营，应该与当地其他经济实体进行合作，以减少失业造成的影响，并尽力为失业人员寻找和提供接受技术培训和再就业的机会。

由非政府机构 CEPAA（经济优先权委员会认可委员会，总部设在美国）联合一些跨国公司和国际组织制定的标准 SA8000（Corporate Social Responsibility，又称"社会（劳动）责任认证"），对企业佣工责任做出了限定。该标准在使用童工、强迫劳动、安全卫生、结社自由和集体谈判权、歧视、惩罚性措施、工作时间、工资报酬及管理体系等 9 方面作了明确规定，如不得使用童工，不得要求员工在受雇时交纳"押金"或寄存身份证件，员工一周工作不能超过 48 小时，工资不得低于行业最低标准，为员工提供安全健康的工作条件等。尽管 SA8000 还不是强制性标准，但一旦事实上被公认并施行，将对一国贸易产生较大影响。

2. 厂商的外部道德责任。

（1）对债权人的道德责任。厂商应保障其债权人的合法权益不受侵害，按时还本付息，鼓励其债权人了解公司情况，对公司治理提出意见和建议。厂商应向其债权人提供必要的信息，以便其对公司的经营状况和财务状况作出判断和进行决策。厂商对于债权人的意见和建议应高度重视，认真研究解决，并将结果及时向对方反馈。厂商应承诺对在企业活动中了解到的其债权人的企业机密不透露给第三方。

（2）对业务伙伴的道德责任。企业应公平地对待业务伙伴，在企业行为中奉行独立自主，平等交易，诚实守信，企业应制定明确地反对走捷径、过分地降低成本、操纵招标以及寻求不公平利益等做法的制度。厂商与业务伙伴之间的关系不应该是建立在行贿受贿和腐败的基础上。厂商在市场交易中应保持善意、诚实、恪守信用，反对任何欺诈性的交易行为。

（3）对消费者的道德责任。企业要做到以消费者为目的，充分满足消费者的需要，不断创新，提高服务水平，为消费者创造长期价值，维护消费者的最大利益，平衡好消费者利益、社会利益和企业利益。

厂商与消费者之间通过交易，形成一种买卖契约关系。厂商应该保证其向消费者提供的物品必须与厂商明确表达的关于产品的说明相符，从而使消费者正确地理解并有意识地购买该产品。总之，厂商提供给消费者的产品必须是根据销售说明能够用于其目的的东西。厂商应尽到"说明的义务"，而消费者也有"知情的权利"。厂商对于消费者对产品的理解负有道德责任，否则就是变相剥夺消费者自由购买的权利。他们必须向消费者说明其所购之物是什么，更确切地说，要向消费者说明任何有可能影响其购买行为的关于产品的事实，纠正任何可能出现的误解。保证使消费者了解到商品的真实、准确、全面的信息，应当听取消费者对所提供商品或者服务的意见，接受消费者的监督，保证所提供的商品或者服务符合保障人身、财产安全的要求。对可能危及消费者人身、财产安全的商品和服务，应当向消费者作出真实的说明和明确的警示，并说明正确使用商品或者接受服务的方法以及防止危害发生的方法。消费者因使用本公司商品或接受本公司服务受到人身、财产损害的，公司应给予合理赔偿。

（4）对竞争者的道德责任。公平原则是社会公平竞争观念在法律上的体现，其具体要求是：第一，凡是参与市场竞争的经营者都应依照同一规则行事。反对任何采取非法的或不道德的手段获取竞争优势的行为。诸如利用贿赂、回扣推销商品；不正当地获取、利用他人企业秘密，以及利用自己的经济优势不正当地阻碍他人参与市场竞争的行为都是不公平竞争行为；第二，厂商对广大竞争者应当做到公平竞争，绝不能恶意中伤竞争者及其产品，窃取企业秘密或与竞争厂商串谋操纵市场，以及用其他各种手段来破坏公平竞争，损害公众的利益。否则，可能招致沉重的追加道德成本，甚至危及企业的生存。

（5）对社区公众的道德责任。社区公众是指在企业所在地附近居住的公众，企业的经营行为会对社区公众产生影响，而且社区公众的舆论和行为也会影响企业发展。所以，公司在保持正常经营发展，实现股东和公司利益最大化的同时，应关注社区公众的利益。除了确保社区公众不受安全威胁，企业选址、开设和关闭要对当地公众负责等基本的道德责任之外，还要协调好与社区的关系，维护社区环境与社区稳定。厂商应经常教育和组织员工参加社区的志愿者服务等社会公益活动，承担必要的社区责任，增强员工的社区责任感。

（6）对社会的道德责任。社会之所以允许并支持企业的存在，为企业提供各种基础设施和社会服务，是因为企业能够高效率地为社会提供所需要的产品和服务，使社会获益。企业与社会之间也是一种平等的契约关系，同样要企业调整好它与社会整体的关系，遵循不侵害社会利益的原则，善待社会，服务社会。企业应勇于担当对整个社会的道德责任。首先是对环境保护的责任，主要包括维护环境质量，使用清洁能源，共同应对气候变化等。其次还要对社会发展做出广义贡献，这主要指广义的对社会和经济福利的贡献，比如传播国际标准、向贫困社区提供要素产品和服务，如水、能源、医药、教育和信息技术等，这些贡献在某些行业可能成为企业的核心战略的一部分，成为企业社会投资、慈善或者社会服务行动的一部分。

厂商若无视社会利益，那么它一定会受到社会及其代表政府的制裁，不为社会所容。近年来，企业伦理问题已得到广泛的重视，企业界回馈社会，从事公益捐献，参与社会公益的行为，承担社会道德责任逐渐蔚然成风。

由于厂商道德责任的内容极其广泛，所以只能就以上主要方面进行大致介绍。

（三）厂商道德责任与企业可持续发展

作为社会中的经济组织，厂商承担道德责任与否会对自身经济效益及社会效益产生影响。从短期来看，厂商逃避道德责任，例如生产伪劣产品，会降低其当前经营成本，增加短期收益。但是，从长期来看，逃避道德责任的厂商会失去公众信任，从而丧失长期获利能力，并会导致产生较高的社会道德成本，损害利益相关者的福利。而厂商对道德责任的积极承担可以使其获得较高的道德指数（厂商道德的量化），引导企业实现可持续发展。

1. 厂商道德责任的博弈分析。理论上，无论是群体还是个人，其道德行为均出于当事人对收益和成本的综合评价。但任何经济活动都不可能是单边行为，必然涉及两方或多方。因此，道德水准不仅是单方比较收益成本后的选择而且还是参与各方博弈的结果，厂商道德责任也是如此。为了便于分析，我们只考虑交易中的厂商道德责任。假设交易一方厂商 A 为中性，另外，还假定双方有基本的道德沟通，目的是促成交易的实现。我们来分析交易另一方厂商 B 对道德的选择情况。显然 B 有道德与不道德两种选择，而这种选择又有两种不同的背景。一种情况是，如果双方是一次性交易，B 若选择道德，双方将获取均等的收益。但 B 若选择不道德将获超额收益，而 A 的利益受损，这有悖于道德的公正原则。如果没有其他限制，B 将最终选择不道德，为解决这一矛盾，可以以法律或合同的形式建立一种事后处罚机制，通过减少 B 的收益函数并增加 A 的收益函数，以纠正 B 的选择对道德的偏离；另一种情况是，交易是持续多次的，B 将依据不道德带来的短期收益与道德所产生的长期收益的大小作出选择。如果 B 选择不道德将获得较大的当前收益 d，同时也失去了再次交易的机会；如果 B 选择道德只能获得较小的当前收益 f，但还有再次交易获取长期收益的机会（假定再次交易的概率为 p），这决定了道德的经济本质是为获取更多的长期收益而引起的短期价值牺牲（短期利益的牺牲）。通过期望值的比较 $(f + fp + fp^2 + fp^3 + \cdots = f/(1-p) \geq d)$ 可知，只有当 $p \geq (d-f)/d$ 时，厂商 B 才有足够的动力选择道德，承担道德责任。p 值代表社会对道德行为的补偿与对不道德行为的惩罚。于是，p≥（d−f）/d 便成为厂商承担道德责任与否的一个权衡条件。

2. 厂商道德责任的规范分析。以上对厂商道德责任的博弈分析，是基于厂商道德行为可以量化的前提，但在现实中，此种量化是很难实现的。从社会的角度看，厂商理应承担道德责任，那么，从厂商自身角度来看，它是否应承担道德责任呢？承担道德责任与企业发展有何关系？下面就对这些问题进行规范分析。

作为社会中的经济组织，企业的根本目的有二：一是提高经济效率，为社会提供最大的产出利润，这是企业生存和发展的基本条件。同时只有当企业的利润最大化追求不损害他人的权益时，它才符合经济效率原则，才是合理的。二是必须满足所有利益相关者的需要，公平地对待所有的利益相关者。企业通过确立一定的机制和规章制度来激励和约束企业的各个参与者，以协调他们的利益满足他们的需要。各个利益相关者都应当能够从参与的企业行为中获得利益，如果其中有任何一个利益相关者不能从这样的企业行为中获得充分的利益，那么，他们或者会与其他的利益相关者之间发生严重的利益冲突，大大降低企业的经济效率，或者会因此退出企业行为，而使企业无法生存下去。因此，企业既要有经济目标，也要有公平对待并满足各利益相关者的需要的目标，遵循效率原则、公平原则和人本原则等伦理道德准则，确保各利益相关者的合法利益，协调各利益相关者之间的相互关系，为企业提高经济效率营造更大的自由空间，促使企业经济目标与伦理和谐的双重实现。实践证明，企业经济目标和伦理道德责任目标相辅相成，只有同时并举，企业才能真正兴旺发达。

厂商担负道德责任，树立良好的道德形象，既是企业发展的内在要求，也是社会对企业的企盼。它有利于树立企业形象，实现长期利润和改善环境，同时可以减少政府的调节，拥有更多的资源，更好地实现股东的利益，并具有防范社会弊端的优越性。美国的斯蒂芬·罗宾斯经过大量的研究表明，在厂商的社会道德责任和经济绩效之间，存在一种正相关关系。据《财富》杂志报道，20 世纪 90 年代中期的世界 500 强企业中 95% 以上的拥有自己的伦理道德准则，并以此来指导企业的行为。与发达国家许多长盛不衰的优秀企业一样，同仁堂、宝钢、海尔等许多我国企业成功的根基在于良好的企业道德责任感。厂商承担道德责任，和谐各利益相关者的伦理道德关系，是企业发展的必然选择，合乎企业的长期战略利益，有益于企业的持续发展。反之，那些把经营道德抛之脑后，把社会责任弃之一旁，只贪图眼前利益，道德指数低下，以种种手段骗取或损害顾客利益、危害社会环境的企业，即使能赚得一时之利，但它失去了消费者的信任，迟早会被市场所淘汰。安然、蓝田、南京冠生园等国内外知名公司轰然倒下的事实便是最好的佐证。

（四）我国企业发展与厂商道德责任

虽然厂商履行道德责任有助于拓宽企业的发展空间，但是我国许多企业对此缺乏深刻认识，道德意识不强、逃避道德责任的现象屡见不鲜。据中国企业家调查系统《2002年中国企业经营者成长与发展专题调查报告》显示，企业经营者对我国企业信用状况变化给予积极评价的已接近半数（占45.5%），但仍有五成以上的企业经营者认为企业信用状况"没有变化"或"有所恶化"，说明我国企业信用状况形势依然严峻；排在前三位的"同行企业中存在的不良行为"依次是"拖欠或压低职工工资"（43.4%），"偷工减料"（37.8%）和"欺骗用户"（35.5%），其他还有"生产污染环境的产品"（18.9%）等。从调查情况可以看出，我国厂商为了某种短期利益从事着比较严重的反伦理道德行为，这直接影响了社会正常的经济秩序。

当前，我国企业的发展面临着三个方面的伦理道德挑战。首先，经济的全球化对我国的企业伦理道德提出了挑战。在经济全球化的今天，伴随着资本、技术、资源在全球范围内流动，各国在市场经济规则、信用机制、道德观念等方面存在着冲突与竞争，我国企业面临规则、信用、道德以及价值思维的严峻挑战。其次，完善社会主义市场经济体制，树立以人为本、统筹协调、全面发展的新型发展观对我国企业提出了挑战。再次，随着市场体制不断完善，各个市场主体的平等意识和理性意识不断提高，使我国企业面临较高的社会道德预期，从而承受着巨大的外部公众道德压力。

厂商道德责任感是我国社会主义市场经济体制有序运行的保证。任何企业的发展都要受到伦理道德环境的影响。企业只有与伦理道德环境保持和谐一致，才能够实现可持续发展，这是企业发展战略的内在要求。针对我国许多企业道德缺失问题，可以从以下几方面着手加以解决：首先，从企业自身来看，企业应正确认识厂商道德责任与企业发展之间的关系，强化道德责任意识，树立"企业的利益与利益相关者的福利共生"的道德信念，并把它融入每一个决策和执行过程，自觉履行道德责任。其次，借助社会力量，加强对企业的道德调控。道德调控是指通过一定社会力量的肯定或否定评价，营造扬善抑恶的道德氛围，达到调整、控制企业行为的目的。通过道德调控，对那些很好地履行道德责任的企业予以肯定，对那些逃避道德责任的企业则予以否定，显然，这种肯定或否定会影响企业利益相关者的决策，并最终影响到企业的经济利益，即获得道德收益或付出道德缺失的代价。道德调控使道德缺失者无利可图，道德缺失的现象会逐渐减少，这实际上是一种外在的经济强制力。企业自我约束和外在强制二者相互结合，在作用方式上从强制力保证逐步向理性自觉深化，起到道德教化和道德劝诫的作用，促使经济主体履行道德责任，从而为我国社会主义市场经济有序运行提供有力的道德保证。

二、产品安全与产品风险

厂商是通过生产、销售产品和服务来实现其经济效益目标的。它们既有在法律范围内提供社会需要的产品和服务的自由，又从法律和道义上负有保证其产品和服务安全的责任，即不允许其产品和服务对消费者造成不可避免的、无法预见的损害。保证产品安全是厂商必须履行的道德责任。但是，由于多方面因素的影响，厂商所提供的产品可能会潜在地或现实地造成对消费者的伤害，于是便由此引发了产品安全和产品风险问题。

（一）产品安全及其道德评价

"不危害"是厂商从事企业活动时必须遵循的道德准则。狭义上，它仅指厂商要在生产经营活动中要避免对人（尤其是消费者）造成危害；广义上它要避免对人、动物和环境造成伤害。在这里，我们只讨论狭义上的"不危害"。

使消费者获得安全的产品与服务是厂商的一项重要道德责任，即要求厂商保证购入产品或服务的消费者的身体健康及生命安全。消费者总是希望厂商提供的产品的安全性能越高越好，然而厂商却不可能不顾及成本地去满足消费者的此种期望。厂商所能提供的产品的安全性与消费者所期望的产品的安全性在程度上会有差距，这就需要均衡二者的利益，通过评价找到一个双方都能接受的产品安全标准。道德角度的产品安全评价可分为以下步骤：

首先是确定厂商所能达到的最大的安全性。产品的安全性主要取决于企业所掌握的技术水平，低水平的生产技术难以保证产品的性能和质量，产品的安全性会大打折扣，高水平的生产技术和知识可以有效地改善产品的各项性能指标并会最大程度上降低产品的危害性，提高产品的安全性，保障消费者的利益。此处所指的企业所掌握的技术水平应是社会一般的技术水平，即大多数厂商所能达到的技术水平，而非个别厂商所掌握的最高水平，或一些低技术水平企业的技术程度。

其次是确定消费者所要求的产品安全程度。消费者一般从自身的利益出发，去要求厂商提供他们所期望的产品安全度，而不是从技术角度出发去考虑。为维护自身利益，他们往往会提出较高的产品安全要求。而且，由于消费者个体在知识、心理、物质条件等因素方面存在着差异，所以，不同的消费者对产品的安全程度的要求也不尽相同。厂商不可能为每个消费者提供个性化的安全标准，所以，社会应该确定一个大多数消费者都可以接受的对产品安全度的期望值。该期望值可由对某一具体产品有消费经验的消费者群来确定，也可由代表公众利益的政府来确定。

最后是将厂商所能提供的产品安全度和消费者所要求的产品安全度进行对比，并据此确定一个能兼顾双方利益的、彼此都可以接受的产品安全标准。厂商所提供的产品安全度是以满足自己的经济利益为前提，从而可能会忽略消费者的利益，而消费者所确定的对产品安全度的期望值又只是考虑了自身利益，而忽略了厂商的利益。因而，只将任何一方的产品安全度要求作为最终的产品安全标准的做法是不合理的，应该从双方利益出发，确定一个双方都可以接受的安全标准。当然，产品安全标准并不是一成不变的，随着社会的发展和科学技术水平的进步，产品安全标准也会向着更高的程度发展，这是社会前进的必然结果。

（二）产品标准——产品安全的一个衡量依据

以上是从道德角度对产品安全所做的评价，理论上产品安全度应如此确定，但实际操作起来又会有很大的难度。由于产品的安全性多取决于产品的技术，所以从技术角度对产品应达到的要求做出规定，以保证产品的适用性，这便是产品标准。按制定主体的不同，产品标准有国际标准、国家标准、行业标准、地方标准、企业标准等。国际标准是由国际标准化组织制定的，如 ISO、IEC 系列标准。我国的标准体系包括国家标准、行业标准、地域标准和企业标准。其中，国家标准是需由国务院标准行政主管部门组织制定、颁发和实施，要在全国范围内统一的质量标准，代表了国内生产技术的最高水平，对危及生命财产安全的产品，我国还规定了国家强制性标准；行业标准是对没有国家标准，又需要在全国某一行业范围内统一的技术标准，由国务院有关的行政主管部门制定、颁发和实施，并报国家标准化行政管理部门备案；地方标准是在没有国家和行业标准，而又需要在省、自治区或直辖市范围内统一的技术标准，由省、自治区或直辖市标准化行政主管部门组织制定、实施，并报国务院行政管理部门或国务院有关行业行政管理部门备案；企业标准是由企业自行制定，作为企业生产的技术依据，在企业内部适用。各标准之间不应相互抵触，国家对危及生命财产安全的产品，规定有国家强制性标准。各项标准间的关系是：行业标准不应低于国家标准，地域标准不应低于行业标准，企业标准不应低于地域标准。

标准和标准化水平是企业生产技术水平的一个重要标志，不仅标准化活动是企业内部采取一系列的保证产品质量的措施，标准也是对产品质量进行监督检查的依据。一般来说，达到这些标准的产品是安全的。但是，由于国家某一强制性标准是国家在一定科技水平下制定的，不可能包含产品的全部安全性能指标；再者，市场上新产品的不断出现，国家也不可能在所有新产品投入流通之前，均制定相应的标准，尤其是涉及高新技术的产品，所以，也不排除符合强制性标准的产品也存在不安全因素的可能。

有条件的企业可以将自己的企业标准定得更高一些，因为这会使其更富有竞争力。此外，企业也可以进行产品认证。产品认证制度起源于20世纪初的英国，现已成为国际上通行的，用于产品安全、环保等特性评价、监督和管理的有效手段。许多国家和地区设立了产品认证机构，使用特定的认证标志以证明产品符合相关标准。如欧洲的CE认证、美国的UL认证、日本的ST认证等，以及中国推行的CCC认证。实施产品认证可以从源头上保证产品质量，提高产品在国内外市场的竞争力，也是贯彻执行有关标准的有效手段，可对消费者选购放心产品起指导作用，保护消费者的健康和生命安全。

（三）产品风险的含义及其特性

产品安全的对立面是产品风险。在对产品风险的概念做出界定之前，我们有必要了解风险的含义。一般而言，风险是指可能带来损失的不确定性。尽管人们可以从不同角度对风险进行界定，但风险的两个基本特征却表现得非常明显，即：不确定性与造成损失的可能性。风险与不确定性是两个联系十分紧密但却是不同的范畴，不确定性是指人们对未来事项结果所持的怀疑态度，一般而言，它是由于人类认识能力的局限性所致。风险是一种客观存在，客观世界的复杂性使人们难以准确预测风险的发生，从这个意义上讲，风险具有不确定性。也就是说，风险的存在是客观的，风险的发生是不确定的。但并不是所有的不确定性事项都有风险，因为风险必须和损失相联系，只有那些可能导致损失的不确定性事项才有风险。如果我们面临的事项既可能导致损失又可能导致收益，而采取措施的结果只会带来收益而不会带来损失，在这种情况下，即便选择结果具有很强的不确定性，但仍不能说存在风险。

根据以上对风险内涵的阐释，我们可以把产品风险定义为产品在使用过程中可能给消费者带来损失的不确定性。除了具备风险的一般特征外，产品风险还具有以下特性：

1. 产品风险是在产品使用过程中产生的。在各种因素的影响下，在产品的生产、销售、使用过程中都会存在发生损失的可能，但是只有当产品进入了流通领域后，在消费者使用过程中造成的损害才是产品风险。

2. 产品风险的指向对象是消费者。不同的风险有不同的作用对象，如财务风险影响的是投资者的利益，生产作业过程中的风险会影响工人的安全。而产品风险则是相对于消费者而言的，消费者是产品风险损失的承受者。

（四）产品风险的来源及潜在风险的化解

产品风险往往不是无端发生的，它是在一些因素的作用下产生并对消费者产生危害。产品缺陷或消费者的不当使用都有可能会导致产品风险。针对不同来源的风险，企业可以采取不同的补救措施，将风险控制在未发状态，避免给消费者和企业造成损失。

1. 产品风险的来源。

（1）产品缺陷。产品缺陷是导致产品风险的一个主要因素。如果产品的危险性超过了购买产品的具有一般社会常识的普通消费者的认识能力，则产品就存在缺陷。不合理的危险是产品缺陷的内涵。我国《产品质量法》第46条规定，本法所称缺陷，是指产品存在危及人身、他人财产安全的不合理的危险；产品有保障人体健康，人身、财产安全的国家标准、行业标准的，是指不符合该标准。从理论上看，我国法律在认为存在缺陷时规定的是双重标准，即不合理危险标准和强制性标准，且以不符合强制性标准为优先适用。这样的规定导致当产品符合国家标准、行业标准但仍对消费者造成损害时，消费者却无法获得损害赔偿，从而减弱了厂商的产品责任，不利于消费者利益的保护。

多数美国法学著作将产品缺陷分成三种，即制造缺陷、设计缺陷、警告缺陷。我国产品责任法并没有明确分类，但散见于法条中。我国产品质量缺陷纠纷中，尤其是制造缺陷和警告缺陷最为常见。设计缺陷是指由于不适当设计、产品分析、试验而形成的产品缺陷。制造缺陷是指由于产品装配不当或不符合标准造成的产品缺陷。警告缺陷，是指生产者或销售者，没有提供真实完整，符合要求的产品使用说明和警示说明。我国《产品质量法》第27条第1款规定，使用不当，容易造成产品本身损坏或者可能危及人身、财产安全的产品，应当有警示标志或者中文警示说明。《消费者权益保护法》第18条第1款对此亦有规定。警告缺陷是指对与产品有关的危险或产品的正确使用没有给予适当警告或指示，致使产品存在不合理的不安全性，如果没有或缺乏恰当的警告和指示，消费者对上述危险及正确使用、避免危险的方法一无所知或没有足够了解，危险就是不合理。有些产品本身并没有缺陷，但如果使用不当也会有危险，因此，生产者或销售者应当向消费者明确告诫，如没有明确说明，则存在警告缺陷；消费者一旦发生危险，销售者、生产者就应承担赔偿责任。应注意区分产品瑕疵与产品缺陷的区别。产品瑕疵仅指产品不符合法定或约定标准，它一般不会造成不合理的危险。如一台电脑，若规格型号不符合规定，或屏幕晃动，或经常死机，属"产品质量不合格"，即"瑕疵"，买主可请求厂商更换、修理、退货或赔偿损失，属于违反合同的责任。但是，如果电脑内部电路短路引起爆炸造成人身、财产损害，即属于有"缺陷"，受害人可依产品责任法要求制造者或销售者承担责任。

（2）消费者不当使用。任何产品都有它适用的环境、方法和用途。如果产品本身没有缺陷，即指产品设计、生产均无问题，厂商也对产品的安全使用提供了充分的提示和警告，但也可能会因为消费者的不当使用而产生风险。例如，因消费者疏忽大意或无知，可能会使他在不适当的环境下、用不当的方法将产品用于不当的用途，并造成损失。在此情形下，厂商本身并无过错，过错一方是消费者。

2. 潜在产品风险的化解。分清产品风险的来源，在一定程度上有利于避免、化解潜在的产品风险，或把产品风险减小到最低程度，有效地保护消费者的利益。

若产品风险来源于产品缺陷，则厂商有责任去弥补此缺陷。由于受当时生产条件和技术水平的限制，产品在出厂前，厂商难以发现产品存在的设计缺陷、制造缺陷，当产品进入流通领域后，随着社会科技的发展和企业技术水平的进步，厂商若发现产品存在着这两方面的缺陷，则应及时给予改进，去弥补缺陷，以免潜在风险发生。对于局部的产品设计缺陷，可予以更换零部件，以提高产品的安全性。而对于可能会造成较大危害的产品设计缺陷，企业应将产品召回。召回有缺陷的旧产品看似会给厂商带来巨大的经济损失，实际上，它不仅可以使厂商避免陷入被遭受缺陷产品损害的消费者诉讼的危险，而且可以为厂商营造良好的声誉。世界知名企业在这一方面都普遍做得很好。而对于因厂商疏忽而造成的警告缺陷，企业在发现自己存在此种过失后，应及时向消费者告知，并及时履行被忽略的警示义务。

若产品本身没有缺陷，产品风险来源于消费者的错误使用，虽然厂商对此种风险造成的损失可以免除承担责任，但从人道的角度出发，厂商不应坐视不管，而应加强对产品正确使用方法和注意事项的宣传和说明，以引导消费者合理使用产品，避免因错误使用而造成的损害。

总之，无论是从法律角度还是从道义的角度，厂商都有责任和义务去化解因各种原因导致的潜在产品风险，为消费者营造一个安全的消费环境，保障消费者的利益。

三、产品责任

消费者不仅希望他们所购买的产品能带给他们所期望的满足，而且更希望产品是安全的，要求产品在使用过程中不会产生对其人身或财产的损害。这是消费者的基本权利。但是因产品缺陷带来风险，给消费者造成人身或财产损失的现象却时有发生。遭受到危害的消费者有权要求厂商赔偿其经济损失和伤害。厂商不仅要对其产品负责，而且要对因产品缺陷而对消费者造成的人身伤害或财产损失承担赔偿责任，这种责任便是产品责任，又称之为产品侵权责任。

（一）产品责任的含义及其构成要件

产品责任是厂商对其产品缺陷造成消费者人身伤害或财产损失所承担的法律责任，它是由产品缺陷所导致的。产品责任不同于因产品瑕疵而导致的违约责任。产品违约责任是产品自身的质量问题和自身损坏（即瑕疵）而造成的产品自身的损失。它们的差异主要体现在：（1）产品责任中受害人与产品制造者与销售者之间大多不存在合同关系，除非受害人为买受人。产品违约责任则要求必须有合同关系，若受害者不能提供合同，则其主张不能得到支持。（2）产品责任的主体承担的是因产品的缺陷而造成的受害人的人身损失或财产损失。并不承担买卖合同下货物或产品本身的瑕疵而引起的产品自身损失。而合同产品责任则只要有一方违约，不论是否已给对方造成经济损失，都要承担民事责任。承担的方式如继续履行合同、支付违约金等都具有财产内容。（3）产品责任致害的原因是物体，即有缺陷的产品，而产品违约责任的致害原因是违约行为。（4）产品责任是无过错责任，即严格责任，违约责任是过错责任。对于产品责任是过错责任还是无过错责任，学者有不同意见。通说认为，产品责任是无过错责任，无论制造者、销售者有无过错，只要产品有缺陷并造成他人损害，就应当承担赔偿责任。显然，厂商单方面预防风险比消费者预防成本低，厂商比消费者更容易通过保险来分散风险，而且，厂商举证比消费者举证成本低。所以，从保护弱势群体的角度看，产品责任也应规定为无过错责任。而违约责任是一种过错责任，即厂商有未履行合同的过错。

产品责任的构成要件有三个：一是产品存在缺陷。对于这一要件的表述，我国《民法通则》第122条称之为"产品质量不合格"，司法实践中也一直使用这一概念，直到1992年《产品质量法》制定时采用了通用的概念，即产品存在缺陷，这在立法和理论上都是一大进步。"产品"，按《产品质量法》第2条第2款之规定是指经过加工、制作，用于销售的产品。二是须有人身、财产损害的事实。产品责任中的损害事实包括人身损害、财产损害和精神损害。人身损害包括致人死亡和致人伤残，需要注意的是财产损害，不是指缺陷产品本身的损失，即购买该产品支付的价金的损失，而是缺陷产品以外的其他财产的损失，其范围包括直接损失和间接损失。精神损害主要是指因缺陷产品致人损害，给受害人所造成的精神痛苦和感情创伤，一般不是指对受害人名誉权等人格权或人格利益的损害。三是须有因果关系。产品责任的因果关系要件，是指产品的缺陷与受害人的损害事实之间存在的引起与被引起的关系。确认产品责任的因果关系，须由受害人承担举证责任，证明损害是由于使用或消费有缺陷的产品所致。受害人首先要证明缺陷产品曾被使用或消费过，其次要证明使用或消费缺陷产品是损害发生的原因。在证明中，对于高科技产品侵害原因不易证明者，可有条件的适用推定因果关系理论，即受害人证明使用或消费某产品后发生某种损害，且这种缺陷产品通常可以造成这种损害，可以推定因果关系成立，转由侵害人举证证明因果关系不成立。

以上是构成产品责任的三个必须具备的条件，若其中任何一个条件不具备，则产品责任就不成立。

（二）产品责任的责任主体

当产品责任构成后，在当事人之间即产生损害赔偿关系，受害人可以要求相关责任主体予以赔偿损失。正确分析产品责任的责任主体，有利于明确赔偿责任，维护受害人的合法权益。

美国将产品责任定为严格责任，即只要产品存在缺陷，且该缺陷必须是在产品离开生产者或消费者控制以前已经存在，则该产品从生产到销售各个环节的当事人都应对损害负责。我国《产品质量法》将产品责任主体规定为生产者和销售者。需要明确的是，产品的制造者和销售者作为赔偿义务主体不区分顺序，也不区分缺陷是由谁产生的，受害人选择生产者还是销售者或者两者都选择作为被告起诉，依其自主意志决定，不受其他限制，人民法院可以根据受害人的请求，判决由被告承担赔偿责任。销售者承担责任后，对于不是自己的行为所致的产品设计、制造缺陷，可以向产品制造者追偿。制造者承担赔偿责任后，如果产品缺陷是由销售者所致，则产品制造者可以向销售者追偿。制造者、销售者一并被起诉的，应当判明产品缺陷产生的责任者，并确定由其承担赔偿责任。如果被起诉的制造者或销售者不能证明产品缺陷是由对方产生的，则应由自己承担赔偿责任。销售者被起诉后，不能指明制造者、供货者的，即使能够证明产品缺陷非由自己造成，也由销售者承担赔偿责任。可见，我国产品质量法对产品生产者采用严格责任，对销售者采取过错责任，或者说是有条件的严格责任。

在理论界，有些专家、学者建议将产品责任主体范围扩大，即建议将其列为产品责任主体。显然，这会增加受害人获得赔偿的难度，增加受害人的举证义务。实际上，只将责任主体规定为生产者和销售者，并没有否定其他相关责任者应承担的义务，生产者和销售者可以先行赔偿，然后向产品的进口商、运输者、仓储者、向生产者提供有缺陷的原辅材料的生产者、向生产者提供有缺陷的零部件的生产者将原辅材料的提供者、零部件的提供者追偿，而没有必要将产品责任主体扩大化。

（三）产品责任的赔偿范围

产品缺陷给受害者造成人身损害、财产损害或精神损害的事实，受害人有权要求责任主体给予人身损害赔偿、财产损失赔偿和精神损害赔偿。

对人身损害的赔偿范围，与一般侵权行为致人损害的赔偿范围相同之处。我国《产品质量法》第44条规定，因产品存在缺陷造成受害人人身伤害的，侵害人应当赔偿医疗费、治疗期间的护理费、因误工减少的收入等费用；造成残疾的，还应当支付残疾者生活自助具费、生活补助费、残疾赔偿金以及由其扶养的人所必需的生活费等费用；造成受害人死亡的，应当支付丧葬费、死亡赔偿金以及由死者生前扶养的人所必需的生活费等费用。因产品存在缺陷造成受害人财产损失的，侵害人应当恢复原状或者折价赔偿。受害人因此遭受其他重大损失的，侵害人应当赔偿损失。《产品质量法》比《民法通则》增加了残疾赔偿金、死亡赔偿金的规定。对上述新增加的两项赔偿是否即属精神损害赔偿，该法未予以明确。最高人民法院发布的《关于确定民事侵权精神损害赔偿责任若干问题的解释》（法释2001年7号），肯定自然人的生命权、健康权、身体权遭受非法侵害的，可以请求赔偿精神损害。此精神损害，在致人死亡的情形，称为"死亡赔偿金"，在致人残疾的情形，称为"残疾赔偿金"；其他损害情形，称为"精神抚慰金"。据此解释，《产品质量法》第43条所规定的参加赔偿金和死亡赔偿金，性质应为精神损害赔偿。

在英美法系国家，产品责任主体除了负有以上三项赔偿责任外，还可能会被判给予受害人惩罚性赔偿。所谓惩罚性赔偿，是指侵权行为人恶意实施该行为，或对行为有重大过失时，以对行为人实施惩罚和追求一般抑制效果为目的，法院在判令行为人支付通常赔偿金的同时，还可以判令行为人支付高于受害人实际损失的赔偿金。它不以补偿受害人的实际损失为目的，而是作为补偿性赔偿之外的一种附加判处。惩罚性赔偿责任制度是来源于英美法系国家的一项民事制度，最早适用于侵权责任，但后来被逐渐广泛适用于合同纠纷。美国企业部起草制定的《统一产品责任法范本》规定，如果原告通过明确的证据证明，其所受的伤害是由于产品的销售者的粗心大意，根本不顾产品的使用者、消费者或其他可能受产品伤害的人的安全所致，法院就可以判决给予惩罚性赔偿。我国的产品质量法没有明确规定惩罚性赔偿，但我国在《消费者权益保护法》第49条却规定，经营者提供商品或服务有欺诈行为的，应当按照消费者的要求增加赔偿其受到的损失，增加赔偿的金额为消费者购买商品的价款或接受服务的费用的一倍。开创了我国惩罚性赔偿制度的立法先河，有力地保护了消费者的合法权益。最高人民法院出台的《关于审理商品房买卖合同纠纷案件适用法律若干问题的解释》（法释［2003］7号）第8条、第9条中明确规定了商品房买卖过程中可以适用惩罚性赔偿的五种情形。有学者认为，既然目前消费者权益保护法和商品房买卖纠纷案件的司法解释都规定了惩罚性赔偿的条款。因此产品质量法更应该规定惩罚性赔偿责任。因为，现实中有些不法厂商为了追求经济利益，故意把有缺陷的产品推向市场，侵害消费者利益，所以有必要通过给予其惩罚性赔偿以限制其此种行为。良好的市场经济秩序需要法律维持，立法就应针对社会现状，满足社会需求，而我国目前的现状是企业不规范，多数企业质量意识不强，甚至假冒伪劣产品泛滥，反而使高质量的产品处于不公平竞争状态，不利于社会发展，因此，对产品责任主体实行惩罚性赔偿有着重要的社会意义。

（四）产品责任的免责条款

产品责任的免责条件与其他侵权责任的免责条件不同，具有特殊性，依照我国《产品质量法》第40条和第46条及其他相关法规之规定，符合下列条件者方可以免除生产者和销售者的责任：

1. 未将产品投入流通的。制造者生产某种产品，但未将该产品投入流通，即使该产品存在缺陷，并且致人损害，也不承担产品侵权责任。投入流通，就是使产品投入流通领域，包括任何形式的出售、租赁以及抵押、质押、出典等。

2. 产品投入流通时引起损害的缺陷尚不存在。产品缺陷是在产品脱离生产者和销售者控制后，由他人造成。

3. 将产品投入流通时的科技水平尚不能发现缺陷的存在。以科技水平所限作抗辩事由，是通常的免责条件。按这一免责条件，如果将产品投入流通时的科技水平不能发现缺陷的存在，即使后因科技水平发展了，能够认识到这一缺陷，制造者也不承担已经投入流通的产品致人损害的责任。

4. 消费者明知产品有缺陷而购买、使用的。这一免责条款需具备以下四个条件：（1）产品本身虽未达到有关质量标准，但仍有一定的使用价值；（2）产品经企业主管机关批准，许可销售；（3）须在产品及包装上显著标出"处理品"字样；（4）销售者明知产品是"处理品"而购买。但违反国家安全、环境保护、计量等法规要求的产品，不得以"处理品"流入市场，即使主管机关同意且标明"处理品"字样，在损害发生后，产品生产者、销售者仍须承担法律责任。

5. 受害人的故意或重大过失。损害若是由受害人的故意行为或重大过失所致，例如，产品使用者违反了产品的特定用途、目的、操作方法，不按产品使用说明和厂商提示使用、保管产品。在此情形下，厂商即使采取了更高度的预防措施也不可避免，所以厂商就可以免于赔偿。

6. 产品符合国家强制性标准。由于我国法律在认定产品存在缺陷时执行的是双重标准，即不合理危险标准和强制性标准，且以不符合强制性标准为优先适用，这就使得当产品符合国家标准、行业标准但仍存在缺陷，并对消费者造成损害时，厂商可以免责。

● 本章小结

市场经济条件下，要求厂商必须严以自律，协调好与利益相关者之间的关系，承担起责任，追求厂商目标与社会和谐的双重实现。厂商道德具有非强制性、社会性、阶级性、扩展性等特点，具体可以划分为厂商的内部道德责任和外部道德责任。厂商提供的产品可能会潜在的或现实的造成对消费者的伤害，于是便由此引发了产品安全和产品风险问题。产品风险主要来源于产品缺陷或者是消费者的不当使用，厂商可以通过某些措施化解潜在产品风险。厂商不仅要对其产品负责，而且要对因产品缺陷而对消费者造成的人身伤害或财产损失承担赔偿责任，这种责任便是产品责任，又称之为产品侵权责任。

▶ 思考题

1. 厂商的道德责任主要体现在哪些方面？
2. 请简述厂商的道德责任与企业可持续发展的关系。
3. 产品风险的含义及其特点是什么？
4. 产品责任的构成要件有哪些？

▶ 案例应用

超市使用收费塑料袋是否合理

"对不起，我们不提供免费塑料袋，如果您需要，每个1毛钱。"昨天，张先生去"迪亚天天"超市购物交费时却被告知塑料袋收费。记者了解到，北京"迪亚天天"部分超市推行购物袋收费已有近一年的时间，顾客对此褒贬不一。北京"迪亚天天"超市开始试行塑料袋收费以来，超市塑料袋的平均使用量只有原来的10%，但是客流并没有减少。北京迪亚首联企业零售有限公司副总经理刘祖良在接受记者采访时做出了上述答复。从今年2月24日至今，来自西班牙的迪亚已在北京的10家"迪亚天天"连锁折扣店中陆续推行塑料袋收费试点，这些店不再免费提供塑料袋，每个塑料袋收费1角钱。对此，刘祖良的解释是："这是折扣店的固有模式。"

"迪亚天天"的这种做法，让塑料袋再一次成为消费者关注的热点。记者随机采访了十几位顾客，绝大多数人认为超市这种做法"太抠门"。

对于消费者提出的"收费塑料袋合理但是否合情"的问题，刘祖良告诉记者，目前各超市以免费形式提供塑料袋，其费用实际已计入商家的经营成本中，最终还是由顾客买单。刘祖良给记者算了一笔账，按照"迪亚天天"每家店一天1 000人的客流量、每个顾客平均消耗1.5个塑料袋计算，一旦北京的85家迪亚连锁店全部对塑料袋收费，一年下来，在塑料袋上的开支至少就能节省100万元。如果塑料袋不收费，"迪亚天天"为其支付的百万元费用必然要摊到商品中去。

北京环保餐具联合组织秘书长董金狮认为，据统计，北京一年就要用掉20多亿个塑料袋，即便是可降解的环保型塑料袋，最终也会污染周围的土地和水质，尽管分解速度更快一些，但是仍然需要几十年的时间。

消费专家分析，消费者在购物后，使用超市提供的免费塑料袋已经成为一种自然的消费习惯。但塑料袋收费是完全可行的，尽管消费者并不一定都买账，但这样可以有效减少使用塑料袋的数量，有利于环保，还可有效降低企业的经营成本。成本降低，商家就能抽出更大的财力和精力用在商品的质量和价格上，这对消费者、商家、环境都有利。

（根据 http://zyowe. host 92 red. com. 2006. 10. 18，《北京：迪亚天天对塑料袋收费》编写。）

▶ 问题

讨论超市塑料袋收费制度是否合理？并说明理由。

第十章

企业营销中的伦理问题

❖ 本章学习目标

阅读和学完本章后，你应该能够：

◇ 了解信息不对称与营销伦理失范
◇ 了解营销伦理失范的影响因素
◇ 了解我国企业存在的营销伦理问题及其对策
◇ 了解中国企业营销伦理建设

开篇案例

秘密经济遭受质疑

网上流传着一个可怕的谣言，某家碳酸饮料企业的原浆中，掺有母国军方的合成制剂，制剂投放在特定国家。这一制剂使长期饮用该种碳酸饮料人群，出现生理和心理上的变异。简单地说就是"哥哥"变成了"妹妹"。当然这都是无稽之谈，网上尽胡扯。不过谣言却不会不攻自破，原因很简单，他们的配方从来都是一个秘密。

同样的谣言也出现在某家路由器生产厂商，谣言说某国军方在路由器中留置了后门，以便在某个特殊时段，发挥一些特殊作用。问题不在于谣言本身，问题的关键是用户对不透明的产品存有疑虑。比如说总有人强调政府使用的操作系统必须是有自主知识产权的，要对操作系统底层的东西一清二楚。这个全世界都一样。

> 技术的专有性是我们这个时代的重要逻辑之一。某种意义上，所谓知识经济就是秘密经济，专有技术构成了现阶段经济的基础。但是这和消费者的知情权的确是有所抵触的。确实，一切秩序都是由厂商的道德来维系的。
>
> 这就涉及了商品信息对称与否、营销伦理等问题。而且不可避免，消费者知情权的实现终究是一种历史潮流。

一、当前我国企业存在的营销伦理问题

随着市场结构的转变和政府法律制度的逐步完善，消费者的自我保护意识得以进一步增强。在消费活动中，有关伦理问题的讨论和争议也随之涌现。但就我国当前的情形来看，由于实行市场经济的时间比较短，在政策法律的制定上难免存在着很多漏洞，这就为一些利欲熏心的企业和个人业户投机取巧钻了空子。企业在市场营销活动中出现了许多违反伦理规范的现象。

（一）市场调查问题

市场调查是企业开展营销活动的首要步骤。通过这项工作的开展，企业试图确定消费者的需求和满足这一需求的行之有效的方法。然而，企业所需要的资料有时是难以获取或不可靠的。因此，有些企业为获得市场信息而不惜侵犯消费者个人隐私，或者利用不正当手段窃取竞争对手的企业情报，或者从事市场调查的目的并不是为了获得真实、准确的市场信息，而只是为某一项早已决定了的营销方案提供支持证据，进而堵住反对者的口舌等。对于获得消费者需求信息的渠道和手段，西方国家已经出台了一系列相关的法律，如禁止企业从消费者的垃圾袋中搜寻涉及消费者隐私的各种资料等。宝洁公司曾为自己的三个员工在企业没有授权的情况下从竞争对手的垃圾箱里搜集信息，而支付给竞争对手 8 000 万美元，并公开赔礼道歉。这一事例充分说明了西方社会对在市场调查中所应遵循的营销伦理的重视。而我国在这方面做的还比较差。一方面，许多企业营销者并不太重视市场调查，或者根本不了解什么是市场调查；另一方面，在市场调查的手段方式上也存在一些不尽如人意的地方，容易引起被调查者的反感和不快，如强制被调查者填写调查表，调查的内容涉及被调查者的隐私等。

（二）产品问题

产品是用来满足消费者需求的物质手段，然而许多企业在制定产品策略时却无视消费者的身心健康和社会发展，做出了许多有违人意、伦理的行为。如假冒伪劣商品的泛滥，不仅损害了消费者的身心健康，而且破坏了正常的市场秩序；企业有时过分夸大产品的好处，却不愿披露产品的负面作用和危险；利用消费者的无知误导消费者，如国内某知名企业在牛奶中加入一种对人体无益的化学物质从而使牛奶看上去比较黏稠，就是利用了一些消费者认为黏稠的牛奶可能更纯的错误观念；有些企业尤其是高科技电子企业过分地推进产品的更新换代，鼓励消费者在老产品尚可使用的情况下丢弃不用，不断地更新产品，早买或多买，但事实上在老产品与新产品之间并没有实质性的改进和变化；产品定位只重视目标消费者而歧视甚至侵犯其他消费者的利益；产品生产造成环境污染和社会成本的增加，如一些小型造纸厂，非法小煤矿的开采等；不健康或无意义的品牌名称，成为现代社会当中影响甚坏的精神垃圾。在前几年城市居民的粮食市场上，有些利欲熏心之徒以次充好，大米掺沙更是司空见惯。因此，有人在买卖时竟然询问消费者是买掺沙的，还是买不掺沙的大米，其道德沦丧之状，利欲熏心之态显露得淋漓尽致。

（三）包装问题

包装是企业为推销商品而递给消费者的一张名片，是消费者借以认识产品的一个最重要的途径。为了迷惑消费者，许多企业乔装改扮，在产品包装上采取了一些非伦理的操作。如产品包装不能披露有关的商品信息如产品质量、原料成分和性能用途等；假冒、伪造其他企业产品或知名商标；擅自使用知名商标特有的标记或近似的名称、包装、装潢；有些商品无质量合格证明、无产地、无厂名、无生产日期、无使用期限；有时企业甚至提供一些虚假的信息，如在产品包装上标注虚假的生产日期；包装过度和夸大包装以此来诱导和误导消费者也是现阶段一个重要的问题，对此西方国家对商品外包装体积和内在商品体积的差别都做出了明确的规定，如美国和加拿大政府规定包装内有过多的空位或外包装与内装物的体积差异过大均属欺骗性包装，澳大利亚规定包装空位不得超过其体积的25%。这些规定有力地保护了消费者的利益。另外，有的包装不当还会导致一些负面的效应。如美国的一家烟草公司曾受到社会的一致批评，理由是这家公司在其香烟包装上使用了一些滑稽可笑的卡通形象，从而吸引了一些判断力差的少年儿童加入到吸烟的行列，这对于少年儿童的身体健康显然是有害的。

（四）价格问题

企业总是希望出售商品，获取利润，因此必须制定合适的价格。但由于消费者与企业之间的信息不对称性，消费者在不知道企业的实际生产成本的情况下很难确定企业索取的价格是否合理。这使一些企业有机可乘，攫取高额利润。在产品价格上通常有两种伦理问题：一是企业凭借自己的垄断地位制定高价，强迫需求和愚弄消费者。有的则抓住了消费者认为价格高就是质量好的心理，利用消费者买贵之心牟取暴利；还有的将过高的广告、推销费用计入产品价格，使价格不能真实地反映产品的生产成本，造成对消费者的误导。二是虚构低价以此招徕和误导消费者，如企业短期制定高价后长期打折或根本没有制定高价却宣称打折。这是一种欺骗行为，因为打折出售意味着对商品的真正价格打折，而不是对人为涨价的价格打折。对这种行为，1964 年美国联邦贸易委员会颁发的反欺骗价格条例指出商场在声称某种商品降价出售前，该商品必须曾以公正的价格出售了"相当长的一段时间，以诚实的价格、良好的信誉，而不是为了故意制造虚构的高价"。我国在这方面的立法也在不断地健全和完善。2002 年下半年，我国有关部门就曾对北京某知名商场抬高价格后再制造降价的假象处以 200 万元的罚款，这应该说是一个好的迹象，说明国家已经对企业的败德行为能够采取一定的措施，这也有利于建立公平竞争的市场经济秩序。

（五）广告问题

制造商生产产品的目的就是为了销售，因此，他必须让潜在的顾客知道有了这种产品、这种产品的用途以及产品成为顾客想要和需要的原因。广告宣传就实现了这种职能。从伦理的角度来看，假设广告没有欺骗、误导和强迫，它有助于达到买卖双方各自的目的，因此它是伦理公正的，并且是许可的。然而在现实的广告宣传中经常会产生伦理问题，诸如虚假和误导性广告，操纵或欺骗性广告，欺骗性战术或过度宣传，以及贬低竞争对手等。一方面，这些广告传递了虚假的信息并且广告商对这种欺骗性是心知肚明的，那么广告商就扮演了一个非伦理的角色。如现在中国市场上做足了"补"的文章，像"补钙"、"补铁"、"补肾"、"补脑"等，好像国人都有欠缺的地方并且企业都能够治疗。在广告宣传中，企业往往宣称自己的产品含有各种营养成分，甚至以一些稀有动物为原料。殊不知这些稀有动物是国家明令禁止捕杀的，那么这种广告的真实性就应该值得怀疑了。2001 年 3 月，上海工商局勒令上海电视台停止播放"脑白金"广告，理由有两个：一个是在以姜昆和其弟子大山为代言人的"脑白金"广告中，反复诉求"今年过年不收礼，收礼就收脑白金"，这显然有利用名人效应贬低竞争对手之嫌。另外，在另外一些广告中，声称"人体的睡眠与体内的脑白金含量有关，人到中老年后体内的脑白金含量会迅速下降"，这些论断并没有科学根据，有误导消费者之嫌。另一方面，如果广告商传递了真实的信息但知道这些信息有可能误导消费者，而广告商并没有给予正确的引导，那么这个广告商也要承受伦理的谴责。如许多批评家指责婴儿奶粉制造商的大规模广告，因为从健康学的角度来讲，母乳喂养更好。还有，在目前国内普遍存在的一种败德行为就是广告垃圾和广告污染。例如，产品广告动辄就与身着暴露服装的美女挂钩，而不管这种产品的性质如何；在广告中过多地宣传"送礼文化"和"权势地位"，败坏了社会风气；以毫无辨别是非能力的儿童为广告对象，利用儿童的无知向其父母施压以购买产品等。这一切大大损害了整个广告业的秩序，也不利于企业与消费者互信关系的建立。

（六）促销问题

企业在产品的成熟期和衰退期，为了应对竞争，扩大市场份额，往往采用各种推销策略，这本无可非议。但市场的激烈竞争使很多企业的促销策略发生了伦理规范上的偏离，如采用高压式的推销策略，强迫消费者购买；采用贿赂、送礼、宴请、娱乐等不正当行为进行促销；采用有偿新闻这种不正当的公共宣传；促销活动传播一些文化糟粕以及不健康的价值观；美丽的风景区被广告牌所破坏；有些促销活动造成恶劣的政治影响，例如，照相馆用日本鬼子道具吸引顾客，餐饮店面的服务员打扮成汉奸的模样等。另外，企业各种有奖销售更是铺天盖地，"买一送一"、"买必中奖"、"购物返还"等，商家的最终解释权让许多消费者吃亏上当。在这方面，美国百事可乐在菲律宾栽的大跟头很能说明问题。1992 年，菲律宾的主要报纸上连续出现了这样的整版广告："你想成为百万富翁吗？请喝百事可乐。"原来，这是百事可乐公司为促销搞的有奖销售。公司声称，在汽水瓶上印有数字号码，每半年开奖一次，中奖者少则可得 100 比索，最多的可得 100 万比索。于是男女老幼皆喝百事可乐，公司由此发了大财。这年 5 月 20 日是开奖日，公司郑重其事地采用"电脑数字选择"方式开奖，中奖号码是 349。顿时，人们纷纷找出珍藏的瓶盖，百事可乐公司门前挤满了黑压压的人群，手持头奖瓶盖者就有 4 000 余人。谁料想百事公司却贴出更正广告："由于电脑铸下大错，349 不是头奖中奖号码。"中奖者由失望转为愤怒，团团包围了百事可乐公司。为了平息风波，公司提出，不论哪一级奖，一律付 500 比索"安慰奖"。但手持 349 头奖的中彩者仍不甘心，有 200 多人将百事可乐公司告到法院。从此，百事可乐在菲律宾的销售量一落千丈。可见，一旦失信于消费者，企业的信誉就会扫地，倒霉的还是企业自身。

（七）分销问题

分销中的伦理问题主要源于企业与分销商之间的关系，拥有名牌产品的制造商可能胁迫其所控制的分销商从事某种特殊的违背伦理的事情，以谋求自己的利益最大化，如规定产品的最低价位或强制分销商销售不合格产品，也可能选择没有经过登记注册或因违法而被吊销营业执照的非法中间商分销产品；或用贿赂方式寻求其他中间商，对不同的中间商实行差别待遇，歧视部分中间商；或在多层传销商品过程中进行欺诈，对不同分销商利用某种特权限制竞争，进行垄断等。而分销商也可能利用群体的力量来迫使制造商做出违背营销伦理的举措。大家都知道，当零售业巨头——国美超市试图进入天津市场时，曾受到天津各大商场的联合抵制。这些商场联合起来向国美的供货商施压，要求这些供货商停止对国美的供货并按照同样的价格向他们供货。原因是国美的价格太富有竞争优势了（国美通过大批量和及时付款进货取得较大的折扣，因此降低了产品成本），允许国美进入天津市场，对长期缺乏竞争优势的天津市场来说无疑是"引狼入室"。为避免"与狼共舞"，减少竞争的压力，就有可能迫使这些商场采取一些非伦理、非理性的手段。这种做法对消费者的利益而言显然是不利的，而且从另一个方面也说明了我国某些市场主体在处理企业关系上缺乏合作与协调的观念。

（八）竞争问题

现阶段，我国要建立新型的社会主义市场经济秩序，就不可避免地存在和鼓励竞争。竞争提高了市场效率，使商品价格趋于合理，给广大消费者带来了最大利益。但只有通过公平合理的竞争，市场才会给消费者带来好处。虽然政府在试图维持公平竞争中起到了一定作用，但如果不从伦理观念上加以引导和制约的话，这种公平市场秩序很难真正建立起来。一种抑制竞争的方式是建立垄断，大型的企业可能会以低于生产成本的价格来削价出售产品，从而维持其市场垄断地位，值得庆幸的是这种方式已被大多数国家所禁止；另一种方式则是某种产品的制造商为了共同的利益结成联盟，互相勾结。最明显的例子莫过于中国现阶段的家电业，如彩电，国内的攻守同盟已经连续组织了好几年，但每次都是不欢而散。其发起者对联盟退出者的指责是毫无道理的，因为这种组织本身就是不合乎市场经济秩序和营销伦理的，他们的指责只能自取其辱，受到广大消费者的唾弃。对于这种有损市场竞争秩序的行为，政府正在制定相关的法律以期推进整个改革的进程。同时，在竞争策略上也存在着许多非伦理的行为，如以不可告人的方式获得竞争对手的知识产权和企业秘密，如以合作、洽谈、考察为名趁机获取对手企业秘密，在对手企业中安插内线等；贿赂收买对方工作人员；使用工业间谍、利用高新技术窃取对手企业秘密；恶性竞争如有奖销售战、价格战、相互攻击、诽谤等；不公平竞争如权力营销等。

二、营销伦理失范的原因与影响因素

（一）商品市场信息不对称是营销伦理失范的基本原因

所谓信息不对称是指经济行为人对于同一经济事件掌握的信息量有差异，即部分经济行为人拥有更多更良好的信息，而另一部分则仅拥有较少的、不完全的信息。现实生活中信息不对称状况是普遍存在的，如股东和企业经营者、保险公司和投保人、银行和贷款人，以及政府和纳税人之间均存在严重的信息不对称状况。商品市场上信息不对称现象通常出现于交易双方之间，而且不对称的程度因交易双方身份的不同而有所区别。

商品市场是由生产者、中间商和消费者组成，市场中的交易通常包括两个层次，即生产者与中间商、中间商与消费者的交易，或生产者与消费者的直接交易。交易中双方信息地位的优劣往往取决于他们各自所拥有的信息量，为此，有必要分析一下三方的信息占有状况。生产者的信息优势在于对产品的生产成本、工艺、所采用的原材料、质量水平等有确切的了解；而劣势在于对消费者的需求、偏好可能把握不太准确。中间商的优势在于对供求双方的信息均有一定程度的了解，如可通过同类商品的比较、调查获知生产者的大致成本，通过产品销售情况推断消费者的需求态势；而劣势在于信息的精确度不高，可能做出错误判断。消费者的信息优势自然是对自己的收入、偏好完全清楚；而劣势则是对产品质量及成本几乎不了解。

如果将交易活动视作一个博弈过程，那么商品市场中存在着生产者、中间商和消费者三方的两两博弈，而要在博弈中获得较有利的结果，所占有的信息量大小无疑是至关重要的。因而，参与博弈的各方都会尽力设法改善自己的信息地位，了解更多的信息。就生产者而言，他会通过市场调查等手段了解市场需求状况，还可以通过营销手段的最优组合刺激需求、创造需求，有目的地强化产品的某一特征。例如，当生产者希望自己的产品以高质量的形象面世时，可赋予其精美的外形、包装，将其价格定得高于同类产品，通过广告、推销人员发布高质量的信息，选择档次较高的商场销售，由此给消费者留下高质量的印象。就中间商而言，作为专业购买者，他会尽量收集产品信息，对已购进的产品则尽力强调其优点，劝说消费者购买；在定价方面，尽量压低进货价的同时尽可能提高销售价。消费者则主要从三个渠道获取商品的有关信息：媒体和销售人员、社交圈中的其他人及自身的消费经验。源于媒体和销售人员的信息通常是片面的，他人和自己的消费经验虽然可信，但这方面的信息却不一定可靠，原因在于：

1. 消费经验是从反复消费中获取的，对于一次性消费或购买频率较低的商品不一定有足够的经验。

2. 消费者面对的是异质的市场，根据垄断竞争理论，当存在规模经济和对竞争的限制时，即会产生垄断竞争或不完全竞争，少数销售者可以控制市场价格。对竞争的限制主要是法律限制和产品差别，前者主要有专利、进入的限制和外贸限制，后者则表现为任何一种产品都是它同类产品的不完全替代品。产品的差别可能是由于品质的不可模仿性，如可口可乐的配料秘方，亦可能仅仅由于品牌的差异。无论如何，在垄断竞争的状况下，销售者拥有影响市场的强大实力，消费者面对千差万别的产品和各种促销活动，其有限的消费经验难以真正改善其信息劣势地位。

信息不对称状况会导致"逆选择"和"道德风险"问题。逆选择是指在价格水平一定的条件下，信誉好、质量高的交易对象会退出交易，而信誉差、质量低的交易对象则会大量涌入，即所谓"劣币驱逐良币"现象。如保险费一定时，越是风险高的人越愿意投保；利率一定时，越是信用质量差的企业越愿意贷款。道德风险则是指拥有信息优势的经济行为人发布虚假信息欺骗处于信息劣势的经济行为人，通过损害后者的利益来为自己谋利。如企业经营者掩盖公司利润不向股东分红，以个人私利而非股东利益为出发点来处理企业经营中的各项事务等。

在信息不对称的情况下，逆选择和道德风险同样也会在商品市场中出现。逆选择主要表现为劣质品泛滥，道德风险则表现为卖方对买方的各种欺诈。应当承认，信息不对称状况并不必然导致逆选择和道德风险，它至多只是这两个结果出现的必要条件，企业作为经济人追逐最大利润的动机为它们的出现从而为企业营销伦理失范提供了充分条件。所谓经济人，按照亚当·斯密的表述，是指那些"……力图应用他的资本，来使其生产品能够得到最大的价值……他所追求的仅仅是他个人的安乐，仅仅是他个人的利益"的经济行为人。作为经济人的企业，其利益的体现无非是利润，而要使利润最大化，自然就得降低成本，提高售价，这种行为在信息对称的条件下会带来效率的提高，而在信息不对称的状况下则极易引起营销伦理失范。

逆选择主要存在于竞争相对比较充分的商品市场中。这些市场一般进入限制较小，技术要求不高，品牌差异对消费者购买决策影响不大，从而价格竞争成为竞争的主要方式。卖方要在保持价格优势的同时获取与以前相当的利润只能依赖于成本的降低，成本的降低既可通过效率的提高，又可通过质量的降低进行。后者虽然更便捷，但如果消费者对此非常清楚，其目的自然难以达到，而在信息不对称的情形下，卖方可利用消费者无法准确把握质量的状况，成功地将劣质品当作优质产品售出。逆选择还存在于品牌、质量差异较大的市场中，如烟、酒，而这主要是通过假冒名牌产品进行的。当然，"假冒"得以成功的必要条件之一也是信息不对称。假冒伪劣产品的泛滥一方面蚕食了正品的市场，另一方面使曾经吃亏上当的消费者不愿购买某些名牌商品，迫使生产优质名牌产品的厂商或是转而生产劣质品，或是避开大众化的分销渠道，从而劣质品逐渐将优质品驱逐出市场，市场为劣质品所充斥。

道德风险主要表现为卖方在价格和促销方面的欺诈。价格欺诈的形式主要有暴利和虚假降价两种。在现实中主要是中间商对消费者进行的欺诈。这是因为，生产者与中间商之间的交易是在信息基本对称的条件下进行的，价格欺诈难以成功；而消费者对生产者和中间商的成本知之甚少，从而容易为销售者所欺骗。而且，在垄断竞争的情况下，由于产品差异的存在，消费者也难以通过同类商品的比较做出正确的选择。促销方面的欺诈表现则多种多样，如发布虚假广告，或在广告中使用含混不清的词语误导消费者；人员推销中采取不正当手段迫使顾客购买；还有的借"有奖销售"之名，搭售劣质、滞销产品，由此种种，无一不是利用消费者的信息劣势地位来获得成功的。应当说明的是，少数地方政府出于自身利益的考虑，不是改善消费者的信息劣势，而是庇护损害了消费者利益的某些企业，致使卖方在与消费者的博弈中总是能取胜；或即使失败，付出的成本（如支付罚金）也远远低于其收益，这种做法无疑对营销道德失范现象的泛滥起了推波助澜的作用。

（二）市场营销伦理失范的影响因素

1. 竞争因素。由于市场经济的确立，企业的生存与发展离不开市场，市场机制的健全、完善与否直接影响到市场交易的主体行为，影响到企业的营销。就我们目前来说，从计划经济过渡到社会主义市场经济的时间还非常短暂，市场体系还没有充分地构建起来。尤其是在当今这个市场竞争异常激烈的时代，企业的经营环境充满着风险，由于企业缺乏一个可指导其发展的长期战略，使企业出现了短期行为。加之市场竞争机制不完善，市场经济的公平原则、竞争原则、诚信原则没有充分体现出来，使一些企业不是主要依靠公平竞争而是采用一系列非伦理的手段竞争。如生产销售假冒伪劣产品、盗用商标等行为，严重地扰乱了市场的正常运行秩序，使那些诚实、守信、依法经营的企业受到了极大损害。

2. 社会文化和企业文化因素。企业的生产经营活动都是在一个特定的文化环境中进行的，企业的营销伦理必然受到文化的影响和制约。传统文化与现代文明相互融合形成了复杂的社会文化环境，它影响到企业员工的价值观、世界观、理想信条，而这些又必然在生产经营活动中反映出来。同时，企业营销伦理还受亚文化层次的影响，不同地区的风俗习惯、伦理道德不同，企业营销伦理也不尽相同。另外，西方伦理道德也影响着我国企业的营销伦理。企业应该提高识别伦理的能力，自觉培养良好的伦理道德、自觉抵制腐朽的东西对企业的侵蚀，摒弃"功利主义"、"利己主义"的思想，主动吸收优秀文明，塑造良好的企业营销伦理。

与社会文化相比，企业文化对企业营销伦理的影响更为直接。企业文化是指处在一定社会背景下的企业，在长期生产经营过程中逐步形成的独特的企业价值观、企业精神，以及以此为基础而产生的行为规范、道德标准、企业风格习惯及传统，经营哲学和经营战略。企业文化对营销决策的伦理性产生重要的影响：

其一，企业文化制约着营销决策的动机。众所周知，企业文化的核心是企业价值观，它如同一个人的价值观引导其价值取向一样，也引导着企业的经营行为，从而引导企业营销决策动机。卓越的企业价值观会引导企业领导者及广大职工将企业利益同消费者利益及社会利益有机结合。有利于营销伦理性决策的制定与实施。反之，错误的企业价值观，将引导领导者及职工片面追求利润最大化，从而扭曲营销决策的动机。

其二，企业文化规范着企业营销决策的内容。企业文化如何规范企业营销决策的内容呢？一是企业文化内容之一的企业目标（或目标文化）为企业的发展指出了直接的、具体的目标，从而指明了企业的奋斗方向。二是企业文化中的企业规章制度成为企业领导者及广大职工经营行为的规则和准则，而且这种规则与准则对企业主体行为带有强制性。三是企业文化中的行为文化如企业伦理，也规范着企业的营销决策行为，从而使营销决策纳入伦理规范。

其三，企业文化的凝聚功能有利于伦理性营销决策的实施。企业文化的核心企业价值与企业精神是企业的凝聚力和向心力的源泉。实践证明，单靠发号施令，很难实现企业经营决策，还必须靠正确的企业价值观及企业精神来激发广大职工的积极性和创造性。企业文化的凝聚功能源于其归属机制（个人离不开群体）、准则机制（高尚的文化准则及价值准则）、情感机制（塑造一种亲密、友爱、信任的气氛）以及内聚机制或向心力机制。总之，优秀的企业文化成为凝聚企业内部广大职工的"粘合剂"，促进了营销决策的实施。

3. 政策、法规因素。一个国家的政策、法规的健全、完善和有效性直接关系到企业营销伦理的维护和培养。从一般意义上来说，伦理和政策、法规是两码事：伦理在很大情况下要靠人们的舆论和自我素养来维持，它具有非强制性；而政策、法规则是靠国家执法部门强制执行的，它神圣不可侵犯。政府立法调控体系是否健全、有效，执行严格与否，政策是否配套一致，是否规范化，是否有利于企业营销伦理的建设，打击非伦理营销力度的大小等这些因素，都会为企业伦理建设提供一个良好的外围环境。如果政策完善，执法严格，而且各种监督机制健全，便会给企业一种强大的压力，使企业感到，如果不按市场的法则及政策和法制的规定文明经商就无立足之地。而且，从历史的发展过程来看，在很大程度上，政策、法规都是由引起普遍关注的伦理问题转化而来的，如消费者权益保护法、环境方面的法规都是将一般的伦理问题上升为政策、法规的结果。

4. 企业领导者个人的道德素质。企业领导者个人的道德素质是影响营销伦理的决定性因素，因为企业的营销活动决策都是由企业领导者做出并监督实施的。

其一，企业领导者是企业法人代表，是企业营销决策的最终决定者。尽管企业所有领导成员都参加营销决策，但当企业法人代表同其他领导者发生意见分歧时，最高领导有最后决定权。企业最高领导者还肩负着企业发展及不断提高职工生活水平的责任、社会的经济责任、法律责任、伦理责任及社会慈善责任等。

其二，企业最高领导者是企业的人格化，是企业的头脑和心脏。其个人道德哲学必然会融入企业的经营决策中。从某种意义上讲，企业哲学、企业价值、企业精神、企业目标、企业民主、企业伦理等是企业最高领导者道德哲学和行为的折射和扩大。

其三，企业最高领导者的道德哲学及个人素质往往决定着企业的价值目标和发展方向。当今时代是科学技术迅猛变革的时代，产品生命周期不断缩短，消费者需求不断变化，加入市场的竞争者日益增多，市场竞争日趋激烈。企业如何进一步发展，主要取决于最高领导者道德哲学及其个人的综合素质。企业最高领导者的个人道德哲学如何影响营销伦理性决策，一方面是通过最高领导者的经营理念去影响营销决策的制定和实施，即在企业经营活动中，技术力量、销售力量、资金及人员等因素起着重要的作用，其中领导者的经营理念是最根本的因素。正确的经营理念是以社会与广大消费者利益为前提，并将企业利益、消费者利益及社会利益结合起来。这种正确的经营理念会融入到企业产品、定价、分销及促销决策的制定与实施中，从而保证营销决策的伦理性。另一方面，通过最高领导者的权威和感召力向企业广大职工传播其经营理念，进而影响营销决策的制定与实施。当企业最高领导者的经营理念是正确的，而且为广大职工所认同和接受时，它对营销决策会产生积极作用。反之，会产生消极的副作用，使营销决策违背道德原则。

企业的领导者是一个企业的法人代表，领导者的道德素质直接关系到一个企业营销伦理的状况。企业的领导者应该树立一个正确的指导思想，具有良好的道德修养，不断提高自身素质，规范约束自己的行为，在其决策时，不仅要考虑企业自身利益，还要兼顾消费者利益和社会利益，增强社会责任感和使命感，使之符合道德建设的要求。

5. 企业内部管理因素。企业内部管理因素主要是指企业的规章制度是否健全，是否建立了上下一致讲求营销伦理的机制，对于营销伦理进行规范的各项措施是否得力，领导者本人是否以身作则，作遵守营销伦理的典范，是否经常对职工进行营销伦理的宣传教育，形成一种重视伦理的环境。尤其是企业职工的文明程度、道德素质如何，直接关系到企业营销伦理的建设，这主要体现在企业产品质量的把关上和对管理层的"压力"上。如果员工以一个"社会人"自居，认识到自己既是一个产品的生产者，又是一个产品的消费者，那么企业上层的非伦理营销决策是难以实施的，必然会首先遭到企业普通员工的反对和抵制。只要所有或绝大多数企业的全体职工一致追求伦理建设，就会形成一个良好社会伦理环境，而各种非伦理营销活动也就没有了孳生的土壤。

三、解决当前我国企业营销伦理问题的应对策略

（一）进一步健全和完善法律法规，为企业从事营销活动制定最基本的伦理底线

前面已经说过，伦理是没有强制约束力的，这种软弱的"负强化"有可能使某些企业经受不住高额利润的诱惑而做出一些有损消费者利益的行为，而企业却逍遥法外。即使企业受到了社会公众的一致谴责，但如果企业在物质上没有受到惩罚而又不关心精神方面的追求的话，营销伦理很难对其发挥作用。因此，必须使某些有关消费者切身利益的伦理规范上升到法律的高度，用法律来强制这些伦理规范的遵守和执行。如《中华人民共和国食品卫生法》、《中华人民共和国消费者权益保护法》等一系列法规都经历了一个从伦理上升为法律的过程。这些法律虽然不能解决所有的问题，但它对消费者利益和诚实经营的企业来说确实起到了重大的保障作用。其他一些伦理规范虽然不一定能上升到法律的高度，但它是对法律规范一种强化和补充。也就是说，合法的营销行为不一定都是合乎伦理规范的，必须将法律规范和伦理规范结合起来。西方许多国家都制定了有关企业伦理方面的规范，尤其是在广告伦理、市场竞争伦理方面，有很详细的伦理立法。韩国企业界推出了《企业伦理宪章》，得到企业界的积极响应，一个时期以来，"伦理经营"、"正道经

营"、"透明经营"等口号在韩国企业界广为流行，各企业纷纷将"宪章"规定付诸行动，强化自我约束，促进了文明经营。我国的荣事达集团也制定了《企业竞争伦理谱》，在社会上造成了广泛的影响，因此，企业界应根据中国实际，积极行动起来，尽快制定出自己的《企业经营伦理规则》以及其他专门行业的伦理规则，作为企业开展市场营销活动的行为准则，由此推动"文明经营"和"伦理营销"等良好风气的形成。

（二）加强营销伦理的舆论宣传，增强消费者自我保护意识

现阶段，我国出台的一些法律法规存在着执行难的问题，其中一个重要原因就在于我国大多数消费者自我保护意识较弱，消费知识缺乏，更不知道用何种手段来保护自己的权益。更有甚者，竟把保护自己的利益作为一种时髦，如动不动索赔天文数字或仅仅索赔一元。对于这种行为，我们不便强加指责，只是希望我们的消费者在保护自己的同时，也要考虑企业的承受能力和对社会的影响。所以，关键的问题是如何对消费者的自我保护意识加以正确的引导。一方面，新闻媒介应加大对有关消费者权益保护的宣传，政府也应该大力协助其开展各种提高消费者权益意识的活动，同时加强对各种损害消费者利益的行为的惩罚；另一方面，在加强消费者团体建设的同时，也要对现实中发生的各种纠纷给予合理的解决，从而为消费者的自我保护行为建立最初标榜和典范。

（三）加强营销伦理教育，提高营销者的道德素质

企业的营销行为是企业与消费者发生互动关系的行为。在这种互动关系中，营销者通过实施一定的营销策略来打动消费者，传播企业文化，塑造企业形象，并实现企业的盈利目标。但就目前的现实状况来说，大多数营销者的道德素质不尽如人意，急功近利、损人利己的思想尤为严重，所以必须要加强对营销者的思想道德教育。一方面，要从思想上向他们灌输正确合理的营销伦理规范，使其树立正确的义利观，形成公正的是非善恶的判断标准，做到防微杜渐；另一方面，要对营销者偏离伦理规范的各种行为及时地进行纠正和引导，使这些败德行为不致愈发严重，做到亡羊补牢。一个成功的企业首先应当是一个注重伦理道德、具有较高美誉度的企业，因为只有这样才能得到市场的认同。如果忽视伦理道德，损害消费者利益和败坏社会风气，这种企业注定要失败。

（四）按照营销伦理的要求，企业应系统制定一系列制度来规范企业和营销人员的行为

一个优秀的企业应该是道德高尚的楷模，它们不但遵守社会公认的伦理规范，而且形成具有自己特色的良好的伦理体系，并通过各种途径向公众传达，以提高企业的美誉度。因此，企业在营销中必须把伦理规范放在优先位置，建立一套广泛而固定的与产品开发、广告促销、定价、服务等有关的伦理规范。如美国通用汽车公司制定了长达20页的伦理标准来指导和约束企业的营销行为。显然，我国在这方面做得还不够，营销伦理规范化和条例化的程度比较低，这也使得一些营销人员在从事具体工作时缺乏规范性的指导，营销行为的伦理性比较差。

（五）根据团体压力原则，组建"压力集团"

团体压力原则指人在团体中时常带有顺从团体压力的倾向，是人在团体中的心理和行为表现规律之一。团体压力可以迫使其成员接受某些共有的伦理规范，放弃某些非伦理规范，从而弘扬优良的社会风气，监督抑制某些不良行为和作风。利用一些社会团体或组建一些社会团体来形成压力集团，一方面可以敦促政府制定和颁布各种有关规范企业营销活动的立法；另一方面可以迫使企业转变经营思想，要求企业的经营活动不仅实现长期利润最大化，还要考虑消费者的长远利益及社会利益，遵循社会公认的伦理规范。美国等西方发达国家20世纪60年代就爆发了保护消费者权益的运动，涌现出了许许多多消费者组织。这些组织揭露出企业种种非伦理的营销行为及其带来的诸多社会问题，采取各种方式保护消费者合法权益，把保护消费者权益运动推到了高潮。同时，由行业协会制定统一的行业职业道德标准，对市场营销活动也起到了很大的规范作用。在这方面，美国市场营销协会（AMA）可被称为典范。AMA规定了其成员应遵守的职业道德标准，任何AMA成员如被发现违背其伦理规范，就可能被取消会员资格，此举收到了较好的成效。我国的"消费者协会"也正是这样一种压力集团，对于保护消费者合法权益，抵制非伦理营销行为，树立全社会营销伦理新风尚起到了显著作用。

（六）树立市场营销观念和社会营销观念

市场营销观念和社会营销观念不仅是企业参与市场竞争的指导思想，同时也是营销伦理的最高层次，也就是自律阶段。因此，企业首先要树立"以消费者为核

"心"的现代营销观念，同时还要树立重视社会效益的社会营销观念，这是企业营销伦理建设的最根本措施。现代营销观念把顾客需要作为企业的营销方向，并把它放在首位，对消费者利益的重视是企业的主动要求，而不是被动行为。社会营销观念要求企业自觉考虑社会责任和义务，注重社会利益，讲求社会公德。这两种观念代表着成熟的市场经济和经济行为的理性"自律"建设，能够积极引导企业把顾客利益、社会利益、企业利益有机地结合在一起，能够从内心深处接受消费者意愿，自觉地为顾客提供优质产品和服务，自觉地回报社会。

● 本章小结 ●

　　企业营销中的主要伦理问题包括：市场调查中的信息失真问题、产品策略中的知识产权和质量问题、包装策略中的虚假信息披露问题、价格策略中虚构成本问题、广告促销中的虚假宣传问题、促销策略中的虚假奖励促销问题、分销策略中的胁迫问题、竞争当中的不正当竞争问题，等等。

　　造成企业营销伦理失范的原因很多，主要是信息不对称造成的。除此之外，竞争因素，社会文化和企业文化因素，政策、法规因素，企业领导者个人的道德素质、企业内部管理因素等，也是会影响到企业的营销伦理行为。

　　解决当前我国企业营销中存在的伦理问题，主要应从以下几个方面入手：一要进一步健全和完善法律法规，为企业从事营销活动制定最基本的伦理底线；二要加强营销伦理的舆论宣传，增强消费者自我保护意识；三要加强营销伦理教育，提高营销者的道德素质；四是企业要按照营销伦理的要求，制定一系列制度来规范企业和营销人员的行为；五要根据团体压力原则，组建"压力集团"；六要树立市场营销观念和社会营销观念。

▶ **思考题**

　1. 简述信息不对称对营销失范的影响。
　2. 营销伦理失范的影响因素有哪些？
　3. 如何解决我国企业存在的营销伦理问题？

▶ **案例应用**

　　近来，面对油价飙升的困惑和节油的诱惑，一些车主方寸大乱。在此情形下，福州市不少汽配店推出琳琅满目的节油产品。在市区的一些加油站，工作人员向过往车主推销所谓节油产品。有关人士披露，很多销售节油产品的商家在昧着良心赚钱。

记者近日在福州亚太汽配市场等几家大型汽配城的调查发现，几家规模较大的汽配商家都在销售节油产品，主要是节油添加剂、节油贴、节油器三大类。其中，一半以上的商家称是在为厂家代卖产品，并没有批量进货，大部分没有现货，多数产品都是进口货。

在福州茶会附近的几家汽配店，记者看到几种节油剂的宣传画挂在醒目位置。当听说记者打算买节油产品时，店员开始热情地介绍各种名为"省油专家"的产品，还特别推荐一种金属瓶装100毫升的节油剂。"这是销售得最好的，可直接加入汽油中，每瓶55元，第一次使用时要连续使用3瓶，跑足3 000公里再加1瓶就够了！"记者在这种名为"燃油精"的广告宣传单上看到：可省油15%～30%。

据了解，类似的节油剂市场售价相差悬殊，有的卖几十元，有的却高达上百元，而且售价高的产品外包装上都是外文。记者问有没有节油外置设备，店员很快拿出两块半圆形磁铁，"只要把这种节油器吸在油管上就可以达到10%以上的节油效果"。

在这些节油产品的说明书上，记者没有看到具体厂址、厂名与产品标准，只标有代理商联系电话与地址。福州市工商部门的有关工作人员说，这些"神奇"的节油产品大多是"三无产品"，据相关规定，即使是进口产品，也要有厂址、厂名等中文标识。

在油价不断走高的压力下，记者调查发现，大多数车主都考虑过使用节油产品以节省用油，相当一部分人抱着尝试的心态正在购买节油产品，而购买这类节油产品的大多是开车新手。车主张先生这几天都在网上查找节油产品的有关信息，也在一些汽配市场逛了好几天。他告诉记者，有几位开出租车和货运车的朋友已经买了一两种正在试用。到目前为止，见过的节油产品牌子有20多种，优劣无从分辨，倘若是伪劣产品，花钱事小，损坏了自家的汽车麻烦就大了。

福州永塘盛汽车美容行的技术总监陈先生说，他曾代理销售过几种汽车节油产品，但客户反映都不好。他认为，目前市场上的汽车节油产品节油率只能达到5%～10%，虽然销售商都能拿出各种机构的检测证明其产品高于10%的节油率，但往往是夸大其词，误导消费者。如果真有这么好的省油办法，汽车厂商肯定会直接运用在汽车技术上。这些"三无产品"之所以能有市场，经销商的一大手段就是拿出一大堆的证书：某检测站的检测结果、某保险公司的承保产品、某协会推荐的环保产品等。

"我在几年前曾对一些厂家的节油剂进行测试，但没有发现其所说的节油功效。如今，市面大量的节油剂、节油装置等节油产品动辄称节油率达到百分之十几，甚至更高，这根本不可能"。福州大学机械工程与自动化学院的一名教授说。

这位专家认为，目前各国汽车制造商与研究机构都在致力于汽车节油研究，但还未有哪家研究机构在汽车其他性能未加改良的情况下，利用在汽油中添加所谓的节油剂或在油管上安个简易设备就可达到大幅度节油的效果。

专家说，在实验室的几次试验发现，使用了部分所谓的节油产品及设备，不仅节省不了燃油，反而增加了油耗。福州市质量检测部门的有关人士说，目前国家还未对汽车"节油产品"制定过统一的国家标准和行业标准，此类产品在市场上的销售相当混乱。

▶ 问题

1. 结合案例，讨论信息不对称对营销伦理产生的影响。
2. 针对当前的情况，企业应该如何应对？

第十一章

企业财务管理与
财务信息的披露

❖ 本章学习目标

阅读和学完本章后，你应该能够：

◇ 了解企业财务中主要的伦理问题

◇ 了解会计信息的作用

◇ 了解会计信息披露中的伦理问题

◇ 了解企业重组与并购的概念

◇ 了解购并与重组中的伦理问题

开篇案例

安然公司的财务欺诈

2001年10月，世界能源巨人安然被曝出财务丑闻，2002年1月，安然彻底崩塌，宣布破产。这个巨人在"春风得意马蹄疾"时戛然而止，轰然倒下。是什么导致了它的猝亡？最直接、最致命的原因就是来自于它自身财务管理的失控。

安然通过复杂的财务结构，肆无忌惮地虚构巨额利润，隐匿债务。而这个复杂的财务结构就是安然财务做假的关键。安然利用层层控股的方式，发展了3 000多个子公司和合伙公司，用最少的资金达到数量巨大的融资目的。如A公司作为安然的上市公司，它以51%控股B公司，B公司同样以51%控股C公司，如此往复。表面上 A 对 C、D、E……等公司只有26%、13.3%……的控股，甚至到后来只有几个百分点，但实际上，A 公司是完全控制 C、D、E……公司的。

根据美国通用会计准则 GAAP 的规定，对于股权不超过50%的子公司，无须合并其会计报表。这也正让安然钻了空子，意思就是，这些子公司的利润都会集中出现在 A 上市公司的财务报表上，而债务则不会在其负债表中体现。成也萧何，败也萧何。无疑这造就了安然的辉煌和繁荣，但同时也为安然崩塌埋下了致命的隐患。

另外，安然财务上的致命环节还体现在其财务监管方面。安然聘请的安达信公司，曾经是世界上五大会计师事务所之一。安然与安达信，一个想节约成本，一个想搂住利益丰厚的会计合同，最后形成了安达信既给安然作账，又进行审计，还作咨询，这种集会计与审计为一体的制度为安然做假提供了条件。这种做法对安然来说无异于掩耳盗铃、饮鸩止渴。除此之外，安然还制造概念，自创所谓的 SPE（特殊目的实体）体系，增加不记入资产负债表的业务，从而降低资产负债率。安然在会计处理上，还率先采用一些伎俩，使公司能够将未来收益但尚未产生收入的长期合同的盈利写入财务报表中，如 Market to Market "盯市"会计制度。

财务管理作为企业最重要的管理之一，直接关系着企业的经济命脉，关乎企业的生死存亡。安然财务管理上的造假与失控，也就是财务管理的伦理问题，导致了安然公司的最后失败。

（根据 http：//blog. sina. com. cn. 2006.05.12，《安然公司破产案》编写。）

一、企业财务中的伦理问题

（一）财务管理概述

财务管理是指对某一独立核算单位的财务活动进行有效的组织，正确处理好内外部各项财务关系并为提高其整体管理水平和整体价值服务的一项经济管理工作。无论是对于生产性企业、企业性企业，还是其他性质的单位而言，财务管理都是企业管理的不可或缺的一个重要组成部分。

严格来说，财务管理并不等同于会计，前者主要是包括筹资、投资、财务分析、利润规划与分配、资本经营等业务内容；后者是对于过去的经营事项进行确认、核算与报告。那么，会计工作中产生的财务报告（包括反映某一时点财务状况的资产负债表、反映某一时期经营成果的利润表和反映现金流量状况的现金流量表这样三大会计报表及其会计报表附注以及财务状况说明书）对财务管理中的财务分析提供了数据基础，并且财务报告和财务分析指标一并成为企业各相关利益方做决策的依据，也就是会计信息。

那么，企业的财务管理活动从大的方面来说，一方面，会计部门负责对企业的经营活动进行核算和监督，并向与企业利益相关的各方提供会计信息，以便于有关各方了解企业的财务状况、经营成果和现金流量并据以做出经济决策，同时也有利于企业内部的管理当局据以做出经营决策，加强经营管理，提高经营效益。另一方面，资本经营，也就是企业在资本市场上通过发行或购买债券和股票等方式为企业进行融资投资，通过收购、兼并、剥离、改制、上市、托管、清算等手段及其组合，对企业的股权、实物产权或无形资产的知识产权商誉等优化配置来提高资本运营效率、谋求竞争优势。

（二）企业财务中主要的伦理问题

在现实的理财与投资活动中，存在着各种出于利己而不惜损害他人利益的不道德行为，主要有两种：

1. 会计信息披露失真严重，财务数据造假严重。当前，在会计领域中，不讲道德违反经济伦理原则的现象非常普遍，如假凭证、假账簿、假报表、假审计以及假评估等，这些虚假的会计行为导致了虚假的会计信息。对于上市公司而言他们为争取或维持上市资格而伪造财务数据、为哄抬股价而有选择地披露财务信息，这些都是违反企业伦理的，是不道德的。

2. 公司重组与兼并中存在的伦理问题。在公司重组与兼并中，存在不道德的问题有：被并购方向并购方隐瞒自己的真实情况在并购方完成了并购行为后才透露出来，损害了并购方利益的行为，如第三节所列香港兆峰公司收购内奇集团的案例；另外还有恶意并购中存在的道德问题等。

二、公司财务信息的披露

公司财务数据的披露包括财务报表数据、财务分析数据以及财务指标数据的披露，也就是会计信息的披露，主要是通过财务报告的形式提供给各个会计信息需要者。

（一）会计信息的作用

1. 会计信息有助于有关各方了解企业财务状况、经营成果和现金流量，并据以做出经济决策。企业的投资者、债权人、政府、员工等，都需要根据高质量的也就是真实可靠、及时充分的会计信息做出决策。例如，对于作为企业所有者的广大投资者来说，他们为了选择投资对象、衡量投资风险、做出投资决策，不仅需要了解企业包括净资产收益率、市盈率等指标在内的盈利能力和发展趋势方面的信息，也需要了解有关企业经营状况及其所处行业等方面的信息；对于债权人来说，他们为了选择贷款对象，衡量对方的偿债风险，做出贷款决策，不仅需要了解包括流动比率、速动比率、资产负债率等指标在内的短期偿债能力和长期偿债能力，也需要了解企业所处行业的基本情况及其在同行业中的地位；对于社会经济管理者的政府来说，他们为了征税需要会计信息，还为了制定经济政策、进行宏观调控、配置社会资源，需要从总体上掌握企业的资产负债结构、经营状况和现金流量情况；对于员工来说，他们为了了解所在单位的经营状况也需要会计信息。由上述可以看出，这些有关各方都需要会计提供有助于他们进行决策的信息，都离不开会计信息。

2. 会计信息有助于企业内部管理当局加强经营管理、提高经营效益。虽然，为了满足企业内部经营管理对会计信息的需要，现代会计已经有了以满足内部经营管理需要为主的管理会计，但这并不意味着企业内部经营管理不需要财务会计信息。通过分析和利用财务会计提供的有关企业财务状况、经营成果和现金流量的信息，企业管理者可以全面、系统地了解企业的经营状况，并在此基础上预测分析未来前景，还可以发现过去经营活动中存在的问题，找出原因提出改进措施。另外，会计信息通过真实地反映企业的资本结构，为处理企业与各方面的关系、考核企业管理人员的经营业绩、落实企业内部责任奠定了基础，也有助于加强企业经营管理，提高经济效益。

3. 会计信息有助于考核企业领导人经济责任的履行情况。企业接受了包括国家在内的所有投资者和债权人的投资，就有责任按照预定的发展目标和要求，加强经营管理。会计信息有助于考核企业领导人经济责任的履行情况。

4. 从宏观方面来说，会计信息对于社会资源的优化配置具有一定的调节作用。社会资源的分配涉及两个层次：第一层，将社会资源分配于国民经济各部门和各企业，在市场经济条件下，这种分配主要是在资本市场内完成的，出资者（包括投资者和债权人）将资金投入企业，资本的趋利性使得资源自然流向效益较高的企业，而经营不好的企业必然在资本市场上遭到冷遇，甚至被淘汰；第二层，当社会资源流入企业之后，经营者必须做出各种决策，以恰当分配与合理利用这些资源，争取较好的经济效益。不难看出，在资源分配的第一层次，投资于哪家企业由企业外部出资者决定，但会计信息对这种投资者决策起着举足轻重的作用，从这一点上来说这个作用是上述第一个作用在宏观上的延伸。

（二）会计信息披露中的伦理问题

企业的会计信息是会计从业人员的产品，但它不是一般意义上的产品，而是被赋予了道德意义的特殊公共产品，作为公共物品，就应满足会计信息使用者的需要，这里所说的会计信息使用者包括现实的使用者、潜在的使用者、内部的使用者、外部的使用者。会计信息提供者能够提供什么样的会计信息，直接关系着使用者的利益，原因前面已经详细列述就是会计信息使用者会根据会计信息进行决策，如果会计人员违背伦理原则的要求，提供了虚假会计信息，势必影响到使用者决策的科学性，损害用户的利益。如果其中有任何一种利益相关者也就是信息使用者不能从企业财务的披露行为中获得利益，那么他们或者因此而与其他利益相关者发生严重的利益冲突，由此大大降低企业的经济效率，最终使企业无法生存下去；或者干脆因此退出企业行为使企业无法存在下去。但目前会计领域违反经济伦理原则的现象普遍存在。前任总理朱镕基曾针对这种情况提出了"诚信为本，操守为重，遵循准则，不做假账"的十六字方针，这可以看成是我国会计领域的基本伦理准则。

1. 会计信息披露中的伦理问题主要表现为做假账。如上所述，会计信息是企业各相关利益方做决策的依据，企业有义务根据会计的相关法律规则向各方提供真实可靠的会计信息，而目前存在的会计信息失真严重地损害了各相关方的利益。以下案例值得我们认真研究。

（1）1998年4月29日，证监会调查组披露了以下事实：琼民源1996年年度报告和补充公告所称1996年"实现利润5.7亿元，资本公积增加6.57亿元"的内容严重失实，虚构利润5.4亿元，虚增资本公积6.57亿元。

（2）《北方青年报》：郑百文1996年上市当年的6 000多万利润虚增了1 000多万元；1995年实际利润4 000多万元，虚增了1 000多万元；1994年实际利润

3 000 多万元，虚增了 200 多万元。公司一位负责人并非开玩笑地说，虽然上市前三年公司绝对盈利，但有一个"虚"字，所以是虚假上市。《财经时报》：从证监会的处罚公告来看，"郑百文公司上市前采取虚提返利、少计费用、费用跨期入账等手段，虚增利润 1 908 万元，并据此制作了虚假上市申报材料；上市后三年采取虚提返利、费用挂账、无依据冲减成本及费用、费用跨期入账等手段，累计虚增利润 14 390 万元，以及股本金不实、上市公告书重大遗漏、年报信息披露有虚假记载、误导性陈述或重大遗漏"。也就是说，郑百文上市前三年虚增利润，上市三年后又虚增利润，共有 6 年的弄虚作假历史。这个被树为企业模范典型的郑百文欺骗了投资者，它首先要赔偿不明真相买入郑百文股票的所有投资者的经济损失。

（3）财政部发布了对部分行业 2000 年度会计信息质量抽查公告。与以前年度抽查情况相比，该次抽查中发现的被查单位资产和利润失真度有较为明显的下降，但是假凭证、假账、假表、假审计和假评估等"五假"问题仍不容忽视。该次共抽查了医药、纺织、民航、冶金、石油石化等行业的 320 户企业和事业单位。抽查发现，被抽查的企、事业单位资产不实 73.75 亿元，利润不实 35.11 亿元。其中，资产不实比例在 1% 以上和利润不实比例在 10% 以上的分别占全部被抽查单位的50% 和 57%。

抽查结果表明，部分企、事业单位的会计信息失真现象还很严重。一些单位为了达到扭亏为盈、享受"债转股"优惠政策、小集团利益、包装上市、领导人出政绩等目的，随意调整报表合并范围、巨额潜亏挂账、人为调节利润。据统计，本次抽查中发现人为调节利润、虚盈实亏的企业 32 户，占被查单位的 10%。人为调节利润总额达 13.7 亿元，其中虚增利润 10 亿元，虚减利润 3.7 亿元。另外，部分单位财务管理混乱，缺乏有效的内部控制机制，账外设账、私设"小金库"等问题屡禁不绝。在被查的 82 户医药企业中，有 12 户明显存在账外账，在法定会计账簿之外的资金高达 10 014 万元。药品的高额回扣、让利更加剧了部分医药企业会计核算的混乱，使会计信息严重失真。

抽查显示，会计师事务所的审计质量良莠不齐。该年所查的 125 家会计师事务所的总体审计质量比往年有所提高，但仍有部分会计师事务所未实施必要的审计程序，出具了不恰当的审计报告。尤其是为 32 户虚盈实亏的企业出具审计报告的事务所，均不同程度地认可了企业虚盈实亏的情况。部分会计师事务所为了规避审计责任，用保留意见或带说明段的无保留意见审计报告代替否定意见的审计报告。一些经过合并重组的会计师事务所虽然取得了各类资格，但执业质量并没有得到实质性提升，个别事务所还存在出借资格、买章卖章的问题。

从企业伦理的角度说，企业造假账，提供虚假的财务信息往往是一种侵害他人权益的欺诈行为，是不道德的；从小的方面来说会损害某一利益相关方的利益，从大的方面说会引起社会资源的不合理配置，导致经济结构的混乱最终危及整个社会。当然，会计信息失真有多方面的原因，有的是企业内部会计人员为了掩盖自己挪用公款而造假账，给公司管理人员做出正确决策设置了障碍，损害了投资者和其他员工利益；有的是为了能够达到上市条件而造假账，如例2所述的郑百文，严重损害了广大中小投资者利益；还有的是为了达到偷逃税款的目的造假账，侵害了国家和其他普通纳税人的利益，有悖于经济公平原则；还有的是企业领导或企业所在地官员为粉饰经营业绩、政绩而命令本单位会计造假。所以，前中国证监会主席周道炯曾在一次论坛上说："中国企业的会计，实在是很难做的！去银行贷款，要将资产做大；去税所交税，要将收入做小；向上级邀功，需将利润做大；欲私设金库，又需将利润隐瞒……"做假账问题令人深思。

2. 会计信息失真的原因与对策。严格来说，会计信息失真按其性质应分为实质会计信息失真与合法会计信息失真两种，其中后者是因为受会计本身特点的制约以及会计规则、制度的不完善而引起的，前者才是我们要讨论的有损各相关利益方利益的会计失真问题。会计信息失真产生的原因及相关对策主要有以下几个方面：

（1）会计人员本身素质不高对会计信息的质量和可靠性有很大的影响。这表现在两方面：一方面，会计人员业务素质不高，缺乏专门的理论学习和严格的业务训练，这样影响了会计信息的质量；另一方面，会计人员也许有很高的业务素质，但自身道德修养低，如私自挪用公款或存有其他损公肥私的行为，利用会计造假来掩盖自己的不道德或违法行为，而影响了会计信息质量。针对这两种情况应该采取的对策是规范会计人员的教育培训制度，严格筛选制度，必须拥有某种资格才能上岗（当然目前已经是这样），并且要进行再教育和不定期的抽查考核，勒令不合格者退出其岗位，以便促进会计从业人员业务素质的提高；还要加强会计人员的职业道德教育，建立和完善会计人员的职业道德准则，对会计人员的行为进行伦理规范和教育。我国著名会计学家潘序伦先生指出"会计的职业道德应以品德、责任、业务技术三方面合为一体：品德应做到遵纪守法，以身作则，坚持原则，廉洁奉公；责任应做到按政策、原则、制度办理；业务技术应做到精通熟练"。针对会计人员损公肥私的会计造假而言要采取的对策是健全内部控制制度，进行细致的责任分工和实行业务牵制，推行会计人员定期和离任审计制度以防止会计人员作奸犯科，另外一旦发现会计从业人员的损公肥私行为一定要依法严惩。

（2）现代企业产权制度形成了大股东与小股东之间、所有者与经营者之间的信息不对称，这是会计信息失真的客观基础。在现代企业制度下，企业所有权与经营权分离，两者在经济上的联系表现为一种契约关系。两者的利益有时会产生矛盾，企业的所有者追求企业价值最大化，经营者希望在提高企业价值和股东财富的同时，能更多地增加自身的利益，而经营者的自身利益是所有者的成本之一，所以经营者与所有者利益不一致，从而形成了信息不对称问题，从事经营活动的一方为最大限度地增加自身的利益，他们可能更看重短期效益给自己带来的利益，而不关心企业的长远发展，在适当的范围内左右会计信息的生成粉饰自己的业绩，满足自身利益从而损害了所有者的利益。针对这一点要采取的对策是：应该建立有效的激励机制，使经营者和所有者的利益尽可能趋于一致，例如"股票选择权"方式，就是允许经营者以固定的价格购买一定数量的公司股票，当股票的价格越高于固定价格时，经营者所得报酬越多；"绩效股"形式，它是公司运用每股利润、资产报酬率等指标来评价经营者的业绩，按其业绩大小给予经营者数量不等的股票作为报酬，如果公司的经营业绩未能达到规定目标时，经营者也将部分丧失原先持有的"绩效股"，这样他们与所有者利益一致起来。当然它也不是完美无缺的，经理人员为了让其所持股票升值，也有可能粉饰报表，所以要对其加以适当的规范，比如规定不允许经理人员在任期内抛售本公司股票，即使允许，事先也应公开披露说明。

（3）内外部会计人员不能有效实施监督，也是导致会计信息失真的原因。这主要是根源于利益相关，从两方面说起：一方面，新老《会计法》都赋予了内部会计人员有依法监督本单位领导的职权，但是会计人员作为企业里的一员与企业领导者存在着利益上的依附关系，如个人报酬、晋升等都取决于领导的意志，他们不得不为自身的利益有所顾忌，对于经营领导者的不正当行为不但起不到监督约束的作用，反而迫于领导压力听从领导指挥协同造假，导致会计信息失真。这主要是因为会计由单位聘任所致，鉴于此，应采取的对策是将会计从所服务的单位中分离出来，实行会计委派制，并且一旦发现企业有造假账的现象，首先应该查处企业负责人，而不是查处会计人员。另一方面，外部的会计也就是负责审计的会计师事务所和注册会计师，他们号称是"市场经济中不拿国家工资的经济警察"，其职责就是防范企业会计造假。我国建立的"三位一体（单位内部监督、政府监督、注册会计师监督）"的会计监督体系，要求国有大中型企业和上市公司的财务报告必须经过注册会计师的审计后方为有效。虽然注册会计师的工作就是审计的目的是为了向股东、政府、债权人等证明所审单位会计信息是否真实，但一些会计师事务所受利益驱使，拉业务不择手段，迁就客户，纵容客户，接受客户贿赂，他们总是倾向于不做任何会导致企业客户不快的事情，丧失独立公正性。例如，2001年12月25日，审计署公布了对16家具有上市公司年度会计报表审计资格的会计师事务所实施质量检查的结果，在被抽查的32份审计报告中，有14家会计师事务所出具了23份严重失实的审计报告，涉及41名注册会计师，造假金额达70多亿元人民币，造假面达87.5%。再如，由安然事件引发"安达信"的瓦解和"银广夏"事件导致"中天勤"的彻底出局。这些都是注册会计师对于企业的会计信息造假不予揭示，出具虚假的审计报告，损害了股东、债权人等的利益，也导致了人们对注册会计师行业的信任危机。鉴于此，要采取的对策是改变会计师事务所的组织形式，现有的组织形式不需违反审计准则的注册会计师事务所承担无限责任，其职业道德和执业质量就失去了最根本的机制约束和保障。如果让有过错的合伙人承担无限连带责任，无过错的可免遭"株连"，这就增加了注册会计师执业时的压力，有助于维护独立性；另外还需要提高注册会计师的职业道德素质和专业胜任能力。

（4）针对于上市公司而言，他们自身的因素也是导致造假的原因之一。公司上市的条件有严格限制，我国《公司法》规定公司上市的一个必要条件是最近3年连续盈利，于是许多本身并不具有上市资格的公司为了发行股票，扩大资本，在确定上市目标后做的头件大事就是保证"连续3年盈利"，对反映企业经营状况的财务报表大做文章，从而骗取上市资格；另外，有的公司上市后经营业绩不佳，财务状况不好，为了达到继续增发股票等目的，也对财务报告进行粉饰。例如，上述例2中的郑百文。针对这样的情况采取的对策应是加强证监会对上市公司的监督力度和惩罚力度。

（5）舞弊成本低于舞弊收益，也是会计信息失真的原因之一。目前，我国主要是依靠行政手段来打击会计舞弊行为，追究刑事责任的极少，民事赔偿的更是微乎其微，而且所处罚的金额也较少。据有关资料统计，过去10年内会计造假被发现并受处罚的上市公司不足100例，造假成本远小于造假收益，于是导致了会计造假的普遍存在。针对这一因素，应采取的对策是加大对会计造假的惩罚力度以致信息披露不真实成本大于其收益，从而遏制企业的会计信息造假行为，当然这需要相关法律规定的改进进行配合。

总之，治理会计信息失真，宏观上应该从建立健全法律法规，改善外部会计环境，真正建立与完善现代企业制度和监督制度，改革人事管理制度，加大执法力度等入手；微观上，应该从改进会计选拔机制，加强会计人员的管理和后续教育，强化内部监督等方面入手，提高会计信息质量，真正维护信息需要者的利益。

三、企业并购与重组

企业在其生命周期中，成长性是其生存和发展的基本条件，企业大部分的成长都是由正常的资本预算活动来扩充自己的部门，而企业并购重组是公司快速外部扩张的主要渠道。获得诺贝尔经济学奖的史蒂格尔教授在研究中发现，世界上最大的500家企业全都是通过资产联营、兼并、收购、参股、控股等手段发展起来的。首先我们重温一下并购与重组的相关概念。

（一）企业并购与重组的概念

1. 企业并购。

（1）企业并购是企业兼并与企业收购的简称。企业的兼并通常是指一家企业以现金、证券或其他形式（如承担负债、利润返还等）投资购买取得其他企业的产权，使其他企业丧失法人资格或改变法人实体，并取得对这些企业决策控制权的投资行为。这里的兼并也就是我国《公司法》中的吸收合并，也就是一个公司兼并了另一个公司而存续，而被兼并公司解散失去法人资格。与之对应的是新设合并，就是两个或两个以上的公司合并设立一个新的公司。

收购是对企业的资产或股份的购买行为，是指企业用现款、债券或股票购买另一家企业的部分或全部资产或股权，以获得该企业的控制权的投资行为。收购的对象一般有两种：股权和资产，收购股权是购买一家企业的股份，收购方将成为被收购方的股东，因此要承担该企业的债权和债务；而收购资产只是一般资产的买卖行为，收购方不需要承担被收购方的债务。收购与兼并的相同点在于：都是增强企业实力的外部扩张策略或途径，或者为扩大经营规模，或者为拓宽企业经营范围实现分散化或综合化经营，或者为扩大企业的市场占有率等；都是企业资本经营的一种方式，都是一种导致资产流动或产权转移的行为。不同点在于：在兼并中，被兼并企业作为法人实体不复存在，而在收购中，被收购企业可仍以法人实体存在；兼并后，兼并企业成为被兼并企业新的所有者和债权债务的承担者，而在收购中收购企业是被收购企业的新股东，以收购出资的股本为限承担被收购企业的风险；兼并多发生在被兼并企业经营状况不佳的情况下，兼并后一般要调整被兼并企业的生产经营、重新组合其资产，而收购一般发生在企业正常生产经营状态。人们常常把兼并与收购称为并购，两者就实质而言，产生的动因和运作的结果基本上是一致的。因此，在实际操作过程中，很难将二者截然分开来，人们索性把它们统一并称为并购。

（2）企业的并购有横向并购、纵向并购、混合并购三种，其中横向并购的目的主要是扩大规模，确立或巩固企业在行业中的优势地位，并且有可能使企业在该行业领域里占有垄断地位；纵向并购的主要目的是使各环节联系更紧密，节约成本；混合并购的目的主要是通过分散投资、多样化经营分散企业的经营风险，优势互补，提高企业对经营环境的适应能力。

具体来说，企业的并购动因主要有以下几个：

第一，谋求管理、经营、财务方面的协同效应。兼并后，在生产经营、行政管理、调查研究、原料采购和产品销售等方面的活动都可以统一协调、统一组织，减少重复的固定成本，节约人、财、物的耗费。具体来说，管理上如果某企业有一个高效率的管理队伍，那么该企业就可并购那些由于缺乏管理人才而效率低下的企业，利用这个管理队伍进行统一管理；生产经营上，企业通过并购可调整其资源配置，形成规模经济，有效地解决由专业化引起的生产流程的分离，从而会获得稳定的原材料来源渠道、降低生产成本、扩大市场份额，通过并购将多个工厂置于同一企业领导下，可节约管理费用和人力成本，可集中研发费用，增强企业的风险抵御能力；财务上，合并后的企业一般会有更大的举债能力，还可以合理避税。

第二，开展多元化经营，进行战略防御和扩张。企业通过经营相关程度较低的不同行业可以分散风险，避免企业遭受相关产业周期性风险和单一产业的经营风险，这是出于战略防御的目的；另外，战略防御和战略扩张都可以通过内部积累和外部并购两种途径实现，多数情况下，并购途径更加有利，尤其是当企业面临变化了的环境而调整战略时，并购可以使企业低成本地迅速进入被并购企业所在的增长相对较快的行业，并在很大程度上保持被并购企业的市场份额以及现有的各种资源。

第三，获得专门资产。为了获得专门资产也往往是企业并购的动因，如制造商可能为了保证原材料供应而进行纵向兼并；为了获得对企业至关重要的资产，如土地是企业发展所需的重要资源，一些实力前景较好的企业往往会由于狭小的空间难以扩展，而另一些经营不景气的企业却占有较多的土地和有利的地理位置，这时优势企业就可以通过并购获得劣势企业所拥有的重要资产；另外，并购还可能是为了目标公司有一个有效的管理队伍、一批优秀的研发人员以及专门技术、商标、品牌等无形资产。

第四，降低代理成本。企业的所有权与经营权分离，企业的主管人员负责经营决策等，而所有者作为委托人成为风险承担者。代理成本包括契约成本、监督成本和剩余亏损。通过企业内部组织机制安排、报酬安排等可以在一定程度上降低代理成本。并购机制使得接管的威胁始终存在，而通过并购而导致的接管问题，将会改选现任经理和董事会成员，从而作为最后的外部控制机制解决代理问题，降低代理成本。

（3）并购的实现方式。

第一，承担债务式并购。在被并购企业资不抵债的情况下，并购方以承担被并购方全部或部分债务为条件，取得被并购方的资产所有权和经营权。

第二，现金购买式。这包括两种情况：并购方筹集足额资金购买被并购方的全部资产，使被并购方除现金以外没有持续经营的物质基础，从法律意义上消失；并购方以现金通过市场、柜台交易等购买目标公司的股票或股权，一旦拥有其大部分或全部股本，目标公司就被并购了。

第三，股份交易式。包括以股权换股权和以股权换资产两种情况，其中，前者是指并购公司向目标公司的股东发行自己公司的股票，以换取目标公司的大部分或全部股票，达到控制目标公司的目的，这样目标公司或者成为并购公司的分公司或子公司，或者解散并入并购公司；或者是指并购公司向目标公司发行自己的股票，以换取目标公司的资产，并购公司在有选择的情况下承担目标公司的全部或部分责任。

2. 企业重组。

（1）企业重组的含义。企业重组是指企业之间通过产权流动、整合带来的企业组织形式的调整。具体地说，就是通过企业兼并、合并、收购、联合、承包、租赁等进行的企业组织的再造。

企业重组有狭义广义之分，广义的重组包括业务重组、资产重组、债务重组、股权重组、人员重组及管理重组，而狭义的重组只是指企业资产重组。在这里我们要讨论的是广义的重组。事实上，企业重组是一种经济机制和手段，它的结果是要素的再结合，最终目的是资源的优化配置。如果要说企业重组带来的伦理上的正效应，可以用一句话来概括：在微观上，使企业经济效率提高，得以进行更有效的生产经营；宏观上，使资源优化配置，使国民经济结构优化，效率提高，素质增强。

（2）企业重组的内容。

第一，资产重组。是指在社会范围内或者企业范围内，对企业的资产进行重新配置，它是企业重组的核心。企业内部的资产重组方式主要是股份公司改制上市、企业业主转换、企业资产分割出售转让、企业租赁与托管、企业的产权拍卖、破产。企业外部的资产重组方式主要是企业并购、买"壳"上市、借"壳"上市。

第二，业务重组。是指对被改组企业的业务进行划分，从而决定进入上市公司的业务的行为。

第三，债务重组。就是指债权人按照其与债务人达成的协议或法院的裁决同意债务人修改债务条件的事项，对债务进行重组。比如以低于债务账面价值的现金清偿债务，债务转为资本等形式进行的债务重组。

第四，股权重组。就是指对企业股权的调整。

第五，人员重组。是指减少企业冗员，目的是建立高效率的组织结构，提高生产经营效率。

第六，管理重组。主要包括两个方面的内容：管理体制的重组和企业管理层的调整与重组，前者是指按照现代企业制度的要求改变企业管理体制，比如由原来的工厂式管理体制改组为股份制；后者是指对企业管理层进行调整与改组，这通常在营销、财务、会计、研究开发等领域进行。

中小企业管理系列丛书

217

（3）企业重组的方式。

第一，联合重组。是由若干企业组成各种形式的经济联合体，原有企业法人继续存在，只是以各种形式在生产、技术经营上进行联合与合作，实施优势互补，通过这种方式，企业间可以共用供货或销售渠道、重要设备、先进技术、品牌等，从而形成规模效益，节约成本。

第二，兼并收购重组。兼并与收购在前面已经讲述，这种重组方式就是运用兼并、收购进行企业的重组。这种方式是实现资产、产权流动重组的主要经济杠杆。

第三，破产重组。指在公司依法被宣布完全解体，其资产被全部变卖进行偿债后，其变卖的资本如厂房、设备等成为购买者的生产要素，从而实现了资产在企业中的重组。通过破产重组，对破产企业进行债务整顿、资本结构重组、管理层的调整等改变来救活破产企业。

本章，我们要讨论的是并购与重组方面的伦理问题，我们关注的是第二种方式，也就是兼并收购重组方式。

（4）正当的重组动因。

第一，提高企业的效率。通过企业重组，将分散的技术、产品、管理、市场、人才等要素结合起来，使得企业经营节约了诸如采购成本、销售成本、管理成本在内的经营成本，提高了企业的竞争力。例如，前向一体化可以节约采购成本和生产成本中的原材料耗费，后向一体化的兼并则能够节约销售成本。另外，通过重组，将经营效率低下的部门处理掉，也有利于提高整体经营效率。

第二，通过重组进行多元化经营，可以分散经营风险，提高企业的环境适应能力和生存能力。

第三，通过重组改变企业的组织结构，使之更适应发展的需要。

（二）并购与重组中的伦理问题

并购与重组既然是企业行为就不可避免地涉及企业伦理。在世界范围内，企业并购与重组违反企业伦理方面的现象很多，其原因应与企业活动的目的——追求利润有关，也与各个国家社会发展程度、制度完善程度及人的素质等因素有关。

应该说合乎道德的并购与重组的动机和做法会导致良好的结果，而不合乎道德的并购与重组的动机和做法往往会导致恶劣的后果。从企业伦理的角度看，评价企业并购与重组要看并购与重组的动机或目的是否正当。企业并购与重组的正当动机或目的是为了提高效率，为了企业更强，为了企业的长远利益。正当的并购与重组动机或目的在很大程度上会提高企业的效率，提高企业抵御风险的能力，这符合经济效率的原则。而且，正当的并购与重组动机或目的会使人采取符合经济公平原则的重组措施或手段。然而，现实生活中不正当的并购与重组现象却到处存在。

1. 被并购、被重组方违反企业道德的现象。声名显赫的泰科国际、安然集团、安达信公司、世界通信等一批世界500强公司的并购、重组过程中所出现的问题，令许多业内人士大跌眼镜，甚至引发了行业性的信誉恐慌。而一些诸如通用电气的杰克·韦尔奇、花旗集团的桑迪威尔等一代美国的并购方面的强者都被社会公众以非常苛刻的标准审视端量，从收入、利润、战略、文化到个人操守等无孔不入；包括美国在线并购时代华纳、奔驰并购克莱斯勒、思科系列并购等曾被同一批媒体大肆吹捧的并购经典，不得不在社会和股东的巨大压力下重新反思当年的战略决策与每一个操作细节。

在现在的社会条件下，企业道德和市场的运行机制都还很不完善，不尊重企业道德的行为还是很普遍的，甚至签订了收购合同后都还会出现变数。在收购合同签署后到收购方接手的这段时期，被称为过渡期，时间从1到3个月不等。在这段时间里，被收购方对其资产做手脚的情况也很普遍，这些"手脚"包括资产转移、故意造成经营的亏损、与第三方签订产品代理协议、隐瞒债务，等等。这些"动作"防不胜防，比如隐瞒债务，明明在调查时没有发现的债务，而到了收购方入主公司一段时间后却突然有债主上门讨债，这些在现实中时有发生的案例让收购方头疼不已，严重地损害了收购方的利益。

当年在陶瓷市场上雄心万丈的香港兆峰公司就曾吃过这样的亏。1995年，兆峰公司开展了一系列大手笔的收购活动，包括对全球最大的窑炉生产商汉索夫（Heimsoth KG）的收购和对内奇集团（Netzsch Selb）的收购。兆峰陶瓷期望通过这些扩张圆一个世界"陶瓷大王"的梦，不料公司在完成收购后，发现内奇集团的财务状况和收购时的情况不符，兆峰陶瓷立刻开始补救，甚至对附属的公司进行清盘，但是仍然不能阻止事态的恶化。1996年，兆峰因此发生经营性亏损达8.6亿多港元！这是一起典型的不尊重企业道德的行为，内奇集团隐瞒自己的实际情况使兆峰公司在并购中付出了惨重的代价。当然对于这种情况也可以采取一些措施来避免。

措施之一就是并购方事先对被并购方做尽职调查。在明确收购意向后，收购方应组成尽职调查小组正式进行尽职调查，通过一系列的法律文件，包括意向书、保密性协议、框架性协议等确定买卖的关系。在这个时候，尽职调查的范围就扩大到企业的财务状况、管理者的水平、客户、竞争对手、供应链、法律关系以及关联交易等主题，那么在这些里面特别要注意关联交易。关联交易可能会使企业的利润掺杂水分。对收购方来说，首先要明确目标企业最吸引人的是什么，是资产？是产品？还是利润或其他什么特点，这必须搞清楚。如果看中的是利润，那么对利润的构成就必须做细致的解析。比如某企业的销售额有30%是通过关联公司完成的，而这30%是一个很大的数目的话，这时就必须分析：通过关联交易完成的销售，其定价是否明显高于或低于市场价？如卖给其他公司的话，应收款的周期有多长？卖给关联公司的话，又是多长？将得到的数据进行比较，就可以判断关联交易对并购后企业的利润有没有影响，影响到什么程度。有些企业为了将属下的企业卖个好价，会人为地抬高属下企业的利润。比如某制造企业的动力电都从同属于一个集团的发电厂买，为了将这个企业卖个好价，母公司可能会让发电厂以很低的价格售电。遇到这种情况，收购方在尽职调查的时候必须分析，这种优惠在收购完成后还会不会继续？如果不会继续的话，另找动力厂还能不能产生这样的利润？

2. 并购重组方违反企业道德的情况。有这样一些以盈利而非兼并为真实目的的恶意兼并手段。某些投机者表面上装出要收购企业，于是按法律要求购买了一个公司的一定比例的股票并宣布打算接管该公司，但他们的真实动机并不是要收购企业，而是想利用手中已掌握的股权来对企业的管理层进行合法的敲诈。因此，他们在公开宣布打算接管该公司的同时又私下里与该公司的管理层接触，要求该公司出高于市场的价格把这些股票买回去：要么用高价买回股权，要么在接管企业后解雇原有的企业管理人员！

这显然是不道德的并购行为，是假收购，这种做法导致了同一种股票有两种不同的价格：对于普通股民的市场价与对于收购者的高价，这样的双重价格体制不符合通常的股票财产权和股价的概念，这是一种变相的敲诈行为。

还有一种促进收购的兼并手段。在兼并过程中，兼并者向被兼并者企业的主管们保证：如果兼并成功，那么企业的主管们虽然要被解雇，但他们同时会得到大笔的补偿——有时候甚至每个主管都能得到一笔高达百万美元的补偿。这种做法实质上是一种旨在阻止企业主管们对兼并进行抵抗的收买手段。这种做法是不恰当地使用企业钱财，损害股东的利益。因为，企业的主管为股东管理企业，已经得到了很高的收入与各种福利待遇，为股东着想是他们的信托责任，所以不应再得到额外的补偿，显然这种做法损害了股东的利益。

3. 并购重组应具备的道德规范要求。

（1）树立儒商伦理意识。儒家创始人孔子的明信思想，即诚、信、仁、义、礼、智的伦理道德观念，至今对中华民族的心态具有深刻的影响，同时它对商场、商品经济也是有借鉴价值的。并购重组，应宣传文明并购重组，提倡企业道德，应以这些传统的、进步的文化思想促进并购重组健康发展。

（2）严守契约合同。遵守契约的实质就是守信用。信守诺言，通俗地说就是"说话算数"。但是这种守契约的精神，在素以自然经济占优势的中国，至今仍然是缺乏的。这种现象成为社会发展的阻力。

（3）讲究诚实守信。诚实是人类最古老、最基本的一种道德规范。"心诚则灵"、"诚招天下客"是大多数生意人总结的成功之道。要想在并购重组中保持胜利，只有依靠诚实的美德。所谓"名牌"、"信誉"、"回头客"之类，没有一样不是靠诚实、靠"己所不欲，勿施于人"这个崇高诚实的信条所取得的，同样只要有了信誉，不论作为并购重组方还是被并购重组方都将得到对方的信任。

（4）反对过分的利己主义。利他主义和利己主义是截然对立的道德观。很明显，在企业活动中，企业所做的都是利己的，在这里之所以强调"过分"，是因为有些企业通过不道德的行为达到利己的目的，过分利己主义是不道德竞争的最突出的表现。而这些企业最终也只能是搬起石头砸了自己的脚。

4. 消除不道德的竞争并购重组的环境要求。

（1）民主体制是前提。民主是公平和公正竞争的前提条件。因为民主体制的政府和权力官员是代表大多数人的利益的，这在一切世袭制和其他形式专制或集权社会都是不可能的，那里的竞争是非道德和反道德的。只有民主体制，有人民政府和代表大多数人利益的法律，才能保护道德竞争。

（2）立法建规是要害。法律是正当并购重组的要害。中国有句古话，没有规矩不成方圆。如果在并购重组中无章可循，或有章不循，那么对不正当的并购重组就不可能有力地制裁，就会放任它伤害消费者利益，从而破坏市场经济体制的建立。因此，只有有法律依据可循，以法律规范竞争，才能使竞争健康发展，并且利用法律对违法违规的并购重组进行严厉的惩治。

（3）协同配合是关键。并购重组，是全社会的事，所以，要实现正当的并购重组，社会各部门要协同配合：一是要解决目前普遍存在的地方保护主义；二是工商、税务、物价等职能部门及司法机关，在对商品生产者和经营者严格管理的同时，还要特别对他们进行方针政策、法律、法规、管理条例等方面的教育，进行道德、品行教育，使他们内心深处有"知耻"、"守法"的道德意识。同时，还要对不正当的竞争行为进行严厉惩治，防止和杜绝它的消极影响和破坏作用。

● 本章小结 ●

　　财务管理作为某一独立核算单位最重要的管理之一，直接关系到组织的生死存亡，因此财务管理中的伦理问题对于组织而言至关重要。财务管理的伦理问题主要有会计信息披露失真、财务数据造假以及公司重组与兼并过程中的伦理问题。会计信息有助于各方了解企业的财务状况、经济成果等，其涉及的伦理问题主要是"假账"问题，这主要是由于会计人员素质、信息不对称以及有效监督等方面的原因造成。同样，在企业的重组与并购过程中也存在着相关的伦理问题。

▶ **思考题**

1. 企业财务中主要的伦理问题包括哪些方面?
2. 会计信息在企业的财务管理中有哪些作用?
3. 会计信息披露中的伦理问题有哪些?
4. 购并与重组中的伦理问题有哪些?

▶ **案例应用**

金荔科技涉嫌严重的财务欺诈

2005 年 1 月 31 日, 金荔科技 (600762) 发布预亏公告, 公告称, 中国证监会湖南监管局于 2004 年底对公司进行了专项核查, 初步查明公司 2003 年度虚假收入 13 207.61 万元, 虚转成本 5 028.45 万元, 虚增利润 8 179.16 万元, 2004 年 1～10 月, 虚假收入 11 009.5 万元, 虚转成本 3 738.52 万元, 虚增利润 7 270.98 万元。公司将对以前年度虚假收入、虚增利润的情况进行追溯调整, 2003 年度业绩将出现亏损。同时, 经公司财务部初步测算, 公司 2004 年度业绩也将出现亏损。2005 年 2 月 2 日又发布大股东及其关联方资金占用情况等有关事项的补充公告, 公告称, 近期, 衡阳市金荔科技农业股份有限公司对大股东广东金荔投资有限责任公司及其关联方占用资金情况进行了自查。发现: (1) 大股东及其关联方通过往来占用公司资金 3 898.37 万元。(2) 大股东以公司名义为其他单位提供担保, 并直接占用 4 750 万元的资金, 使公司形成了约计 4 750 万元的账外负债。(3) 公司资金大量用于工程项目支出, 但大部分项目尚未决算, 且形成的资产远低于实际支出。目前, 经初步调查, 工程款支出及预付账款总额为 16 029.92 万元, 涉嫌被公司大股东及关联方占用。(4) 大股东关联方涉嫌侵占公司两个农场的经营收益。自 2003 年以来, 公司金荔苑、金荔庄两个农场 (公司收入的主要来源) 被大股东关联方全权负责并控制, 收支均未纳入公司, 收益也未上缴。

此前的 1 月 11 日, 公司发布对外担保补充公告称, 中国证监会湖南监管局于 2004 年 12 月 6 日至 12 月 24 日对我公司进行了专项核查, 发现公司存在违规担保。经公司自查, 发现公司于 2003 年 12 月和 2004 年 3 月两次为武汉巨力投资有限公司共 4 000 万元银行借款提供担保; 2003 年 6 月为广东劲业科技开发公司 3 792 万元银行借款提供担保; 2004 年 5 月为广州博澳医疗电子发展有限公司 2 990 万元银行借款提供担保。以上担保均未按照有关程序提交董事会审议, 亦未履行信息披露义务, 在此向投资者致歉。截至 2004 年 12 月 31 日, 本公司担保余额为 18 482 万元，占本公司 2003 年末净资产的 67%，其中为关联公司担保 3 792 万元，为其他企业担保 14 690 万元，逾期担保为 11 792 万元。

金荔科技原名飞龙实业，是一家典型的民企借壳上市公司。湖南证监局接到内部举报后对该公司进行专项核查，发现其 2003 年及 2004 年 1~10 月共虚增收入 24 217 万元、利润 15 450 万元，而该公司 2003 年度及 2004 年 1~9 月总收入只有 28 197 万元、利润更只有 2 918 万元，其造假程度之疯狂令人无法相信，而且这只是 2003 年及 2004 年度造假金额，有充分证据证明，自从金荔入主飞龙实业那一天起，就开始疯狂的造假，包括其 2000 年、2001 年、2002 年度业绩都是假的（具体分析详见附文），可湖南证监局手下留情，只给他一个追溯调整后二连亏的处罚，该公司实际早已应该退市，这是民企借壳掏空上市公司又一典型案例，时下该公司声称引进战略投资者进行重组注定也是场骗局，因为该公司截至 2004 年第三季度末名义上有资产近 9 亿元，可这 9 亿元资产水分之大令人怀疑其实际能否值 1 亿元：9 亿元资产构成中，货币资产有 1.2 亿元，可公司已公告称银行单证不实，这 1.2 亿元是虚的；最主要的资产无形资产 2 亿元、长期待摊费用 2 亿元也是虚的；其他应收款 1.1 亿元、预付账款 0.6 亿元、固定资产 1.5 亿元，这些资产或为虚构、或被大股东及关联方所占用，究竟能收回多少？剩下的就是存货 0.23 亿元及应收账款 0.26 亿元，这块资产就更虚了。而负债摆在那边就有 6 亿多元，亏空这么大，怎么重组？除了在二级市场上再兴风作浪外，还能有什么实质性重组进展？

（根据 http：//special.cnfol.com/1348，00.shtml 有关文章编写。）

▶ 问题

1. "金荔"案例体现了财务管理中什么样的伦理问题？
2. 结合案例，分析如何应对企业财务管理中出现的伦理问题。

第十二章

企业员工管理与伦理

❖ 本章学习目标

阅读和学完本章后，你应该能够：
◇ 了解员工的基本权利
◇ 了解员工的职业生活质量
◇ 了解员工利益

开篇案例

"聘用协议"设套损害员工权利

派遣机构不与派遣员工签订劳动合同、不缴纳社会保险，派遣公司对员工不按时发放工资，用工企业任意延长劳动时间、无加班工资，等等。在很长的一段时间里，由于缺乏相应的法律法规，不少派遣机构与要派单位往往采用"聘用协议"的形式"设套"，变相损害派遣员工的社保、福利、劳动保障等权利。

人才或劳务派遣是指由劳务派遣机构，根据用人单位的实际工作需求，通过专业方法招聘合格人员，派遣到用人单位工作的一种新型用工形式，这种制度正在全国迅速发展。业内人士透露，由于目前我国还没有出台相关法律法规，派遣职工更需要注意保护自己在劳动中的合法权益，防范各类风险。

王小姐在被派遣到某著名公司工作后，仅被告知"员工分为类似事业单位编制员工和类似事业单位合同工两种"，工作一段时间后可以"转正"。王小姐认为，外企里只看工作表现，因此也没太在意。由于健康透支，小病延误治疗，王小姐在一场大手术中导致失聪，倒贴了两年多的积蓄，这时候才知道派遣公司并未为自己购买社会保险，最终她不得不进行起诉。

此外，有些劳务派遣公司不按时发放工资，并歪解"年薪制"，为了缓解自身经济压力，为员工一年发放一次或两次工资。而企业任意延长劳动时间、无加班工资等情况也时有发生。

一、员工的基本权利

企业是由人构成的，企业建立和发展过程中所有的成功和失败归根结底都与人的因素密切相关。奉行以人为本的企业管理哲学，促使员工自我价值实现，是和谐的企业与员工伦理关系的必然要求。在管理实践中，企业行为要确立"人高于一切"的价值观。员工是企业最为重要的财富，他们应当受到尊重，他们的权利应得到保障，员工在劳动活动中依法可以做出一定行为或不做出一定行为，企业不应予以干涉。但是，在现实中，企业侵犯、践踏员工权利的现象却时有发生。近年来，由于多种原因，我国劳动就业压力非常大，并会长期存在。在这种形势下劳动者就业方面的弱势地位更加明显，直接使劳动者更加看重劳动机会，也间接导致了在劳动权利受到侵害的情况下，劳动者为了"保住工作"而放弃了对合法权益的保护，这反而又放任了用人单位的侵权行为，使之有增无减。来自 2002 年劳动和社会保障事业发展统计公报的数据显示，全年各级劳动争议仲裁委员会受理劳动争议案件 18.4 万件，涉及劳动者 61 万人，分别比 2001 年增加 19.1% 和 30.2%。其中，集体劳动争议 1.1 万件，比上年增长 12%。据分析，80% 以上的劳动争议是用人单位侵害员工合法权利造成的。由此可见，在这种劳动者面对严峻的就业形势下，在劳动争议案件不断上升、涉及劳动者不断增多的新趋势下，尊重劳动者的合法权利将关系到社会的稳定和经济的持续发展。企业要保护和尊重员工的基本权利，就首先要了解员工基本权利的内容，具体说来，员工的基本权利有以下几方面：

（一）公民权

员工首先是一国的公民，他们依法享有国家法律、法规赋予的一切公民权利。我国宪法和法律规定，我国公民有以下权利：生命权、生存权、发展权、平等权、人身自由权、尊严权、健康权、身体权等，并明确规定公民的以上权利不容侵犯。但是，有的企业却无视员工的公民权，打着企业培训的招牌，对员工进行污辱性的训练，损害员工的合法权益。如长春一家电脑公司曾让其新雇佣的十几名男女员工在路边下跪，并称之为"磨炼员工意志"，这种体罚式的受辱训练，无疑漠视了员工作为公民的名誉权、生命权、健康权、身体权等权利，这既是对员工人格的侮辱，也是对员工公民权的践踏。

每个人都是值得尊重的，把员工仅当做获利的工具或是达到目的的手段的做法，是对员工的不道德待遇。企业尊重员工，首先应当尊重员工的公民权，允许员工行使其作为公民应当享有的权利，并为员工公民权的实现积极创造条件。尊重员工的企业才会得到员工的支持和信赖，才会获得长久发展的动力，漠视员工公民权的企业不仅会被员工所摒弃，而且会受到法律的惩罚。

（二）劳动的权利

就业权是我国宪法赋予劳动者享有的一项基本的权利，是法律赋予有劳动能力的公民获得职业并通过劳动取得劳动报酬的一项资格能力，包括劳动者平等就业权、选择职业的权利、非法定情由不失去劳动机会的权利等多个方面。

1. 平等就业的权利。《中华人民共和国劳动法》第12条规定，劳动者就业，不因民族、种族、性别、宗教信仰不同而受到歧视。《劳动力市场管理规定》第7条规定，用人单位在招用职工时，除国家规定不适合从事的工种或者岗位外，不得以性别、民族、宗教信仰为由拒绝录用或者提高录用标准。如在招聘中限制性别、信仰等条件，必须是国家特别规定的工种或岗位，否则就是违法招聘。现今，女性就业面临较大的性别歧视，许多单位招聘时明文规定"只限男性"，这明显违反了劳动法中的"不得以性别为由拒绝录用妇女"的规定，剥夺了女性平等就业的权利。关于对应聘者年龄、户口的要求，虽然在劳动法中没有明文规定，但这也是一种歧视，应在相关法律中完善这方面的内容。由于当前在反就业歧视方面缺少明确具体的法律制裁措施，加上人们的认识观念不强，所以，目前这种歧视性招聘有继续发展的趋势。有关部门应对违反"平等就业原则"的责任人采取明确的处罚措施，对"就业歧视"行为进行制裁，并且在人们的观念上进行大力的引导和宣传，以保证劳动者"平等就业权利"的真正实现。

2. 选择职业的权利。劳动者选择职业的权利包括两个方面，一方面是劳动者在就业时有权根据自己的意愿、兴趣选择用人单位，不受外力的强迫。我国《劳动法》第 3 条明确规定了劳动者享有选择职业的权利。另一方面是劳动者在就业后所享有的辞职权。《劳动法》第 31 条规定劳动者解除劳动合同，应当提前 30 日以书面形式通知用人单位，规定了劳动者的辞职权。当然这里并不排除劳动者如违反劳动合同约定依法承担的法律责任。当前对劳动者选择职业权利的侵害，主要表现在对劳动者辞职权的侵害。首先在用人单位与劳动者签订劳动合同时附加不合理的条件，如过高的违约金，让劳动者辞工后付出较大的经济代价；另一方面是在劳动者依法辞工后扣压档案、证件，向劳动者索要"保管费"，特别是毕业不久的劳动者面对这种情况比较多。建议对劳动合同中的违约金有一个合理的限制范围，尽可能减少明显不合理的违约金。劳动部门和公安部门应合力对乱扣压劳动者的户口档案、证件的违法行为给予相应的惩罚，切实有效地保护劳动力合法流动的权益。

3. 非法定情由不失去劳动机会的权利。非法定情由不失去劳动机会的权利是指在劳动合同期内没有法律规定的解除理由，用人单位不得随意解除员工的劳动合同。员工非法定情由不失去劳动机会的权利是劳动者就业权中最重要的一部分，否则劳动者就业后随时都可能又面临失业，这无疑与劳动法的立法目的相冲突。当前劳动力市场的饱和状态制约着劳动者的职业选择空间，在这种情况下，劳动机会对于员工来讲就变成首要的了，为了保住就业机会，员工对于其他方面的劳动侵权行为不敢主张自己的权利。保护员工的其他合法权利，应首先保护员工非法定情由不失去劳动机会的权利，使员工主张权利没有后顾之忧。当前用人单位随意解除劳动关系的侵权行为较为严重，它从根本上剥夺了员工的劳动就业权，间接剥夺了员工享有的其他合法权利。用人单位在没有任何迹象的情况下随意辞退员工，根本无视劳动法的存在。企业不按规定办理解除劳动关系的相关手续，这为劳动者主张自己的合法权利、办理失业手续及下一步找工作带来了很大的不便。若劳动者主张自己的其他合法权利如要求加班费、社会保险等权利，就会被用人单位想方设法辞退，这也造成劳动者为了保住工作不得不放弃其他权利的请求，因此可看出劳动者这方面权利得不到合法保障，其他权利都会成为空谈，这是新的就业形势下劳动者的底线。目前这方面虽有法律规定给劳动者经济补偿，但不足以对员工这方面的权利进行保护。

4. 获得劳动安全卫生保护的权利。由于劳动总是在各种不同环境、条件下进行的，在生产中存在着各种不安全、不卫生的因素，如不采取防护措施，就会造成工伤事故和引起职业病，危害劳动者的安全和健康。所以，有必要对劳动者进行劳动安全卫生保护。劳动安全保护是保护员工的生命安全和身体健康，是对享受劳动权利的主体切身利益最直接的保护。如果劳动保护工作欠缺，导致的后果不是某些权益的损失，而是员工健康和生命的直接伤亡，对任何一个劳动者而言，生命是行使劳动权利的前提，没有生命，享受任何权利都是一句空话。目前我国已制定了大量的关于劳动安全保护方面的法规，形成了安全技术法律制度，职业安全卫生行政管理制度，及劳动保护监督制度，但有些用人单位对于劳动安全保护的重要性还认识不够，有些则无视对劳动者劳动安全保护的责任，尤其在一些乡镇企业和个别的三资企业出现为追求利润，降低劳动条件的标准，以致发生恶性事故的现象。我国《劳动法》规定，用人单位必须建立、健全劳动安全卫生制度，严格执行国家安全卫生规程和标准，为劳动者提供符合国家规定的劳动安全制度，严格执行国家安全卫生规程和标准，为劳动者提供符合国家规定的劳动安全卫生条件和必要的劳动防护用品，对从事特种作业的人员进行专门培训，防止劳动过程中的事故，减少职业危害。

5. 接受职业技能培训的权利。职业技能培训是指对准备就业的人员和已经就业的职工，以培养其基本的职业技能或提高其职业技能为目的而进行的技术业务知识和实际操作技能教育和训练。我国《劳动法》第35条规定职工有接受职业教育和职业技能培训的权利。并规定用人单位应当依法履行对职工进行职业教育的义务，应当组织和支持职工参加科学文化和专业知识培训，根据本单位生产经营发展的需要，有计划地对本单位的职工实施职业教育和职业技能培训。用人单位应当按照国家规定，提取、使用培训经费，承担对本单位的职工进行职业教育和技能培训的费用。职业培训对我国经济和社会发展具有重大的意义和作用。通过各种途径，采取各种措施，发展职业培训事业，开发劳动者的职业技能，可以提高劳动者素质，增强劳动者的就业能力和工作能力。在科技进步和经济变化迅速的时代、在产业结构调整和企业改革深化的情况下，势必出现大量劳动力的转移和劳动力资源的重新配置，不经过一定的职业教育或培训，劳动者缺乏较高的综合素质，就无法面对激烈的市场就业竞争。而职业培训可以开发劳动者职业技能，提高劳动者素质，增强劳动者的就业能力和工作能力以及适应市场竞争能力。公民有劳动的权利，要实现劳动权是离不开劳动者自身拥有的职业技能的，在职业技能的获得越来越多地依赖职业培训的今天，公民没有职业培训权利，劳动就业权利就无法充分实现。

6. 提请劳动争议处理的权利。劳动争议也叫劳动纠纷，即劳动关系当事人（用人单位和员工）之间因劳动权利和义务所发生的矛盾而引起的争议。劳动关系当事人作为劳动关系的主体，各自存在着不同的利益，双方不可避免地会产生分歧。用人单位与劳动者发生劳动争议，劳动者可以依法申请调解、仲裁、提起诉讼。员工享有提请争议处理的权利，保证自身的合法权益免遭不法侵害。同时，这一权利是为劳动者所享有的其他权利提供切实的保障。

（三）获得劳动报酬的权利

劳动报酬权是指员工依劳动法律关系，履行劳动义务后，由用人单位根据按劳分配的原则及劳动力价值支付的报酬。一般情况下，员工一方只要在用人单位的指挥下按照约定完成一定的工作量，就有权要求按劳动取得报酬。劳动报酬权是劳动权利的核心，它不仅是员工及其家属有力的生活保障，也是社会对其劳动的承认和评价，它是从人们的生存权、发展权和被尊重的权利中派生出来的一种权利。劳动报酬包括工资和其他合法的劳动收入，是员工用自己付出的劳动所换来的物质利益。所谓工资是指用人单位依据国家有关规定和劳动合同的约定，以货币形式直接支付给本单位员工的劳动报酬。工资是员工劳动收入的主要组成部分，依据国家统计局《关于工资总额组成的规定》，工资总额为：计时工资、计件工资、奖金、津贴、补贴、延长工作时间的工资报酬、特殊情况下支付的工资。目前员工取得劳动报酬权所存在的问题主要表现在用人单位拖欠员工工资、工资低于法律规定的最低工资标准、不依劳动法规定支付加班加点的工资。

1. 按时、足额获得工资的权利。员工在劳动任务完成后，应按时、足额获得应得工资。但如今，拖欠员工工资现象比较严重。据统计，近年来70%以上的工人群体性事件都因拖欠工资问题引起。造成拖欠工资的原因有多个，一方面法律法规对拖欠工资的企业处罚太轻。一般情况下只是要求用人单位补发工资，或者只是对用人单位加罚拖欠工资25%的补偿金；另一方面我国还没有专门统一的工资法对此进行规范，虽然不少地方有工资立法的准备，但当前总体上讲法律依据还是有些不足。为减少拖欠工资的现象，应加强劳动保障的监察执法，普遍建立举报制度，加大对违法者的处罚力度；建立欠薪保障机制，垫付被拖欠的劳动者工资；应加快统一工资法的立法进程，加大追究恶意拖欠劳动者工资者的法律责任，切实用法律为劳动者维权提供保障，使治理欠薪问题尽快走向制度化、规范化、法制化的轨道，从根本上维护和保障劳动者的合法权益。

2. 最低工资保障的权利。《中华人民共和国劳动法》第48条规定：国家实行最低工资保障制度。最低工资的具体标准由省、自治区、直辖市人民政府规定，报国务院备案。用人单位支付劳动者工资不得低于当地最低工资标准。所谓最低工资是指劳动者在法定的工作时间内履行正常劳动义务的情况下，由其所在用人单位支付的最低劳动报酬。包括工资、奖金、津贴，但不包括加班费，补贴伙食、住房等非货币性收入不包括在最低工资标准内。

3. 获得加班费的权利。员工在正常工作时间之外从事劳动，应获得加班费。

我国《劳动法》第 44 条规定："有下列情形之一的，用人单位应当按照下列标准支付高于劳动者正常工作时间工资的工资报酬：安排劳动者延长工作时间，支付不低于工资的百分之一百五十的工资报酬；休息日安排劳动者工作又不能安排补休的，支付不低于工资的百分之二百的工资报酬；休假日安排劳动者工作的支付不低于工资的百分之三百的工资报酬。"现实中不按劳动法标准支付加班费的企业非常多，不少用人单位自认支付加班费由其自己决定，而员工往往不了解法律的规定或不敢主张权利，等到离职后再主张，而这时申诉时效又只规定了 60 日，不少劳动仲裁委员会也只支持劳动者离职前 60 天的加班费，这样的规定对劳动者非常不利，这也放纵了用人单位不依法支付加班费的行为。要保护好员工依法获得加班费的权利，一方面应延长员工加班费的申诉时间，并把加班费一起列入工资方面的立法中去，把不依法支付加班费定性为拖欠工资；另一方面行政部门加强查处力度，并对投诉的劳动者采取相应的保护。

4. 同工同酬的权利。"同工同酬"的基本含义是：同样的工作，同样的岗位，付出同样的劳动，应得到同样的报酬，而不应在劳动的质和量之外附加其他分配标准。国际劳工大会通过的《男女同工同酬公约》，规定了"就业机会均等和男女同工同酬"。同工同酬其实源于反对歧视的思想，主张妇女应当获得与从事相同工作的男性同样的报酬。我国《劳动法》第 46 条规定：工资分配应当遵循按劳分配原则，实行同工同酬。这里的"同工同酬"，根据劳办发〔1994〕289 号《关于劳动法若干条文的说明》的解释，是指用人单位对于从事相同工作，付出等量劳动且取得相同劳动业绩的劳动者，支付同等的劳动报酬，同工同酬的原则，不得因其性别、民族、年龄等方面的不同而支付不等量的报酬。由此可以看出，同工同酬必须具备三个条件，一是劳动者的工作岗位、工作内容相同；二是在相同的工作岗位上付出了与别人同样的劳动工作量；三是同样的工作量取得了相同的工作业绩。对于前两个条件：同岗位、同工作量，衡量起来还比较容易，但是对于同样的工作业绩衡量起来就比较困难，因此不同的人从事相同的工作，有时待遇会有很大出入。当然，不同地区的经济发展水平不同，人们的消费水平也不同，所以同工同酬应考虑地区差异。

（四）休息权

休息是人的生理需要，在宪法中规定劳动者的休息权，并在具体的法律、法规中规定劳动者休息时间种类与长短，以保障劳动者休息基本权利的实现，这既是各国宪政制度发展和人权保障事业进步的标志，又是现代社会以人为本、现代法律以人为终极关怀的至高体现。我国《宪法》把休息权规定为劳动者的基本权利。我国《劳动法》第 38 条把劳动者每日工作时间规定为"不超过 8 小时",平均每周工作时间规定为"不超过 44 小时"。自 1995 年 5 月 1 日起,国务院进一步把职工工作时间规定为"每日工作 8 小时,每周工作 40 小时"。国务院的行政法规和配套规章,把劳动者休息时间具体划分工作日内的间歇时间、周末休假日、法定节假日、职工探亲假、年休假等种类。这样规定的目的,一方面是为了保证劳动者有充分的休息时间,以调整体力和精力,保障劳动者的身体健康和劳动安全;另一方面是通过增加劳动者的休息时间,使劳动者更多地从事文化科学技术的学习,更新知识结构,以迎接社会发展对职业能力提出的新挑战。劳动者工作时间的长短,在某种程度上反映了一个国家经济实力的强弱和文明程度的高低。

为使劳动者的休息权免受不法侵犯,我国的劳动法律、法规还进一步规定,除非出现自然灾害、事故、国防紧急任务、其他紧急情况以及法律、行政法规直接规定的情形外,任何单位和个人不得擅自延长劳动者的工作时间。因生产经营原因需要安排加班的,在程序上需要与工会和劳动者协商并取得同意。在实体要件上要同时符合劳动法的两项规定:一是加班的时间要在法定的限度之内,即每日延长工作时间不得超过 1 小时,因特殊原因需要延长工作时间的,在保障劳动者身体健康的条件下延长工作时间每日不得超过 3 小时,但是每月不得超过 36 小时,以此保证劳动者每周至少休息一日(连续 24 小时)。保障劳动者的休息权,是保障劳动者的身体健康和劳动安全。只有尊重休息的权利并创造休息条件让劳动者有足够的休息调整,才能更好地投入到工作中去,更好地调动劳动者的积极性。

(五)享有社会保险的权利

为了保证劳动者在丧失劳动能力的情况下,能满足基本的生活需要,各国一般都建立了社会保障制度。我国则通过实施社会保险的方式来为劳动者提供保障。社会保险是国家和用人单位依照法律规定或者合同的约定,对具有劳动关系的劳动者在暂时或者永久丧失劳动能力以及暂时失业时,为保障其基本的生活需要,给予物质帮助的一种社会保障制度。劳动者在年老、患病、工伤、失业、生育和丧失劳动能力的情况下,有获得物质帮助和补偿的权利。劳动者依法可以享受工伤、生育、养老、医疗、失业等保险,这是劳动报酬权的必然延伸。社会保险有五个特点:第一,保障性。实施社会保险的根本目的,就是保障劳动者在其失去劳动能力之后的基本生活,从而维护社会的稳定。第二,法定性。就是国家立法,强制实施,保险待遇的享受者及其所在单位都必须按照规定参加并缴纳社会保险基金。法定性是实现社会保险的组织保证,目的在于保障劳动者因暂时或永久丧失劳动能力以及失业时获得生活保险,安定社会秩序。第三,互济性。是指社会保险按照社会共担风险原则进行组织的。社会保险费用由社会统筹，建立社会保险基金。社会保险机构要用互助互济的办法统一调剂基金，支付保险金和提供服务，实行收入再分配，使参加社会保险的劳动者生活得到保障。第四，福利性。社会不以盈利为目的，它以最少的花费，解决最大的社会保障问题，属于社会福利性质。第五，普遍性。社会保险实施范围广，一般在所有职工及其供养的直系亲属中实行。实施社会保险有利于保障劳动者基本生活和安定社会，保护劳动者身体健康，增强劳动者体质，并有利于促进生产发展，保证经济的正常运行，为社会、基层服务，保证低收入者的基本生活。

我国《劳动法》第72条规定用人单位和劳动者必须依法参加社会保险，缴纳社会保险费。我们可看出对于用人单位为劳动者缴纳社会保险是国家强行性的规定，是用人单位的法定义务，对于劳动者来说，参加社会保险是一项权利又是一项义务。但是，当前存在一些用人单位不为劳动者办理社会保险的现象，这就需要相关部门对用人单位进行检查，并且要进行广泛的宣传，让社会保险深入人心，让员工知晓自己有享受社会保险的权利，并鼓励员工积极主张自己的这项权利。

（六）组织和参加工会的权利

工会是工人自愿组合的群众组织，它在维护工人合法权益方面发挥着重要作用。自愿地组织和加入工会是工人的一项合法权利，任何企业都不得剥夺工人的此项权利。《中华人民共和国工会法》规定，每个企业都要有自己的工会，包括外资企业，并需要交纳相关费用。工会依法维护劳动者的民主权利、劳动权利、获取劳动报酬的权利和其他合法权益，参与本企业涉及职工利益规章制度的研究制定，对本企业违反法律法规、侵犯职工合法权益的情况依法进行监督，依法督促企业不断改善劳动条件和安全卫生设施。工会依法代表和维护劳动者的合法权益，保障其合法权益不受侵害。劳动者因合法权益受到侵害依法申请调解、仲裁或提起诉讼时，工会应当支持和帮助。

工人可以通过工会行使其参与民主管理的权利。工会代表和组织职工参与事务管理、民主管理，依照法律规定通过职工代表大会或者其他形式，组织职工参与本单位的民主决策、民主管理和民主监督。

员工的权利大致可以概括为以上六个方面。当然，任何权利的行使都不是没有限制的，员工的权利亦然。员工须依法行使权利，不得滥用。企业也必须尊重员工的权利，保障员工各方面权利的正当行使，杜绝任何侵犯和漠视员工权利的行为。

二、员工的职业生活质量

员工除了关心其基本权利外，正逐渐开始关心他们职业生活的质量。员工职业生活质量的高低既影响其整体生活质量的水平，同时也是影响企业经济效益的重要因素。过去，厂商的管理片面强调通过员工行为的改进来提高工作绩效，而不重视员工工作内容的合理性、员工工作氛围及工作环境等方面。虽然员工和厂商在工资、休假、退休和安全等问题上还存在着争议，但实际上，随着员工主体意识的增强，员工的注意力已经由过去只关注工资、福利等劳动的量的方面而转移到关注劳动的质的方面。尽管在一定程度上，员工的此种要求并没有得到厂商的重视，但员工对该问题的高度关注也迫使厂商不得不对此做出反应。通过多方面的改进，来提高员工的职业生活质量是厂商的必然选择。

（一）员工职业生活质量的含义

对员工职业生活质量的关注是源于人们对整体生活质量的关心。在20世纪前期的美国，人们发现先进的科技在更好地满足人们需求的同时，也带来了一系列的社会问题，如环境污染、水资源匮乏等。这些社会问题的存在、恶化降低了人们的整体生活质量。后来人们对整体生活质量的关注又由社会转移到工厂。工人不再只关注物质报酬，而更关心劳动条件和工作本身是否有利于个人的发展等，即关心职业生活的质量。在美国，劳资谈判对职业生活质量的内容具有重要的作用。第一次职业生活质量协议是于1973年在美国汽车工人联合会与通用汽车公司之间通过谈判达成的。目前，美国至少有20%以上的劳资协议包括了提高职业生活质量的计划。企业接受职业生活质量要求的目的是减少员工抱怨和争吵，促进员工的积极性，提高产品质量和降低缺勤率，从而获得效益。

职业生活质量一般有两种含义，一是指一系列客观的组织条件及其实际，包括工作的多元化、工作的民主性和工人参与管理的程度，以及工作的安全性；二是指员工工作后产生的安全感、满意程度以及自身的成就感和发展感。第一种含义比较强调描述工作的客观状态，第二种含义比较强调描述员工的主观需要。在此，我们将这两种含义结合起来，将职业生活质量描述为员工喜欢他们所在的组织，同时组织也具备能够满足员工自我成就需要的工作方式。换言之，职业生活质量是指在工作中员工所产生的心理和生理健康的感觉。

通过对员工职业生活质量的设计，使员工拥有对自己的工作加以改善的决策影响权，通过各种符合组织规定的渠道进行沟通，可以提高工作满意度，减少精神压力，加强员工责任感，保证员工愉快和高效地进行工作，促进企业的健康发展。

美国通用汽车公司的职业生活质量计划很有代表性。为了消除员工阶层与管理阶层合作的障碍，他们采取了一系列措施。其中在着装上，普通员工和管理人员都身着工作便装，不系领带。在停车问题上，通用汽车公司关闭了管理人员专用的车库，取消了管理人员的保留车位制度，普通员工和管理人员使用相同的停车场。在饮食服务设施上，也没有普通员工和管理人员的区别。通用汽车公司的质检环境也做了很大的改进。他们认识到高质量的产品不是检验出来的，而是由各个生产环节的员工生产出来的，因此他们改变了原来那种检验最终产品的做法，将产品质量的检验落实到每一道工序和每一位员工。具体做法是使用一张伴随生产全过程的品质检验单，在产品生产的每一个环节，员工都要在上面填写本道工序的要求是否已经正确地完成，还有哪些问题需要下道工序在加工时注意。这种质检方法提高了员工的参与程度，增强了员工的责任心，使员工能够更直接地感受到自己工作的成果和意义。

（二）影响员工职业生活质量的因素

影响员工职业生活质量的因素有很多，如工作环境和氛围、工作组织、管理手段、工作特质等，这些都是非物质化的、软性的发展因素。这种结果符合了马斯洛的需要层次理论，在基本生存需要满足的前提下，员工在物质的基础层面上追求更高的精神和价值实现。

1. 工作环境和氛围。工作环境对任何一位员工来说都是考量职业生活质量的重要指标之一，如果工作环境不能达到要求，员工很难心情舒畅地工作。提供一个干净、整洁、舒适、合理的工作场所和空间环境是企业的首要任务。当然，最基本的是要保证给员工提供一个安全的工作环境，对从事危险工作的员工要为其配备好安全防护设施。此外，企业还应该考虑员工的工作环境的舒适度，考虑员工所需要的设备器材是否已经配备齐全等，所需设备没有或者性能不好将很大程度地影响员工的心情和工作质量。

此外，工作氛围也是影响员工职业生活质量的一个重要因素。员工希望在轻松、愉快的氛围中完成自己的工作任务。压抑、沉闷的气氛会使员工精神高度紧张，难以产生较高的工作效率。企业应打破那些令人反感的条例，如森严的等级制度，使员工能在和谐的环境中最大限度地发挥其才能。

2. 工作组织。工作的组织情况如工作的程序是否合理、工作的多样化和员工的参与度等也会从不同程度上影响员工的职业生活质量。

（1）工作程序是否合理。许多员工工作业绩不高并不是员工不愿意做也并不是员工没有能力做好，其中很多的原因是因为一些工作程序出了问题。因为工作程序烦琐或不对路，导致了员工虽投入了较高的工作热情，却收不到效果，必然会使员工无法满意。所以，企业应该花一些时间对工作的程序进行一些调查，对工作流程进行一些再思考，看看是否存在不合理的工作程序，是否有需要改进的地方，以使工作流程更加方便员工操作，为员工提供更多的便利，保证员工的努力收到成效，产生效益，提高员工的满意度。

（2）工作的多样化。企业为了提高工作效率，往往实行劳动分工。但对员工来说，长期从事单一的工作会使其感到枯燥、乏味，从而最终影响其工作效率。若要提高职业生活质量，就应该尽可能地让员工去从事多样化的工作。所以，企业可以实行轮岗制，让员工在企业内部流动。员工的内部流动既使员工掌握多项技能，也使员工在流动中找到最适合自己的工作。

（3）工作关系是否融洽。工作关系是保证高职业生活质量的重要条件之一，也是衡量员工满意度的重要指标，一定意义上，它也是一种权利资源，是保证人们按自己方式做事的一种手段。因此，管理者必须对部门的人际关系给予关注，采取必要的手段进行干预，积极创造一种和谐的工作氛围，使员工关系更加和谐。

这里的工作关系包括上下级关系、员工之间的关系及员工与机器间的关系。企业应建立有效的沟通渠道，使领导者与员工能进行必要的交流，高高在上的管理者只会让员工感到陌生。员工之间也应建立和睦、融洽的关系，在工作过程中营造出让员工间彼此尊重、融洽的氛围，并让员工在彼此的沟通和交流中建立起相互的信任，营造团结协作、共同奋斗的团队精神。员工与机器之间的关系应该是机器围绕人，而不是人围绕机器，员工不应该成为机器的奴隶。终日被束缚在机器旁的员工会感到厌烦，其职业生活质量的好坏也可想而知。

3. 管理手段。管理者对待员工的手法也会影响员工对工作的评价。如果管理者采取强硬的管理手段，那么员工会感到没有得到基本的重视和尊重，工作情绪会较低落。如果管理者采取人本管理的方法，在管理的过程中注重员工的参与，认真对待员工的意见和建议，那么员工就会感到被重视，就会有成就感和归属感，其工作积极性会被充分地调动起来。自然，他对工作会有较高的满意度。

4. 工作特质。工作本身的特点是指工作与员工兴趣相关的程度、工作是否有利于员工的自我发展等。员工喜欢从事符合自己兴趣的工作，希望工作内容与自己的性格、兴趣相吻合。同时，也希望工作能符合个人职业发展目标，能最大限度地发挥个人的能力，从自己的工作中获得快乐。有助于员工自我成长和发展的工作会受到员工的喜欢和青睐，所以企业在为员工分派工作时，应通过与员工的交流来了解他们的真实想法，并针对员工的兴趣、特点来为其设计既有利于员工个人成长，又有利于企业发展的工作。

（三）提高员工职业生活质量的途径

职业生活质量表现为一种管理类型，或是一种企业文化，又是员工对工作状况的一种主观评价。通过提高职业生活质量，可以提高员工的自我控制能力，加强员工责任感，增加员工的自觉性，有利于员工的个人发展，有利于企业的人性化管理。企业可以采取一系列的措施，来提高员工的职业生活质量，如改善工作环境和氛围，为员工提供多样化的工作，建立和谐的组织关系，将工作与员工的自我发展相结合等。

职业生活质量的核心是员工参与管理，现代的员工都有强烈的参与管理的要求和愿望。企业领导人创造和提供一切机会让员工参与管理，既能体现对员工的重视与尊重，又能调动他们的工作积极性。所以，企业应着重从提高员工的参与度上去改善员工的职业生活质量。员工参与管理的形式有以下几种：

1. 质量圈。质量圈的理论基础是全面质量管理（TQM）。质量与企业管理的全过程有关，也与企业的每一位员工有关系。所以，通过建立质量圈，让员工承担责任，是员工参与管理的一种重要方式。质量圈是由 8～10 个员工和管理者组成的共同承担责任的一个工作群体。他们定期会面（常常是一周一次）讨论质量问题，探讨问题的成因，提出解决建议以及实施纠正措施。他们承担着解决质量问题的责任，对工作进行反馈并对反馈进行评价，但管理层一般保留建议方案实施与否的最终决定权。当然，员工也并不一定具有分析和解决质量问题的能力。因此，质量圈的思想也包含对参与的员工进行培训，向其讲授群体沟通技巧、各种质量策略、测量和分析问题的技术等。质量圈起初在美国使用，20 世纪 50 年代传到日本，被日本企业极深入地予以实施，从而生产出了低成本高质量的产品，并在与美国企业的竞争中获胜。80 年代以来，欧洲、北美、亚洲等企业都大力实施质量圈活动，倡导员工参与企业管理，激发员工工作积极性。

2. 员工持股计划。20 世纪 80 年代以来，越来越多的企业开始拟订并实施员工持股计划。员工持股计划在西方被作为一项员工福利计划，员工获得的股票是福利的一部分。从资本的意义上来说，员工持股计划使员工成为企业的所有者，从而使员工获得业主权。实践也证明，员工持股计划的实施的确能使员工产生责任感，能够激励员工更努力、更主动地工作。一项研究对 45 个采用员工持股计划的公司和 238 个传统公司进行了比较，结果表明，在员工满意感和销售增长方面，采用员工持股计划的公司都要优于传统公司。

但是，员工持股计划并非只需要的是心理上体验做主人翁感觉，即员工除了具备财务股份外，还需要被定期告知企业的经营状况并拥有对公司的经营施加影响的机会。只有具备了这些条件，员工才会对他们的工作更满意，对其在公司中的身份更满意，其职业生活质量才会真正地提高。

3. 员工代表参与。员工代表参与的含义是普通员工并不直接参与企业管理决策，而是由一小群员工的代表进行参与决策。在西方，很多国家都通过某种形式的立法，要求企业实行代表参与。他们实行代表参与的目的是在企业内重新分配权利，把劳方放在和资方、股东更为平等的地位上。在西方企业中，最常见的代表参与方式是工作委员会和董事会代表。但是，实践证明，代表参与对员工的整体影响是非常有限的。中国作为社会主义国家，历来主张员工代表要以各种方式参与企业管理决策。员工代表大会就具有法定的地位，可以对企业的重大决策进行影响。在现代企业制度中，理事会中要有员工代表。

4. 授权型参与。授权，即企业给员工一定的、用以参与管理做出决策的权力，如任务安排，完成进度，工作方法等。在授权型参与中，员工被赋予少量的决策权，能够较灵活地处理本职工作以内的一些事务。授权型参与管理的重要意义在于它让员工养成了自主决策、并对决策负责的工作习惯。在这个阶段，要允许员工犯错误，但不能连续犯同类的错误。管理人员的管理职能逐渐转化为领导职能。

5. 团队型参与。团队型参与管理是参与管理的较高形式，它打破了传统的行政组织结构体系，根据公司发展需要临时组建或撤销职能团队。每个职能团队中的成员可以自由组合，也可以由公司决策层指定。由于部门的撤销，大量的管理人员将加入团队，他们失去了管理的工作职能。在团队中，由团队成员自主选择团队协调人。团队协调人不是团队的领导，没有给其他成员安排工作的权力，他只在团队内部或与外界沟通发生冲突时起到调解人的作用。团队协调人没有公司的正式任命，只是一个民间职务，可以根据团队的需要随时选举和撤销。团队协调人也有自己的岗位工作，与团队其他人员享受同等待遇。公司给每个职能团队指定工作目标，由团队成员讨论达成工作目标的方式，然后各自分工，相互协作，完成工作。

总之，员工参与管理是企业兼顾员工利益和企业利益的有效方法。员工通过参与企业管理，发挥聪明才智，改善了人际关系，实现了自我价值，提高了职业生活质量；而企业则由于员工的参与，改进了工作，提高了效率，从而达到更高的效益目标。在实施参与管理时，要注意以下问题，如注重对员工的引导、要有耐心和采取适宜的参与方式等。

除了让员工参与管理外，企业还需要了解员工的真正需要，力争满足员工的合理需要，订计划时考虑员工的立场，树立员工是企业主体的思想；建立畅通的信息沟通渠道，建立合理的正式沟通渠道，重视非正式沟通渠道，关注信息上行渠道，使基层员工的许多意见、建议、看法能及时到达管理者。此外，建立职业生活质量小组，工作环境设计科学化等都有利于提高员工职业生活质量。

● 本章小结 ●

目前，政府和社会对劳动力市场规范化和法制化的程度逐渐提高。在原有的劳动力市场法规的基础上，制订了更加完善的新的法规条例。在应对外部激烈的竞争挑战以及员工管理走向多元化、灵活化的同时，中小企业应该更加关注员工的基本权利，在我国现阶段条件下，员工的基本权利包括公民权、劳动权、获得劳动报酬权、休息权、享有社会保险权和组织与参加工会的权利等。除此之外，企业还要重视员工职业生活质量的提高，采取多种措施保护员工利益，努力实现员工利益和企业利益的统一。

▶ 思考题

1. 什么是员工基本权利？企业应该如何保障员工基本权利？
2. 什么是员工的职业生活质量？企业该如何提高员工的职业生活质量？
3. 试分析说明员工利益与企业经济效益之间的关系。
4. 结合你所熟悉的某一中小企业的实际情况，分析提高员工职业生活质量的意义。

▶ 案例应用

员工谁要拒绝搜身谁就"下岗学习"？

因没按公司稽查人员"把里面衣服摸出来看"的要求接受"搜身"检查，重庆市226路公交车司机赵杰被责令"下岗学习"，接受处理。而市公交二公司稽查大队队长在接受记者采访时则说，这不算搜身。根据公司《票务管理办法》和《稽查实施办法》要求，驾驶员每天在上班之前，都必须把自己身上的现金进行登记，目的是防止无人售票车发生司机"吃票款"的事情。他强调，"管理办法""都是经过公司职工代表大会同意并认可后才执行的"。

（http：//www. chinahrd. net/Ihi_ sk/jt_ page. asp？ article ID =64554. ）

▶ 问题

1. 企业应该如何提高保护员工基本权利的意识？
2. 保护员工基本权利对于企业的发展有何意义？

第十三章

企业的知识保护和信息管理

❖ **本章学习目标**

阅读和学完本章后，你应该能够：

◇ 了解知识产权

◇ 了解企业机密

◇ 了解企业信息

◇ 了解内部人交易

开篇案例

企业用人如何保护企业秘密

　　这是一则发生在上海的真实案例。2000 年 6 月 7 日，佩里·约翰逊（上海）咨询有限公司和刘福音（化名，下同）正式签订了为期一年的劳动合同，其中还特别约定刘福音必须保守佩里公司的企业秘密，否则承担违约损害赔偿责任。当天，还签订了一份《雇佣和保守机密合同书》。在这份合同书中，刘福音承诺：在其受雇佣期间，"由于和佩里公司的雇佣关系而得到的相关情报，诸如顾客资料、支付体系、合约事项等，全部作为保密事项以及专用情报来保存。"显然，在竞争异常激烈的咨询行业，佩里公司竭力想做到滴水不漏。

　　但是，就在佩里公司与刘福音签约的前一天，也就是 2000 年 6 月 6 日，刘福音已经同瀚泰企业咨询（上海）有限公司签订了一份《兼职协议书》，有效期也是一年。这份兼职协议书中明确约定："刘福音是瀚泰公司的兼职业务员，刘福音为瀚泰公司联系所签的咨询合约按咨询费的20%提成。刘福音进公司前事先通知管理部主管，不影响其他员工工作，不得长时间逗留。"佩里公司是一家以国际质量体系认证为业务的美资咨询公司，而瀚泰公司恰恰是其在中国的竞争对手之一。

2000年7、8月份，刘福音负责联系佩里公司与上海通力塑料制品有限公司及上海金马电器有限公司之间的国际标准体系认证咨询业务。但佩里公司随即却吃惊地发现，他们志在必得的这两家客户竟然莫名其妙地成了瀚泰公司的"囊中物"。佩里公司通过调查，发现了蛛丝马迹，他们决定提请劳动仲裁。

2001年2月20日，浦东新区劳动人事争议仲裁委员会做出裁决：以刘福音应聘动机不纯、承诺退还佩里公司所发的全部工资并赔偿经济损失等为由，判令刘福音退还已领取的工资2 403.75元，并赔偿佩里公司经济损失71 500元，同时判定刘福音承担600元仲裁费。

此案终于尘埃落定，但是如何保护企业秘密的问题却引起了人们的密切关注和深入思考。根据最新的调查报告显示：名列《财富》1 000大的公司每年因企业机密被偷窃造成的损失已高达450亿美元，平均每家每年发生2.45次损失超过50万美元的类似案例。

（http：//hi. baidu. com/lpkeer/blog/item/a/ze77095b74a8a fzfddd 467. html.）

一、企业的知识财产

（一）知识财产和知识产权

知识财产（Intellectual Property），是指专利、版权、商标及企业机密，它不同于土地、房屋或货品之类的有形财产。专利保护的对象一般是新工艺过程和新产品的发明。在公布专利的同时，需要对相关研究进行说明，这样有助于新技术在全球范围内的传播并进一步推动新技术的发展。然而，关键的信息一旦公之于世，就为直截了当的剽窃敞开了方便之门。和专利不同，版权所保护的对象是思想的表现和再现的具体形式。版权涵盖许多种表现形式，其中主要是文学和艺术作品以及新近发展起来的计算机程序。商标是公司用来为自己的产品命名并使其与其他产品相区别的一种符号、词句或形象。商标通常需要在政府部门进行注册，以确保商标所有者的独家使用权。利用他人的有价值商标为自己谋利的现象充斥了各类市场，从时装、医药、农业到计算机行业均难逃此劫。企业机密代表了一个公司产品或工艺过程的创新，但它不同于专利、版权和商标，它无需进行法律注册。企业机密日趋成为企业间谍觊觎的目标。

　　知识财产是不同于知识产权的，受法律保护的知识财产构成了知识产权。关于对知识产权的理解，可以借助于西南政法大学教授、博士生导师张玉敏的解释，他认为知识产权应定义为：知识产权是民事主体所享有的支配创造性智力成果、企业标志以及其他具有企业价值的信息并排斥他人干涉的权利。这一定义的特点是：（1）突出知识产权的主体是民事主体，昭示知识产权的私权性质；（2）指出知识产权的保护对象是智力成果、企业标志和其他具有企业价值的信息；（3）明确揭示出知识产权的支配权属性，表明其具有支配权的一般属性和特点，以便与请求权相区别；（4）表明这种支配权既包括权利的原始取得人对保护对象的全面支配权，也包括通过转让、许可使用或其他方式继受取得权利的人对保护对象的全面或受限制的支配权，从而解决了被许可人的权利性质问题。按照这一定义，知识产权的权利内容（权能）包括：

　　控制权。即控制权利所保护的对象的权利。控制权相当于物权的占有权能。由于物权的保护对象是物质财产，权利人通过对物的实际占有就可以实现对物的控制，因而占有权成为物权的重要权能。而知识产权的保护对象是非物质性的信息，不能像对物质财产那样实施占有，权利人对权利的保护对象的控制只能依靠法律赋予的权利。控制权是行使其他知识产权的前提条件。

　　使用权。使用权指权利人对其权利保护对象进行使用的权利，如使用专利方法生产产品，在自己生产的产品上使用自己的商标，展览自己的作品，发表、改编、表演自己的作品等。权利人可以自己使用其权利的保护对象即信息，也可以授权他人使用。

　　处分权。指权利人按照自己的意思处置自己权利的权利，包括设定质权、许可他人使用、转让（出卖、赠与、投资）抛弃等权利。

　　收益权。即通过使用或处分，获得财产利益的权利。

　　此外，作为一种法律上的权利，知识产权当然含有禁止他人侵害的权能，这是不言而喻的。了解了知识财产和知识产权的不同，有助于我们充分地利用法律保护企业的知识财产，避免遭受经济损失。

为了保护智力劳动成果，促进发明创新，早在一百多年前，国际上已开始建立保护知识产权的制度。1883 年在巴黎签署了《保护工业产权巴黎公约》，1886 年在瑞士伯尔尼签署了《保护文学艺术作品伯尔尼公约》（the Berne Convention for the Protection of Literary and Artistic Works），1891 年在马德里签署了《商标国际注册马德里协定》。此外还先后签署了《工业品外观设计国际保存海牙协定》（1925年）、《商标注册用商品和服务国际分类尼斯协定》（1957 年）、《保护原产地名称及其国际注册里斯本协定》（1958 年）、《专利合作条约》（1970 年）、《关于集成电路的知识产权条约》（1989 年），等等。

为了促进全世界对知识产权的保护，加强各国和各知识产权组织间的合作，"国际保护工业产权联盟"和"国际保护文学作品联盟"的 51 个成员国于 1967 年 7 月 14 日在瑞典首都斯德哥尔摩共同缔约建立了"世界知识产权组织"。该组织于 1974 年 12 月成为联合国 16 个专门机构之一。

20 世纪 80 年代，中国开始逐步建立知识产权制度。1983 年 3 月，中国实行了《商标法》；1985 年 4 月实行了《专利法》；1990 年 9 月又颁布了《著作权法》，并于 1991 年 6 月 1 日起开始实施。中国于 1980 年加入了世界知识产权组织，1985 年参加了《保护工业产权巴黎公约》。1990 年 12 月，中国知识产权研究会成立。1992 年 1 月 17 日，中美两国政府签署了《关于保护知识产权备忘录》。至 1994 年 5 月，中国已经加入了《商标国际注册马德里协定》、《专利合作条约》、《保护文学艺术作品伯尔尼公约》、《世界版权公约》等保护知识产权的主要国际公约。

（二）获取以及保护知识财产的方法

技术究竟属于私人财产还是公共财产？对这个问题的回答决定了获取它的方法上的不同。例如，一般认为，绿色革命的农业技术是公共的财产，但是，一个具体的农作物种系就可能属于私人的财产。私人企业从自身的利益出发，普遍认为技术本身而不仅是某一具体产品属于私人财产和企业产品。如果技术被视为公共财产，它所蕴含的信息就是对所有人公开的，而不是一件可以买卖的商品。技术只有得到具体的应用，变成了产品或工艺过程之后，它才被视为商品或私有财产。相反，如果技术被视为一种私人拥有的商品，那么获取技术只能依靠在所有者与获取者之间达成的契约。这种交易既可以采取直接销售的方式，也可以采取转让许可的方式。保护技术的手段相当直接，包括对违约者实施经济制裁，进行司法诉讼，就合法性的问题展开思想论争。此外，还有许多政治手段可以利用，譬如，在国内开展政治游说，组织政治行动委员会，在国际上采取外交干预等。

全国法院从 2001 年 1 月至 2001 年 12 月共受理一审知识产权案件 5 265 件，审结 5 041 件；受理一审知识产权刑事案件 319 件，审结 314 件。2002 年上半年全国法院新收各类知识产权一审案件较入世前的去年上半年全面大幅度上升。上半年新收知识产权案件 2 991 件，同比上升 24.99%，其中著作权案件上升 66.60%，专利权案件上升 29.13%，技术合同案件上升 31.29%，商标权案件上升 12.10%。新收案件不但增幅大，而且诉讼关系复杂、专业性强，审理难度增大。入世给我们在如何管理知识财产和保护知识产权方面提出了新问题和新挑战。为了解决新问题，我们一方面要规范完善国内知识产权保护的法律法规，另一方面要研究国际知识产权方面的规则，做到企业在国内和国际市场竞争中都能利用法律法规保护好知识财产使其不受损失。

1. 国内方面关于知识产权的相关司法解释。

（1）最高人民法院关于审理涉及计算机网络著作权纠纷案件适用法律若干问题的解释（25/12/2000 更新）；

（2）最高人民法院关于人民法院对注册商标权进行财产保全的解释（06/02/2001 更新）；

（3）最高人民法院关于审理植物新品种纠纷案若干问题的解释（20/02/2001 更新）；

（4）最高人民法院关于对诉前停止侵犯专利权行为适用法律问题的若干规定（24/06/2001 更新）；

（5）最高人民法院关于审理专利纠纷案件适用法律问题的若干规定（02/07/2001 更新）；

（6）全国法院知识产权审判工作会议关于审理技术合同纠纷案件若干问题的纪要（23/07/2001 更新）；

（7）最高人民法院审理涉及计算机网络域名民事纠纷案件适用法律若干问题的解释（25/07/2001 更新）；

（8）最高人民法院关于开展涉及集成电路布图设计案件审判工作的通知（28/11/2001 更新）；

（9）关于对注册商标专用权进行财产保全和执行等问题的复函（15/01/2002 更新）；

（10）最高人民法院关于审理商标案件有关管辖和法律适用范围问题的解释（22/01/2002 更新）；

（11）最高人民法院关于诉前停止侵犯注册商标专用权行为和保全证据适用法律问题的解释（22/01/2002 更新）；

（12）最高人民法院关于同意指定辽宁省葫芦岛市中级人民法院审理部分专利纠纷案件的批复（09/07/2002 更新）；

（13）最高人民法院关于专利法、商标法修改后专利、商标相关案件分工问题的批复（09/07/2002 更新）；

（14）最高人民法院关于审理著作权民事纠纷案件适用法律若干问题的解释（15/10/2002 公布）；

（15）最高人民法院关于审理商标民事纠纷案件适用法律若干问题的解释（16/10/2002 公布）。

2. 国际方面关于知识产权的司法解释。国际上对知识产权的保护有许多相关的法律。特别值得研究的是 WTO《与贸易有关的知识产权协议 TRIPs》的内容。根据 TRIPs 的解释，知识产权的侵权行为，一般认为包括对著作权、商标权、专利权、企业秘密权、反不正当竞争权等智力成果权的侵害行为。《知识产权法》相对于民法来讲，属于特殊法。《民法》概括性地规定了侵权行为的认定标准或条件；《知识产权法》则更加具体地规定了知识产权侵权行为的表现形式。

我们不但要依据民商法、侵权行为法从总体上把握侵权行为的表现形态和认定标准，还要依照各部知识产权法具体地掌握对每一类侵犯知识产权行为认定的规格和要点，才能完成在审判知识产权侵权纠纷案件中的法律适用的任务。

通过对《专利法》、《商标法》、《著作权法》等各类知识产权法的研究，我们会发现立法者在这些法律中一般都明确规定了相应的侵权行为种类和具体表现形式。虽然在这些条款规定中也有所谓弹性规定，但总体来说，知识产权法都对侵权行为进行了列举式的描述，都对侵权行为做了种种规范性的规定，这也就构成了认定知识产权侵权行为的法定标准。因此，我们研究侵权行为的认定，必须首先研究和讨论认定知识产权侵权行为的法定标准。

从总体的情况看，对各类知识产权侵权行为的认定，都具有一个大体相同的认定流程，法官一般均按照该流程或者思路细致、严密地对所要认定的行为进行是否为侵权行为的客观判断。该认定流程将法官的主观意志纳入一个相对固定的思维模式，便于法官的认识进入一个可见又易于操作的程序，保证法官的内心确信更符合客观实际，更具有客观实在性。

虽然对各类知识产权侵权行为认定各有特色，但它们的共性决定该认定流程的基本步骤为：第一步，权利及保护范围的确定；第二步，分析其保护范围的构成要素；第三步，针对被控侵权物提出并确定其权利实现范围；第四步，分析其权利实现范围构成要素；第五步，将两者被确定的范围和具体构成要素进行对比，准确适用各项判断原则和方法；第六步，相同或相似性的判断；第七步，做出认定侵权或不认定侵权的结果。

（三） 知 识 财 产 的 管 理 与 社 会 政 策

把科学思想和信息作为财产申请专利保护是人类历史上的新发展。这一社会政策源自 18 世纪后期和 19 世纪的西方国家。从传统上讲，与字母表或核物理一样，知识一直被看做是公共领域的一部分。尽管在应用方面，如一个键盘或一个核电站的设计，有可能申请专利或版权，但思想却不属于独占权的范围。如果思想，而不是简单的应用，在一个崇尚物质的体制下被私有化，那么，进一步创新的基础就会被追名逐利的浪潮所动摇。知识财产的管理中存在特殊的问题，原因有二：其一，知识财产具有在有形产品中找不到的经济特征。知识财产易于分割和传输，容易被多方同时盗用；在知识财产受到侵犯时，所有者并没有失去财产，他所失去的只是对其经济利益的源泉独享的权利。换句话说，所有者失去的是对知识财产的垄断权。其二，知识财产对许多国家的发展起着举足轻重的作用，这些国家不可能甘于被排除在知识财产的范围之外。

二、企 业 机 密

（一） 企 业 机 密 的 定 义

企业机密（Trade Secrets）是指一家公司所保留的供本公司独家使用或通过授权许可供其他公司使用的信息。从这一点来说，企业机密和专利权比较相似，但它们之间有四点重要区别：

第一，在美国，专利是由政府对专利持有人授予的特定权利，有关专利的案件是由联邦法院管辖的，而企业机密则是由州法院管辖，相关的案件也通常由州法院来裁定。第二，专利的有效期是 17 年，过期之后就变成了可被任何人使用的公开信息，但企业机密的保护是无限的。第三，已获得专利的信息必须体现某一特定领域的真正进步，而作为企业机密，条件不那么严格。第四，专利在法律有效期内，具有排他性，未经所有者授权许可，任何人不得使用该项知识产权，而企业机密的法律保护是微弱的，只要不是通过非法手段获取的企业机密，使用是合法的。在企业管理中，对一些无法申请专利或无须专利保护的知识产权，可作为企业机密保护起来，如顾客名单，产品特殊配方和成分，营销计划，等等。

企业机密是能够给企业带来巨大经济利益的无形资产，这种无形资产带有一定的垄断性，往往可以使企业在一定时间、一定领域内获得丰厚的回报。正是因为如此，企业机密对其他企业来说有着极大的诱惑力，必然导致灰色、黑色市场的出现，即企业、个人甚至国家，以不正当手段去进行灰市甚至黑市买卖。不难想像，在未来越来越激烈的市场竞争中，我们将长期面临大量的窃取企业机密的行为，即使法制日趋完善，也难以禁绝。因此，如何有效地保护企业机密，成为经济工作中必须认真加以研究的问题。

（二）企业机密的保护方式

1. 以法律手段保护企业机密。目前我国对企业机密的法律保护主要有两种形式：一是侵权行为法对企业机密的保护，主要是《民法通则》、《反不正当竞争法》和《刑法》。二是合同法对企业机密的保护，主要是《技术合同法》和《劳动法》。

侵权行为法对企业机密的保护是指他人不法侵犯企业机密时，权利人可以就其侵犯自己的民事权利的事实，依照《民法通则》第117条和第118条的有关民事侵权的规定，向法院提起诉讼，请求停止侵害和赔偿损失。权利人也可根据《反不正当竞争法》第10条的有关经营者不法侵权的规定，向工商行政管理部门请求处理，也可向人民法院提起诉讼。如果侵权人侵犯企业机密，给权利人造成重大损失，构成侵犯企业机密罪的，权利人也可依据《刑法》第219条向人民法院起诉，追究侵权人的刑事责任。

合同法对企业机密的保护是指企业机密的权利人以订立合同的方式，明确各方对企业机密保护的权利和义务。若对方违反了保密义务，则权利人可依合同对其追究违约责任，包括要求违约方支付违约金、赔偿金、继续履行合同中规定的保密义务等。《合同法》主要针对企业机密中的技术秘密在流转过程中给予保护。无论是权利人或与权利人为交易对象的相对人，都必须严格履行规定的保密义务，否则承担违约责任。而《劳动法》主要针对劳动者与用人单位有关企业机密的保护问题。劳动合同的当事人可以在合同中约定保守用人单位企业机密的有关事项。如果劳动者违反这些约定的保密事项，给用人单位造成损失的，用人单位可要求其承担法律责任。

企业机密的法律保护目前仍处在初始阶段，还存在着许多不足和空当。例如，《民法通则》是针对民事侵权的普遍性、概括性的规定，缺乏具体的侵犯企业机密的行为标准以界定行为性质、侵权程度，可操作性比较差。并且《民法通则》强调"谁请求谁举证"和"过错责任"原则，在现实生活中企业机密的权利人对一些侵犯其企业机密的行为很难证明侵权人是否存在过错。又如《反不正当竞争法》主要针对其他经营者的侵权行为，而对企业职工的泄密、窃密行为则未加规范。新《刑法》增加的侵犯企业机密犯罪的规定，对犯罪构成特征的规定并不比其他法律详细，只是加大了对经营者侵权行为的打击力度。《合同法》的特定的保护对象为企业机密中的技术秘密，它并不能涵盖经营秘密，并且主要是对技术秘密在转让、许可、使用过程中的保护，而对因其他原因引起的企业技术秘密的流失无能为力。《劳动法》对企业机密的保护只作了原则规定，特别是在企业保密利益与劳动者发展利益相冲突时，立法就出现了空当。一方面企业的机密需要保护，以维护正常的经济秩序；另一方面也要为科技、管理人才自主择业、合理流动提供宽松的、便利的法律环境。立法在这方面应采取什么样的价值取向，在《劳动法》中未得到体现。针对这种状况，企业不能坐等国家完善法制，而应从自身做起，强化企业机密的事前保护手段，以弥补法律的不足。

2. 以经济手段保护企业机密。企业机密在大企业中往往较多，在中小企业则可能较少。企业对企业机密的保护也有一个分层次管理的问题。重要的、能带来较大收益的企业机密，必须付出较大的成本予以保护，次要的企业机密则酌情采取低成本的保护方法。

以经济手段保护企业机密，主要包括下列三个层次：（1）用分配方法来保护企业机密。即对接触、使用企业机密的职工，给予较优厚的工资、奖金待遇，若有可能，再辅之以必要的雇佣合同，写明一旦享受特殊津贴，则应负有相应的保密义务。（2）可以用长期化劳动契约来保护企业机密。在人员流动比较普遍的今天，这一方法更具有重要作用。劳动契约长期化，可以使关键岗位（接触、掌握企业机密）的职工，由于收益长期化的预期，而留在岗位上。如果再辅之以较优厚的工资、奖金，对增强企业重要职工保护企业机密的责任感会更有作用。（3）以某种产权安排，来保护企业机密。比如，允许企业机密的发明人，接触、掌握企业机密的人拥有部分股权，成为企业的股东，使之与企业形成休戚相关的命运共同体。在发达国家的许多企业里，正是这么做的。日本许多中小企业中掌握和从事关键技术、工艺的职工，往往是"基干社员"（一般不予解雇，终身雇佣的职工）或是企业的股东，其用意是既防止人才流失，又防止企业机密外泄。我国高新技术开发区的某些高新技术企业以及南方的部分企业中已开始了这方面的尝试。

究竟在分配、劳动契约长期化、产权安排之间做何选择，要视企业的具体情况和企业机密的存在形态、收益大小而定。一般来说，为保护企业机密而做出了产权安排，企业付出的成本要大一些。但是，从长远来看，为了保护对企业至关重要的企业机密，这样做还是值得的。目前，相当一部分高新技术企业并未从产权安排的角度去保护企业机密，是高新技术企业人员跳槽不断，企业技术诀窍、新产品被别的企业窃取、仿冒的重要原因之一。其实从某种意义上讲，对技术发明人给予一定的股份，是市场经济中的按劳分配原则的体现。在知识技术密集型的企业中，由于技术对资本、劳动等其他生产要素，相对来说，有更重要的意义，就更需要精心做出一定的产权安排。实际上，美、日等国的实践证明，高新技术企业崛起之初，产权安排往往决定了企业的命运。

3. 以行政管理的手段保护企业机密。仅靠成功地保护企业机密，并不能保证企业的兴旺发达，但如果不能有效地保护企业机密，企业是绝不会兴旺发达的。因此，企业应把保护企业机密作为现代化企业管理的重要组成部分来抓紧、抓好。

其一，建立保护企业机密的机构。考虑企业机密与国家秘密虽然层次不同，但对保护的要求、制度措施、防范手段、宣传教育等大体相似，可以把国家秘密与企业机密纳入统一管理，分别对待。如果原来已有机构管理国家秘密的，可以由其承担管理国家秘密和企业机密的双重任务。不过，这样做的前提是要加强保密机构的力量。目前外地一些国有企业，已经开始这方面的尝试，值得我们借鉴。他们的主要做法是：（1）明确一名企业主要领导人负责保密委员会的全面工作；（2）在保密委员会成员中增加行政业务处室领导的比例；（3）明确懂技术、通业务的专职人员负责企业机密的日常管理。

其二，建立企业内部相关的保密制度。国家保密部门已经颁布的一系列保守国家秘密的制度，是针对各种泄密渠道提出的保密行为规范，很多都适合用于企业机密的管理，可以根据企业机密的不同特点，进行取舍、充实，制定出一套符合企业机密运动规律的管理制度。有了章法还要注意加强宣传教育和检查监督，防止有章不循、流于形式。要通过宣传教育，使广大职工增强道德观念、法制观念、责任感、归属感，树立保护企业机密人人有责的思想，普遍提高保护企业机密的自觉性。与此同时，将企业机密的管理纳入企业基础管理体系，变经验式管理为定量、定性的目标管理。对内，明确各级领导应负担的保密工作责任，划出各业务系统企业机密的具体内容，把企业机密管理作为企业基础管理的子项目列入考核体系，对泄密单位、责任者按规定予以处罚；对外，建立企业机密受侵犯后的快速反应机制，确保企业机密被侵犯后的损失降到最低。

其三，与职工签订保密合同。在企业机密诉讼中，权利人必须举证证明：（1）被侵犯的信息是原告的企业机密；（2）权利人已采取了合理的措施以保护其企业机密（至于什么是合理措施，视具体情况而定）；（3）侵权人侵犯了权利人的企业机密。虽然法律对企业机密的概念作了明文规定，但只是概括性的，在具体实施中，某一信息是不是企业机密，权利人、侵权人和法院可能会有不同的理解。把技术、工艺诀窍和产品配方等认定为企业机密，一般人还比较容易接受；而对于客户名单、财务状况等资料或者企业发展规划等经营性信息的认定，却心存疑虑。在这种情况下，权利人和侵权人谁能胜诉，主要取决于双方所举的证据能在多大程度上支持自己的主张，并且能够被法院所接受，权利人举证、胜诉就比较艰难。在权利人和侵权人签有保密合同的前提下，由于合同已载明了企业机密的名称、范围及其他条款，权利人在诉讼中仅凭合同本身就可证明：（1）被告一方明确知道特定信息是原告的企业机密；（2）被告已承诺承担相应的保密义务，包括不将秘密泄露给第三人，也不利用这些秘密与原告展开竞争；（3）被告业已知道，违反合同约定将给原告带来损失，并预先同意自己在违约时赔偿原告的损失。这将使原告在诉讼中的举证变得相对容易，胜诉的可能性也随之增大。

上述保护企业机密的手段与方法，哪一个也不是包治百病的。法律手段有其漏洞，而且属于事后的救济；经济手段使成本开支加大；道德手段则缺乏强制性，仅仅靠加强企业内部管理则力度不够。总之，企业家应当根据本企业的实际情况，综合考虑运用各种手段，才能有效地保护本企业的企业机密。

三、企业的信息

（一） 信息和信息权

狭义地讲，信息包括所谓真实的描述、表达和数据。广义地讲，信息还包括诠释、推理、预测等内容。尽管从狭义看，订单、承诺和问题不属于信息（由于无法确定其真实和虚假），但发出订单的事实（比方，以声明的价格求购某种商品）就是信息。围绕信息的接触、信息的正确使用以及报告信息的真实性标准产生了大量的伦理问题，下面将讨论一些被广为关注的问题。

在许多公司，信息的流动严格遵循其权利结构的层级限制，而且，能够接触到某些信息被视为一种权利。比方，经理会要求下级提供数据，但他不会向上级和部门之外的人员提出这样的要求。因此，公司内部信息流的设计影响着整个公司的道德环境。财产利益可以决定谁有资格了解并使用信息，这就是有关信息权的问题。

信息权是指利益相关者为了有效地履行自己的义务而获取必要信息的权利。利益相关者有权获取信息以使他们在社会岗位上尽职尽责，或者履行他签署的协议中的义务。信息就是力量，可以用来控制他人或者授之以权利。

信息已成为企业与其利益相关者之间开展交易的"货币"，因此，信息权利所涉及的核心问题就是如何保证这一信息交易过程在各方之间达到公平合理。虽然可以借助道德和法律的准则来实现这个目标，但是各个不同的利益相关者的主观意识是千差万别的，所以不可能在知情权和隐私权之间找到一个绝对明确的界限。企业要有效地发挥职能，利益相关者的权利是不容忽视的，下面对企业中关键的利益相关者的信息权利进行简要的总结。

员工的信息权。员工要在工作岗位上尽职尽责，就应该获得相应的信息。出于对薪金和前途的考虑，员工愿意有良好或者卓越的表现，但如果与工作相关的信息不足，他们的工作业绩很可能会受到不良的影响。员工的工作表现、人事档案和其他与工作有关的数据资料应保持完整的记录，以随时备查。对员工进行人事调整时，应当让员工充分了解形成这一决策的信息。如果员工被降职、调职或解雇，他们同样有权利知道其中的原因。基于对员工隐私权的保护，如果企业对员工的工作实施监控，就必须事先让员工知情。员工也应该知道企业对所收集的个人信息采取了哪些保密措施来限制其扩散。同样，企业有权获得来自员工的和企业利益相关的任何信息，有权了解员工是否卷入对企业不利的竞争者活动中，有权了解员工的一切对企业不利的不安全行为。

消费者的信息权。消费者有权获得有关产品或服务内容及用途的翔实资料，这样有助于他们在众多产品之中作出理性的选择。广告作为主要的信息沟通渠道，其真实性显得尤为重要。任何有关产品潜在安全瑕疵和危害健康的信息都必须以简单易懂的方式披露，企业必须告知消费者投诉的方法以及因购买了不合格产品而得到补偿的程序。

股东的信息权。企业的股东有权获得财务和其他相关的信息（例如，悬而未决的诉讼），他们有权了解企业是否遵纪守法，采取了哪些策略来保护股东的投资。企业的存在是由各方面的利益相关者决定的，工会、供应商、行业协会、政治团体、媒体以及广大的公众共同构成了这个潜在的利益相关群体，他们的知情权是由他们各自的身份和角色确定的。

为了落实信息在利益相关者中的知情权，有必要从道德的角度来恰当地定义信息的准确性。各类报告应将数据、科学的预测和个人的诠释区别开来。为了确保信息的准确性，行业协会乃至立法部门对此建立了某些标准或法律。例如，公司财务报告的会计准则大部分是由"联邦会计标准委员会"颁布的。其实，该"委员会"的标准及其制定标准的权威性对那些希望使用其他会计准则和方法的机构来说是不公平的。报告信息时对统计方法的运用产生了一个有关准确性的伦理律令问题的特殊子集。错误地选择或应用统计方法会对专业性的个人或组织带来严重的后果。如果报告的结果造成了伤害（如客户依赖错误的财务报告信息做出了错误的决策），专业人员或组织就会背上欺骗和过失的罪名。另外，很多专业人士承认，他们有责任说明所有的资料来源，以资更深入地分析或者对报告的准确性进行核查。只要信息是基于以前的报告和研究，就有责任充分报告信息的出处，否则会被指责为"剽窃"。（互联网上的信息生成是新的信息来源，核实其出处的标准待定）。上面列出的问题经常相互交错甚至彼此矛盾。譬如，确保信息自由会很容易与保障信息隐私发生冲突。

（二） 信 息 披 露

路易·布兰代斯在 1942 年出版的《别人的钱》一书中写道 "据说阳光是最好的消毒剂；灯光是最有效的警察"。这句话后来被引用到《论证券监管》经典教科书中，以阐明 "曝光是治疗社会和行业痼疾的良药" 的论断。其实，在企业交易中，买卖双方之间也需要信息披露，否则很多合同条件的模糊条款经常导致争端，披露原则会减少纠纷，明确合同各方的责任。然而，这种信息披露也可以作为逃避责任的证据。如烟草企业被要求标注 "吸烟有害健康" 的警告语，同时，这一行为可以被烟草企业利用来反驳产品责任诉讼。因此，信息披露本身未必对企业不利，只是表明了企业坦诚地面对公众和利益相关者的态度。在今天的企业信息管理中，最需强化信息披露原则的领域之一是上市公司及其会计报表。

2004 年 7 月，中国人寿被美国投资者集体诉讼一案的最终结果尚未可知，但它却明确地向人们提出了一个问题：信息披露制度在公司治理中到底应处于什么位置？

传统上，人们普遍认为，董事会是公司治理的核心。然而，从国外公司巨头安然、帕玛拉特，到中国的银广夏、中国人寿等诸如此类事件无不向人们证实着：我们不应再拘泥于将信息披露制度作为公司治理的外部条件，而应视为公司治理应有之义，而且是公司治理的核心。试想一下，如果信息是不透明的，投资者将如何了解董事会的构成、独立性和决策的科学性？在投资者不了解相关信息甚至故意制造假信息的情况下，又如何做出自己的投票选择？因此，董事会的构成、独立性和决策的科学性是以充分的信息披露为基础的，信息披露的质量直接影响着公司治理的绩效。

尽管目前对上市公司信息披露进行管制已是国际通用的做法，但理论界对是否管制以及如何管制仍存在分歧。非管制论主张，上市公司完全可以自愿披露信息，无须强制性信息披露，代理理论（Agency Theory）、通信理论（Signalling Theory）与个人契约是构建非管制论的三大支柱。在非管制论的支持者看来，为有效履行受托责任、争夺市场资源及向市场传递良好的信号，上市公司会自愿披露绝大部分信息，至于不足的部分可通过个人契约方式加以弥补。然而管制论从市场失灵（Market Failure）和会计信息公共物品（Public Goods）性质入手，认为需要通过管制，纠正市场失灵，消除资本市场上会计信息的不对称（Informat Asymmetry）和会计信息质量的低下。深入进去，不难看出：两种主张既有可取的一面又有不足的地方，任何一方都无法单独维持资本市场的运作，因此有些学者折中考虑，提出了能集两者之所长的 "适度管制" 观点。适度管制 "要求规定上市公司信息披露的最低程度，但会计信息一经披露，则必须具备规定的质量条件"。这是强制性的信息披露，但并无披露上限，上市公司也可依照需要自主披露信息，这属于自愿性信息披露。适度管制实际上是自愿性信息披露与强制性信息披露的有机结合，是两者在实现资本市场目标过程中的均衡。

（三）财务报告

财务报告是信息披露的重要手段，其真实性很大程度上影响了利益相关者的权益和企业的形象，是信息管理中的重要环节。财务报告是指有组织地或系统地收集、处理和披露一个组织经济行为的过程。财务报告体系的资料和信息是在交易（如购买原料和销售成品）的基础上，使用一种功能性货币，运用一套被称为"通用会计准则"的标准化的会计做法来计量的。财务报告体系的最终结果主要是三种财务报表，分别是：资产负债表，用来计量一个组织某一时间点的资产、负债和所有者权益；损益表，计量一个年度内的收入和支出；现金流量表，计量在和损益表相同的期间里组织中资金的来源和使用情况。财务报告有两个主要目的：一是确保组织资产的安全或可控制性；二是按时依照通用会计准则，为报表的使用者提供准确的财务报告，使用者包括组织管理者、员工、股东、贷款者、客户、供应商、政府机构和工会。财务报告的伦理基础来源于会计准则，它就内容、时间和方式对如何做出正当的记录或披露做了明确说明。财务报告的伦理含义根植于一种普遍的观念，即财务报表必须做到客观、可信，还要能够全面反映一个组织所谓的经济现实。换言之，一个符合伦理标准的财务报告体系，应该为所有相关的使用者提供关于组织的财务状况或运营状况的真实记录。相反，一个不能以合乎伦理规范的、客观的方式满足控制或报告信息目的的财务报告体系，是不道德的。对财务报告的弄虚作假，有主观故意和客观失误两种，也会牵涉到很多当事人，主要是公司管理者和股东。不同的利益相关者和利益集团会导致公司内部现实或潜在的伦理冲突，往往通过财务报告的质量和诚信方面的折中态度得到缓解。因此，财务工作中的伦理问题需要多方努力，共同改善。

四、内部人交易

（一）内部人交易的定义

内部人交易（Insider Trading），也称为内幕交易，是指利用公众无法得到的信息进行证券买卖的活动。内部人交易也指公司内部的员工进行的交易，如公司董事和管理人员；或指那些利用非公共信息并违反了信义职分（Fiduciary Duty）的外部人所从事的交易。

在国际金融领域里存在着许多有争论的问题，但其中最为重大的话题恐怕还是信息的使用问题，内部人交易就是有关信息的使用的企业伦理问题。信息是有价值的，在金融方面有两类信息：一类是公共信息，也就是公开的信息，属于公共领域，但并不是说这类信息是每个人都知道的，而是说每个人都可以得到它。另一类是非公共的信息或称内部信息，不是每个人都能得到的。利用内部信息来管理和从事金融交易，在国际上是一个颇有争议的话题，即内部人交易。具体说来，内部人交易主要包括下列行为：（1）内部人员利用内幕信息买卖证券，或者根据内幕信息建议他人买卖证券的行为；（2）内幕人员向他人泄露内幕信息，使他人利用该信息获利的行为；（3）非内幕人员通过不正当的手段或者其他途径获得内幕信息，并根据该内幕信息买卖证券，或者建议他人买卖证券的行为。这里的内幕人员，是指上市公司的董事会、监事会人员及其他高级管理人员，证券市场的主管机关和证券中介机构的工作人员，以及为该上市公司服务的律师、会计师等能够接触或者获得内幕信息的人员。

内幕信息是指为内幕人员所知悉的，尚未公开并可能影响证券市场价格的重大信息。所谓重大信息，主要包括：证券发行人订立了可能产生显著影响的重要合同；发行人经营政策或者经营范围发生重大变化；发行人发生重大的投资行为或购置金额较大的长期资产等行为；发行人发生重大债务；发行人未能偿还到期重大债务等违约情况；发行人发生重大经营性或非经营性亏损；发行人资产遭受重大损失；发行人生产经营环境发生重大变化；可能对证券市场价格有显著影响的国家政策变化；发行人的董事长、30%以上的董事或者总经理发生变动；持有发行人5%以上的发行在外的普通股的股东，其持有该种股票的增减变化每达到该种股票对外发行总额的2%以上的事实；发行人的分红派息、增资扩股计划；涉及发行人的重大诉讼事项；发行人进入破产、清算状态；发行人的收购或兼并、分立等。

（二）内部人交易的道德争论

事实证明，内部人交易由于利用了别人所不能获取的内部信息而轻松获利，这种做法是否公平？是否应该从法律或伦理的角度予以禁止？由于不同国家文化背景的原因，这些问题的答案是不统一的。在国际上，观念的分歧构成了对内部人交易行为的不同评价。一般认为，有三个标准可以参考：第一种是法律限定与禁令；第二种是专业协会制定的行业规范；第三种是由各自的文化背景所决定的个人伦理标准。当这些标准冲突时，个人行为必须服从最高标准，这在国内和国际上都是应该遵守的原则。

在美国，内部人交易被认为是不正当的。美国为此制定了法律禁令，专门制止内部信息的利用。而且，许多专业协会的执业标准中也做出了规定，明文禁止利用内部信息。

内部人交易是否属于违背伦理的行为？明令禁止内部人交易行为是否得当？有支持和反对两种观点。支持者认为，内部人交易合理的理由是考虑到经济效率原则，利用准确的内部消息进行交易有利于尽快地促进信息的市场化，能够使市场更具效率，促使股票价格更贴近一种准确地反映真实资产价值的均衡价格。另外还认为内部人交易是有益于公司的，这样可以激励那些高素质的人才，吸引他们担当高层的管理职务。而且也不认为内部人交易会损害其他人的利益，因此认为内部人交易并非不道德的企业行为。反对者认为，内部人交易违背了经济的职能和公平的原则，会损害与内部人进行交易的买方或卖方。因为那些买方或卖方是不知情的，相对于在公平信息条件下的股票交易价格而言，他们买高或卖低，这种价差就是内部人交易给他们带来的损失。另外，从长远来看，内部人交易对市场经济的发展有着潜在的危害，因为信息优势总被一小部分人所控制，市场的公平性就会丧失，投资者会失去交易信心，整个市场会逐渐停滞甚至崩溃，因此，一定要关注内部人交易的不道德性，保证市场交易行为的公平。

这些挑战性的问题又和许多复杂的情况纠缠在一起，这里既有法律的问题，又有现实的问题。美国现行的联邦法律中，成文法的禁令既没有使用也没有定义"内部人交易"这个概念，只能依靠"欺诈"来处理此类问题。交易者故而难以确定其边缘行为是否合法。如果要把内部人交易定义为利用公众不可得到的信息进行交易，那么就必须界定公众可获得性的界限。然而信息在现实活动中的存在是一个连续的统一体，它会从"一个人可知"发展到"所有人可知"。试图将内部人交易固定在这一连续统一体的某个点上，其难度是显而易见的。同样，精确地界定什么是内部信息而非主观看法或推测也是非常困难的。有人认为，产生交易中的不公平优势的信息必须是实际存在的、经过核实的；而也有人认为，内部人员的意见本身就足以构成不公平的优势，因为那些内部人员都是专家或者掌握充分信息的人。什么是"内部信息"就成为一个错综复杂的问题，直至今日，法律和伦理学界的学者仍未从根本上解决这个问题。

● **本章小结** ●

在市场竞争日益激烈的今天，知识产权和企业机密的保护，对大多数中小型企业来说，显得日益重要。知识产权和企业机密在一定时间里能够给企业带来巨大的经济利益，因此也就出现了越来越多的侵犯知识产权和窃取企业机密的行为。如何保护好自己的知识产权和企业机密，已经成为众多中小企业思考的问题。从一定意义上来说，保护的方法有很多，其中最重要的一点就是企业要提高对知识产权和企业机密的重视程度。同样，中小企业也只有充分认识到信息的重要性，才能从根本上采取措施对其进行使用和保护。此外，中小企业还要关注内部人交易，反对不道德的企业行为，以确保自身的经济利益和市场交易的公平性。

▶ 思考题

1. 什么是企业的知识财产？知识产权对企业有何意义？
2. 企业机密的定义是什么？怎样有效地对它进行保护？
3. 如何防止员工利用职务之便泄露企业机密？
4. 结合现实分析内部人交易存在的原因。

▶ 案例应用

雅虎涉嫌窃取企业机密

美国硅谷一家名为"Nuance通信"的公司近日提起诉讼，指控雅虎挖走了该公司的13位核心工程师，企图借此窃取该公司的企业机密。这13位工程师在Nuance通信主要负责交互语音技术开发。Nuance通信表示，该公司的交互语音项目已经完成了至少75%，而就在这个时候雅虎挖走了其负责研发的副总裁拉里·海克（Larry Heck）。本月初，Nuance通信又有12名核心工师追随海克"叛逃"雅虎。Nuance通信认为，这一系列动作足以证明雅虎想窃取该公司的技术。Nuance通信表示，该公司将请求圣克拉拉郡法官发布禁令，禁止这13位工程师在雅虎继续从事相关技术的开发。

Nuance通信的辩护律师杰弗里钱宁（Jeffrey Chanin）表示："雅虎和海克计划复制我们的技术，这将导致我们坐失商机。"接着，Nuance通信正式向圣克拉拉郡高等法院提起诉讼，希望以法律的途径保护自己的知识产权。这一案件同前一段时间备受关注的李开复争夺案有很多相似之处：Google任命前微软全球副总裁李开复为中国区总裁之后不久，微软就提起诉讼，指控Google和李开复违反了竞业禁止协议。

钱宁指控雅虎和海克违反了加利福尼亚州不公平竞争法，导致Nuance通信的工作和投资全部付诸东流。雅虎对于 Nuance 通信的指控予以否认，该公司发言人基斯滕·霍拉斯（Kiersten Hollars）表示："Nuance 通信的指控毫无依据，我们将出庭为自己辩护。"

——http：//www.xbda.com/info_16068.html

▶ 问题

讨论分析中小企业应该如何有效地保护企业机密。

第十四章

企业利益与环境保护

❖ **本章学习目标**

阅读和学完本章后，你应该能够：
◇ 了解环境保护
◇ 了解企业责任
◇ 了解循环经济
◇ 了解可持续性发展
◇ 了解绿色效益

开篇案例

水泥制造和环境

从 20 世纪 80 年代到 90 年代，美国的许多水泥厂因为环境清理的成本太高而不得不关门大吉。类似的故事在欧洲也是常有报道。水泥行业拥有大量脏旧的工厂，从经济的角度而言，要把它们改造成"干净又绿色"的企业，所花费的成本太大了。

制造水泥是一个复杂、不太干净的过程。水泥的生产过程被分成多个基本上互相独立的步骤，每个步骤都会潜在的污染环境。20 世纪末期，全球变暖日益受到大家的关注，人们把它和水泥联系在一起。很多人知道水泥的生产过程制造了大量的灰尘，污染了空气，使得邻近的城市常年保持了灰调。一些混凝土专家也纷纷宣布，水泥生产过程中排放出的二氧化碳占全人类排放的二氧化碳的 7%。

"水泥制造业该如何应对？要以多快的速度来应对？自从 19 世纪 80 年代开始对全世界的气温有准确记录以来，20 世纪 90 年代的全球平均气温是历史上最高的。根据在旧金山召开的一个关于'混凝土、粉煤灰和环境'论坛上所引用的数据，全球大气中的二氧化碳从 1100 年以前的含有 280TPB，上升到现在的含有 360TPB。"

"如果人们再不关注环境问题，任其恶化，这会给经济带来严重的后果。"库克（Cook）先生说道，他是中国香港地区著名的李嘉诚企业集团下属一家水泥混凝土公司的负责人，"企业不希望他们的员工在一个环境恶劣的地方工作，他们不会来这种地方投资，不会把人员和设施搬到这种地方来。"

一、环境问题及主要成因

（一）我国环境污染现状

1. 海洋环境。2003 年，我国全海域二类海水面积约 8.0 万平方公里，比上年减少 3.1 万平方公里；三类海水面积约 2.2 万平方公里，比上年增加 0.3 万平方公里；四类海水面积约 1.5 万平方公里，比上年减少 0.3 万平方公里；劣四类海水面积约 2.5 万平方公里，减少 0.1 万平方公里；其余为一类海水，总体污染趋势有所减缓。

影响我国近岸海域水质的主要污染因子是无机氮和活性磷酸盐，部分海域石油类、铅和化学需氧量超标，个别海域溶解氧、铜和汞超标。

2. 气候与自然灾害。2003 年度（2002 年 12 月至 2003 年 11 月）全国年度平均降水量较常年偏多，但降水分布不均。北方地区明显偏多，为 1961 年以来的第二个多雨年；南方地区降雨偏少，江南、华南为 1961 年以来降雨最少年；淮河流域汛期、黄河中下游秋季发生严重洪涝灾害；东北春季、南方夏、秋季均出现大范围干旱。全国年度平均气温比常年值偏高，已经连续 7 年高于常年值，为 1961 年以来的第五个高温年。江南、华南夏季遭受罕见高温热浪袭击。

2003 年，中国气象灾害发生较频繁，其中台风、沙尘暴等灾害较前几年偏轻，干旱、暴雨洪涝、高温、低温连阴雨、冰雹等灾害相对较重。本年度气象灾害为中等偏重年份。少雨干旱和暴雨洪涝仍是主要的气象灾害，受灾面积超过总受灾面积的 3/4。

3. 废水和主要污染物排放量。2003 年，全国工业和城镇生活废水排放总量为 460.0 亿吨，比上年增加 4.7%。其中工业废水排放量为 212.4 亿吨，比上年增加 2.5%；城镇生活污水排放量为 247.6 亿吨，比上年增加 6.6%。全国工业废水排放达标率为 89.2%，比上年提高 0.9 个百分点，其中重点企业工业废水排放达标率为 90.5%，比上年提高 1.1 个百分点；非重点企业工业废水排放达标率为 77.7%，比上年下降 2.6 个百分点。

4. 固体废物。2003 年，全国工业固体废物产生量为 10.0 亿吨，比上年增加 6.3%；工业固体废物排放量为 1 941 万吨，比上年减少 26.3%。工业固体废物综合利用量为 5.6 亿吨，综合利用率为 55.8%，比上年增加 3.8 个百分点。危险废物产生量 1 171 万吨，比上年增加 17.1%。

5. 大气环境。全国城市空气质量总体上有所好转，监测的 340 个城市中，142 个城市达到国家环境空气质量二级标准（居住区标准），占 41.7%，比上年增加 7.9 个百分点；空气质量为三级的城市有 107 个，占 31.5%，比上年减少 3.5 个百分点；劣于三级标准的城市有 91 个，占 26.8%，比上年减少 4.4 个百分点。大城市空气污染重于中小城市，100 万以上人口的城市中，空气质量达标城市比例低。造成空气污染的二氧化硫全国排放总量为 2 158.7 万吨，其中工业来源的排放量 1 791.4 万吨，生活来源的 367.3 万吨。烟尘排放总量为 1 048.7 万吨，其中工业烟尘排放量为 846.2 万吨，生活烟尘排放量为 202.5 万吨。工业粉尘排放总量为 1 021 万吨。影响城市空气质量的主要污染物仍是颗粒物，54.4% 的城市颗粒物浓度超过二级标准；空气质量劣三级的城市中 80% 的城市颗粒物超过三级标准。颗粒物污染较重的城市主要分布在西北、华北、中原和四川东部。

6. 全国特大、重大污染事故增加。2003 年，全国共发生 17 起特大和重大污染事故，造成人员死亡和集体中毒 10 起，水污染影响社会稳定和较大经济损失 7 起。这 17 起污染事故共造成 249 人死亡（其中重庆开县"12·23"井喷事故死亡 234 人），600 多人中毒，波及群众近 3 万人。17 起特大和重大污染事故中，硫化氢中毒事故 5 起，液氯或氯气泄漏事故 3 起，酸类物质泄漏事故 3 起，含油等有机废水污染事故 3 起，砒霜泄漏事故 2 起，化工厂爆炸 1 起。事故发生集中在 4~9 月份。同上年发生的特大和重大污染事故相比，无论是发生次数，还是死亡和中毒人数、经济损失，均有明显增加。

总之，我国环境污染正从局部的点源污染，扩至大范围的面源污染；从工业污染扩至农业和生活领域的污染；从城市污染扩至乡镇地区的污染。据联合国开发计划署《2002 中国人类发展报告》称：在全球 20 个空气污染严重的城市中，中国占16 个。由于严重的大气污染，呼吸道疾病的发病率和死亡率显著增加。

（二）导致环境污染的七种主要污染源

能造成环境污染的因素很多，但根据对环境和人类的危害程度以及治理难度，环保专家分析，认为以下 7 种是造成环境污染的主要方面：

1. 机动车尾气。一辆汽车在行驶中每天平均排放 3 千克一氧化碳，0.2~0.4 千克碳氢化合物和 0.05~0.15 千克氮氧化合物。据资料介绍，在美国空气中 69% 的铅，70% 的一氧化碳，33% 的二氧化碳，35% 的碳氢化合物和 40% 的氮氧化合物是由汽车尾气造成的。全球每年有 13 万人由于大气污染而死亡，5 000 万~7 000 万人患呼吸系统疾病。

2. 燃煤废气。发电、焦化工业和生活用煤排放的燃煤废气，是仅次于机动车尾气的第二空气污染源。大气中形成酸雨的硫化物，主要是由燃煤废气造成的。

3. 工业和生活污水。工业及生活污水的排放，造成水源的污染，从而引起许多疾病的发生，这在发展中的国家和贫困地区尤为突出。

4. 吸烟。吸烟是全球性的问题，主动吸烟者和被动吸烟者均遭受危害。

5. 垃圾。垃圾对土壤、地下海洋和大气造成各种污染和危害，严重影响人类的健康和生命。据统计，人类向海洋倾倒垃圾累计已达 200 亿吨，其中包括有毒性垃圾、传染性垃圾、放射性垃圾、腐蚀性垃圾和易燃性垃圾。

6. 农药污染。目前全球合成农药已有 1 000 余种，化学农药进入土壤和河流以及残留在食物中，破坏了生态环境，严重危害人类健康。

7. 石油泄漏，石油泄漏主要是造成海洋污染。油轮海难、战争及生产事故使大量石油流入海洋中。全世界平均每年有 100 万吨以上石油及石油制品流入海洋，约占全世界石油总产量的 0.50%。一升石油在海洋中完全氧化，需要消耗 40 万升海水中的溶解氧，大量石油流入海洋，千万海水缺氧和毒化，对海洋生物资源造成了毁灭性的危害。

（三）企业对环境污染现状责任

从环境污染现状和主要污染源分析来看，企业作为经济活动的主体，在环境污染问题中负有不可推卸的重大责任。企业排放的废气、废水、废渣都是环境污染的主要来源，企业的安全事故往往也会造成重大的环境破坏，如重庆开县井喷事故，油轮泄漏和沉船事件，核电厂辐射污染，等等。不安全的产业和安全产业的企业事故都是环境安全的主要破坏者，因此，在产业的规划选择和企业安全生产管理方面都要充分考虑到环境利益。当前企业污染问题主要有四大特点：

第一，一些大型企业缺乏社会责任感，以牺牲环境为代价，过分追求经济利益最大化，有治污设施不运行，千方百计偷排漏排。很多规模大、效益好的上市公司或其子公司，完全有能力、有实力做到达标排放，却为追逐经济利益而置人民利益于不顾，在扩大生产规模时忽视污染治理，在正常生产时擅自停运污染治理设施，偷排偷放、违法排污。

第二，中小企业成片地隐蔽性地污染现象很严重。从环保部门对违法运营查处的企业名单来看，不少市、县清理出来的小企业就有十几家，甚至几十家。一些小企业还躲到居民稠密区和农民住宅院内非法生产。

第三，不法排污企业屡查屡犯的现象比较突出。不少企业在以往就被查处整顿过，但不久又出现了严重的环境违法问题。有些不法排污企业无视政府法令，擅自撕开封条非法生产，和环保部门玩猫捉老鼠的游戏。

第四，结构性污染问题没有得到根本解决。"一些地方的制革、化工、电镀、造纸等重污染工业群，虽经多次整顿，仍继续生产。"国家环保总局副局长潘岳指出，一些地方只是将小企业简单合并，工艺水平、技术水平并没有提升，"相应的，污染治理水平也没有提高，反倒变分散排污为集中排污。"有的虽建设了污染集中处理设施，但由于技术和管理措施不相适应，致使集中处理成了集中违法排污。

这些企业违法运营的背后隐藏着诸多深刻的问题：一是企业的观念问题，只求经济利益，不顾环境保护。把企业当成是纯粹的经济实体和营利机构，而忽视企业作为法人应承担的社会公民角色，于是只追求企业利益就不奇怪了。二是地方保护主义更加突出。除原来的"先发展后治理"、"先上车后补票"等形式外，不少地方政府要求对污染企业"特事特办"，以"企业清净日"和"整顿经济软环境"等借口，千方百计限制环境执法。少数领导干部对上级环保部门的正常执法检查，采取弄虚作假的手段加以干扰，甚至公开为企业的环境违法行为百般辩解。三是环保部门的行政处罚和强制手段亟待加强。现行法律赋予环保部门的权力有限，对环境违法行为的处罚额度小，处罚周期长，环境执法威慑力不足，使许多环境违法行为得不到及时有效地遏制。企业守法成本高、违法成本低，宁愿受罚也不治理。限期治理成了某些企业继续排污的保护伞。

因此要想解决好企业利益和环境破坏之间的矛盾，处理好发展经济和保护环境之间的关系，企业必须要树立正确的环境伦理观念，只有在正视企业与环境、人类和自然、经济和资源之间关系的前提下，才能做出正确的经营管理决策，体现出良好的企业道德。

二、环 境 伦 理

（一）环境伦理概念

环境伦理是应用伦理学的一个分支，研究伦理在人与环境相互作用的过程中的应用。它并非简单地照搬某些熟悉的教条去处理具体的实际问题，它要求我们开放思想，打破道德信条的常规，去重新思考道德主体和对象的界限，摆脱"人类中心论"的范式，确立更广泛的具有道德地位的主体和对象。因此，环境伦理提出的第一个问题就是，我们如何确定道德社会的界限？人类以外的动物一定具有知觉吗？每个生物体都有其独立的目的及独特的自我实现的愿望，这是他们内在价值的基础，那么对这些个体生物我们是否应该一视同仁呢？自然界中的"整体"到底是什么，比如生态系统。许多哲学家认为，所有的存在都有价值，故而都应属于道德社会中的成员，也有人仅以知觉划界，或将之限定在个体权利的框架之内。

对这个问题的认识决定了我们对环境问题的反应，这些问题包括：污染、资源耗竭、对动物的掠夺、废物处置、人口爆炸、土壤的破坏、空气和水的恶化、物种消失、气候变化，等等，这些问题已经危及人类的生存系统，因此研究环境伦理是规范人类行为善待自然环境的必要举措。环境伦理是制定社会、政治及经济政策的基础，企业活动也必须考虑这个要素。企业与环境的相互作用对人类和其他生命产生了决定性的影响，大型企业尤其跨国公司在经营过程中必须严肃认真地落实环境伦理的观念，造福于全球而不只是某个国家或民族。然而不幸的是，破坏环境的企业行为却频频发生、屡禁不止，不是这些企业不懂得环境伦理，而是因为受到利益的驱使，同时利用了当地政策法律的漏洞和公众的环保意识淡薄。那些向某些相对贫困和落后的国家和地区转移由于破坏环境而被禁止的产品生产的企业行为被认为是"环境种族歧视"，在跨国经营中容易发生。因此，功利主义绝不是企业的全部哲学，还需借鉴康德的绝对生命价值理论——强调对人类权利的尊重和禁止任何危害人类健康和生命的行为，还有罗尔斯主义的"公平理论"——保护利益相关者的权利和反对对弱者的掠夺。除了对人的关注之外，企业行为还需考虑到其他物种的利益，因为生物多样性的存在改善了我们的生态系统和生存环境。

（二）环境伦理的主要流派和观点

关于环境伦理的主要流派和观点，中国社会科学院哲学所的杨通进有精彩论述，认为环境伦理是一个多元化的话语体系。在现代社会，它主要包括这样几个基本的话语倾向：开明的或弱式人类中心主义（Enlightened or Weak Anthropocentrism）、动物解放/权利论（Animal Liberation/Rights Theory）、生物中心论（Biocentrism）、生态中心论（Ecocentrism，它包括大地伦理学、深层生态学和自然价值论）。四种话语体系的划分主要是以环境伦理学家们所确认的道德义务的范围为根据的。

1. 人类中心主义的环境伦理认为，人只对人负有直接的道德义务，人对人之外的其他存在物的义务，只是对人的一种间接义务；人与自然的关系不具有任何伦理色彩。不过，现代的人类中心主义也试图对人的利益做出某些限制，例如，诺顿（B. Norton）就把人的偏好区分为感性偏好和理性偏好，他指出，那种对人的感性偏好缺乏必要的反思和限制的理论是不合理的，只有那种认为只应满足人的理性偏好、并依据一种合理的世界观对这种偏好的合理性进行评判的弱势人类中心主义才是合理的。

2. 动物解放权利论把道德义务的范围扩展到了所有的动物（至少是有感觉的动物），把保护动物之外的其他存在物的义务理解为人对动物所负有的一种间接义务。以辛格为代表的动物解放论认为苦乐感受的能力是获得道德关怀的充分条件；以雷根为代表的动物权利论则把道德权利赋予了作为生命主体（The Subject-of-a-life）的动物。

3. 生物中心论把道德义务的范围扩展到了所有的生命，认为人与其他生命的关系也具有伦理意蕴。施韦泽主张敬畏所有的生命；泰勒的生物平等主义则认为，所有的生命都拥有"天赋价值"（Inherent Value），因而应被当作一种目的本身来加以尊重。

4. 生态中心论进而把道德义务的范围扩展到了整个地球（包括由生物和无生物组成的生态系统）。利奥波德的大地伦理学把维护地球生态系统的完整、稳定与美丽（多样化）视为判断人的行为的道德价值的重要标准之一；以内斯为代表的深层生态学把生态环境视为人的自我的一部分，并把保护环境理解为自我实现的内在要求；以罗尔斯顿为代表的自然价值论则把人对自然存在物的客观义务建立在后者所具有的客观内在价值和系统价值的基础之上。

不同学派所使用的伦理学方法也有差异。人类中心主义基本上是把近代西方的主流伦理学话语直接应用于环境伦理领域，如诺顿的伦理学是一种明显的实质性的目的论伦理学。非人类中心主义的环境伦理学虽然也与近代的主流伦理学话语有着千丝万缕的联系，但它们在元伦理学（Meta-ethics）的层面却或多或少都突破或修改了主流伦理学的一些基本前提。动物解放论使用的无疑是功利主义的伦理学方法，但它把"功利"的范围扩展了，把动物的痛苦与快乐也视为功利的内容，要求人们在加总行为的功利结果时，把动物的快乐或痛苦也考虑进去。动物权利论与泰勒的生物平等主义遵循的都是康德的道义论传统。不同的是，动物权利论把获得"尊重"这一道德待遇的根据，由康德所确定的"理性"改造成了"生命主体"，而且是拥有自己的生活的生命主体；生物平等主义则把这一根据理解为"生命的目的中心"。大地伦理学把人对大地的义务建立在"大地共同体"以及人对共同体的其他成员的情感的基础之上，它遵循的是休谟式的情感主义伦理学方法，还带有"社群主义"（Communitarianism）的特征。深层生态学的自我实现论与近代英国新黑格尔主义者的自我实现论似曾相识，它不过是把后者所理解的自我由"社会自我"扩大成了"生态自我"而已；另外，斯宾诺莎的伦理学以及印度的佛教伦理学也是它的伦理学先驱。自然价值论遵循的主要是近代的价值论伦理学，把价值（本体论与存在论意义上的价值）视为义务的基础。

此外，人类中心主义、动物解放权利论以及泰勒的生物平等主义都较为重视个体的独立与价值，带有较为明显的个体主义的色彩。施韦泽的敬畏生命的伦理较为强调生命之间的联系，生态中心论更是注重整体的和谐与完整；它们的方法倾向于整体主义。

人类中心主义较为关注环保政策的伦理基础，它把环境伦理主要理解为一种公共伦理和社会伦理，强调环境伦理的外在规范。非人类中心主义较为关注环境保护的精神资源，它把环境伦理主要理解为一种人生态度和个人伦理，强调环境伦理的信念特征和自我约束功能。

（三）中国传统文化中体现的环境伦理

和西方文化所蕴含和体现的人类中心主义的环境伦理不同，儒家、道家、佛教的思想基本上都是非人类中心主义的。一般来说，在世界观与形而上的层面，它们与环境伦理是完全相通的，并且可以给后者提供一个恰当的、理想的世界观基础。但在大多数情况下，儒、道、佛所包含的环境伦理义务都是隐而不显的，它们谈论环境伦理义务的方式也与西方环境伦理学不同。

儒家没有明确的关于解放动物或动物的权利的观念，它是从"恻隐之心"的角度来理解关心和保护动物这一问题的。孟子曾有"君子之于禽兽也，见其生，不忍见其死；闻其声，不忍食其肉。是以君子远庖厨也"（《孟子·梁惠王上》）的说法，这无疑是扩充恻隐之心的结果，而非严格的责任伦理。儒家也缺乏生命个体的绝对平等的"天赋价值"的观念，但它对"鸢飞于天，鱼跃于渊"的期盼，它对"万物生意最可观"的审美追求，它对"大生"与"广生"的"生生之德"的强调，又与保护生物的多样性的思想若合符节。儒家的"浑然与物同体"的观念，以及"乾称父，坤称母"、"民，吾同胞；物，吾与也"的宽广胸怀，又与大地伦理学和深层生态学的自我实现论殊途同归。不同之处在于，在儒家那里，"天人合一"的观念带有较多的审美与终极关怀的色彩，而后者已把尊重大自然、爱护地球当作一种现实的、具有责任伦理色彩的道德规范表述出来。

道家没有提出专门的保护动物的伦理思想，但它也反对"动物的存在是为了给人提供肉食与方便"的自然目的论思想，认为"天地万物，与我并生类也；类无贵贱"（《列子·说符》）；这无疑是一种温和的生物平等主义。道家的"道法自然"、"生而不有、为而不恃、长而不宰"、"不以心捐道、不以人助天"的观念，与泰勒提出的"尊重大自然"的基本道德态度和"不伤害、不干涉"的环境伦理原则（泰勒提出的另外两条原则是忠诚与补偿正义原则）相契颇深，但道家思想的审美关照的色彩较浓，伦理关怀的色彩较淡。

佛教的"不杀生"戒律无疑属于佛教徒的责任伦理。和动物解放权利论一样，佛教也主张素食主义。它主张不杀生和素食的理由，一是慈悲心；二是避免因果报应；三是为了修行的清净。古德大师（711～782）的名言"青青翠竹尽是真如，郁郁黄花无非般若"表明，在禅宗看来，在享有佛性方面，所有的生物都是平等的。此外，天台宗湛然大师的"无情有（佛）性"说，以及慧忠禅师（？～775）"山河大地都是佛身"的观点，甚至超越了泰勒的生物平等主义，而走向了所有存在物的平等主义。

通过对上述各种环境伦理学派和中国古代朴素的环境认识，当前对环境伦理的认识主要体现了以下几个特点：

第一，狭隘的人类中心主义，特别是狭隘的集团利己主义是环境问题的深层根源。环境危机的实质不是经济和技术问题，而是文化价值问题。要使环境问题从根本上得到解决，就不仅要采取强有力的政治、经济和法律手段，更要改变人们的价值观念，启动人们内心的道德资源。

第二，人是地球上惟一的道德代理人，他必须要承担起保护环境的责任。环境伦理并不意味着，人类绝对不能伤害和食用其他生命或开发自然资源；它允许我们有区别地对待人类与其他存在物，在人类的根本利益与其他生命的利益发生冲突时，可以优先考虑人类的根本利益。但是，环境伦理要求我们，不可为了人类的琐碎利益而牺牲其他生命，不能暴殄天物；它还要求我们建立这样一种生存方式，这种方式既使得人类繁荣昌盛，也使得其他生命欣欣向荣。

第三，地球环境是所有人（包括现代人和后代人）的共同财富；任何国家、地区或任何一代人都不可为了局部的小团体利益而置生态系统的稳定和平衡于不顾。人类需要在不同的国家和民族之间实现资源的公平分配，建立与环境保护相适应的更加合理的国际秩序，也要给我们的后代留下一个良好的生存空间；当代人不能为了满足其所有需要而透支后代的环境资源。

第四，地球的承载力是有限的，人类必须要节制其空前膨胀的物质欲望，批判并矫正发达国家那种消费主义的生活方式。为了维护地球的生态平衡，发展中国家有责任在保护环境与可持续发展之间保持某种平衡，发达国家则有义务减少其能源消耗总量，并支持和参与发展中国家的环境保护，帮助发展中国家走出环境保护与经济发展的两难困境。人类应当要学会作为一个整体共同生活在地球上，建立一个以所有国家的平等为基础的"地球村联邦"，在这个联邦中，霸权主义和专制独裁都能够得到来自内部和外部的有效控制，所有人的基本人权都能够得到有效的保证，所有人都能享有一种充满尊严的生活。

三、循环经济和可持续发展观

（一）正确理解循环经济的科学内涵

所谓循环经济，就是按照生态规律利用自然资源和环境容量，实现经济活动的生态化转向。简单来说，循环经济就是把清洁生产和废弃物的综合利用融为一体的经济。作为一种新的经济发展模式，循环经济理念虽已广为人们所接受，但却存在许多认识上的误区。因此，在理解"循环经济是什么"的同时，也应该从另一侧面认真思考"循环经济不是什么"。循环经济不是"废弃物回收利用"。在理解循环经济时，很容易把它当作过去一度盛行的"废弃物回收利用"。然而，相对于传统"线形经济"，循环经济是一种全新的经济发展模式，它与"废弃物回收利用"有本质的不同。

1. 循环经济是一种与环境和谐的经济发展模式。循环经济要求把经济活动组织成一个"资源—产品—再生资源"的反馈式流程，其特征是低开采、高利用、低排放。所有的物质和能源要能在这个不断进行的经济循环中得到合理和持久的利用，以把经济活动对自然环境的影响降低到尽可能小的程度。让生产和消费过程基本上不产生或者只产生很少的废弃物，从根本上消解环境与发展之间的尖锐冲突。至于传统的"废弃物回收利用"，主要是在计划经济下因物资匮乏而通过节约和废旧物资回收利用来缓解供应短缺。因此，循环经济的起点更高，是社会生产方式和生活方式的革命。

2. 循环经济的原则是"减量化、再利用、资源化"。减量化原则旨在减少进入生产和消费过程中物质和能源流量；再利用原则目的是延长产品和服务的时间长度；资源化原则指把废弃物再次变成资源以减少最终处理量。循环经济的核心在于"主动"地减少废弃物，以期达到把废弃物排放限于环境自净能力的阈值之内，实现资源节约和环境改善的目的；而"废弃物回收利用"是一种完全"被动"的做法，它与生产过程和消费过程完全分离，完全游离于"线形"生产方式之外，并没有从根本上解决资源和环境问题。

3. 循环经济通过将环境与经济行为科学地构建成一个严密和封闭的循环体系，使资源与产品之间不再是原来那种近似的母子关系，而是一种平等的相互派生、相互依存、相互支撑的关系。循环经济提倡将生产过程的污染物当作产品原料再合理利用，而"废弃物回收利用"是针对污染废物采取的再利用技术，因而是相对独立和单向的。不仅如此，循环经济与"废弃物回收利用"的体制基础不同。循环经济的发展是基于市场经济和市场运作，在法规和标准的严格规范下推进，而"废弃物回收利用"在我国产生并盛行于计划经济时代，同时也可在市场经济下运作。

4. 循环经济不是基于古代朴素认识的简单资源循环。时常听到"中国古代也有循环经济"的议论，因为在中国古代农村，农民就有许多循环利用资源的做法：农民既用柴薪煮饭，也用其热能取暖；农家肥既是废弃物，也是用于肥田的生产资料；如此等等。

首先，出发点和目的不同。虽说两者产生的前提都是资源的有限性，但古代简单的资源循环利用仅仅是从节约出发，而且仅仅局限于微观经济领域，它对于整个社会的资源和环境的影响几乎为零。循环经济却不是这样，它以可持续发展理论为思想基础，有科学的理论作为指导，它通过工业或产业之间的代谢和共生关系，形成一个封闭的循环产业链条，实现资源节约和环境改善的目的。

其次，技术支撑不同。古代简单的资源循环利用所依托的是一些简单的技术，有时更多的是一些"技巧"、"窍门"。循环经济却不同，它依存于一个技术体系或系统，它把所有能减少物质消耗、能封闭的物质流、能减少废物产生的各种技术纳入一个体系或系统；它要求确定未来需要达到的技术目标，然后指导现有的技术向既定的方向发展；它所要求的技术体系是以能够大幅度降低输入和输出经济系统的物质流，优化物质在经济系统内部的运行，即以物尽其用为条件的。

5. 循环经济以人的健康安全为前提。在大力倡导循环经济的时候，很容易让人想起现在一些危害人类健康和安全的行为，如所谓"垃圾猪"、"地沟油"等。

现在，废弃的一次性医疗注射器、输液管等医疗垃圾被不法商贩制成一次性的塑料杯，成为危害城乡居民健康安全的"致命杀手"。可以说，这种损害人类健康的不法行为与我们所倡导的循环经济大相径庭。

首先，循环经济以可持续发展理论为基础，遵循以人为本的原则，遵循以人的需要和利益、人的作用、人的全面发展为中心、为本原、为出发点和归宿的价值观、发展观，它通过资源的循环利用致力于从根本上解决具有"增长"特性的社会经济系统与具有"稳定"特性的生态系统之间的矛盾，使经济社会实现可持续发展，这种发展绝不以损害人类自身的健康为代价。

其次，循环经济通过清洁生产、净化生态环境，尽量少用或不用有毒有害的原料，保证中间产品的无毒无害，减少生产过程中的各种危险因素。通过减少废料和污染物的生成和排放，促进产品在生产和消费过程中与环境相容，降低整个经济活动对于人类和环境的风险。同时，生产出的清洁产品在使用中和使用后不危害人体健康和生态环境。

最后，循环经济从生态—经济大系统出发，对物质转化的全过程采取战略性、综合性、预防性措施，降低经济活动对资源环境的过度使用及对人类所造成负面影响。循环经济以人的安全和健康为前提，不仅在技术上有可行性，在经济上也可赢利，体现了经济效益、环境效益和社会效益的统一。

（二）循环经济的落实需要法律保障

1. 完善循环经济立法是实现可持续发展战略的要求。可持续发展是指既满足当代人的需要，又不对后代满足需要的能力构成危害的发展。可持续发展主要依赖于可再生资源的不间断供给，强调的是生物资源的永续利用性。因为过度地开发和利用某些资源，有可能导致补给的逐年减少，甚至衰竭或灭绝，对未来人类的生存和发展造成威胁。按照可持续发展的要求，我们必须要处理好经济发展、社会发展和生态环境保护的关系。目前我国经济正处于高速增长期，如果不用强制性的法律手段降低自然资源的高消耗、高污染，就达不到可持续发展战略的要求，就会形成以牺牲后代人利益为代价求得当代经济的发展的情形。因此，必须完善循环经济立法，强化全民循环经济的法律意识，提高资源使用效率。只有这样，才能实现经济效益、社会效益和环境效益的统一。

2. 完善循环经济立法是转变经济发展模式的需要。我国是世界上人口最多的国家，为了实现满足人们日益增长的物质生活需要的目的，就必须发展经济，而发展经济就需要消耗大量的资源，这就产生了经济发展的无限性和资源的有限性之间的尖锐矛盾。我国传统的生产方式是一种高投入、高消耗、低产出、低效益的粗放型经济增长方式。这种方式一方面由于肆意消耗自然资源而打破了生态系统的平衡；另一方面，经济增长所带来的大量废物和有毒物质的排放，又对生命支持系统产生了损害。可见，传统经济模式的发展带来的是重要原材料、能源的大量耗损及重要生产资料价格上涨，反过来成为经济发展的桎梏。若要改变这种状况，就要确立全新的经济发展模式，采用减少废料或对废物进行还原和利用的循环经济发展模式。这种模式的确立可以解决经济高速发展中存在的资源不足的问题，也可以减少污染物的排放，实现经济的稳定、持续发展。完善循环经济立法是实现人类新文明的需要。新文明不同于以向自然挑战为核心，以物质追求为目标的传统文明，而是一种全新的社会文明。新文明观认为，人类与自然的关系应当是一种和睦的、平等的、协调发展的新型关系。这种文明要求人类必须改变以追求物质需要为核心的传统消费观念和以牺牲环境为代价的传统发展观念，在研究地球再生能力和环境自净能力的基础上，使人类与自然协调发展。人类必须在遵循自然规律的前提下，行使利用自然条件的权利，承担保护自然条件的义务，合理地开发和利用自然资源，善待自然、善待与人类共存的其他生命物种。人类这种新文明在发达国家正在被越来越多的人所接受，但在我国基于多种原因，这种文明观刚刚被人们重视，还有很多人没有这种文明观念。因此，有必要通过多种形式促使人们转变观念。循环经济强调的是公众参与，通过完善循环经济的立法，可以促进人们养成节约资源和自觉保护环境的习惯，促进人类新文明在我国早日实现。

3. 完善循环经济需要法律的保障。《中华人民共和国宪法》第9条是关于国家保障自然资源的合理利用的规定。我国目前还没有制定专门的《循环经济促进法》，但已有的部分法律法规对此有所涉及。对循环经济进行明确规定的是《中华人民共和国清洁生产促进法》，该法第9条强调："县级以上地方人民政府应当合理规划本行政区域的经济布局，调整产业结构，发展循环经济，促进企业在资源和废物综合利用等领域进行合作，实现资源的高效利用和循环使用。"这里明确地使用了"循环经济"一词。但总体来看，我国循环经济立法还处于萌芽状态，虽然能够对废物再生利用起到一定的强制作用，但法律规定过于笼统，离循环经济发展要求实现的废弃物资源化、减量化和无害化，把有害环境的废弃物减少到最低限度的目标还相差甚远，必须进一步完善。

完善循环经济立法，第一是要建立和完善循环经济法律体系。应当在环境基本法——《中华人民共和国环境保护法》中，将循环经济作为一项原则予以规定，从而为生态环境单行法的制定提供法律依据。还应制定《中华人民共和国循环经济促进法》，系统规定其立法目的、立法原则以及政府、企业、公民的权利和义务，以及违反法律规定应当承担的法律责任。同时，以《中华人民共和国循环经济促进法》为母法，进一步完善《中华人民共和国固体废物污染防治法》、《中华人民共和国清洁生产促进法》，制定《中华人民共和国废旧汽车回收条例》、《中华人民共和国废旧家电回收条例》等一系列子法，使循环经济法律形成一个体系。第二是应通过立法明确政府在促进循环经济发展中的职责。在循环经济立法中，应当明确政府的职责，要求政府在各种规划中，合理安排工业、农业、企业的布局，以减少资源的耗损和污染的排放；明确政府有关部门负责组织、协调全国的循环经济促进工作，国务院环境保护、计划、科学技术、农业、建设、水利和质量技术监督等行政主管部门，按照各自的职责，负责有关的循环经济促进工作；明确规定国家鼓励开展有关循环经济的科学研究、技术开发和国际合作，组织宣传、普及循环经济知识，并对社会团体和公众参与循环经济的宣传、教育、推广、实施及监督活动予以鼓励，同时加强对循环经济实施的监督，对违反者给予处罚。第三是要通过立法强制重点企业实施循环经济。建立循环经济法律体系的目的，是要通过法律具有的强制性特征实现"资源消费—产品—再生资源"这一封闭性的良性循环，实现社会经济的可持续发展，为此，在循环经济法律制度中要强化企业从产品设计到回收本企业废旧产品的全程义务，大力推进循环经济的实施。第四是要通过立法规定消费者在循环经济中的义务，提高公众的环保意识。使公众关注公共环境，建立环境保护意识，以实现可持续发展。循环经济是一种新型的经济发展形态，是对传统发展模式的一种革命。不能设想仅靠号召和先进的技术就能推行这种经济形态，它是一门集经济、技术和社会于一体的系统工程，科学地和严格地管理是做好这种经济的重要条件。因此，政府和企业都需要建立一套完备的办事规则和操作规程，并且有监督其实施的管理机制和能力。从清洁生产角度看，工业污染物排放的30%~40%是管理不善造成的，就是说，只要企业强化微观管理，不需花费很多的钱，便可获得削减污染物的明显效果。而这一切的实现有赖于政策和法律的完善而提供一个公平公正的企业生存发展环境。政府要大力推动清洁生产促进法的实施，要做出科学的产业规划，推动全面实施清洁生产模式，同时加强宣传力度，提高全社会的认识，让一些非环保企业无处立身。通过政策法规的规范、企业环保意识的提高、公众环保意识的普及和全社会共同的努力，鼓励绿色产业和环保企业的发展，推动循环经济的落实。

（三）建立绿色 GDP 考核体系，引导企业绿色效益

要建立循环经济体系，除了法律的保障之外，还要建立一套可行的绿色 GDP 绩效考核体系，对政府官员等进行绿色 GDP 的核算与业绩考核。

1. 对政府官员进行绿色 GDP 的业绩考核。环境权益是人民生存权的重要部分。国家已将环境保护列为基本国策，保护环境已成为地方党政领导的职责所在。

而且，"考核官员的环保责任"已逐渐成为国际趋势，2002 年的南非可持续发展世界首脑会议便强调建立各级政府的"环境保护问责制"。环保政绩一定要与政府官员任免密切挂钩，尤其是各地方各部门的主要管理者要成为环保考核的对象和环保责任的承担人。以绿色 GDP 为标志的新的政绩观遵循六大原则：一是单位 GDP 消耗多少能源；二是单位 GDP 消耗多少水资源；三是单位 GDP 消耗多少原材料；四是单位 GDP 释放多少污染物；五是全员劳动生产率有多高；六是单位国土面积上能够承担多少经济总量。衡量干部政绩的五大集合指数是恩格尔系数、基尼系数、人文发展指数、二元结构系数、集约化指数。所谓集约化指数就是如何走出一条少消耗资源能源、少破坏生态环境的工业和产业发展之路。

　　2. 建立绿色 GDP 考核体系。尽管绿色 GDP 核算具有复杂性，目前世界上也还没有一个就所有的资源消耗成本、所有的资源损失进行估算，更不用说完整的绿色 GDP 数据了。其中一个重要原因就是估价困难，很多国家都在研究，但是没有人提出规范完整的绿色 GDP 的数据……比如环境，当经济发展造成环境的污染、空气污染和水污染的时候，要减少这种污染，或者是把它恢复到原来水平需要多大代价有时并不很清楚。人们常常讲，英国的泰晤士河在英国工业革命时就造成了污染，治理了一百多年，花了上千亿英镑的代价，现在仍然有污染。我们国家云南的滇池原来是风景秀丽，现在是藻类丛生，水质基本上已不能用。花了 60 亿元治理滇池只有略微的变化，不知道还需花多大的代价才能恢复其原来的模样。所以估价并不容易。要充分认识到绿色 GDP 这个概念是科学的，但是现在还有很大的难度，还有相当的复杂性。可持续发展是三个系统的协调发展，经济、环境和社会，任何一个系统出现问题都会导致其他系统的变化，绿色 GDP 只是考虑了经济发展过程中环境的代价，在绿色 GDP 基础上做一些环境损失和资源消耗成本的调整。也就是说它反映了经济与环境之间的部分影响，但是没有反映经济与社会、环境与社会之间的相互影响。所以我们只能说它是可持续发展指标之一，而不是全部。千万不要认为绿色 GDP 概念提出之后就可以解决可持续发展的问题了。但不管怎样，绿色 GDP 概念的提出和建立绿色 GDP 考核体系的要求充分体现出政府和社会各界对经济发展和环境保护之间的协调发展的重视，而不是一味地发展经济，忽视和牺牲环境利益。许多专家认为，传统的发展战略已导致未来的不可持续，中国的发展面对六大严峻的挑战，一是人口问题；二是自然资源的超常规利用；三是需要促进生态环境倒"U"型曲线由左侧向右侧的逆转；四是现代化进程的急速推进；五是城市化战略；六是区域不平衡的加剧。绿色 GDP 是协调和改善经济与环境之间关系的一种尝试，也是解决上述诸多矛盾的一种途径。尽管尚缺乏一套完善的量化的指标体系，不能解决全部问题，但这种思路是值得肯定和继续摸索实现的。

● 本章小结 ●

环境是人类生存和进行生产的基础，保护环境是每个企业应尽的社会职责。但是企业市场"经济人"的本性使得很多企业在经济利益和社会责任发生矛盾时，往往片面地追求企业眼前的经济利益，而忽视对环境的保护。在资源日益稀缺，竞争日益激烈的今天，企业应树立环境伦理观，落实循环经济，自觉承担起应该承担的社会责任，以推动企业、社会、自然的和谐共存与健康发展。

▶ 思考题

1. 在保护环境问题上，怎样理解企业的社会责任？
2. 什么是环境伦理？环境伦理存在的主要学派是什么？
3. 怎样理解循环经济的科学内涵？
4. 中小企业该怎样落实循环经济，实现可持续性发展？

▶ 案例应用

循环经济

企业层面：杜邦化学公司模式——组织单个企业的循环经济

美国杜邦化学公司于20世纪80年代末把工厂当作试验新的循环经济理念的实验室，创造性地把3R原则发展成为与化学工业实际相结合的"3R制造法"，以达到少排放甚至零排放的环境保护目标。他们通过放弃使用某些环境有害型的化学物质、减少某些化学物质的使用量以及发明回收本公司产品的新工艺，到1994年已经使生产造成的塑料废弃物减少了25%，空气污染物排放量减少了70%。同时，他们在废塑料如废弃的牛奶盒和一次性塑料容器中回收化学物质，开发出了耐用的乙烯材料维克等新产品。

区域层面：卡伦堡生态工业园区模式——面向共生企业的循环经济

丹麦的卡伦堡生态工业园区是目前国际上工业生态系统运行最为典型的代表。该园区以发电厂、炼油厂、制药厂和石膏制板厂4个厂为核心，通过贸易的方式把其他企业的废弃物或副产品作为本企业的生产原料，建立工业横生和代谢生态链关系，最终实现园区的污染"零排放"。其中，燃煤电厂位于这个工业生态系统的中心，对热能进行了多级使用，对副产品和废物进行了综合利用。电厂向炼油厂和制药厂供应发电过程中产生的蒸汽，使炼油厂和制药厂获得了生产所需的热能；通过地下管道向卡伦堡全镇居民供热，由此关闭了镇上 3 500 座燃烧油渣的炉子，减少了大量的烟尘排放；将除尘脱硫的副产品工业石膏，全部供应附近的一家石膏板生产厂做原料。同时，还将粉煤灰出售，供铺路和生产水泥之用。炼油厂和制药厂也进行了综合利用。炼油厂产生的火焰气通过管道供石膏厂用于石膏板生产的干燥，减少了火焰气的排空。其中一座车间进行酸气脱硫生产的稀硫酸供给附近的一家硫酸厂；炼油厂的脱硫气则供给电厂燃烧。卡伦堡生态工业园还进行了水资源的循环利用。炼油厂的废水经过生物净化处理，通过管道向电厂输送，每年输送电厂 70 万立方米的冷却水。整个工业园区由于进行水的循环使用，每年减少 25% 的需水量。

社会层面：德国双轨系统模式 —— 针对消费后排放的循环经济

德国的双轨制回收系统（DSD）起了很好的示范作用。DSD 是一个专门组织对包装废弃物进行回收利用的非政府组织。它接受企业的委托，组织收运者对他们的包装废弃物进行回收和分类，然后送至相应的资源再利用厂家进行循环利用，能直接回收利用的包装废弃物则送返制造商。

DSD 系统的建立大大地促进了德国包装废弃物的回收利用。例如政府曾规定，玻璃、塑料、纸箱等包装物回收利用率为 72%，1997 年已达到 86%；废弃物作为再生材料利用 1994 年为 52 万吨，1997 年达到了 359 万吨；包装垃圾已从过去每年 1 300 万吨下降到 500 万吨。

▶ **问题**

中小企业应该如何从个体层面、行业层面和社会层面上去理解环境保护和企业经济效益的关系。

第三篇

中小企业伦理建设战略

第十五章

企业伦理建设战略

中小企业管理系列丛书

277

❖ **本章学习目标**

阅读和学完本章后，你应该能够：
◇ 理解企业伦理的战略意义
◇ 掌握企业的伦理价值体系
◇ 熟悉我国企业伦理建设的现状及制约因素
◇ 掌握企业伦理战略的实施内容

░░░ 开篇案例 ░░░

　　WAI 公司创建于 1978 年，是为了证实管理理论的作者和咨询顾问理查德·威赛瑞尔（Richard Wetherill）的管理理论，由研究小组的 34 个成员提供财务支持而创立的。其中，威赛瑞尔本人是私人出版的论文和书籍的作者。他很早就主张，企业的持续成功依赖于正当行为的承诺和绝对忠诚的准则。

　　WAI 公司的质量保证手册第 1 页是整个公司政策与实践的指南，公司已将其散发给雇员、顾客和供应商。上边写道：

　　本公司坚持高度诚实、信誉和质量的政策。无论何时，只要弄清楚或感觉某一行为是正当的，就可以采取这一行动；只要认为或感觉某一行为是不正当的，就不采取这一行动。

　　在整个组织内部，WAI 公司的管理阶层都努力把正当行为伦理准则作为其决策的基础，要求公司雇员真诚地对待顾客和供应商，不承诺公司不能交付的订单，在决策时要考虑每个人的需要。对于 WAI 公司而言，正当行为伦理准则根植于对绝对诚实的理性承诺和对客观现实的高度信仰。玛丽·鲍斯曾经这样说过："正当行为与物理法则类似，也是一条自然法则，上天已经为宇宙万物一起运转做好了安排……诚实是合理的，不诚实是没有道理的，因为不诚实的想法是脱离现实的想法。"她还补充说："我已经发现，不以正确的方式讲述事实的场合是不存在的。同时也存在以错误的方式陈述事实的情况。"在此基础上，玛丽·鲍斯继续解释说："按照伦理准则行事的人可以提高其他人的行为水准，而且很少有人会要求他从事非伦理的工作。"

(http：//www. chinavalue. net/article/12372. html.)

一、企业伦理战略

企业获得竞争力很容易，而要想获得持久的竞争力必须依靠企业伦理。

（一）企业伦理的战略意义

企业伦理表明的是一个企业为什么要存在，将会以什么方式和途径来体现、实现存在。从某种意义上说，伦理是企业竞争力的最初发源地，是企业核心竞争力最本质的因素。对于这样的一个重要问题，有必要从战略的高度来提起讨论，特别是在当前讨论这个问题更具有重大的现实意义。

企业伦理（Business Ethics）也称商业伦理，是指蕴含在企业生产、经营、管理及生活中的伦理关系、伦理意识、伦理准则与伦理活动的总和。伦理关系包括企业与投资人（股东）、员工、消费者、上下游合作者、竞争者、媒体等的关系；伦理意识包括企业的道德风气、道德传统、道德心理、道德信念等；伦理准则包括营销准则、分配准则、生产准则、信息准则等。

企业内部各个主体、企业与外界环境之间都无时无刻不存在着价值判断，这些关系的处理规则都属于企业伦理的范畴。一般可以将企业伦理划分为三个不同的层面：一是核心圈伦理，包括企业、管理者、员工相互之间的企业内部伦理问题，企业与顾客、企业与投资人之间的伦理问题等。二是紧密圈伦理，包括企业与供应商、经销商、竞争者的伦理问题等。三是外围圈伦理，包括与当地政府、社区、媒介、自然环境的伦理问题，如产品安全、广告合法性、税收拖欠、环境污染等。衡量一个企业的伦理状况，经常用到 8 个指标：顾客忠诚度、员工忠诚度、股东（投资人）满意度、银行资信度、同行联系度、产销稳定度、社区融洽度、社会美誉度。从 8 个指标所涵盖的范围和内容就可以看出，伦理状况对一个企业的战略意义和极端重要性。

（二）伦理建设与企业经营战略的融合

企业伦理管理是正确处理企业及其成员与利益相关者关系的规范，它主要是通过社会舆论、传统习俗、内心信念和内部规范来起调节作用的。伦理管理体现了道德主体的自觉性和内在性，当企业作为道德主体时，为了使企业成员遵守社会提出的企业伦理要求，企业内部可以据此制定出具体的行为守则，对模范遵守者予以表扬、加薪、晋升等，而对违反者则予以批评、减薪、降级乃至除名。经营管理作为一种最基础的企业活动，承担着把企业产品经过市场，在消费者之间进行商品与货币相互流通的职能。企业产品质量越好，服务越到位，产品向商品转变，进而进行市场流通的速度就越快，企业获取的利润就越多。然而，产品质量和服务水平是通过企业员工来实现的，员工的素质越高，员工与企业之间的合作就越紧密，就越能生产出具有竞争力的产品，服务水平也会越来越高，企业信誉就会越好，在企业内部，它是主体。但是，在企业外部，它只能服从和适应，这是由买方市场所决定的。因为，企业的生存与发展是建立在许多利益相关者，相辅相成、相互利用的基础上的，其相关利益者，除了企业员工以外，还有生产资料和资金供应商、消费者、商品流通商、竞争对手、政府部门等，他们相互之间的关系既密切又很微妙。处理与利益相关者的关系是企业不可避免，而且是每时每刻都面临的问题，这些问题恰恰是由企业的经营管理所不能及，必须依靠伦理管理来解决的。伦理建设和管理将解决企业经营战略所难以解决的问题。

我们知道，企业经营战略是由各种各样的战略构成的，而且是分层次的。第一层次是企业的总体经营战略；第二层次是企业的职能战略或分战略。这些处于不同层次而相互紧密联系的各种战略，就形成了企业的经营战略体系。企业的总体经营战略在企业经营战略体系中居于指导地位，它决定着企业的兴衰，是每个企业家必须首先考虑的问题。它是由以下分战略来保证的。具体讲，一是市场战略。包括目标市场战略、市场开发战略、市场营销组合战略等。二是产品战略。包括新产品开发战略、老产品调整战略、产品组合战略等。三是技术战略。主要是研究、确定技术进步的目标及其实现的途径和方式等问题。四是人才战略。主要是研究如何发现人才、培养人才、提高职工队伍素质的问题。五是价格战略。六是财务战略。主要是研究解决如何最经济地筹集企业生产经营所需资金，最合理地分配和最有效地使用资金等问题，此外还有供应战略、销售战略等。然而，在执行过程当中，这些分战略往往都是因为触及各类利益关系而受阻。而伦理管理则因其遵守互惠互利、公平、诚信、和谐、进取的原则和服务社会，很容易解决各分战略在执行中遇到的问题，并处理好相关利益者的关系。

通过对近 20 年来引人注目的管理新理论、新观点的研究和思考，可以看出，无论在人本管理、团队管理、全面质量管理方面，还是在企业文化、企业形象、企业识别、卓越领导等方面，其理论及观点中都包含着丰富的伦理管理观点及做法。因为伦理经营的基本特征是：企业通过对社会做出贡献的方式谋求利润最大化，企业在满足所有者利益的同时，还要考虑其他利益相关者的利益；企业经营活动与社会的伦理规范有关，可以用社会的伦理规范来评价企业经营活动；企业不仅要遵守字面上的法律，还要遵守法律的精神，要进行伦理思考并遵守企业伦理规范。与此同时，不能认为只有遵循道德的最高的标准才符合伦理经营，道德是分层次的，伦理经营中的伦理也不单指"先人后己、无私奉献"这种先进的道德要求，也包括为己利他、利人利己、互利互惠这种广泛的道德要求。由此可见，企业在其经营管理的过程当中，如果伦理优势运用得当，可以导致催人奋进的远大目标、崇高的企业价值观、双赢战略、伦理领导、高质量的人力资源、顾客满意、良好的企业形象，而所有这些无不有助于获得竞争优势，它们是化伦理优势为竞争优势的有效途径，是竞争优势的源泉和保证。

综上所述，企业只有在经营管理中融入伦理管理的模式，才能较为妥当地解决各类利益关系，企业的战略目标才能得以顺利实现，企业才能保持旺盛的生命活力，才能在激烈的竞争中永远立于不败之地。

（三） 企业的伦理价值体系

伦理管理决策的核心是其伦理价值体系，伦理价值体系可以提升企业品格，引导企业追求卓越。美国兰德公司曾花 20 年时间跟踪了 500 家世界大公司，发现其中百年不衰的企业都始终坚持：人的价值高于物的价值；共同价值高于个人价值；社会价值高于利润价值；用户价值高于生产价值。可以说这四种伦理价值观构成了成功企业的伦理价值体系。

1. 塑造正确的企业价值观。美国管理学家沃特曼和彼得斯在其合著的《成功之路》中指出，"过分依靠规章制度、管理机构和工作秩序的管理是无力的，甚至是失败的。与此相反，企业将其基本信念、基本价值观灌输给它的职工，形成上下一致的企业文化，促进广大职工为自己的信仰而工作，就会产生强烈的使命感，激发最大的想象力和创造力。"因此，创立独特的企业文化，塑造良好的企业形象，这应是企业的一项长期发展战略。价值观是企业文化的核心，决定着企业行为的基本性质和方向，决定着企业的经营宗旨、管理风格、人员作风和行为规范，它是企业一切行为与活动的灵魂，是维系企业整体运行的纽带。国外许多大型公司都用不同的口号来体现自己的价值观，具有反映企业风貌、体现企业追求、诱发员工激情的特点，如联想集团的"以人为本"，福特公司的"人是力量的源泉"，美国通用公司的"不惜一切代价为顾客服务"，TCL彩电的"为顾客创造价值"等。"赚钱第一"的经营理念，反映的是唯利是图的价值观，企业定位在利己的表层位置；"产业报国"则把企业提到了爱国主义的位置。现在多数企业都将"顾客至上，服务社会"作为经营理念，其实质是增加社会性，强调社会效益的价值观念。广东科龙集团在大力推进企业文化建设中，长期坚持"开拓、拼搏、求实、创新"的企业精神，明确提出在企业价值观方面的信念是"诚信久远，追求无限"，要求在为人方面要"诚实、踏实、务实"，处事方面要"信任、信赖、信用"，并据此向社会郑重承诺"当科龙人，做最好的"。这不仅意味着要为消费者提供最好的产品和服务，而且意味着要做最好的企业，为民族品牌增光，为民族工业争光。这种具备远见性的经营意识和价值观，树立了良好的企业形象，从而也得到了更多人的回报。企业价值观的形成，标志着企业整体素质的提高，关系着企业精神是否为全体职工所认同，关系着企业凝聚力和向心力的形成。目前，在深化改革开放中，在企业联合、重组中，形成正确的企业价值观尤为重要，可以这样说，树立为全体职工所认同的适应知识经济时代的价值观是企业文化构建的核心内容，是企业获得成功的保证。

2. 重视以诚信为本的市场道德。企业在处理与市场关系的层面上，要奉行诚信为本，顾客至上的市场道德。因为市场经济是信用经济，商品、合同、证券、期货等市场工具无不体现信用关系，它不仅要求建立可靠的信用保障制度，而且要求市场主体具有重承诺、守信用的良好德性。然而，中国人秉承的是几千年形成的"自然道德"传统的训练，因而至今仍然严重缺乏这种德性修养。突出表现就是在经济活动中做假、卖假、行骗、违约、毁约、失信的人和事相当突出，这造成了经济信用的严重不足，并对经济发展构成了多方的危害：其一，它抑制了人们的消费欲望和消费需求，使消费受阻，从而也使经济增长失去必要的消费拉动或消费支持；其二，它在生产领域既造成了企业的交易对象范围缩小，从而既降低了资源配置的优化效果，同时又降低了交易本身的效率，这二者的统一，则在整体上降低了经济运行的速度和效率，使经济增长受损；其三，它阻碍了资金流动，造成了投资不足，使大量资金在银行沉淀下来，而且也使人们的创业活动受阻。所以，诚实守信是市场经济的内在要求，是市场交易必不可少的条件。企业只要面向市场和用户，必然存在与消费者的关系定位。在企业向顾客提供产品和服务的过程中，只要是商品买卖行为，就会有权利与义务关系存在。由于在市场交往行为中，企业自身的目的最终是为了出卖自己的商品以实现商品的价值，要达到此目的，就必须让顾客或用户承认商品的使用价值。因此，企业不仅有必要承担对消费者的责任和义务，还要为消费者提供优质服务，以顾客满意为宗旨来开发设计生产和销售。此外，企业在实现商品的价值时，又必然遇到激烈的市场竞争，这就要求企业的市场交往行为必须有利于而不是有损于正常的市场秩序和消费者权益，这就要求"见利思义"、"正义谋利"，反对"见利忘义"的极端功利主义和企业利己主义。只有这样，企业才能有良好的信誉，而信誉是一笔巨大的无形资产，它能为企业带来无限商机，带来巨大财富。

3. 积极履行社会责任。企业离不开社会，企业的社会性决定企业要履行社会责任。首先，社会赋予企业存在的权利。企业必须生产满足人类生活不断提高所需要的物质产品和精神产品，有利于社会的全面进步和人的全面发展，否则企业就失去了存在的价值。其次，企业的生存和发展必须有赖社会、国家提供诸如物质资源、人力资源、文化资源以及安全保障，还包括良好的社会环境和投资环境等，一个公正的法制的和稳定的社会是企业生存和发展的必要条件。因此，企业应以社会的需要而存在，社会又为企业提供了生存空间，正是在这个意义上，从本质上说，企业是社会的公有物，具有社会性，当然就应具有"社会人"的品格：即在追求自身利益的同时，必须重视社会利益，对社会负责。这就是企业与社会的辩证法，体现了企业的自身价值与社会价值的统一。事实上，企业一直都在被动地承担社会责任，如环境污染、偷税漏税等，一些企业从不担心会受到任何谴责，只是在国家三令五申、强行整治下，才不得不承担责任。企业与其被动地承担责任担惊受怕，还不如主动承担责任，先入为主，解除企业发展过程中的一些限制条件，使决策和经营具有更大的灵活性和自主性。从另一个角度看，企业本身处于社会环境包围之中，总是要和周围的其他企业事业单位及居民发生各种关联，在企业生存的社区内，如果各方面都能保持良好的"邻里"关系，不止是社会受益，企业自身同样受益匪浅。值得一提的是，企业在处理与社会关系的伦理定位上应合理吸取儒家的生态伦理理念，建立可持续发展的意识。儒家关于人与自然的思想大致包括两个方面：一是"尽人之性"；二是"尽物之性"。儒家一方面重视利用原生的表现精神，实现人的物质和文化生活的需要；另一方面，将自然万物之变化生长本身，仍视为有独立存在的价值，"用物不求竭物，使之恒有余而不尽"。这与今日主张回归自然的现代生态观所追求的目标是一致的。现代生态文明观要求从现代科学技术的整体性出发，以人类与生物圈的共存为价值取向发展生产力，以人类社会与自然界相互作用为中心建立生态化的生产关系和经济体制，从而保证人类世代延续和自然—社会复合系统的可持续发展。可持续发展的内涵是能动地调控自然—社会的复合系统，使人类在不超越资源与环境承载力的条件下，促进经济发展，保持经济发展。

4. 树立人本管理精神。人本管理相对于物本管理而言，物本管理根本着眼点在于研究企业如何最大限度地发挥物质技术设备的潜力，而人本管理则重视人的因素，服从于人的需要和特点，满足人的需要，协调人际关系，激发人的工作热情，发挥人的潜能，以此为企业管理的立足点。在现代企业中，大力发展生产力占据着企业全部工作的中心位置，而人又是生产力中最活跃最革命的因素。一个企业，一切改革的行为、管理的行为和制度的行为，最终都要靠人来实现，所以，在企业的管理中，管人比管事、管物更占据中心之中心的位置。企业要成为一流的企业，必须要有一流的产品，要有一流的产品，必须要有一流的技术，要有一流的技术，必须要有一流的人才，优秀的人才是一切财富中最珍贵的财富，是一种创造性的财富。企业要强调人的素质在企业运行中的重要作用，就要坚持以人为本，实现人本管理，把塑造员工的理想、信念和价值观作为企业的动力源，尊重人、理解人、关心人，努力做好培育人、激励人和提高人的工作，把人和人的素质放在生产经营与管理的制高点。

（四）中小企业伦理战略的主要内容

企业伦理战略是指对企业伦理的发展目标和发展方向所制定的总体谋划和基本对策。就其所包含的内容来说，涵盖伦理战略分析、伦理战略目标制定、伦理战略制定、伦理战略实施和战略控制五个方面，在此主要讲述前三个方面。

1. 企业伦理战略分析。企业伦理战略分析就是辨识、鉴别和评价与企业伦理战略相关的各种内外因素，一般包含两个基本方面：

（1）企业伦理战略的内外环境分析。任何企业都不是处于真空之中的，而是面对着既定的内外环境和一定的社会关系与生产关系。就外部环境而言，包括宏观经济因素、人口和社会因素、政治和法律因素、社会伦理因素、科学技术因素、行业竞争因素等。就内部环境而言，包括企业组织形态、产权结构形式、企业决策程序、人力资源管理状况、职工整体素质、综合市场竞争力、科研开发和财务管理情况以及有形资产和无形资产管理等。要构建完善的企业伦理战略，就必须对这些因素作出科学的实证性的分析和研究，有针对性地为企业伦理战略设定基本框架和努力方向，并制定相应的措施和方案，为下一步的战略形成提供战略基础。

（2）企业伦理诊断。企业伦理诊断是对企业伦理现有状态进行的诊视和评估。由于各个企业具有不同的历史背景、发展状况、经营性质和特点、人员结构、组织形式等，再加上企业员工自身行为观念、价值准则、伦理素质的差异，导致每种企业伦理都具有自己的独特性。如果不进行企业伦理诊断，就难以了解各自企业伦理的特点，在这种情况下泛泛地实施企业伦理战略，就可能出现南辕北辙、驴唇不对马嘴的情况，也难以保证企业伦理战略的实际成效。

2. 确定企业伦理战略的目标。企业伦理战略是企业总体战略的重要组成部分。因此，在选择什么样的伦理战略时，必须考虑总体战略目标。一句话，伦理战略的选择必须适应总体战略的需要。"企业的战略应服从于企业的目标。"因此，作为企业软战略的企业伦理，其战略目标是：

（1）创造一个能充分发挥企业员工积极性、创造性以及和谐的企业文化氛围。

（2）培育员工的"社会责任"意识。

3. 企业伦理战略制定。企业伦理战略制定是企业伦理战略的重要环节和关键步骤，也是战略决策的主要内容，一般而言，企业伦理战略制定包括以下几个相互衔接的环节：

（1）树立正确的企业伦理战略思想。由于企业伦理体现了企业的共同价值准则和精神观念，对企业职工有着强烈的内聚力、向心力和持久力，具有无形的导向、凝聚和约束功能，因此，正确、健康、向上的企业伦理战略思想对于创建优秀的企业伦理具有重要的指导作用。

（2）划分企业伦理战略阶段。由于不同的企业发展具有不平衡性，企业伦理的进程有先有后，就是同一个企业的发展也有不同发展阶段，企业伦理战略的实施进程有快有慢，因此应当实事求是地认真分析自己企业所处的战略阶段，以利于企业伦理战略的持续进行。一般而言，企业伦理战略阶段包括：①初创阶段；②上升阶段；③成熟阶段；④变革阶段。

（3）制定企业伦理战略方案。为了达到企业伦理战略的目标，应当依据对企业内部和外部条件的分析与预测，制定出科学、最优和满意的企业伦理战略方案。制定方案要贯彻可行性准则，既要把握方案的时机是否成熟，又要注意该方案在实践中能否行得通，同时还要兼顾必要的应变方案。最后通过一定的评估方案，选出理想的最佳方案或理想的综合方案。

（4）明确企业伦理战略重点。所谓企业伦理战略重点是指那些对于实现战略目标具有关键作用而又有发展优势或者自身发展薄弱而需要着重加强的方面、环节和部分。抓住战略重点，就是抓住主要矛盾，就是集中自己的优势力量解决关键性的问题。对于不同的企业来说，战略重点的侧重点有所不同，有的重点在于培养企业精神、企业意识、企业道德，有的重点在于塑造企业形象、规范企业制度，有的重点在于树立厂风厂貌、端正经营风尚、提高企业素质，等等。因此，抓准了战略重点，不仅有助于企业伦理战略的重点突破，而且也会由此找到了企业走上振兴之路的关键枢纽。

（5）选择卓有成效的企业伦理战略策略。企业伦理战略策略是实现战略指导思想和战略目标而采取的重要措施、手段和技巧。企业应当根据战略环境的不同情况，选择别具一格和新颖独特的战略策略，以达成战略目标和推行战略行动。一般而言，企业伦理战略策略所遵循的原则包括：①针对性，必须针对实现战略指导思想和战略目标的需要；②灵活性，要因时因事因地随机应变，以适应内外环境变化多端的特征；③适当性，要讲求实效恰到好处，不过分追新和夸张或搞形式；④多元性，各种策略技巧相互配套，有机结合，谋求最佳配合和整体优势。

二、企业伦理战略的实施

（一）我国企业伦理建设的现状及制约因素

我国企业一直以来有重视思想政治工作和企业文化建设的传统，在企业伦理建设方面取得了显著的成绩，积累了不少有益的经验。在树立企业形象，铸造企业精神，"塑造人、引导人、鼓舞人"方面做了大量的工作。不少企业把伦理建设融入了日常的管理当中，内化成了员工的自觉行动，企业伦理建设取得了实实在在的效果。但是由于诸多因素的影响，企业的伦理建设也还存在一些偏差，主要表现为三个方面：

1. "家长式"伦理建设。企业领导者个人在伦理建设上施加了过多影响，伦理取向随着个别人的意志转移而转移，没有形成完整的体系。这样的企业其伦理状况一般都不太好，企业的不规范经营和不正当竞争问题，企业内部任人唯亲、收入均等化、员工歧视问题等往往比较普遍，甚至于企业领导人的腐败、员工监守自盗等问题也时有发生。

2. "制度式"伦理建设。企业在伦理建设中，过分强调外在的约束，制定了"纵向到底、横向到边"的制度、规范、程序。这种做法违背了企业伦理需要依靠群体的舆论和内在信念起作用的规律，伦理取向往往缺乏员工普遍的认同和思想基础，不能够内化为企业的资源，不具有持续的竞争力。

3. "文化式"伦理建设。企业往往以企业形象宣传简单替代伦理建设，缺乏明确的价值导向，伦理建设往往停留在一般性的口号或号召上，企业内部各个群体之间，其伦理取向大相径庭，伦理状况是"四处点火"、"多处冒烟"，没有形成整体的合力。

（二）企业伦理战略的实施

企业伦理的选择和建设是一项重要的战略决策与实施过程，伦理建设要形成核心竞争力，就必须具备独特性、持续性、延展性和显著的经济性等核心资源所必备的特点。

1. 企业领导在企业伦理建设中应当充当倡导者、实践者、教育者的角色。美国著名学者埃德加·沙因在《企业文化与领导》一书中对领导与组织文化的关系作了系统的理论论述。他对领导者在组织文化的创立、建设、维持、变革过程中的作用进行了阐述，认为"领导者在企业文化的形式方面起领导作用；企业的高级成员会通过日常的谈话，企业的特殊庆典、仪式反复讲述企业自身的重要价值观念；企业高级成员的更迭会削弱企业文化力量，甚至改革企业的文化：为了形成需要改革的风气，领导者会大肆宣扬危机或潜在危机的情况"。企业伦理文化的建设也是如此，正如一句古语所说"风俗之厚薄，几乎一二人所向"。在企业中卓有成就、德高望重的领导，实在是今天最有资格提升社会伦理道德的人物。如果绝大部分的企业都能受到企业领导的影响，充分认识并致力于提高企业伦理，我们社会的人文精神、生活品质自然也就提高了。那时候，企业的经营环境会大大地改善，产品的国际形象也会随之"水涨船高"，企业也会得到它们应有的"回报"。

企业领导在企业伦理建设中应当充当倡导者、实践者、教育者的角色。

（1）企业伦理建设的倡导者。企业伦理是具有健全人格的企业的核心价格观以及组成企业的个人、单位和企业整体的行为准则。企业领导作为企业的领导者或企业未来的设计师，有责任、有义务，也有能力从企业全局和长远发展出发提出建设企业伦理的需要，并以社会普遍伦理为基础，结合企业个性，设计、塑造、形成一套本企业独特的价值观体系、思维模式和行为方式，以其指导、规范和评判企业行为，使企业乃至社会获得长远发展。因而，企业领导是企业伦理建设最切实有力的倡导者。

（2）企业伦理建设的实践者。营造企业伦理、实施伦理建设的关键在于实践，特别在于倡导企业伦理建设的企业领导的亲自实践。企业伦理为企业和企业领导描绘了一幅尊重人、尊重社会、尊重自然以使企业可持续发展的美好愿景。企业领导是仆人就是指企业领导是自己愿景的仆人——永远忠于自己的愿景。企业领导既然是企业伦理的营造者、企业伦理建设的倡导者，他必然要为此而全力以赴：大张旗鼓、以身作则地实践它，诚恳踏实、持之以恒地献身它，并辅之以非比一般的坚韧去加强它。这样一来，这种愿景才能在员工中生根发芽，形成企业的共同愿景，凝聚全员力量，共同实现之。因此，如果没有企业领导的亲自实践，企业伦理建设无法得以真正实践。

（3）是企业伦理的教育者。企业领导既是企业伦理的倡导者、实践者，而且还是企业伦理的教育者。企业伦理建设虽然需要企业领导去倡导和以身作则地实践，但这并不是目的。企业领导还必须给员工阐示企业伦理的要义并给它以生命力，将之融入企业文化，使每一个员工从精神层次上接受、认同、演化为他们自觉的意识和共同的行为。企业领导的教育有正式的课堂教育，有非正式的日常教育；有言传，更有身教。企业领导在企业伦理的教育中，必须积极地传播，认真地示范，充分利用自己的权力能力和非权力能力，随时随地以伦理的光辉照耀员工，以伦理的言词激励员工，以伦理的行为影响和带动员工。

2. 澄清在企业伦理问题上的片面、错误的认识，形成共识。需要澄清的片面、错误的认识有：

（1）认为"求利"的市场经济似乎和道德是不相容的。市场运行机制是市场主体所追求的利润最大化。而在现实生活中，良好道德的重要表现是让渡自己的利益给别人，这是一种利他行为。这似乎直接对立于市场经济所提倡的利益最大化原则。其实，市场经济作为一种发达的商品经济，要受到商品生产本身的规定性制约。商品经济是一种为了交换而进行的产品生产，任何主体都不可能在完全独立的个人活动中实现利润的最大化，而必须依赖经济主体之间的交换活动。在交换中，交换双方的目的都是自身利益的最大化，这就决定了不管商品生产经营者的主观动机和目的如何，如果他们不能使自己生产或经营的产品首先满足他人或社会的需要，那么他们所要追求的利润就是一句空话。商品生产本身的规定性，提升了经济主体逐利的活动，使其客观上具有了互利的伦理性质，为市场经济奠定了道德生成的基础。商品经济本身的规定性虽然赋予了经济主体获利行为的利他性质，但经济主体这种道德行为本身是有局限性的，因为他是以自利为目的的利他，具有明显的功利性，其道德动机与道德效果、道德目标与道德手段往往是对立的。经济主体道德行为的功利性，不仅决定了其行为有很大局限性，只限于与自身相关的领域，而且道德对人的行为的约束本来就是柔性的，追求利润最大化的冲动会使道德对其行为的约束更趋于软化，只要条件许可，各个生产经营者乃至消费者就有可能通过不正当手段牟利，通过侵夺他人和社会利益而获取个人利益。这就会造成市场主体之间的利益冲突，导致经济活动的无序。所以市场经济的正常运作必须有一整套规则来保障良好的市场秩序，消除市场经济的负面影响，弥补市场经济的天然缺陷。市场经济活动中，对人们行为起作用的规则包括正式规则和非正式规则，其中非正式规则的核心内容是伦理道德等意识形态因素。

（2）对企业目标的片面理解。企业目标表示企业全部活动所要追求的对象和所要达到的目的。很长时间，人们对企业目标有一种片面的理解，认为企业作为经济组织，其追求的唯一目标是经济目标，企业的一切活动都是为了获取经济利润。虽然随着社会的发展，今天人们对企业目标的理解已经包含了更丰富的内容，但经济目标仍然被一些企业视为唯一的追求。毫无疑问，追求利润是市场条件下企业一切行为的原动力，企业作为一个经济组织能否盈利是衡量企业是否健康的一个尺度。一个企业如果不盈利，它不仅丧失生存的基础，而且从伦理上讲是不负责任的。但如果企业单一的追求经济目标，就会不由自主地将利己性的获利作为行为的主要动机和衡量行为价值的唯一尺度，就有可能将欺骗、假冒伪劣、损害他人和社会利益而获利的行为视为理所当然，就会把企业伦理问题排除在企业活动的范围之外。现实经济活动中，一些企业产品质量下降，生产过程对环境的污染破坏，交换活动中违德违约等现象的存在，可以说和对企业目标的片面理解密切相关。企业的发展实践早就证明，不讲伦理道德的企业往往是短命的。企业要想获得持久的发展，要强化自己的行为能力和减少经济风险和社会成本，其目标制约下的行为就不仅不能违背作为经济活动之框架条件并以法规形式而体现出来的游戏规则，而且在法律容许的范围内还要进一步以伦理准则来约束自己，主动实现道德自律。这就要求企业追求的经济目标中应该包含有伦理道德的要求，应该是经济目标与伦理目标的统一。只有当企业目标中有明确的伦理追求，企业才会自觉要求自己的任何行为不仅具有经济价值，而且必须具有伦理价值，才会注重实现利润目标的方式、手段的合法合德，把尊重他人正当利益作为自身利益追求的界限之一，并且把具有社会责任感、回报社会视为企业行为中不可缺少的价值成分。把伦理目标包括在企业追求的目标中，也是社会可持续发展和社会主义国家对企业的要求。现代人提出可持续发展的思想，是因为人们已经认识到过去在强烈的攫取利益动机的驱使下对自然资源掠夺式的利用，引导人们走上了一条无法持续发展的道路。可持续发展要求人们从传统的发展模式中解脱出来转向新的发展模式。所以，社会可持续发展要求现代企业在对经济效益好坏审视时，除了在企业范围内进行投入产出的比较外，还应从人和自然协同发展，从维护生态平衡，保证资源可持续利用的角度来比较分析，不以对资源的巨大浪费和对生态环境的巨大破坏去实现企业经济目标。社会可持续发展使现代企业目标中包含了不可推卸的责任要求。另外，社会主义市场经济既有着市场经济逐利性的一般本质，也有其特殊的本质，它把不断满足人民群众日益增长的物质文化生活需要，把共同富裕作为根本的目的和最终目标。在社会主义市场经济下，国家必然要根据这一目的通过宏观经济调控等手段对经济活动进行调控、引导，要求社会主义国家的企业必须把商品经济本身所具有的为他的、服务的属性凸现出来，将其服务的对象指向广大人民群众，在为了全体人民群众的共同富裕和幸福的社会主义目标的制约下实现自身经济利益的追求。这也使社会主义市场经济下的企业不能只讲经济责任，不讲社会责任；只讲物的追求，不讲人的发展；只讲"利"，不讲"义"。所以，经济目标和伦理目标的统一，是社会主义国家对企业的要求。

（3）看不到企业伦理对企业经济目标实现的作用。努力提高利润是企业的核心任务。但对企业经济目标的实现，一些人看到的往往是资金、技术、设备等有形资产的作用，对企业伦理道德的作用不屑一顾，认为道德不会使利润增加。其实，企业伦理道德是企业一种极为宝贵的无形资产，对企业经济目标的实现具有不可否认的重要作用。马克斯·韦伯曾明确地把资本主义在欧洲的萌芽与发展归功于新教伦理，认为新教伦理塑造了从事"企业"的教徒们追求利益和效率最大化的资本主义精神和与此相关的行为品格和敬业精神。正是这种在新教伦理基础上孕育成长出来的以个人为本位的"资本主义精神"，为欧美资本主义发展提供了动力源泉、行为规范和定位定向的机制。20世纪60年代以来日本和亚洲"四小龙"经济腾飞，许多研究者也认为，从东方传统家庭伦理模式中发展而来的"以集团为中心"的"亚洲资本主义精神"，是其经济腾飞的重要精神动因。这都说明了伦理道德因素对经济发展的作用。同样可用这一观点来看作为微观主体的企业经济目标的实现。企业利润目标是通过企业人的努力来实现的。而能够对企业员工的经济努力起作用的因素必然包括企业伦理道德因素。因为从人性根源来看，精神属性是人性的一部分。人之为人，在于人有更为丰富的精神追求，人在一定的物质需求得到满足以后，将追求更高层次的精神需求，道德需求正是这种高级精神需求的主要表现形式。新制度经济学也认为，在一般人的经济行为中不止是存在着追求财富最大化动机和机会主义倾向，同时也存在追求非财富最大化倾向。也就是说，人们在经济活动中不仅仅是希望获得物质利益上的回报，而且同样希望得到精神价值上的回报。这就决定伦理道德的力量必然会对人的经济行为发生作用。崇高的企业目标，统一而高尚的企业道德规范，可以赋予企业日常的生产经营活动以更深刻的内涵，使企业的经营活动具有某种道德生活的性质。企业伦理提升了企业员工的生存价值，满足了他们更高层次的精神需求。这种需求的满足就会进一步激发员工的积极性、创造性和敬业精神，从而更有利于企业经济目标的实现。

另外，从企业与外部的关系来看，通过企业伦理形成的企业良好道德形象，会成为企业取信于社会的重要资源。在市场竞争中，名牌的力量不容置疑。而名牌的力量源自于它所代表的质量、服务、信誉等道德形象。一个企业即使有雄厚的资金、先进的设备和科技力量，如果忽视作为理性无形资产的伦理道德的作用，资金、资源、科技不一定能转化为现实的经济实力和经济效益。市场经济演进的历史告诉我们，越是趋于完备，竞争越是激烈的市场环境，越是要求人们在道德上守信，越要排斥欺诈、失信等对社会不负责任的失德行为。正如法国企业伦理协会秘书长乔治·斯太奇所说：在经济利益和社会责任的平衡之间，最经济的做法是企业要树立诚信为本的观念。从经济发展效益的长远性来看，最先重视企业道德的最先收到事半功倍的效果。在经济全球化进程中，面对发达国家重视企业伦理的现实，中国企业更需要通过企业伦理建设来提升企业的无形资产竞争力，在激烈的国际竞争中实现企业经济目标。

19 世纪中叶，马克思、恩格斯就预言：世界市场的形成将使一切国家的生产和消费成为世界性的。过去那种地方和民族的自给自足、闭关自守的状态将被整个民族的互相往来和各方面的相互依赖所代替。马克思的预言已变成了现实。经济全球化已是一种客观事实。这一客观事实使我们今天对任何经济问题的思考，都必须有一种全球的眼光，企业的生存发展问题更是如此。面对经济全球化，我国企业能否在激烈的竞争中生存发展并在世界经济往来中取得最佳的经济效益，这个问题只有放到经济全球化的大背景中思考，才能获得有效的答案。在国际经济大循环中，许多发达国家或著名大企业，不仅较为牢固地占领着广阔的市场，而且始终保持着强劲的势头，这其中除了科技实力、资金等因素外，注重伦理道德意识对经济运作和企业生产过程的渗透，以及在经济管理过程中对伦理道德手段的充分认识和运用也是重要原因。重视企业伦理建设，制定企业道德法则，并通过设置伦理主管把伦理融合到日常的生产经营管理中，已成为许多国家的企业在国际竞争中提升竞争力的重要手段。这意味着面对经济全球化，中国企业需要的不仅是先进的科学技术、营销方式、管理经验，还有企业伦理。因而，加强企业伦理建设应该成为我国企业在世界经济往来中增强竞争力不可忽视的课题。

企业必须在目标定位上有清醒的认识，伦理取向要为企业的战略目标服务。突出社会责任，有利于推动企业形象和产品形象的提升，有利于赢得顾客的信任，也有利于形成企业内部的凝聚力。在伦理建设中，企业首先要树立"义利相融"、"义利统一"的经营理念，让利于消费者，回报社会，积极参与社会公益事业，树立良好的形象。要主动为消费者着想，在满足消费需求的同时，保护消费者的权益。要主动承担企业在人口、信息、政治和道德方面的责任，促进人与自然、人与社会的和谐发展。

3. 制定企业伦理守则，规范企业行为。企业应该制定并执行企业伦理守则。伦理守则所规定的主要内容是企业与其利益相关者——员工、顾客、股东、政府、社区、社会大众等的责任关系。伦理守则中有的是强制性的公司规定，例如员工面对利益冲突时应有的准则；但伦理守则同时也包含公司的经营理念与道德理想。另外伦理守则对公司未必具有法律上的约束力量，但是，它有如一人的座右铭，多少可以反映并影响公司的文化与行为。公司在制定伦理守则时要主要考虑企业与各利益相关者所可能产生的伦理议题，如环保问题、产品安全、专业精神、尊重财产权、职业安全、遵守法律、诚实行为、利益冲突以及和谐进步的劳资关系等。公司面对所产生的议题的基本态度是什么，应该尽量在伦理守则中说明清楚。对企业而言，制定伦理守则非常重要，因为伦理守则反映了企业生存的基本意义、企业行为的基本方向。

4. 对员工加强企业伦理教育，使他们能正确处理"交际"问题。企业应该加强员工有关企业伦理的训练与敏感度。目前我国企业的员工教育训练偏向管理技能、知识水平的训练，对于伦理道德的训练并不多，很多人甚至怀疑企业伦理能否被训练。一些先进工业国家的经营管理显示，企业伦理是可以被训练的。现在有许多国外企业，专门邀请诗人、哲学家给员工上课，进行教育培训，其主要目的是希望员工对身边的人与物有更高的敏感度。但这种伦理训练，我们认为也不能仅凭着正式教育进行，平时企业运作的方式以及企业文化对企业伦理的影响也非常重要。此外，企业应该以义务上所常发生的伦理问题作为训练教材，时时提醒和教导员工对敏感问题做正确的判断。举例讲，为了业务的需要可不可以请客户吃饭？可不可以疏通关系？有时候，这些问题并没有正确的标准答案，这与公司的基本理念以及当时的社会环境有密切的关系，但是，只要公司愿意正视这个问题，彼此之间时时交换意见，员工自然会增加对伦理的敏感度，从而能够在特定环境下找出最合适的答案。

5. 企业应该履行对利益相关者的责任。在处理与各利益相关者的关系时，企业只能担负起应负的责任，才能得到各利益相关者的理解与认同，企业才能具有同各利益相关者处理良好关系的基础，才能有利于企业的长期持续发展，才能有利于企业的未来。在与利益相关者的关系中，企业应承担什么责任？一种观点认为，企业的责任包括经济责任、法律责任、道德责任和慈善责任四个方面，这些责任在不同的利益相关者之间有所差别。在企业所面对的道德和慈善责任上，自身的经济利益通常也隐含其中。比如，当一家制药公司面临因服用该公司某种药品而发生中毒事件时，它所采取的回收药品的各种法律和道德的措施，可能是最符合其经济利益的，因为这样做能够维护和增进企业在消费者及其他利益相关者中的名声和形象。不同的利益相关者企业所负的责任也是不同的。企业责任可以分为三部分：

（1）经济责任。这是核心的责任，因为企业在本质上是一个盈利性的经济组织。利益相关者对企业在经济上的利益要求各有差别，股东期望自身财富最大化，员工期望自身报酬最大化，政府期望税收所得最大化，银行期望利息所得最大化。这些有差别的经济利益需求，概括为一点就是"经济增加值最大化"。因为，股东财富的增加、员工报酬的提高、政府税收的实现以及银行利息的取得，都来源于企业的经济增加值的增长。从使用价值的角度看，企业的经济责任可以表述为"效用最大化"。

（2）法律责任。企业作为市场经济的组织主体和经济法人，应当遵循市场经济的规则和秩序，而法律就是这种规则和秩序的最基本的表达形式。依法经营和管理当属企业义不容辞的责任和义务。

（3）社会责任。企业对社会的责任内容具有广泛性。总体上说可以概括为六类：一是对消费者的责任，如提供物美价廉的产品与服务等；二是企业对政府的责任，如依法纳税等；三是对员工的责任，如在人力资源开发、福利、安全、社会保障等方面的义务；四是对公共设施建设和使用所承担的责任；五是对资源与环境的责任；六是对社会慈善事业和其他公益性事业发展的责任等。企业对利益相关者的责任因素之间有时会有冲突，其中经济责任与社会责任之间的冲突尤为明显和普遍，常见的现象是企业"关注利润、忽视环境"。而从可持续发展的角度看，企业必须在谋求利润与履行其他责任上保持同步性，换句话说，可持续的管理就是指企业同时履行对各利益相关者的各种责任，这也是利益相关者管理的基本宗旨。

（三）企业联合兼并与伦理建设

1. 关注伦理融合问题，增强企业的伦理兼容性。企业兼并、强强联合，多数情况下大家更关注的是生产制造能力、资本、人才、品牌、营销网络等"硬件"的组合。但企业兼并重组并不是简单的数字相加，而是双方的一种深层次的磨合，价值取向、思维方式、思想观念将在这中间起到无可替代的作用。国内外企业管理的实践表明，从长远来看，伦理的兼容性是决定企业间联合兼并能否取得成功的最根本的因素。因此，在联合兼并的前夕，企业一定要高度关注伦理建设问题，做出战略上的安排，进一步提炼企业精神，形成优秀的企业文化，"打扫房间、开门迎客"，增强企业伦理层面的扩张力。具体工作中，一方面，要关注企业伦理的兼容问题，选择伦理取向相近的企业作为合作对象，为合作的成功打下坚实的基础；另一方面，在合作双方合作的过程中，一定要将伦理融合问题摆上议事日程，以减少合作双方的磨合期，加速形成整体竞争能力。

2. 树立正确的竞争伦理，创造双赢局面。"物竞天择，适者生存"，企业之间的竞争也是如此。竞争格局也有一个"动态平衡—动态失衡—动态平衡"的过程。目前，国内工业企业正处在一种竞争格局的失衡之中。在不远的将来，兼并重组是大势所趋，不可逆转。面对这种状况，树立正确的竞争观念非常重要。目前，国内一些企业，尤其是一些民营企业，无视自身实力的差距，盲目追求不现实的发展目标，这十分不利于兼并重组的正常推进。相对弱势企业要摆正位置，主动靠大靠强，切不可坐失良机。要主动引导员工树立竞争观念和发展观念，以正常的心态对待企业的兼并重组，减少重组中的人为的阻力。强势企业面对跨国集团的强大竞争压力，在挤压国内竞争对手的同时，要努力形成国内强势企业互利、共赢的局面，为强强联合打下基础，切不可互相间拼积累、拼消耗，最终在全球范围内的竞争当中变得不堪一击。

3. 突出决策伦理建设。企业兼并重组是关系企业生死存亡的战略决策，在兼并重组前夕，加强决策伦理建设具有十分重要的意义。决策是标尺、是杠杆，公平、诚信、平等、团结、协作等基本的伦理要求，都会通过决策的形成和实施过程来体现，来规范，来引导。因此，可以说企业的伦理兼容性、扩张力最直接的决定因素就是企业的决策伦理状况。从伦理建设的角度来分析，对决策的具体要求：一是决策要有科学的机制作保障。要严格按照现代企业管理的要求，规范企业的决策制度、程序，通过规范运作来加强监督，提高质量。二是决策要有理性的分析作支撑。在决策倾向上，要在进行感性接触、逻辑推理、概念决策的基础上，加入更多理性分析的成分，建立决策前的咨询、沟通渠道，依靠各个领域的专业力量来进行科学决策。三是决策要有良好的沟通作基础。良好的沟通和决策圈内全方位的交流，既是保证决策质量的基本要求，同时也是企业内部伦理取向的重要体现。这对于形成平等、开放的企业氛围，强化员工的团队合作意识，增强员工的认同感和归属感，有着非常重要的影响。

企业伦理是企业最本质的核心竞争力因素，要打造这样一种竞争力，需要有战略家的眼光，哲学家的睿智，所谓"十年树木，百年树人"，企业精神的打造也正是这个道理。意在未来中国市场争雄的企业，首先必须有一流的企业伦理，一流的精神，这样才能有一流的业绩。因此，伦理建设至关重要，迫在眉睫。

▶ 案例应用

招商银行债转股案例

一、背景

招商银行股份有限公司 2003 年第一次临时股东大会于 2003 年 10 月 15 日在深圳市深南大道 7088 号招商银行大厦五楼会议室召开，出席本次会议的股东及股东授权代表共 81 人，代表股份 3 808 569 147 股，占公司有表决权股数的 66.74%，实际投票 74 张，代表股份 3 786 078 501 股，占公司有表决权股数的 66.34%，符合《中华人民共和国公司法》和《招商银行股份有限公司章程》的规定。

会议由董事长秦晓先生主持，会议审议并经逐项表决通过了如下决议：审议通

过了关于发行可转换公司债券的议案;

（一）发行规模：不超过人民币 100 亿元：同意票 3 269 851 090 股，占出席会议有表决权股份总数的 85.86%；反对票 395 338 334 股，占出席会议有表决权股份总数的 10.38%；弃权票 120 889 077 股，占出席会议有表决权股份总数的 3.17%。

……

（十）向原股东配售的安排：本次发行的可转换公司债券向原股东优先配售，原股东可优先认购的招商银行可转换公司债券数量为其在股权登记日收市后登记在册的"招商银行" A 股股份数乘以 0.4 元（即每 10 股配售 4 元），再按 1 000 元一手转换成手数，不足一手的部分按照四舍五入的原则取整。同意票 3 240 506 762 股，占出席会议有表决权股份总数的 85.08%；反对票 400 396 322 股，占出席会议有表决权股份总数的 10.51%；弃权票 115 831 089 股，占出席会议有表决权股份总数的 3.04%。

招商银行 100 亿债转股的再融资方案受到了众多流通股股东的攻击。47 家持有的基金和证券公司甚至结成了统一的"反对派"联盟，他们持有的招商股份根据二季度的公告在 36 000 万左右，超过 5%，所以他们不但在股东大会前就通过媒体发表改革可转债发行方案的建议，而且在股东大会上提交《关于否决招商银行发行 100 亿可转债发行方案的提案》议案和《关于对招商银行董事会违背公司章程关于"公平对待所有股东"问题的质询》、《对招商银行本次可转债发行方案合法性的质询》两个质询案。认为"招商银行置中小股东利益于不顾，属于恶意圈钱行为，掠夺股民的血汗钱"。

二、案例中主要利益相关者利益分析

招行的经营者：发行 100 亿可转债无疑将提高公司的规模，招商银行的资金充足率也随之上升。

中金公司：作为发行 100 亿可转债的承销商，中金公司通过招行发债可提取承销费用。

F 股股东：议案中"建议年利率第一年为 1.0%，逐年递增 0.375%，最后一年 2.5%"，按今年中期净资产收益率 6.46% 计算，则利息支出将明显低于资本的增殖。此外，初始转股价格"以公布募集说明书之日前 30 个交易日公司股票的平均收盘价格为基础，授权发行可转债领导小组在上浮 0.1% ~15% 的区间内最终确定初始转股价格"，当可转债转股时，每股净资产数据增加，F 股股东获利。A 股股东：首先是转债转股价格低，二级市场上的价格必然向转股价格靠拢，市场价格下跌。从方案在 8 月下旬公布后招商银行股价最大跌幅达到 15%。其二是发债方案中招行发债存在诸多优势的前提假设为招行未来收益增长"保持目前 25% 的增长速度"，但招商银行未来收益增长是否继续保持目前 25% 的速度具有不确定性，如若不然，则在可转债转股后每股收益势必会被摊薄，A 股股东利益受损。

传统的企业观点认为：管理经营者的义务在于在法律规定的范围内，尽其最大努力为股东创造最大的利润。根据这一观点，股东利益是至高无上的，高于其他一切利益。

但是，尽管股东在法律上是所有者，然而，他们往往只是一些对企业的长期发展没有真正兴趣的投机者。他们的利益就在于从他们的投资中获得最大限度的回报——即使这种回报导致对企业长期发展的损害。企业股票一下跌，他们就出卖股票，将其投资转移到别处。从这种意义上说，为这种股东经营企业，必将对公司的生存和发展造成伤害，而且，由于大量的股票持有者是通过共同基金、投资计划或者保险政策的形式持有股票，他们甚至不知道自己持有哪一家公司的股票。

招商银行的经营和发展，不仅要考虑到股东的现有利益，更要考虑到股东的未来利益。只有公司长期的可持续发展，才能为长线投资者带来真正的长期利益。也就是说，短期投资者和长期投资者在利益追求上有一定差异，任何上市公司都很难把各方面的利益完全顾及到，招行更为重视投资者的长期利益。从企业长期持续发展角度考虑，招商银行补充资本势在必行。

为补充资本进行再融资，招商银行也曾研究过除可转债外的次级债券、海外上市、定向增发或配股等方案。通过比较，最后还是选择了发行可转债，因为招行董事会认为该方案无论是对投资者还是对上市公司应该都是比较有利的选择。

第一，充实资本金，摊薄效应延后。本次可转债发行是以计入次级资本为条件而设计，因此发行后即刻计入资本金，提高资本充足率，满足监管规定。而可转债设定转股期为债券发行后 6 个月，因此，对于每股收益的摊薄影响也将延后到2004 年以后。

第二，股东权益增厚。一般投资者反对上市公司再融资的理由正是由于新增效益无法弥补再融资带来的摊薄效应。招行以可转债方式再融资所带来的新增效益完全可以弥补摊薄效应，给投资者带来实际的好处。

第三，为股东提供有效保护。如果本行的经营无法达到市场预期，可转债投资者选择不转股。一方面，招行到期还本付息，对于现有股东不会产生摊薄效应；另一方面，作为高负债经营企业的银行，通过较低融资成本得到资金，也可为股东创造效益。

第四，符合当前市场操作惯例。根据国内目前资本市场对再融资手段及效果的分析可以看出，市场对于增发持较为负面的态度，而发行可转债的公司，股价表现良好，可转债发行得到市场认可。

可转债的确要比配股和增发更符合老股东的利益，也符合公司的利益，但是如果考虑到法人股和流通股股东的不同利益实现途径，考虑到流通股股东追求的是资本价差的现实，考虑到目前市场状态对再融资的反感，考虑到二级市场的股价走势以及由此造成的流通股股东亏损，那么基金的讨价还价就是一种必然。

在比较分析前期所有可转债方案的基础上，结合招行的特点，充分考虑投资者、股东和发行人三方利益，方案将力争取得"三赢"的结果。我们认为方案所拟定的条款从目前市场情况看是比较合适的，可以为各方带来合理的回报。从市场上讲，因我们发行可转债，转股后对每股收益有一定幅度摊薄，短期内可能会对股价形成一定压力，但正如我们前面所分析的，长期会带来每股收益增厚，对于股价增长具有积极的促进作用。

银行的发展如同逆水行舟，如果招行目前就满足于现有的成绩而止步不前，面对银行业不断国际化的竞争压力，不仅将丧失应有的发展空间，而且也必将降低竞争能力，最终被挤出市场，失去蓝筹股的资格，甚至丧失生存的能力。如果招行今天纵容这种情况成为现实，那才真的是对股东利益不负责任。如果只把招商银行作为一个短线炒作工具，那招行就失去了作为蓝筹股的价值，而只能成为助长股市泡沫的一分子。

（根据 http：//www. cnotcbb. com. cn/irm/Article _ Platshow. asp？Article ID ＝28.）

▶ 问题

1. 结合该案例，谈谈如何把握企业伦理的战略层面内容。
2. 从伦理建设角度，评价招商银行债转股决策。

主要参考文献

1. 罗国杰：《伦理学》，北京人民出版社 1989 年版。

2. 徐大建：《企业伦理学》，上海人民出版社 2002 年版。

3. 厉以宁：《经济学的伦理问题》，三联书店 1996 年版。

4. 弗兰克纳：《伦理学》，三联书店 1987 年版。

5. 周纪兰：《应用伦理学》，天津人民出版社 1990 年版。

6. 夏伟东：《道德本质论》，中国人民大学出版社 1991 年版。

7. 李佩芝：《道德概论》，华中师范大学出版社 1995 年版。

8. 蔡元培：《中国伦理学史》，东方出版社 1996 年版。

9. 何建华：《道德选择论》，浙江人民出版社 2000 年版。

10. 王小锡：《现代经济伦理学》，江苏人民出版社 2000 年版。

11. 唐凯麟：《伦理学》，高等教育出版社 2001 年版。

12. 罗炽、白萍：《中国伦理学》，湖北人民出版社 2002 年版。

13. 王海明：《伦理学原理》北京大学出版社 2002 年版。

14. 刘士文、苑媛、孙熊鹏：《财经伦理学》，中国财政经济出版社 2002 年版。

15. 王正平、周中之：《现代伦理学》，中国社会科学出版社 2003 年版。

16. 刘韬：《论当代企业家的道德人格建构》，中国人力资源管理在线。

17. 刘海龙：《企业道德对资源配置的优化作用》，载《企业研究》1998 年第 1 期。

18. 胡平：《论企业道德》，载《企业经济研究》1996 年第 10 期。

19. 许毅：《论企业道德的进取功能》，载《经济问题探索》1999 年第 3 期。

20. 陈志光：《论社会主义市场经济的企业道德》，载《广西企业经济》1997 年第 2 期。

21. 余仕鳞：《伦理学概论》，民族出版社 2004 年版。

22. ［美］理查德·T·乔治：《经济伦理学》，李布译，北京大学出版社 2003 年版。

23. 陈炳富、周祖城：《企业伦理》，南开大学出版社 2002 年版。

24.《管理哲学》，世界科学出版社1990年版。

25. 王烈：《企业家社会学》，湖南人民出版社2000年版。

26. 哈达、马力：《企业伦理势在必行》，载《商贸经济》（中国人民大学复印资料）2002年第1期。

27. 陈筠泉：《经济秩序与伦理学》，中国社会科学出版社1997年版。

28.［美］斯蒂芬·P·罗宾斯：《组织行为学》，孙建敏、李原译，人民出版社2002年版。

29. 江雪莲：《现代企业伦理》，中央编译出版社2002年版。

30. 魏英敏：《新伦理学教程第二版》，北京大学出版社2002年版。

31. 周中之：《伦理学》，人民出版社2003年版。

32.［美］P. 普拉利：《企业伦理》，中信出版社1999年版。

33. 韩东屏：《试论道德评价的标准与技术》，载《华中师范大学学报》1996年第12期。

34. 葛晨虹：《我们怎样进行道德评价》，载《齐鲁学刊》2002年第4期。

35. 李斌：《论道德评价问题》，载《前沿》2002年第4期。

36. 高兆明：《论市场经济的道德评价》，载《江苏社会科学》1996年第12期。

37. 车洪波：《市场经济的道德评价与建设》，载《对外经济贸易大学学报》1998年第6期。

38. 胡光明：《当代中国企业道德构成特质与模式初探》，载《北京社会科学》1996年第4期。

39. 许毅：《论企业道德的进取功能》，载《经济问题探索》1999年第5期。

40. 陈志光：《论社会主义市场经济的企业道德》，载《广西企业经济》1997年第8期。

41. 余兴发：《论现代企业道德》，载《企业经济研究》1997年第8期。

42. 彭雷清：《市场竞争与企业道德研讨会观点综述》，载《企业经济文荟》1996年第12期。

43. 徐少锦：《中国古代的企业道德》，载《哲学动态》1997年第12期。

44. 刘秀生：《社会主义市场经济与企业道德》，载《企业经济研究》1998年第2期。

45. 程晓妹：《企业道德问题探析》，载《中等城市经济》1999年第10期。

46. 贺阳：《经济转轨时期的企业道德》，载《企业家》1997年第7期。

47. 钟华：《试论产品及其缺陷》，载中国民商法律网。

48. 张琪：《中美产品责任中产品缺陷的比较研究》，载于中国民商法律网。

49. 张海燕：《产品责任法律问题研究》，载于中国民商法律网。

50. 赵康:《论服务质量侵权责任》,载法律图书馆网。

51. 张三浪:《领导员工》,文献出版社 1999 年版。

52.《2003 年度注册会计师全国统一考试制定辅导教材——会计》,中国财政经济出版社 2003 年版。

53. 张鸣、陈文浩主编:《财务管理》,高等教育出版社、上海社会科院出版社 2000 年版。

54. 汤谷良、王化成主编:《企业财务管理学》,经济科学出版社 2000 年版。

55. 斯蒂芬·A·罗斯等著:《公司理财》(原书第六版),吴世农、沈艺峰、王志强等译,机械工业出版社 2007 年版。

56. 张正国、邓勇:《会计行为的伦理审视》,载《经济师》2004 年第 8 期。

57. 张丽芹:《浅议会计信息失真问题》,载《山东经济》2004 年第 3 期。

58. 闵长富:《浅议市场竞争道德》,载《大众企业管理》1994 年第 11 期。

59. 张一池:《人力资源管理》,北京大学出版社 2000 年版。

60. [美]加里·德斯勒:《人力资源管理》,刘昕、吴雯芳译,中国人民大学出版社 2001 年版。

61.《中华人民共和国劳动法》,1994 年。

62.《关于〈劳动法〉若干条文的说明》,1994 年。

63. 王雄元、严艳:《论适度强制性信息披露》。

64. 杨通:《多元化的环境伦理》,载《哲学动态》2000 年第 2 期。

65.《中国环境状况公报 2003 年》,国家环境保护总局,2004 年 5 月 29 日。

66. 李艳岩:《发展循环经济的法律保障》,黑龙江大学法学院。

67. 刘学敏:《正确理解循环经济的科学内涵》,北京师范大学资源学院。

68.《如何看待绿色 GDP》,载《经济日报》,2004 年第 5 月 11 日。

69.《环境污染反弹缘自四大障碍》,载《经济日报》2003 年 8 月 14 日。

70. 帕特里夏·沃海恩、R. 爱德华·弗里曼主编:《布莱克韦尔企业伦理学百科辞典》,刘宝成译,对外经济贸易大学出版社 2002 年版。

71. [美]罗伯特·F·哈特利著:《企业伦理——西方经典管理案例集》,中信出版社 2000 年版。

72. [美]戴维·J·弗里切著:《企业伦理学》,杨斌、石坚、郭阅译,机械工业出版社 1999 年版。

73. [美]戴维·J·弗里切著:《企业伦理学》,机械工业出版社 1998 年版。

后　记

随着社会主义市场经济体制的建立和逐步完善，企业竞争日益规范，对企业的要求日益提高。如何适应社会主义市场经济发展的要求，求得企业的生存与长期发展，是企业面临的主要任务。企业不仅要追求利润，更要注意社会责任，遵守市场经济中的一般伦理道德规范，这是企业长期和稳定发展的根本。古今中外企业发展的历史证明，只有那些注重企业的社会责任，遵守市场竞争规则，讲求伦理道德的企业才能在市场中取胜、求得长期发展。因此，企业伦理对企业的发展具有重要意义。

众所周知，在向市场经济体制转轨过程中，由于新的伦理道德规范体系尚未形成，许多企业在市场竞争中采用不正当的竞争手段，制售假冒伪劣商品、发布虚假广告、信息披露不充分甚至披露虚假信息误导投资者或消费者等，侵害消费者权益的行为时有发生，这严重阻碍了我国经济的发展和企业的进步，对消费者造成了不应有的伤害，也影响了我国企业在国际上的声誉。类似情况表明，我国许多企业的伦理道德意识淡薄，社会伦理要求缺失，不利于企业的长期发展和进步。因此，加强对社会主义市场经济条件下企业伦理的研究和教育，对于我国企业树立正确的经营观念，加强社会责任意识，促进企业的长期稳定发展，培育企业的核心竞争力，造就一批具有战略眼光和参与国际竞争能力的企业经营者，打造具有国际竞争力的工商企业具有重要的作用。山东省经济贸易委员会职业教育办公室组织编写的中小企业管理系列丛书，将中小企业伦理建设教材列入其中，充分说明大家对企业伦理问题的重视。

编写一部适合中小企业培训的伦理学方面的教材不是一件容易的事情。作为主编，本人在主持本教材的编写时，注意中小企业的特点，坚持以伦理学的基本理论为基础，立足中小企业的长期发展，以企业的商品经营活动为出发点，充分阐明企业伦理学的起源、本质、基本原则和基本规范，并就当前企业商品生产和商品经营活动中存在的伦理问题等进行全面的阐述。本教材的目的在于指出只有那些遵守伦理道德的企业才有长久的生命力，企业必须把企业伦理建设放在重要的位置上，实施企业伦理战略。

后　记

本教材在编写过程中得到了山东经济学院副校长王乃静博士的大力支持和鼓励，天津财经大学的周泽信教授在百忙中审阅了书稿，山东省经济贸易委员会职业教育办公室的同志为本教材的编写付出了很大的努力。在此表示真诚的感谢。

本书由中央财经大学商学院周利国教授任主编，山东经济学院工商管理学院陶虎博士和王淑翠博士任副主编。编写分工如下：周利国、王茜（编写提纲，导论，第一章），周利国、唐赛丽（第二章），杜春霞、唐赛丽（第三章），杜春霞、董艳（第四章），王永光、朱荣坡（第五章，第六章），王欣欣、李志兰（第七章），齐书孟、李志兰（第八章），于仁竹、张亦梅（第九章），于仁竹、毛瑞峰（第十章），王淑翠（第十一章），王淑翠、王晓辉（十二章），王晓辉、赵丽丽（第十三章），王欣欣、王晓辉（第十四章），毕继东、刘进（第十五章）。最后由周利国总纂定稿。陶虎博士参与了本书的全部工作过程，并负责了部分章节的修改定稿工作。

本书在编写过程中参考了大量的文献资料，除部分予以标明以外，也有一些由于疏漏没有一一列出，望予谅解，并在此一并致谢。

由于编者水平有限，对企业伦理学的理解和把握都有欠缺，错讹之处难以避免，祈望读者斧正。

作　者

2007 年 1 月于北京

责任编辑：吕　萍　于海汛
责任校对：张长松
版式设计：代小卫
技术编辑：邱　天

中小企业伦理与道德建设五日通

主编　周利国

经济科学出版社出版、发行　新华书店经销

社址：北京市海淀区阜成路甲 28 号　邮编：100036

总编室电话：88191217　发行部电话：88191540

网址：www. esp. com. cn

电子邮件：esp@ esp. com. cn

北京汉德鼎印刷有限公司印刷

永胜装订厂装订

787×1092　16 开　19.5 印张　380000 字

2007 年 7 月第一版　2007 年 7 月第一次印刷

印数：0001—8000 册

ISBN 978 - 7 - 5058 - 6413 - 9/F·5674　定价：32.00 元